21 世纪全国高等院校财经管理系列实用规划教材

经济法原理与实务(第 2 版)

主　编　杨士富　刘晓善
副主编　赵立敏　张保来
参　编　敖冬梅　张志刚　孙月蓉

北京大学出版社
PEKING UNIVERSITY PRESS

内 容 简 介

本书理论紧密联系实际、结构严谨、材料丰富、重点明确、繁简得当，重在经济法应用能力的培养，实体法和程序法、实质正义和程序正义相得益彰、有机结合。本书共分 4 篇 12 章，第 1 篇为经济法总论，第 2 篇为经济法主体制度，第 3 篇为公共经济管理法，第 4 篇为经济活动法。本书因各高校授课学时的限制，不可能囊括更多的经济法内容，编入本书的都是编者在教学中学生感兴趣且较有实用价值的章节。

本书可作为高等院校经管、法律等专业本科生、专科生的教材使用，也可作为上述专业的研究生、经济法专题讲座的教材或教学参考书，还可作为经济管理者及其他各界人士的参考书。

图书在版编目(CIP)数据

经济法原理与实务/杨士富，刘晓善主编. —2 版. —北京：北京大学出版社，2013.1

(21 世纪全国高等院校财经管理系列实用规划教材)

ISBN 978-7-301-21527-2

Ⅰ. ①经… Ⅱ. ①杨…②刘… Ⅲ. ①经济法—中国—高等学校—教材 Ⅳ. ①D922.29

中国版本图书馆 CIP 数据核字(2012)第 265507 号

书　　名：经济法原理与实务(第 2 版)
著作责任者：杨士富　刘晓善　主编
策 划 编 辑：王显超
责 任 编 辑：魏红梅
标 准 书 号：ISBN 978-7-301-21527-2/D・3202
出 版 发 行：北京大学出版社
地　　址：北京市海淀区成府路 205 号　100871
网　　址：http://www.pup.cn　新浪官方微博：@北京大学出版社
电 子 信 箱：pup_6@163.com
电　　话：邮购部 62752015　发行部 62750672　编辑部 62750667　出版部 62754962
印 刷 者：三河市博文印刷有限公司
经 销 者：新华书店
787 毫米×1092 毫米　16 开本　21.75 印张　500 千字
2007 年 9 月第 1 版
2013 年 1 月第 2 版　2016 年 1 月第 3 次印刷(总第10次印刷)
定　　价：39.00 元

21世纪全国高等院校财经管理系列实用规划教材

专家编审委员会

丛 书 序

我国越来越多的高等院校设置了经济管理类学科专业，这是一个包括经济学、管理科学与工程、工商管理、公共管理、农业经济管理、图书档案学 6 个二级学科门类和 22 个专业的庞大学科体系。2006 年教育部的数据表明，在全国普通高校中，经济类专业布点 1518 个，管理类专业布点 4328 个。其中除少量院校设置的经济管理专业偏重理论教学外，绝大部分属于应用型专业。经济管理类应用型专业主要着眼于培养社会主义国民经济发展所需要的德智体全面发展的高素质专门人才，要求既具有比较扎实的理论功底和良好的发展后劲，又具有较强的职业技能，并且又要求具有较好的创新精神和实践能力。

在当前开拓新型工业化道路，推进全面小康社会建设的新时期，进一步加强经济管理人才的培养，注重经济理论的系统化学习，特别是现代财经管理理论的学习，提高学生的专业理论素质和应用实践能力，培养出一大批高水平、高素质的经济管理人才，越来越成为提升我国经济竞争力、保证国民经济持续健康发展的重要前提。这就要求高等财经教育要更加注重依据国内外社会经济条件的变化，适时变革和调整教育目标和教学内容；要求经济管理学科专业更加注重应用、注重实践、注重规范、注重国际交流；要求经济管理学科专业与其他学科专业相互交融与协调发展；要求高等财经教育培养的人才具有更加丰富的社会知识和较强的人文素质及创新精神。要完成上述任务，各所高等院校需要进行深入的教学改革和创新。特别是要搞好有较高质量的教材的编写和创新工作。

出版社的领导和编辑通过对国内大学经济管理学科教材实际情况的调研，在与众多专家学者讨论的基础上，决定编写和出版一套面向经济管理学科专业的应用型系列教材，这是一项有利于促进高校教学改革发展的重要措施。

本系列教材是按照高等学校经济类和管理类学科本科专业规范、培养方案，以及课程教学大纲的要求，合理定位，由长期在教学第一线从事教学工作的教师编写，立足于 21 世纪经济管理类学科发展的需要，深入分析经济管理类专业本科学生现状及存在的问题，探索经济管理类专业本科学生综合素质培养的途径，以科学性、先进性、系统性和实用性为目标，其编写的特色主要体现在以下几个方面：

(1) 关注经济管理学科发展的大背景，拓宽理论基础和专业知识，着眼于增强教学内容与实际的联系和应用性，突出创造能力和创新意识。

(2) 体系完整、严密。系列涵盖经济类、管理类相关专业以及与经管相关的部分法律类课程，并把握相关课程之间的关系，整个系列丛书形成一套完整、严密的知识结构体系。

(3) 内容新颖。借鉴国外最新的教材，融会当前有关经济管理学科的最新理论和实践经验，用最新知识充实教材内容。

(4) 合作交流的成果。本系列教材是由全国上百所高校教师共同编写而成，在相互进行学术交流、经验借鉴、取长补短、集思广益的基础上，形成编写大纲。最终融合了各地特点，具有较强的适应性。

(5) 案例教学。教材具备大量案例研究分析内容，让学生在学习过程中理论联系实际，特别列举了我国经济管理工作中的大量实际案例，这可大大增强学生的实际操作能力。

(6) 注重能力培养。力求做到不断强化自我学习能力、思维能力、创造性解决问题的能力以及不断自我更新知识的能力，促进学生向着富有鲜明个性的方向发展。

作为高要求，财经管理类教材应在基本理论上做到以马克思主义为指导，结合我国财经工作的新实践，充分汲取中华民族优秀文化和西方科学管理思想，形成具有中国特色的创新教材。这一目标不可能一蹴而就，需要作者通过长期艰苦的学术劳动和不断地进行教材内容的更新才能达成。我希望这一系列教材的编写，将是我国拥有较高质量的高校财经管理学科应用型教材建设工程的新尝试和新起点。

我要感谢参加本系列教材编写和审稿的各位老师所付出的大量卓有成效的辛勤劳动。由于编写时间紧、相互协调难度大等原因，本系列教材肯定还存在一些不足和错漏。我相信，在各位老师的关心和帮助下，本系列教材一定能不断地改进和完善，并在我国大学经济管理类学科专业的教学改革和课程体系建设中起到应有的促进作用。

劉詩白

2007 年 8 月

刘诗白 现任西南财经大学名誉校长、教授，博士生导师，四川省社会科学联合会主席，《经济学家》杂志主编，全国高等财经院校资本论研究会会长，学术团体“新知研究院”院长。

第2版前言

21世纪是充满希望和挑战的世纪，一国的制度尤其是法律制度代表着一个国家的文明与进步，更是该国强盛的基石。我们的党、政府和人民越来越认识到法治的作用，民主和法治已深入人心。但是，“罗马城”不是一天能建成的，依法治国的实现需要我们每一个公民，尤其是未来治国建国的大学生法律素质的提高。

在现实社会中，个人利益、组织利益、国家利益、社会整体利益有时一致，有时出现矛盾和冲突，有时还可能激化。各种矛盾和冲突的背后都是利益之争。经济法以社会整体经济利益的实现为目标，以社会责任为本位，保障经济法主体都能在宽松和谐的自由经济环境中进行经济活动，各种经济争端都能得到很好的解决，各自的经济利益都能得到保护。

经济法有利于社会主义市场经济新秩序的建立，有利于经济建设的持续、稳定、快速、协调发展，有利于以国有经济为主体的多种经济成分共同发展，有利于科学技术的发展、对外经济技术交流、对外经济关系的发展，有利于社会主义和谐社会的建立。经济法与我国的经济发展相伴相随，我国已成为世界第二大经济体、第一制造大国、世界经济发展的引擎，这些成就离不开我国的经济法制建设的不断发展和进步。

经济法是我国社会主义法律体系中的一个独立的重要法律部门，是国家组织和管理经济的重要法律手段，是当代大学生不可或缺的法学知识。因此，经济法逐渐成为全国高校法律以及财经管理各专业的核心基础课。为学习和掌握这门博大精深的学科，除了学子们奋发努力、教师们精心组织外，有一本富有针对性和启发性的教科书尤为重要。因为一部好的教材可以说是与学生最贴近、学习交流最容易的启蒙老师。有了它，无论学生学习还是教师授课，都可事半功倍。

本书面世以来，受到全国师生和读者的普遍欢迎和喜爱，为回报读者的厚爱，编者力争本书能及时反映我国法制建设的进步和经济法理论的最新成果，虽经7次修订仍感书中内容有落后之处，借本次再版之际，对书中理论和实务内容进行全面完善，以大量的更新、更好的典型案例来说明经济法原理。

本书编写者都是各所高等院校的经济法骨干教师，有的还是资深执业律师，有着丰富的教学经验和律师实践经验，他们博采众家之长、厚积薄发、潜心编写，使本书具有以下三大特色。

(1) 理论紧密联系实际，由浅入深、以案例导入、用案说法，凸显本书的实用性和启发性。

(2) 结构严谨、材料丰富、重点明确、繁简得当，凸显本书的逻辑性和科学性。

(3) 针对应用型本科生而编，重在对经济法应用能力的培养，实体法和程序法、实质正义和程序正义相得益彰、有机结合，凸显本书的针对性和灵活性。

循序渐进地培养大学生的法律意识并形成基本法律素养和能力，从而提高经济法理念，变法律为经济财富，这是本书的立足点和价值所在。

本书共4篇12章。第1篇为经济法总论，包括第1章经济法概述；第2篇为经济法主体制度，包括第 2 章公司法、第 3 章合伙企业法、第 4 章企业破产法；第 3 篇为公共经济管理法，包括第 5 章税收法、第 6 章金融法、第 7 章产品质量法、第 8 章对外贸易法；第 4 篇为经济活动法，包括第 9 章市场竞争法、第 10 章消费者权益保护法、第 11 章合同法、第 12 章经济争端解决法。需要指出的是，本书主要是为本科学生而编，学时有限，不可能囊括更多的经济法内容，编入本书的都是编者在教学中总结学生感兴趣且较有实用价值的章节。

本书建议授课的总学时为 64 学时，各章具体授课的学时见下表。

章　节	授课学时	章　节	授课学时
第 1 章　经济法概述	4	第 7 章　产品质量法	6
第 2 章　公司法	8	第 8 章　对外贸易法	6
第 3 章　合伙企业法	4	第 9 章　市场竞争法	6
第 4 章　企业破产法	4	第 10 章　消费者权益保护法	4
第 5 章　税收法	4	第 11 章　合同法	8
第 6 章　金融法	6	第 12 章　经济争端解决法	4

本书由杨士富和刘晓善任主编，杨士富统稿，赵立敏、张保来任副主编。参编人员分工如下：杨士富(第 1 章和第 12 章)、赵立敏(第 2 章和第 8 章)、刘晓善(第 3 章和第 10 章)、张保来(第 4 章和第 6 章)、张志刚(第 5 章和第 7 章)、孙月蓉(第 9 章)、敖冬梅(第 11 章)。

由于编者能力和水平有限，尽管付出艰苦努力，但疏漏之处在所难免，衷心希望广大师生和读者批评指正。

编　者

2012 年 9 月

目　录

第3篇 公共经济管理法

第1篇

经济法总论

第1章

经济法概述

教学目标

通过学习本章，了解经济法的产生和发展，掌握经济法的概念、本质、地位、理念、基本原则，熟悉经济法律关系的概念、特征、三要素，以及经济法律关系的发生、变更和消灭，能运用经济法的理论分析和解决现实生活中的经济法律问题。

教学要求

知识要点	能力要求	相关知识
经济法的产生和发展	(1) 能够理解经济法产生的主客观条件 (2) 能够了解德国经济法产生的历史背景 (3) 能够掌握我国经济法的由来和现状	(1) 经济法产生的条件 (2) 德国经济法 (3) 我国经济法
经济法的概念、调整对象、特点和本质	(1) 能够理解经济法的概念和特点 (2) 能够理解经济法的本质和地位 (3) 能够区分经济法和相关部门法的不同之处	(1) 经济法的概念 (2) 经济法的特点 (3) 经济法的本质 (4) 经济法的地位
经济法的理念和基本原则	(1) 能够理解经济法理念的含义和作用 (2) 能够掌握经济法的三大基本原则 (3) 能够运用经济法的理念分析和解决现实社会中出现的矛盾和问题	(1) 经济法的理念 (2) 经济法的基本原则 (3) 平衡协调 (4) 维护公平竞争 (5) 责权利相统一
经济法的渊源和体系	(1) 能够理解经济法渊源的概念和种类 (2) 能够区分经济法的体系和经济法学的体系	(1) 经济法的渊源 (2) 经济法的体系 (3) 经济法学的体系

知识要点	能力要求	相关知识
经济法律关系	(1) 能够理解并掌握经济法律关系的概念 (2) 能够了解经济法律关系的要素 (3) 能够运用经济法律关系解决实际问题	(1) 经济法律关系 (2) 经济法律事实 (3) 事件 (4) 行为

引 例

"亚洲金融危机"香港特区政府直接入市操作案

1997年7月1日香港回归后，人们的喜悦气氛还未散尽，一场惊心动魄的亚洲金融危机开始了。1997年7月中旬到1998年8月，美国量子基金掌门人索罗斯披挂上阵，连同其他金融"大鳄"三度冲击在香港奉行的联系汇率①，企图彻底摧毁香港金融秩序，把香港变成国际投机者的"自动提款机"。最终，香港特区政府动用了上千亿港元，买下市场6%的股权，成功击退了炒家们的疯狂沽售，致使炒家认赔离场。1998年9月，香港特区政府的金管局和财政司先后推出7项和30项金融管制措施，以增强货币及金融系统抵御国际投资者跨市场操作的能力。

按照惯例，香港特区政府一向不插手股市，为什么香港特区政府直接入市操作？为什么香港特区政府推出多项金融管制措施？

1.1 经济法的产生和发展

现代经济法产生之前，一些著名学者如法国的摩莱里(Morelly)、德萨米(Dezamy)、蒲鲁东(Proudhon)，德国的莱特(Ritter)、赫德曼(Hedeman)等都提出过经济法的概念。

1755年，法国著名的空想社会主义者摩莱里(Morelly)在他的《自然法典》一书中首先使用了"经济法"这个概念。摩莱里主要针对当时社会产品分配上的弊端，主张国家对社会生活进行干预，提出运用"经济法"(也称分配法)来调整社会分配关系。

1843年，法国著名的空想社会主义者德萨米在他的《公有法典》一书中再次使用了"经济法"的概念。德萨米很大程度上继承了摩莱里的经济法律思想，但当时并没有这类立法实践。

1865年，法国小资产阶级激进派人物蒲鲁东在他的《工人阶级的政治能力》一书中说"经济法是政治法和民法的补充和必然产物"。他列举的十大经济范围所表现的社会关系并非政治法和民法所能全部调整的，这就是经济法的调整范畴。

1906年，德国学者莱特(Ritter)在《世界经济年鉴》创刊中使用了"经济法"这一概念，用来说明与世界经济有关的各种法规，但并不具有严格的学术意义。

---

① 香港联系汇率制度是以7.8港元兑换1美元的比例钉住美元制度，即固定汇率制度。香港历史上曾实行过多种货币本位和汇率制度，1842—1935年为银本位制，1935—1972年为英镑汇兑本位制，1972年7月至1974年11月实行港元与美元挂钩的固定汇率制(1美元兑5.65港元)，1974年11月至1983年10月实行自由浮动汇率制，从1983年10月开始，实行联系汇率制度。

1916年，德国学者赫德曼(Hedeman)在《经济学字典》中使用过“经济法”概念。他认为经济法是经济规律在法律上的反映。他将有关保护、监督卡特尔的法律称为经济法。赫德曼关于经济法概念的认识，尚不具有严格的科学的含义，但已经是对现实经济法律制度的概括。此时，现代意义上经济法的概念基本形成。

经济法概念的出现并不意味着经济法的产生。经济法的产生和发展是主客观条件相互作用的结果，主观条件是经济法思潮的出现，客观条件是社会环境业已造就出具有经济法成立的客观社会关系和相应的法律关系领域。

1890 年，美国国会通过的反托拉斯法——《谢尔曼法》，标志着资本主义国家直接运用法律手段干预经济的开始。由于美国属英美法系，没有部门法的划分，因而不具有经济法产生的主观条件。②

经济法肇始于德国。第一次世界大战期间，特别是战后，德国颁布了一系列国家干预经济的法规，有些法规直接以经济法命名，如《关于限制契约最高价格的通知》、《卡特尔规章法》、《卡特尔令》、《魏玛宪法》、《煤炭经济法》、《防止滥用经济权力法令》等。这些法规突破了自由经济时期放任自由的原则，与确保个体自由的民法有显著的不同，从而引起了德国法学界的注意，并对此开展研究和讨论。

这种不同于传统民商法和行政法的规范逐渐发展成为一个新兴的经济法律部门。德国经济法的理论与实践对世界其他资本主义国家有很大的影响，尤其是日本。资本主义经济法经历了第一次世界大战时期的“战时经济法”，20 世纪 30 年代的“危机对策经济法”，以及第二次世界大战后“自觉维护经济协调发展的经济法”几个阶段，经过持续近一个世纪的发展和演变，它已经成为世界各国不可或缺的重要的法律部门。

苏联从 20 世纪 20 年代起就开始使用经济法这个概念，并且制定了一系列属于经济法性质的法规。

捷克斯洛伐克共和国国民议会于 1964 年 6 月 4 日制定并颁布的《捷克斯洛伐克社会主义共和国经济法典》是世界经济法制史上的创举，也是迄今为止唯一的一部经济法典。当时的东欧其他社会主义国家如民主德国、罗马尼亚、南斯拉夫等也制定了相应的经济法法律法规。但随着东欧形势剧变，法律体系也随之发生变化。

我国经济法产生于 20 世纪 70 年代末 80 年代初。1978 年，党的十一届三中全会拨乱反正，将工作重心转移到经济上来。同年，党内著名的理论家胡乔木在《人民日报》上发表文章，明确提出发展经济立法和经济司法。之后，邓小平、叶剑英、彭真等党和国家领导人也陆续指出要制定各种经济法和其他法律。在此大的主观背景下，体制的改革又为经济法的产生创造了经济基础。这一时期，中国开始改革过去高度集中的计划经济体制，实行计划经济与市场调节相结合的体制，重视以法律为手段调控经济，并且颁布了大量管理经济的法律法规，如《森林法(试行)》、《中外合资经营企业法》、《标准化管理条例》、《环境保护法(试行)》、《关于扩大国营工业企业经营管理自主权的若干规定》、《国务院关于推动经济联合的暂行规定》、《中外合资经营企业所得税法》、《广东省经济特区条例》、《个人所得税法》、《外汇管理暂行条例》、《经济合同法》等。从 1979 年起我国进行了一系列的经济法实践，如在各级人民法院设立经济审判庭，设立铁路运输法院、水上运输法院、森林

② 美国虽然没有经济法，但从经济法视角来看，却有着实实在在的经济法理念和经济法。

法院、海事法院等具有经济审判性质的专门法院，成立“国务院经济法规研究中心”等。这些法制的实践，为经济法研究及其发展提供了坚实的基础。由此产生的“关于经济法的国家意志性和经济性相结合的特性”、“经济法是一个独立法律部门”等学说，与经济法制实践及其社会思潮相呼应，便从主客观两个方面，表明在中国出现了经济法这一新兴的法律部门和法学分科。③

1992年至今是中国经济法迅速发展的时期。这一时期，中国正式提出了要建立和发展社会主义市场经济体制。1993年以来，国家围绕推进改革和建立社会主义市场经济体系框架颁布了大量的法律法规，以颁行《反不正当竞争法》和《消费者权益保护法》为起点，进入了制定真正意义上的经济法的阶段，出台了有关产业政策、财政、金融等宏观调控的法律法规以及有关市场规制的法律法规。2001年12月11日，中国正式加入世界贸易组织。中国政府为履行入世承诺，2004年、2005年先后修改了《对外贸易法》、《证券法》、《破产法》、《公司法》、《合伙企业法》等经济法律法规，2007年制定了统一的《企业所得税法》、《物权法》、《反垄断法》、《城乡规划法》、《节约能源法》等，修改了《城市房地产管理法》、《物业管理条例》、《民事诉讼法》、《律师法》等法律法规。2009年通过《食品安全法》,《侵权责任法》。

1.2 经济法的概念、调整对象、特点和本质

1.2.1 经济法的概念、调整对象和特点

1. 经济法的概念

关于经济法的概念，我国学者在不同阶段形成过不同的认识，主要有经济行政法说、企业经济法说、国民经济运行法说、宏观调控法说、经济干预说、经济管理法说或纵向经济关系说、纵横统一说、限定的纵横统一说或意志经济关系说等。

限定的纵横统一说或意志经济关系说认为经济法调整的对象是经济和国家意志二者的统一体。作为经济法调整对象的经济关系，“纵”不包括不具有经济要素的管理关系、国家意志不直接参与的企业内部管理关系；“横”不包括公有制组织之间自由的商品货币流转关系和彼此之间的协作关系以及实体权利义务不受国家直接干预的任何经济关系。

以“限定的纵横统一说”为理论基础，可以从调整对象的角度对经济法概念作出如下定义：“经济法是调整一定范围的经济关系即公共经济管理关系、维护公平竞争关系、组织管理性的流转和协作关系的法律部门。”

2. 经济法的调整对象

经济法调整的对象有3类。

(1) 公共经济管理关系。主要是指国家在管理经济过程中形成的物质利益关系，不包括自然人及其合伙、家庭等非公共性的经济管理关系。

---

③ 参见史际春：《在改革开放和经济法治建设中产生发展的中国经济法学》，载于《法学家》，1999年第6期。

(2) 维护公平竞争关系。指现代国家为了维持市场经济的正常运行及其活力，采取相关措施维护、促进或限制竞争的过程中形成的社会经济关系。

(3) 组织管理性的流转和协作关系。主要为经济合同关系，是指直接体现政府意志或公共、集体利益的经济性合同，如政府采购合同等。

3. 经济法的特点

(1) 当事人身份和角色的特定性。例如，经济管理的主体不是任何形式意义的机关法人，而往往是根据特定需要或专门立法成立的国资委、证监会、银监会、保监会等。这些经济管理主体依特定的角色和职责要求，从事各项活动。

(2) 内容的经济性或专业性。经济法具有经济性是不言而喻的，它的调整对象集中在物质再生产领域，具有明显的经济目的性。

(3) 法益复合性、法律关系的层次性和手段的综合性。法益是经济法所保护的利益。经济法所调整的法益既包括经济活动主体的利益，也包括消费者、经营者及其团体的社会化利益，还包括国家在实施公共经济管理中的国家利益和公共利益。经济法兼具公法、私法的因素，缺少公和私任何一面都不能称其为经济法，因此经济法的对象和法律关系具有层次性。手段的综合性表现在 3 个方面：一是经济法兼顾公、私因素的综合协调，或用公的手段调整私的关系，或用私的手段调整公的关系；二是经济法既采用传统的、民事的、行政的、刑事的、程序的手段，又采用新的、褒奖的、社会性的、公私融合的专业调整手段；三是经济法使实体规范和程序规范相结合，域内效力和域外效力相结合，强行性规范、任意性规范与指导性、诱劝性规范相结合。

(4) 过程的政府主导性和政策性。政府主导性在于经济法调整的经济关系直接体现了国家意志；政策性是指经济法受经济形势影响大，其法律调整往往以政策先行，并赋予政策以法的效力。

(5) 法规的专业性或者单行性。与民法、刑法等以法典为核心的法律部门相比，经济法呈现出专门的法律样态，由适用多领域、内容各异的众多的单行法律法规构成。

1.2.2　经济法的本质

经济法作为独立的法律部门，具有区别于其他法律部门的本质属性，概括为以下几方面。

(1) 经济法是综合、系统调整法。

经济法调整的重点在于引导经济法主体依法进行经济活动，保证经济的正常运行，它对经济关系是就全过程进行综合、系统调整的。

(2) 经济法是平衡协调法。

经济法从整体、全局出发，对各类主体的意志进行协调，以保证社会平衡协调发展。

(3) 经济法是“以公为主，公私兼顾”的法律。

经济法从社会整体利益出发，体现了国家对经济的干预，但又兼顾公民、法人的个体利益。

(4) 经济法是经济集中与经济民主对立统一的法律。

经济法既要体现国家对经济的干预，又要遵循经济规律，不能管得过死，不能以行政命令代替宏观调控。

(5) 经济法是社会责任本位法。

经济法对经济关系的调整立足于社会整体，在任何情况下都以大多数人的意志和利益为重。

1.3 经济法的地位

一般认为，经济法的地位问题就是经济法在整个法的体系中是不是一个法律部门，以及其重要性如何的问题。因为法的体系是由多层次的法律部门组成的、具有有机联系的统一整体，任何一个法律部门在法的体系中都具有一定的地位，只不过作用有大有小。

经济法是法律部门这种说法曾有过多年的争议，但是，现在无论是国家立法机关、行政机关，还是法学家都已形成共识：经济法是一个法律部门，而且是一个重要的法律部门。经济法与多个法律部门有联系，尤其是与民商法、行政法联系密切。

在社会主义市场经济条件下，民商法和经济法都是社会主义市场经济法律体系不可或缺的组成部分，二者分工配合、相辅相成、并行不悖。诚实信用原则被称为现代民商法的“帝王条款”，同时它也与经济法维护公平竞争的重要使命相契合，因此，它是经济法与现代民商法的联结点。

举案说法 1.1

吴卫明诉上海花旗银行储蓄合同纠纷案④

原告诉称：2002 年 4 月 8 日下午，其到被告花旗银行上海分行办理个人外币储蓄手续时，得知存款额须高于 5 000 美元；低于 5 000 美元的，必须接受被告提供的个人理财服务，并向其缴纳相应服务费。原告表示只办储蓄，不要个人理财服务，不愿支付服务费，但被被告拒绝，以致双方不能缔结储蓄合同。原告认为，被告利用优势地位变相强行搭售，剥夺原告对金融服务的选择权，并以服务费方式变相剥夺储户获取利息的权利，有违诚实信用原则。被告的这种行为是对小额储户的歧视。被告应当承担因缔约过失给原告造成的损害。为此请求判令被告赔礼道歉，赔偿原告为此次储蓄而支出的往返路费 34 元人民币。上海市浦东新区人民法院认为，被告在法律法规和规章没有明确禁止规定的情况下，决定对小额储户收取服务费，并及时向主管部门备案，在相应规定出台前，不能认定此举违法。而且此举推出后在社会上引起了广泛关注，媒体大量报道。在缔结外币储蓄合同一事上，被告与原告法律地位平等，该行不存在恶意磋商、故意隐瞒与订立合同有关的重要事实或者提供虚假情况等行为，收费行为也不构成对小额储户的歧视。被告没有垄断外币储蓄业务，原告完全可以选择到其他银行办理。因此，原告关于被告违背诚实信用原则的诉讼主张，缺乏事实根据。法院据此判决：原告的诉讼请求不予支持。案件受理费 50 元，由原告负担。上海市第一中级人民法院二审维持原判。

民商法的根本作用是保证各种市场主体能够按照自己真实的意愿参与经济活动，保证其

④ 参见资料《吴卫明诉上海花旗银行储蓄合同纠纷案》，载于网易分类信息，http://www.163class.com.cn/html/area/563/462/2006-04-26/1146037378.html，2006-04-26。

合法意愿能正常实现；经济法的根本作用是为经济活动创造良好的外部竞争环境，使民商法得以在此良好环境下对自由、自发、自治的经济活动加以规制。民商法是“看不见之手”的反映，经济法则是“有形之手”的体现，双手协力，共同推动市场经济健康有序地发展。

经济法与民商法的区别如下。

(1) 性质不同。民商法属于私法，经济法属于以公为主、公私兼顾之法。

(2) 主体不同。民商法主体是抽象的公民、法人与合伙；而经济法更强调主体的具体身份和角色，而不在乎抽象的人包括自然人(公民) 和法人(机关法人、事业法人、企业法人、社会团体法人)。例如，经济管理主体，不是任何形式意义的机关法人，而往往是根据特定需要或专门立法成立的国资委、证监会、银监会、保监会等。

(3) 调整对象不同。民商法是调整平等主体之间的人身关系和财产关系的法律，以个体利益为本位；而经济法则是调整国家调控经济和管理市场过程中所产生的经济关系的法律，以社会整体利益为本位。

(4) 调整方法不同。民商法是采用民事方法调整经济关系的，而经济法则是运用奖励与惩罚相结合的综合性的方法调整经济关系的。

(5) 责任方式不同。民商法对违法行为采取民事责任方式，即补偿性的财产责任方式，惩罚性的非财产责任方式只起辅助作用；而经济法对违法行为，则采取民事(经济) 、行政和刑事相结合的责任方式，相比较而言，制裁性相对明显。

经济法与行政法的联系主要表现在以下几点。

(1) 二者都调整一定的管理关系，行政法调整的是行政管理关系，经济法调整的是公共经济管理关系。

(2) 二者都属于公法范畴，都体现了国家对社会生活的管理和干预。

(3) 二者都在不同程度上运用行政方法调整社会关系。

(4) 二者都以宪法、法律法规、规章等规范性文件为渊源。

(5) 二者都具有维护国家利益和社会公共利益的作用。

经济法与行政法的区别主要表现在以下几方面。

(1) 管理主体不同。行政管理主体为国家行政管理机关，其中包括担负国家有关经济管理职能的行政机关。国家经济管理主体不限于国家行政机关，除包括国家权力机关、司法机关，还包括一些特别设立的专门执行机构。

(2) 对象不同。行政法以行政机关的权力(权利)义务为主要规范对象；经济法以市场主体经济上的权利义务为主要规范对象。

(3) 调整的方法不同。行政法是公法，强调国家机关和工作人员的强制性、隶属性和不平等性。因此，其调整方式主要反映出强行法的特色。经济法是公私兼顾的法，既强调市场之手，也强调国家之手。因而，其调整方式既有意志自治的因素，也有强制性因素。

(4) 功能不同。在国家经济管理中，行政法的主要功能是控制政府权力，设权是其从属和间接的功能；经济法的主要功能是设定政府权力，控权是其从属和间接的功能。行政法保证经济自由和行政相对人(市场主体)的权利不受行政机关的分割；经济法保障经济秩序和社会整体利益。

1.4 经济法的理念和基本原则

1.4.1 经济法的理念

经济法的理念是人们基于一定的世界观对经济法的价值或精神的一种理性追求。经济法的社会责任的本质属性决定，经济法的理念是经济社会化条件下的实质公平正义，其核心内容是社会整体经济利益的实现。

经济法理念主导着一国经济的法律调整，决定着其样式、倾向性和实际作用。同样的经济法律事实，同样的法条，由不同的经济法理念的法官来判决，结果会大相径庭，可见，正确的经济法理念的确立非常重要。

举案说法 1.2

清华晏教授之女被售票员掐死案(2007)[⑤]

2005年10月4日下午，原告晏教授夫妇与13岁的女儿(被害人)一家三口趁国庆长假进城买书，在新街口豁口站乘坐726路公交车，打算回蓝旗营的家。为了从豁口上车购买1元钱还是两元钱的车票，被害人与女售票员朱某发生口角，朱某便把被害人掐得口吐白沫，倒在地上，后经抢救无效身亡。晏教授之妻回忆说："'你别欺负我妈妈'，这是她留给世界的最后一句话。"2006年5月，朱某被法院以故意伤害罪判处死刑，缓期两年执行，在北京女子监狱服刑。刑事案终结后，晏教授夫妇另行提起民事诉讼，由于被害人被掐瘫倒在地时，公交车上另外两名司售人员不但未给予救助，反而将被害人扔下车扬长而去，因此，把他们和朱某、巴士公司一起列为共同被告，并索赔300余万元。巴士公司辩称，此案是朱某个人行为，与巴士公司无关。目击乘客穆女士作证说，朱某动手时，司机曾停车上去"拉偏架"，被害人口吐白沫倒地之后，晏教授夫妇要求快把孩子送到医院，司机表示："你们把我们的售票员打伤了，谁也甭想走，得到总站去罚款。"另一售票员也曾说："把他们扔下去……。"北京市海淀区法院在一审判决中认定，朱某构成直接侵权，另外两名司售人员对死者也实施了侵权行为，但由于另两人是在工作中实施的侵权，属于职务行为，所以，赔偿责任应由巴士公司承担。北京市一中院2007年11月26日在判决中突破以往的判决书模式及赔偿数额，以法院的名义对被害人家属表示同情，改判精神损害赔偿金10万元为30万元，加上其余项目的45万元赔偿，晏教授夫妇共获赔75万元。改判理由有三：一是老来得女不容易；二是目睹爱女被杀全过程；三是凶手破坏了公众信心。纵观此案，具有正确的经济法理念的法官作出的一、二审判决，理由充分，不仅体现了法院判决人性化的一面，更体现了法律对实力弱小的消费者给予的特殊保护，对实力强大的经营者施加的特殊的社会责任。

1.4.2 经济法的基本原则

经济法的基本原则是贯穿经济法始终，反映经济法的立法宗旨和目的，对经济立法、经济执法、经济司法和经济守法活动都具有统帅和灵魂作用的指导思想和基本准则。经济法的基本原则是平衡协调、维护公平竞争和责权利相统一的3项基本原则。

---

⑤ 参见刘岚：《公交售票员掐死清华大学教授女儿案终审》，载于《人民法院报》，2007年11月27日，4版。

1. 平衡协调原则

当代社会中各种矛盾错综复杂，传统法律部门难以调整。经济法则不同，它从社会整体经济利益角度来平衡协调国家利益和私人利益、经济秩序和经济自由、经济集中和经济民主的矛盾和冲突。

2. 维护公平竞争原则

竞争是市场经济的精髓，没有竞争就不会有健康正常的市场经济。不公平的竞争会产生竞争的负面作用，甚至会破坏竞争。经济法的作用则在于确保市场主体有一个健康的良好的竞争环境。

3. 责权利相统一原则

基于经济法社会责任本位的特征，责权利相统一原则指经济权利主体所承担的责任、所享有的权利、所获得的利益必须是一致的。承担责任是以享有权利、获得利益为基础的，在享有权利、获得利益的同时必须承担一定的责任。

1.5　经济法的渊源和体系

1.5.1　经济法的渊源

经济法的渊源是指经济法的存在和表现形式。

1. 宪法

宪法是国家的根本大法，由全国人民代表大会制定和修改，具有最高的法律效力，是经济法的基本渊源，也是经济立法的基础。

2. 法律

法律是由全国人民代表大会及其常务委员会制定的规范性文件，其效力仅次于宪法，是经济法的主要渊源，它规定的多是基本经济关系。

3. 法规

法规包括行政法规、地方性法规，其效力次于宪法和法律。行政法规是由国务院制定的规范性文件；地方性法规是由省、自治区、直辖市以及较大的市的人民代表大会及其常务委员会制定的规范性文件。其中，较大的市的人民代表大会及其常务委员会制定的地方性法规需报省、自治区、直辖市的人民代表大会常务委员会批准后施行。经济特区所在地的市的人民代表大会及其常务委员会也可以根据全国人民代表大会的授权决定制定法规，并在经济特区范围内实施。经济法大多以法规的形式存在，法规是经济法的重要渊源。

4. 规章

规章包括由国务院部委及具有行政管理职能的直属机构依据法律、行政法规制定的国务院部门规章，以及由省、自治区、直辖市和较大的市的人民政府根据法律法规制定的地方政府规章。

5. 民族自治地方的自治法规以及特别行政区法律法规

民族自治地方的自治法规是民族自治地方根据当地的政治、经济、文化的特点制定的自治条例和单行条例。

特别行政区法律法规是香港和澳门特别行政区根据全国人民代表大会制定的香港和澳门特别行政区《基本法》对原有法律文件予以保留、修改或新制定的其他规范性法律文件。

6. “两高”司法解释

最高人民法院和最高人民检察院就司法实践中的法律适用提出的指导性意见和解释是一种具有中国特色的法律渊源，尤其是最高人民法院司法解释已被公认是一种“制定法”，对各级人民法院具有普遍约束力。

7. 政策

党和国家的政策也是我国经济法的重要渊源，如科学发展观⑥、《汽车产业发展政策》、《外商投资产业指导目录》等。

8. 习惯法

习惯法是指由国家认可并赋予法律效力的习惯，习惯法不是经济法的主要渊源。

9. 国际条约或协定

我国作为国际法主体缔结或参加的国际条约、公约或协定等也是经济法的渊源之一，如中国作为成员国加入的 WTO 多边条约等。

1.5.2 经济法和经济法学的体系

1. 经济法的体系

按照经济关系和经济法调整的内在逻辑，即主体在公共管理下所从事的经济活动，经济法可以大致分为经济法主体制度、公共经济管理法和经济活动法 3 个部分。

2. 经济法学的体系

经济法的三大组成部分即经济法主体制度、公共经济管理法和经济活动法行为分则，加上经济法总论，就构成了经济法学体系。

---

⑥ 党的十八大报告将科学发展观定义为：“科学发展观是马克思主义同当代中国实际和时代特征相结合的产物，是马克思主义关于发展的世界观和方法论的集中体现，对新形势下实现什么样的发展、怎样发展等重大问题作出了新的科学回答，把我们对中国特色社会主义规律的认识提高到新的水平，开辟了当代中国马克思主义发展新境界。科学发展观是中国特色社会主义理论体系最新成果，是中国共产党集体智慧的结晶，是指导党和国家全部工作的强大思想武器。科学发展观同马克思列宁主义、毛泽东思想、邓小平理论、“三个代表”重要思想一道，是党必须长期坚持的指导思想。”科学发展观与经济法的理念相契合。

1.6　经济法律关系

1.6.1　经济法律关系的概念与特征

法律关系是一种社会关系，它是社会关系被法律规范确认和调整之后所形成的权利和义务关系。经济法律关系是指经济关系被经济法律规范确认和调整之后所形成的权利和义务关系，即在国家管理与协调经济过程中，根据经济法律规范，经济法主体之间所形成的权利与义务关系。

经济法律关系具有以下特征。

(1) 经济法律关系是人们有意识、有目的形成的特定的社会关系。它建立在社会客观规律基础之上，属于上层建筑范畴。

(2) 经济法律关系是主体之间法律上的权利与义务关系。法律通过规范人们的权利义务来达到对人们行为的调整目的，经济法律规范中规定的权利义务是抽象的、可能的，而经济法律关系中的权利义务则是具体的、现实的。

(3) 经济法律关系是以经济法律规范的存在为前提建立的。法律规范是法律关系产生、变更和终止的前提，权利义务关系是依相应法律规定而形成的，任何主体不享有法律规定以外的权利，不承担法律规定以外的义务。

(4) 经济法律关系是由国家强制力保障实施的社会关系。由国家强制力作保障，实质上就是对经济法主体的经济权利的保护。

1.6.2　经济法律关系的三要素

经济法律关系的要素是指构成经济法律关系的必要条件，由主体、内容、客体 3 个要素构成，三者缺一不可。

1. 经济法律关系的主体

经济法律关系的主体简称经济法主体，是指在经济法律关系中享有权利、承担义务的当事人或参加者。享受经济权利的一方称为权利主体，承担经济义务的一方称为义务主体。但双方当事人在许多情况下既享受经济权利又承担经济义务。

我国经济法主体的范围如下。

(1) 国家机关。国家机关是指行使国家职能的各种机关的通称，包括国家权力机关、国家行政机关、国家司法机关等。作为经济法主体的国家机关主要是指国家行政机关中的经济管理机关。经济管理机关可分为 3 类：一是综合性经济管理机关，如国家发展和改革委员会、商务部、财政部、中国人民银行等，主要负责对国民经济全局进行宏观调控；二是行业性经济管理部门，如交通部、铁道部、建设部、农业部等，负责对国民经济特定部门、行业进行管理；三是专门职能部门，如国家工商行政管理总局、国家税务总局、审计署等。在某些情况下，国家也可作为主体参加经济法律关系，如发行国债、以政府名义与外国签订经济贸易协定等。

(2) 企业和其他社会组织。企业是指依法设立的以营利为目的的从事生产经营活动的独立核算的经济组织。其他社会组织主要是指事业单位和社会团体。事业单位是由国家财政预算拨款或由其他企业、社会组织拨款设立的从事文化、教育、科研、卫生等单位，如学校、医院、科研院所等。社会团体是由公民依法自愿组成的从事公共事务、学术研究、宗教事务等活动的社会组织，如党团组织、工会、妇联、学术团体等。

(3) 企业内部组织和有关人员。企业内部组织虽无独立的法律地位，但在其根据经济法律规定参与企业内部的生产经营管理活动时，如实行内部承包经营责任制、实行内部独立经济核算等情况下，形成相应的经济法律关系，便具有经济法主体的地位。企业内部有关人员与企业产生上述关系时，也具有经济法主体的地位。

(4) 公民及个体工商户、农村承包经营户。此类主体在参与经济法律规定的经济活动时，便成为经济法主体，享有相应权利，承担相应义务，如农户与农村集体经济组织发生承包关系，公民向税务机关纳税等。

2. 经济法律关系的内容

经济法律关系的内容是指经济法主体享有的经济权利和承担的经济义务。

1) 经济权利

经济权利是指经济法主体依法能够作为或不作为一定行为，以及要求他人作为或者不作为一定行为的资格。我国法律赋予经济法主体的经济权利是极其广泛的，随着我国社会主义市场经济体制的建立和发展，国家对经济的管理方式逐渐由以直接管理为主，转变为以间接管理为主，经济法主体的经济权利也呈现出扩大的趋势。

经济权利主要有以下几个方面的含义。

(1) 经济职权：指国家机关及其工作人员在行使经济管理职能时依法享有的权利。在国家机关及其工作人员依法行使经济职权时，其他经济法主体均应服从。经济职权对国家机关及其工作人员既是权利又是义务，不得随意转让或放弃。

(2) 物权：[⑦]是指权利人依法对特定的物享有直接支配和排他的权利，包括所有权、用益物权和担保物权。所有权是指权利人对自己的不动产或者动产，依法享有占有、使用、收益和处分的权利。所有权的占有、使用、收益、处分4项权能可以在一定条件下与所有人分离，这种分离是所有人行使其财产权的一种方式。用益物权是指权利人对他人所有的不动产或者动产，依法享有占有、使用和收益的权利。担保物权是指权利人在债务人不履行到期债务或者发生当事人约定的实现担保物权的情形，依法享有就担保财产优先受偿的权利。

(3) 法人财产权：指企业法人对企业所有者投资所设企业的全部财产在经营中所享有的占有、使用、收益与处分的权利。其实，公司的“法人所有权”是一种观念上的虚构，股东的所有权不可能被经营者剥夺，现代公司仍为股东所有及控制。[⑧]

(4) 债权：指按照合同约定或法律规定，在当事人之间产生的特定的权利。债权是一种请求权，其义务主体是特定的。

(5) 知识产权：即商标权、专利权、著作权等，是智力成果的创造人依法所享有的权利和生产经营活动中标记所有人依法所享有的权利的总称。

---

⑦ 参见十届全国人大第五次会议于2007年3月16日通过，自2007年10月1日起施行的《中华人民共和国物权法》第二条第三款、第三十九条、第一百一十七条、第一百七十条。

⑧ 参见史际春:《关于法人财产权与股东权的法律规定刍议》，载于《法制与社会发展》，1995年第6期。

(6) 股权：或称为股东权，是指基于股东地位而对公司主张的权利，可分为共益权和自益权两大类。利润分配请求权、剩余财产分配权、股份转让权等是股东为自身利益而可单独主张的权利，称为股东自益权；其他如参与重大决策权、选择、监督管理者权等是股东为公司利益兼自身利益而行使的权利，称为共益权。

2) 经济义务

经济义务是指经济法主体根据法律规定或为满足权利主体的要求，必须作为或不作为一定行为的责任。

经济义务有以下几个方面的含义。

(1) 义务主体必须作为或不作为一定行为，以满足权利主体的利益需要。

(2) 义务主体只承担法定范围内的义务，超过法定范围，义务主体则不受限制。

(3) 义务主体如不依法履行经济义务，则应承担相应的法律责任。

违反经济义务，经济责任随之出现。如何建立适合国情的经济责任制，是经济法理论和实务中的一个重要课题。经济责任制是在经济管理和经济活动中，通过法律法规、行政规章、合同等来规定人们在社会分工中的职责、权限、利益和效益，使之各负其责，从而提高经济效益的一种经济法制度。经济责任制是社会化大生产的客观要求，社会化大生产要求生产和经营都应是有秩序的，有人负责的。经济责任制能提高经济主体的责任感，从而保证经济秩序的稳定。经济责任制的精髓在于责、权、利三者的统一，根据责任来决定权限的大小和利益的多少，并综合运用民事、行政、刑事等责任方式，保证经济责任制的实现。经济责任制在不同的经济法文件中有不同的表现形式，有的侧重惩罚，有的侧重奖励，有的兼而有之。在惩罚方面，有的法律文件规定了专章如“法律责任”、“监督与处罚”等，并设专门条款规定了罚则；有的法律文件还以单行法规的形式进行专门规定，如国务院公布的《关于违反财政法规处罚的暂行规定》。在奖励方面，专门的规定有《中华人民共和国发明奖励条例》等。兼而有之的规定如《企业职工奖惩条例》，单行法规中往往有《奖励和惩罚》的专门规定。

在违反经济义务的刑事责任方面，有轻型化趋势，表现在 13 个经济性非暴力犯罪取消了死刑罪名。[⑨]

经济权利与经济义务相依而存，具有相对性及对等性。

在经济法律关系中，一个经济法主体享有一定权利，必定以其他经济法主体负有一定义务为前提，没有对应的义务主体时，权利主体的权利便没有保障，是不可能实现的。同时，经济权利和经济义务具有对等性，没有无权利的义务，也没有无义务的权利。权利与义务是统一的，不允许只享有权利不承担义务，也不能只承担义务不享有权利。

---

⑨ 参见 2011 年 2 月 25 日全国人大常委会通过的《刑法修正案(八)》。这 13 项罪名是：走私文物罪，走私贵重金属罪，走私珍贵动物、珍贵动物制品罪，走私普通货物、物品罪，票据诈骗罪，金融凭证诈骗罪，信用证诈骗罪，虚开增值税专用发票、用于骗取出口退税、抵扣税款发票罪，伪造、出售伪造的增值税专用发票罪，盗窃罪，传授犯罪方法罪，盗掘古文化遗址、古墓葬罪，盗掘古人类化石、古脊椎动物化石罪。我国死刑罪名将由 68 个减至 55 个。

举案说法 1.3

某房产中介公司诉毛某违约赔偿案

2004年6月，被告为了购买住房，与原告签订了一份《房地产买卖居间协议》，约定由原告作为居间人将庄某坐落于浦明路的一套房屋介绍给毛某，房款为人民币245万元，双方在所签协议中约定了付款方式、意向金的数额及处理办法等事项。其中，还在第十条约定："由于被告的原因导致房地产买卖合同未签订的，被告应向原告支付总房款3%的违约金。"协议签订后，被告按约支付给原告意向金5 000元。后由于被告与庄某在付款问题上未能达成一致意见，买卖合同没有签成。原告遂诉至法院，以被告拒绝签订买卖合同为由，请求判令被告毛某按照约定支付违约金4 900元。法院认为，原被告双方签订的《房地产买卖居间协议》系原告提供的格式条款，其中第十条约定的内容，剥夺了买卖双方进一步协商的权利。而原告却将自己居于无论居间行为是否成功均可获得相应报酬的有利地位，显与当事人应当遵循公平原则确定各方的权利和义务的法律规定相悖，故该约定的条款无效。《合同法》第四十条规定："提供格式条款一方免除其责任、加重对方责任、排除对方主要权利的，该条款无效。"《合同法》第四百二十六条第一款规定："居间人促成合同成立的，委托人应当按照约定支付报酬。"《合同法》第四百二十七条规定："居间人未促成合同成立的，不得要求支付报酬，但可以要求委托人支付从事居间活动支出的必要费用。"因此，原告在被告与庄先生签订《房地产买卖合同》之前，只能向被告主张其进行居间活动所支出的必要费用。最后，法院判决：对原告要求被告支付违约金的诉讼请求不予支持。

3. 经济法律关系的客体

经济法律关系的客体是指经济法主体权利和义务所指向的对象。根据我国经济法律法规的有关规定，经济法律关系的客体包括物、经济行为和非物质财富。

1) 物

物是指能够为人控制和支配的、具有一定经济价值的、可通过具体物质形态表现存在的物品。物包括自然存在的物品和人类劳动生产的产品，以及固定充当一般等价物的货币和有价证券。但并非所有的物都可以充当经济法律关系的客体，只有与经济法主体权利和义务相联系的物才符合经济法律关系的客体的要求。

2) 经济行为

经济行为是指经济法主体为达到一定经济目的，实现其权利和义务所进行的经济活动。它包括经济管理行为、提供劳务行为和完成工作行为等。作为经济法律关系客体的经济行为，仅指具有法律意义，即为实现权利和义务的行为。

3) 非物质财富

非物质财富也可称为精神财富或精神产品，包括智力成果和道德产品。

(1) 智力成果。智力成果是指经济法主体从事智力劳动所创造取得的成果，如科学发明、技术成果、艺术创作成果、学术论著等。智力成果本身不直接表现为物质财富，但可以转化为物质财富。智力成果作为经济法律关系的客体，其法律表现形式主要为商标、发明、实用新型、外观设计、专有技术、文学、艺术和科学作品等。

(2) 道德产品。道德产品是指人们在各种社会活动中取得的非物化的道德价值，如荣誉称号、嘉奖表彰等，它们是公司法人荣誉权的客体。

1.6.3　经济法律关系的发生、变更和消灭

经济法律关系是根据经济法律规范在经济法主体间形成的权利与义务关系。但经济法律规范本身并不能必然在经济法主体间形成权利与义务关系，只有在一定的经济法律事实出现后，才能使经济法律关系以经济法律规范为依据而发生、变更和消灭。

经济法律事实是指由经济法律规范所规定的，能够引起经济法律关系发生、变更和消灭的客观现象。经济法律事实是客观事实的一部分，那些不为法律规范所规定，不能引起任何法律后果的客观事实不是经济法律事实。

经济法律事实可以分为两类，即事件和行为。

(1) 事件。事件是指不依经济法主体的主观意志为转移的，能引起经济法律关系发生、变更和消灭的现象。它包括自然现象和社会现象两种。自然现象又称绝对事件，如自然灾害；社会现象又称相对事件，相对事件虽由人的行为引起，但其出现在特定经济法律关系中并不以当事人的意志为转移，如因人类战争导致合同无法履行，因人的死亡导致劳务关系终止等。

(2) 行为。行为是指以经济法主体意志为转移的，为达到一定经济目的而进行的有意识的活动。按其性质可分为合法行为和违法行为。合法行为是指经济法主体符合法律法规规定的行为；违法行为是指经济法主体违反法律法规的行为。这两种行为都可以引起经济法律关系的发生、变更和消灭。

举案说法 1.4

全国首例政府采购纠纷案⑩

2002 年 6 月 12 日，浙江某医疗设备厂状告全国畜牧兽医总站和畜牧兽医器械质量监督检验测试中心，称这两家机构在从事“无规定动物疫病区建设项目”第二期招标采购设备过程中存在违法行为，严重侵犯了原告的财产权和经营活动。因此，要求两机构赔偿经济损失，并赔礼道歉。2002 年 12 月 18 日北京市朝阳区人民法院依照《中华人民共和国招标投标法》第五条、第二十六条、《中华人民共和国民法通则》第四条的规定，判决驳回原告的诉讼请求。经查，两家被告单位整个招投标活动公正合法，原告提交的投标文件中“冷冻切片机生产制造认可表”是变造而来的，原告在投标过程中存在造假行为。本案中，原告未能中标的原因，是其不具备生产相应产品的资质，不具备投标、中标条件，且有变造资质证书的弄虚作假行为。两家被告单位的行为是否违反程序、是否违法不是原告不能中标及损失发生的原因。由于两被告的行为和原告的损失之间，根本不存在因果关系，故原告的侵权之诉是不成立的。合议庭正是基于对因果关系的审查，作出了驳回原告诉讼请求的判决。

有的经济法律关系的发生、变更和消灭只需一个法律事实出现即可成立；有些经济法律关系的发生、变更和消灭则需要两个以上的法律事实同时具备。引起某一经济法律关系发生、变更或消灭的数个法律事实的总和，称为事实构成。如保险赔偿关系的发生，需要订立保险合同和发生保险事故两个法律事实出现才能成立。

---

⑩ 参见郭莉蓉，蔡黎：《全国首例政府采购纠纷案评析》，载于北京市朝阳区人民法院，http://cyfy.bjchy.gov.cn/judgeof/judge/judge10537.htm，2004-11-23。

引例分析

“亚洲金融危机”香港特区政府直接入市操作案[11]

大家都知道，香港特区保留英美法系的法律传统，没有部门法的划分，但是，从香港特区政府应对1997年亚洲金融危机的一系列举措来看，没有经济法却实实在在地有经济法理念。经济法理念就是社会整体经济利益的实现。经济法的实质正义要求根据特定时期的特定条件来确定经济法的任务，以实现最大多数人的幸福、利益和社会整体效益。自从亚洲金融危机爆发以来，香港特区经济受到严重冲击，市场萎靡不振，人民生活水平明显降低。现任香港特首的曾荫权在当时特区政府执掌财政大权，在与“大鳄”的较量中，曾荫权经过了10天的权衡，才决定入市。事实上，要作出入市干预的决定，对曾荫权而言，实在相当痛苦，皆因此举将有损香港自由经济市场的良好形象，也会令港府一直奉若神明的“积极不干预”政策由此“破戒”。然而，经过反复思量，曾荫权还是决定为恢复市场的正常运作，并真正维护香港的自由经济体系，有必要向各财政及金融部门下达入市的指令，与国际炒家进行背水一战。他表示：“如果任人肆意冲击联系汇率借以图利，结果令香港600万人的经济利益受损，那便是我失职。在接受经济调整这事实之余，我有责任将调整带给市民的痛苦减到最低。”特区政府直接入市操作，对香港外汇和货币市场的7项措施、对证券和期货的30条措施，都在于维护货币市场、证券、期货市场的稳定，都是为了实现香港特区整体经济利益。

香港特区政府参与、管理香港经济的事实，表明经济法的理念已深入人心。香港特区政府出台的应对经济危机的管理措施以规范性文件的形式发布，为相关的主体包括特区政府和相关市场主体都设定了权利义务，形成了一种新的经济法律关系。香港特区政府出台的这些应对经济危机的管理措施及其规范性文件，从经济法的视角来看就是经济法。但是，按照划分法律部门及确定经济法独立地位的主客观相统一标准，在香港特区虽有经济法产生的客观条件，即社会环境业已造就出具有经济法成立的客观社会关系和相应的法律关系领域，经济法可以成为独立的法律部门，然而香港特区并不存在经济法作为一个独立部门的主观条件，即香港受英美法系传统法律文化的影响，不存在对作为经济法成立的客观条件进行解释和认同的主观需求，因而香港特区虽然具有非常典型的反映经济法基本理论的案例，却不能认为香港特区就存在经济法部门。

本章小结

本章是经济法总论部分的重要基本理论的概述，重点介绍了经济法的产生和发展，经济法的概念与特征，经济法的调整对象，经济法的理念、基本原则、渊源和体系，经济法律关系及其三要素，经济法律关系的产生、发展和变更等基本知识。

思　考　题

(1) 什么是经济法？它有哪些特征？
(2) 经济法的调整对象是什么？
(3) 经济法首先产生在哪个国家？
(4) 中国经济法产生的背景是什么？
(5) 经济法的理念、基本原则和渊源是什么？
(6) 经济法律关系及其三要素是什么？
(7) 什么是经济责任制？经济责任制的精髓是什么？

---

⑪ 参见李艳芳：《经济法案例分析》，北京：中国人民大学出版社，1999，第3～9页。

第2篇

经济法主体制度

第2章

公司法

教学目标

通过学习本章，掌握公司与公司法的概念和特征，公司董事、监事、高级管理人员的资格和义务，公司的有限责任和公司法人人格否认制度，公司的权利能力和行为能力，一人有限责任公司的特别规定；熟悉公司的分类，公司法人财产权与股东权利，有限责任公司的设立条件、组织机构、股权转让；了解公司合并、分立、增资、减资、解散与清算，股份有限公司设立条件、股份发行和转让，公司财务会计基本要求、利润分配，上市公司特别规定，股东诉讼等。

教学要求

知识要点	能力要求	相关知识
公司	(1) 能够理解并掌握公司的概念和特征 (2) 能够理解并掌握公司法的概念和特征 (3) 能够掌握公司的分类 (4) 能够了解公司的权利能力和行为能力	(1) 公司的概念 (2) 公司法的概念 (3) 公司的分类 (4) 公司的权利能力和行为能力
基本制度	(1) 掌握公司设立和成立的联系与区别 (2) 能够理解公司法人财产权 (3) 能够理解股东的权利和义务 (4) 能够掌握董事监事高管的义务和责任 (5) 能够了解公司的变更与终止	(1) 公司设立的概念 (2) 公司法人财产权的概念 (3) 股东的权利和义务内容 (4) 董事监事义务和责任 (5) 公司的变更与终止
有限责任公司	(1) 能够掌握有限责任公司的概念和特征 (2) 了解有限责任公司的设立条件和程序 (3) 能够了解有限责任公司的组织机构 (4) 能够了解有限责任公司股权的转让 (5) 掌握一人有限公司的特别规定	(1) 有限责任公司 (2) 有限责任 (3) 国有独资公司 (4) 一人有限公司 (5) 公司法人人格否认

知识要点	能力要求	相关知识
股份有限责任公司	(1) 掌握股份有限责任公司的概念与特征 (2) 能够掌握股份有限责任公司的设立方式和设立条件 (3) 掌握股份有限责任公司股份发行与转让 (4) 能够掌握上市公司的特别规定	(1) 股份有限责任公司的概念 (2) 股份有限责任公司的特征 (3) 股份有限责任公司的设立 (4) 股份有限责任公司的成立 (5) 股份的发行与转让 (6) 上市公司的特别规定

引　　例

郑百文“花瓶董事”案①

轰动全国的“陆家豪诉中国证监会”一案，最终以陆家豪败诉告终。陆家豪是郑州某大学教公共外语的退休老师，他为什么要告中国证监会？此案为什么叫“花瓶董事”案？ 他为什么败诉？

对此案分析先从公司法说起。

2.1　公司与公司法概述

2.1.1　公司的概念和特征

公司是依照法定的条件与程序设立的、以营利为目的的企业法人，它有以下4个主要特征。

1．公司是企业法人，具有独立性

公司作为法人，具有独立的财产，并且能够以自己的名义享有民事经济权利并独立承担民事经济责任。公司的股东一旦把自己的投资财产投入并转移给公司，就丧失了对该财产的所有权，从而取得股权；而公司则对股东投入的财产享有完全的、独立的法人财产权。公司独立承担责任是公司法人资格的最终体现。

2．公司是社团组织，具有社团性

公司的社团性主要表现为它通常要求两个或两个以上的股东出资设立。我国公司法在总体上坚持了社团性特征，一人有限责任公司和国有独资公司的特别规定只是社团性的例外而已，并未否定公司社团性的根本属性。

3．公司以营利为目的，具有营利性

所谓以营利为目的，是指公司必须从事经营活动，而经营活动的目的在于获取利润并将其分配给投资者。公司所从事的以营利为目的的经营活动，具有连续性和固定性，即具有营业性的特点。营利性是公司区别于其他公益法人、国家机关等社会组织的表现。

① 参见韩强文：《陆家豪败诉的启示——独立董事的两难选择》，载于人民网，http://www2.qglt.com.cn/cgi-bbs/ReadFile?whichfile=499258Ltypeid=25，2002-12-11。

4. 公司依法设立，具有合法性

公司设立是公司取得法人资格的法律行为。公司的设立一般是按照专门的法律规定的条件和程序来进行的。在我国，一般性质的公司主要根据公司法和公司登记条例来设立；对外资公司的设立，还要优先适用“三资”企业法；对银行性质的公司的设立，要优先适用商业银行法。

2.1.2 公司法的概念和特征

公司法是指规定各种公司的设立、组织、活动和解散以及调整公司对内对外关系的法律规范的总称。公司法的特征主要有以下 4 个方面。

(1) 公司法是一种组织法与活动法相结合的法律。

公司法以调整公司的组织关系为其主要内容，同时也调整部分与公司组织关系密切联系的外部活动关系。就这两部分内容的比重而言，可以说组织法是第一位的，活动法是第二位的。

(2) 公司法是一种实体法与程序法相结合的法律。

公司法侧重于对股东和公司机关权利义务的规范以及股东与公司财产责任的划分，公司法无疑主要是实体法。在侧重实体性规定的同时，公司法还对取得实体权利所必须履行的程序作出了规定，因而又具有程序法的因素。公司法将实体法与程序法有机结合在一起，便利了法律的实施和操作。

(3) 公司法是一种强制性规范与任意性规范相结合的法律。

强制性规范是人们必须遵守的规范；任意性规范是指在遵守与不遵守之间人们可有选择权的规范。一般说来，作为一部法律，既包括强制性规范，也包括任意性规范，只不过在不同的法律中强制性规范和任意性规范的比例是不一样的。公司法也是强制性规范与任意性规范的结合，只不过公司法作为一种组织法，具有鲜明的国家干预性。因此，以强制性规范为主。

(4) 公司法是具有一定国际性的国内法。

为适应国际经济交往的客观需要，各国公司法在保留其个性特色的同时，都借鉴和吸收各国通行的公司规则。因此，各国公司法中具有共性的、规律性的规范越来越多。我国公司法的制定特别是 2005 年的修改，既体现了我国公司法的特色，也体现了我国公司法的国际性。

2.1.3 公司的分类

公司根据不同的标准，可以划分出不同的种类。

1. 对公司债务承担的责任形式

根据股东对公司债务承担的责任形式，公司分为无限责任公司、两合公司、股份有限公司、股份两合公司和有限责任公司。这是大陆法系国家对公司的法定分类。

(1) 无限责任公司：简称为无限公司，是指全体股东对公司债务负连带无限责任的公司。大陆法系国家承认此种公司形式，而英美法系国家不承认此种公司形式，认为它是合伙。我国则未规定无限公司。

(2) 两合公司：是指一部分股东对公司债务承担无限责任，另一部分股东对公司债务承担有限责任的公司。

(3) 股份有限公司：指由一定人数的股东发起设立的，公司全部资本划分为等额的股份，股东以其所认购的股份为限对公司债务承担责任，公司以其全部资产对其债务承担责任的企业法人。

(4) 股份两合公司：是指由无限责任股东和股份有限责任股东共同出资设立的公司。与两合公司的不同之处主要是，股份两合公司中承担有限责任的资本部分被划分成了股份，而且是用发行股票的方式筹集而来的。

(5) 有限责任公司：简称有限公司，是指由两个或两个以上股东共同出资，每个股东以其出资为限对公司承担责任，公司以其全部资产对其债务承担责任的企业法人。

2. 公司的信用标准

根据公司信用标准，公司可分为人合公司、资合公司及人合兼资合公司。这是大陆法系国家对公司的一种学理分类。

(1) 人合公司：是指公司的信用基础在于股东个人的信用，而不在于公司资本多少的公司。无限公司是典型的人合公司。

(2) 资合公司：是指公司的经营活动着重于公司资本数额的公司。换言之，资合公司是以公司的资本作为公司的信用基础的公司。股份有限公司是典型的资合公司。

(3) 人合兼资合公司：是指公司的经营活动兼具人的信用和资本信用的公司。两合公司和股份两合公司是典型的人合兼资合公司。

3. 公司对另一公司的控制与支配关系

根据一个公司对另一个公司的控制与支配关系，可将公司分为母公司与子公司。

(1) 母公司：是指因拥有其他公司一定比例的股份而控制或支配其他公司经营活动的公司。

(2) 子公司：是指全部或部分股份被另一个公司持有，经营活动被另一个公司实际控制的公司。

4. 公司的内部组织系统

根据公司内部组织系统，可把公司分为总公司和分公司。

(1) 总公司：是指具有独立的法人资格，能够以自己的名义直接从事生产经营活动，对公司系统内的业务经营、资金调度、人事安排等具有统一决定权的公司。

(2) 分公司：是指受总公司管辖的分支机构，在法律上不具有法人资格。分公司虽然不具有法人资格，但仍具有经营资格，需办理营业登记并领取营业执照。

5. 公司的国籍

根据公司的国籍，可将公司分为本国公司、外国公司和跨国公司。

(1) 本国公司：是指依本国法登记设立的、具有本国国籍的公司。

(2) 外国公司：是指依照外国法律登记设立的、具有外国国籍的公司。

(3) 跨国公司：是指由两个以上不同国籍的公司组成的，具有关联关系的公司联合体。

2.1.4 公司的权利能力和行为能力

1. 公司的权利能力

公司的权利能力是指公司作为法律主体依法享有权利和承担义务的资格。这种资格是由法律赋予的，它是公司在市场经济活动中具体享有权利、承担义务的前提。公司的权利能力于公司成立时产生、至公司终止时消灭。《中华人民共和国民法通则》(以下简称《民法通则》)规定，企业法人应自其依法登记取得营业执照之日起享有民事权利能力，自其注销企业法人营业执照之日起终止其民事权利能力。

公司作为法人，虽有其人格，但不像自然人一样有生命、身体，故凡与自然人自身性质相关的权利、义务，如婚姻、继承等，公司均不得享有。

我国过去的司法实践中，曾一直坚持超越经营范围的合同无效，但是，这种做法受到了挑战。随着社会经济的发展，一方面现代产业之间的关联性不断加强，使得确定公司目的事业范围的难度增大；另一方面公司为分散经营风险，寻求多种营利的机会，经营范围也有不断扩大的趋势，除主营业务外，还有大量的附营业务，这使得用经营范围来限制公司的权利能力意义已经不大。所以，现行公司法不再要求公司不得超越经营范围。

2. 公司的行为能力

公司的行为能力是指公司基于自己的意思表示以自己的行为独立取得权利和承担义务的能力。公司的行为能力与其权利能力同时产生，同时终止。公司行为能力的范围和内容与其权利能力的范围和内容相一致。

公司是法人，具有法律上的团体人格，它在按照自己的意志实施行为时，与自然人有所不同。首先，公司的意思能力是一种社团组织的意思能力，它必须通过公司的法人机关来形成和表示。公司的法人机关由公司的股东会(或股东大会)、董事会和监事会组成。其次，公司的行为能力由公司的法定代表人来实现。公司的法定代表人可以由董事长、执行董事、经理三者之一担任。

公司的行为能力分为以下 3 个方面。

(1) 公司的民事行为能力：即公司能够通过自己的意思表示，设立、变更或消灭民事法律关系，独立地享有民事经济权利和承担民事经济义务。

(2) 公司的侵权行为能力：即公司在其经营范围内进行活动，对他人造成损害的能力。

(3) 公司的犯罪行为能力：即公司的行为违反法律，构成犯罪时，公司作为刑事主体依法承担刑事责任的能力。

2.2 公司法的基本制度

2.2.1 公司的设立

1. 公司设立与公司成立

公司设立是指创办人依《中华人民共和国公司法》(以下简称《公司法》)规定在公司成立之前为组建公司进行的，旨在取得公司主体资格的活动。而公司的成立是指已经具备了法律规定的实质要件，完成设立程序、由主管机关发给营业执照而取得公司主体资格的一种法律事实。二者的主要区别如下。

1) 行为主体不同

公司设立的主体主要是发起人和认股人；而公司成立的主体主要是申请人和有权批准成立的政府机关。

2) 发生阶段不同

公司的设立和成立是取得公司主体资格过程中一系列连续行为的两个不同阶段：设立行为发生于营业执照颁发之前；成立行为则发生于被依法核准登记、签发营业执照之时。

3) 法律效力不同

公司在被核准登记之前，被称为设立中的公司，此时的公司尚不具备独立的主体资格，其内、外部关系一般被视为合伙。因此，在设立阶段的行为，如果公司最终未被核准登记，设立行为的后果类推适用有关合伙的规定，由设立人对设立行为负连带责任；如果公司被核准登记，发起人为设立所实施的法律行为，其后果原则上归属于公司。公司的成立则使公司成为独立的主体，公司成立后所实施行为的后果原则上由公司承担。

4) 行为性质不同

公司设立是公司成立的前提条件，而公司的成立是完成公司设立行为的法律结果。

5) 争议解决的程序不同

公司设立过程中，发起人之间产生争议，一般依发起人间订立的设立协议，按民事程序解决；有关公司是否成立的争议，一般依行政法规，按行政程序解决。

2. 公司设立的原则

公司设立的原则是指公司设立的基本依据及基本方式。从罗马社会到近代工业社会，公司的设立先后经历了自由主义、特许主义、核准主义、准则主义和严格准则主义等设立原则。

1) 自由主义

自由主义又称放任主义，是指公司的设立只凭设立人的自由决定，不必经过许可批准，法律也不加任何干涉。这种情况主要发生在公司的萌芽时期，如欧洲中世纪的“商人法”时期和 1904 年清政府颁布《公司律》以前中国的情形。

2) 特许主义

特许主义是指公司的设立需经国家元首颁发特许状(又称元首特许主义)而设立，如英国的皇家特许公司；或者基于立法机关通过特别法案(又称法律特许主义)而设立，如我国的邮政、骨干电信公司、政策性银行以及从事军工、航天等关系到国计民生的公司。

3) 核准主义

核准主义又称“许可主义”或“审批主义”，是指设立公司，除了需要符合法律规定的条件外，还需个别报请主管行政主管机关审查批准，方能登记成立。

4) 准则主义

准则设立主义又称单纯准则设立主义，是指公司设立的条件由法律作出规定，凡符合法定条件的，不必经国家主管机关批准，即可设立公司。

5) 严格准则主义

严格准则设立主义是相对于单纯准则设立主义而言的，为了让其公司可及时设立，迅速开展经营活动之利，避其可能导致公司滥设之虞，现代各国商法倾向于准则主义的严格化。这种严格化主要表现在：一是通过法律详细规定公司设立的条件，并加重设立人的责任；二是加强法院和行政机关对公司设立的外部监督。

我国实行准则主义为主，核准主义为辅的公司设立原则。根据《公司法》第六条第一款的规定，设立公司，只要符合法律规定的条件和程序就可以登记为有限责任公司或股份有限公司，体现的就是准则主义；依据《公司法》第六条第二款的规定，法律、行政法规规定取得批准方可设立公司的情况，即核准主义原则。

3. 公司设立的方式

公司设立的方式一般有发起设立和募集设立两种。

(1) 发起设立：是指由发起人认购应发行的全部股份而设立公司。

(2) 募集设立：是指发起人认购公司应发行股份的一部分，其余部分向社会公开募集而设立公司。

因无限公司、两合公司、有限责任公司公司的人合性强，资本具有封闭性，所以其设立方式均为发起设立。股份有限公司和股份两合公司属于开放性公司，可以向社会发行股份，其设立既可以采取发起方式，也可采取募集方式。

4. 公司的设立登记

公司的设立登记是指公司在设立时，依法在公司注册登记机关由申请人提出申请，主管机关审查无误后予以核准，并记载法定登记事项的行为。我国的公司登记机关是国家工商行政管理局和地方各级工商行政管理局。公司设立登记的基本程序如下。

1) 提出申请

拟设立的公司向其所在地的工商行政管理机关提出设立登记申请是公司设立登记的第一步。对于需要申请公司名称预先核准的，应申请公司名称的预先核准。

2) 审查核准

登记主管机关依《中华人民共和国公司登记管理条例》第四十五条的规定，对于设立登记申请的各种文件应进行审查，经过形式审查合格的，即发给申请人《公司登记受理通知书》。登记机关自发出《公司登记受理通知书》之日起 30 日内，经过实质审查，即对符合规定条件的申请，作出予以登记的决定，自作出予以登记的决定之日起 15 日内通知申请人，发给《企业法人营业执照》；对不符合规定条件的，作出不予登记的决定，自作出不予登记的决定之日起 15 日内通知申请人，发给《公司登记驳回通知书》。

3) 公告

登记主管机关核准登记后，应发布公司登记公告。经公告后，公司登记程序才告全部完成。

4) 登记的更正和撤销

我国公司立法还规定有公司登记的更正和撤销制度。依我国《公司登记管理条例》第五十八条的规定，如果办理登记时虚报注册资本、提交虚假证明文件或者采取其他欺诈手段隐瞒重要事实取得登记的，登记主管机关应责令改正；情节严重的，可撤销登记。

5. 公司设立登记的法律效力

一般认为，公司设立申请经公司登记机关核准登记注册后，即发生以下法律效力。

1) 公司取得从事经营活动的合法凭证

企业法人营业执照签发日期为公司成立日期。公司凭据此执照刻制印章、开立银行账户、申请纳税登记。公司在登记注册的范围内从事经营活动，受国家法律的保护。

2) 公司取得法人资格

公司的设立申请，经公司登记机关核准登记，领取企业法人营业执照后，公司即具有企业法人资格。

3) 公司取得名称专用权

公司对登记的名称享有名称专用权。申请设立登记的公司，其名称经公司登记机关核准登记后，公司可以使用该名称并以其名义从事经营活动，享有权利、承担义务。

2.2.2 公司的名称和住所

1. 公司的名称

公司的名称是一个公司区别于其他公司的标记。公司的名称是公司商誉的重要组成部分，是一种无形资产。

根据《公司法》第八条和《企业名称登记管理规定》第九条的规定，公司的名称由以下 4 部分组成。

(1) 公司所属的行政区划名称：即注册机关的行政管辖级别和行政管辖范围。

(2) 字号：即公司的特有名称，一般由两个或两个以上的汉字或少数民族文字组成。这是公司名称的核心内容，也是公司名称中唯一可由当事人自主选择的内容。不过，法律对此往往规定一些禁用条款。

(3) 公司的行业或营业部类：即公司的名称应显示出公司的主要业务和行业性质。

(4) 公司的形式：即公司的种类，如“股份有限公司”或“有限责任公司”。

2. 公司的住所

公司同自然人一样，要有自己的住所，以便确立一个活动中心地同各方面进行联系，开展业务活动。我国《公司法》第十条的规定与《民法通则》第三十九条的规定一致：公司以其主要办事机构所在地为住所。公司活动的场所除住所外，还包括其从事经营活动的其他地点以及其他分支机构的所在地。

我国法律规定要明确公司住所的意义主要有如下几点。

(1) 确定诉讼管辖地。

(2) 法律文书或其他函件的送达地。

(3) 债务履行地。

(4) 确定登记、税收等其他管理机关。

(5) 在涉外民事法律关系中确认准据法等。

2.2.3 公司资本

1. 公司资本的概念

公司资本是指在公司成立时在章程中确定的、由股东出资构成的公司财产总额。公司资本是公司赖以生存的“血液”，是公司运营的物质基础，是公司债务的总担保。公司资本的具体形态有以下几种。

(1) 注册资本：即狭义上的公司资本，是指公司在设立时筹足的、由公司章程记载的、不低于法定最低资本限额且经公司登记机关登记的资本。

(2) 发行资本：是指每股发行价与已经发行股份总数的乘积，无论股东是否已付清认股款。在实行授权资本制的国家，一般不要求注册资本都能得到发行，所以它小于注册资本。

(3) 认购资本：是指出资人同意缴付的出资总额。

(4) 实缴资本：是指公司发行股份，并经股东出资使公司实际收到的现金或其他出资的总额。

在我国公司法意义上，注册资本是公司股东的认缴资本额，所以，在我国，注册资本即认购资本。

2. 公司资本三原则

(1) 资本确定原则：指公司设立时应在章程中载明的公司资本总额，并由发起人认足或募足，否则公司不能成立。该原则也称资本法定原则。该原则首先为法国、德国公司法所确认。资本法定原则在不同国家的公司立法中又有不同含义。有些国家实行“严格法定资本制”，又称“实缴资本制”；有些国家则实行“非严格法定资本制”，即“授权资本制”。另外，还有些国家实行“折中资本制”。根据我国《公司法》的规定，公司资本于公司成立后两年内(投资公司可以在成立5年内)，必须全部募足并全部缴足，并经法定验资机构验资方能成立，可见实行的是并非严格的资本确定原则。我国原来实行严格法定资本制，新《公司法》采用折中授权资本制。

(2) 资本维持原则：指公司在其存续过程中，应当经常保持与其资本额相当的财产。目的在于维持公司的偿债能力、保护债权人利益。我国《公司法》中，体现资本维持原则的规定有：有限责任公司的初始股东对现金之外的出资负担保责任；发起人不得抽逃出资；股票不得折价发行；除法定情形外，公司不得回购本公司股票；在弥补亏损、提取法定公积金之前不得向股东分配利润等。

(3) 资本不变原则：指公司资本总额一经确定，非经法定程序，不得任意变动。我国《公司法》对增减资本都作出了严格限制，特别是减资，为了保护债权人的利益，《公司法》第一百七十八条第二款规定：公司应当自作出减少注册资本决议之日起10日内通知债权人，并于30日内在报纸上公告。债权人自接到通知书之日起30日内，未接到通知书的自公告之日起45日内，有权要求公司清偿债务或者提供相应的担保；第二百零五条规定：公司减少注册资本时，不依照本法规定通知或者公告债权人的，由公司登记机关责令改正，对公司处以1万元以上10万元以下的罚款。

公司资本三原则是大陆法系国家公司资本制度的核心，其基本出发点是为了保护债权人的利益和交易的安全，以及公司自身的正常发展。

3. 公司资本的类型

(1) 法定资本制。法定资本制又称确定资本制，是指公司在设立时，必须在章程中对公司的资本总额作出明确的规定。

(2) 授权资本制。授权资本制是指公司在设立时，资本总额虽应记载在章程中，但并不要求发起人全部认足，只认购并缴付资本总额中的一部分，公司即可成立；未认购部分，授权董事会根据需要，随时发行新股募集。授权资本制是英美法系国家创设的，使其公司的资本内容复杂化，并呈现出 4 种不同的具体形态，即注册资本、发行资本、实缴资本及储备资本。

(3) 折中资本制。折中资本制又可分为两种法例：一是折中授权资本制，是指公司设立时，章程中应明确记载公司的资本总额，股东只需认足第一次发行的资本，公司即可成立，但公司第一次发行的资本不得低于资本总额的一定比例；未认足部分，授权董事会随时发行新股募集。二是认许资本制，又称许可资本制，是指公司设立时，章程中应明确记载公司的资本总额，并由股东全部认足，公司方得成立。但公司章程可以授权董事会于公司成立后一定年限内，在授权时公司资本额的一定比例范围内，发行新股，增加资本，而无须经股东会决议。

2.2.4 公司财务会计

1. 公司财务会计的基本要求

财务会计是公司经营管理的基础性和经常性的工作。公司应当依照法律、行政法规和国务院财政主管部门的规定建立本公司的财务、会计制度，依法进行财务管理和会计核算。公司应当单独设置会计机构，配备会计人员，并依法设置会计账册，编制财务会计报告，一切经济业务活动均应办理会计手续。公司不得在法定会计账册外另立账册，对公司资产不得以任何个人名义开立账户存储。

2. 公司的财务会计报告

公司一般应当在每一会计年度终了时制作财务会计报告。公司财务会计报告应当包括财务会计报表及附属明细表：资产负债表、损益表、财务状况变动表(自 1998 年 1 月 1 日起改用现金流量表)、财务情况说明书、利润分配表。公司对外报送的年度财务会计报告必须经注册会计师审查验证。

公司财务会计报告是反映公司一定时期的财务和经营状况的重要书面资料，公司应当按下列规定报送或者公开其财务会计报告。

(1) 有限责任公司应当按照公司章程规定的期限，将财务会计报告送交各股东。

(2) 股份有限公司的财务会计报告应当在召开股东大会年会的 20 日以前置备于本公司，供股东查阅。

(3) 以募集设立方式设立的股份有限公司，必须依法定期公告其财务会计报告。

举案说法 2.1

银广厦财务会计造假案②

广厦(银川)实业股份有限公司，即银广厦，曾被称作中国股市的大牛股，创造了 2000 年全年涨幅居深沪两市第二等多项股市奇迹。2001 年银广厦造假问题在媒体披露后，股价连续 15 个跌停，从停牌前的 30.79 元跌至 6.59 元，近 68 亿元的流通市值无形蒸发。

---

② 参见资料《银广厦事件》，载于价值中国网，http://www.chinavalue.net/wiki/showcontent.aspx?titleid=24310，2006-08-16。

财政部、证监会调查表明，银广厦公司通过伪造购销合同、伪造出口报关单、虚开增值税专用发票、伪造免税文件和伪造金融票据等手段，虚构主营业务收入，虚构巨额利润，同时查明深圳中天勤会计师事务所及其签字注册会计师违反法律法规和职业道德，为银广厦公司出具严重失实的无保留意见的审计报告。银广厦受到中国证监会罚款 60 万元、责令改正其错误行为、公司股票将被暂停上市等行政处罚。银广厦的部分责任人员已移送司法机关追究刑事责任，待司法机关查清此案后，再对银广厦的有关责任人员予以行政处罚。财政部对该案所涉及的会计师事务所和注册会计师依法进行了处罚：吊销两名签字注册会计师的资格；吊销中天勤会计师事务所的执业资格，并会同证监会吊销其证券、期货相关业务许可证。涉案的签字注册会计师已被公安机关立案调查。

3. 公司的利润分配

公司的利润是公司在一定时期内从事生产经营活动的财务成果，包括营业利润、投资收益和营业外收支净额。公司的年度利润应当按照下列法定顺序分配。

(1) 依法缴纳税款。

(2) 弥补以前亏损。

(3) 提取法定公积金(10%，达到注册资本的 50%以上可不再提取)。

(4) 支付优先股股利。

(5) 提取任意公积金。

(6) 支付普通股股利。

股东会或者董事会违反上述分配顺序，在弥补亏损和提取法定公积金向股东分配利润的，必须将违反规定分配的利润退还公司。

新《公司法》取消了提取法定公益金的规定。

2.2.5 公司法人财产权

公司法人财产权是指公司对股东投资形成的法人财产享有占有、使用、收益、处分的权利。

为保护公司独立的法人财产，公司法规定了一系列保护措施。首先，股东在公司成立后不得抽逃出资，不得占有、支配公司资金、财产，国有股东也不能直接支配其投入公司中的国有资产。其次，公司可以向其他企业投资；但是，除法律另有规定外，不得成为对所投资企业的债务承担连带责任的出资人。再次，公司向其他企业投资或者为他人提供担保，受到如下限制：依照公司章程规定，由董事会或股东会、股东大会决议；公司为公司股东或者实际控制人提供担保的，必须经股东会或股东大会决议；接受担保的股东或者受实际控制人支配的股东不得参加担保事项的表决，该项表决由出席会议的其他股东所持表决权的过半数通过；公司章程对投资或者担保的总额及单项投资或者担保的数额有限额规定的，不得超过规定的限额。

2.2.6 股东的权利和义务

1. 公司股东

公司股东是指公司的出资人在向有限责任公司或股份有限公司履行了出资义务后，对公司享有权利、承担义务者。股东的资格不受限制，不论是自然人，还是法人，不论是否具有民事行为能力，均可成为股东。

公司股东资格的取得，以对公司出资为最基本方式。有两种取得股东资格的途径：其一为原始取得，原始取得者为公司设立时公司的出资人，或公司增资时公司股本新的购买者；其二为继受取得，继受取得者是通过继承、受赠或出资受让而取得股东资格的。

公司股东资格的丧失以股东收回对公司的出资为条件。股东资格的丧失也有两种途径：其一为绝对丧失，指公司因各种原因解体时，无论股东最后是否实际收回出资，伴随着公司清算程序的终结，公司股东不复存在；其二为相对丧失，是与股东资格的继受取得相对应，因转让或赠与了其在公司中的出资而丧失公司股东资格。

股东因其出资人的身份不同而划分为不同类型的股东，即自然人股东、法人股东和国家股东。

2. 股东的权利

股东权的保护程度如何，不仅直接关系到股东个人的切身利益，而且关系到公司制度本身的存废，并进一步波及于公司的劳动者、经营者、消费者、债权人、交易客户、公司所在地居民、公司所在地政府乃至全社会的利益，可谓牵一发而动全身。西方市场经济国家传统的公司法，往往把最大限度地营利，实现股东利益的最大化视为公司的最高价值取向。在这个意义上说，近现代公司法的历史就是一部为股东权保护而奋斗和努力的历史，公司法实际上就是股东权保护法。③

股东的权利或股东权或股权是股东基于其股东资格而享有的从公司获取经济利益并参与公司经营管理和监督的权利。股权是社员权其中的一种，具有支配性、请求性、可转让性。股东的权利是由法律所赋予的，因而，不得以公司章程规定或股东大会决议或董事会决议的方式加以限制。新《公司法》第四条规定：公司股东依法享有资产收益、参与重大决策和选择管理者等权利。股东的权利就是围绕上述规定展开的。公司法在具体规定股东所享有的权利的同时，允许公司在公司章程中对股东权利的享有和保护作出进一步的细化的规定。股东具有以下权利。

1) 资产收益权

股东有权按照实缴的出资比例或者章程规定的其他方式分取红利；在公司新增资本时，除非公司章程另有约定，股东有权优先按照实缴的出资比例认缴出资；在公司解散清算后，公司财产在分别支付清算费用、职工的工资、社会保险费用和法定补偿金，缴纳所欠税款，清偿公司债务后的剩余财产，股东有权按照出资比例或者按照公司章程的规定予以分配。

2) 参与重大决策权

股东通过股东会，有权决定公司的经营方针和投资计划，审议批准公司的年度财务预算方案、决算方案、利润分配方案和弥补亏损方案，决议公司增加或者减少注册资本、发行公司债券、公司合并、分立、变更公司、解散和清算、修改公司章程等事项。公司章程还可以规定股东会享有的其他参与重大决策权，比如就公司向其他企业投资或者为他人提供担保，特别是公司为公司股东或者实际控制人提供担保作出决议等。

---

③ 参见刘俊海:《股份有限公司股东权的保护》，载于中国民商法律网，http://www.civillaw.com.cn/article/default.asp?id=21223，2005-04-02。

3) 选择、监督管理者权

现代企业制度实行所有权和经营权的适度分离，公司法据此确立了公司治理结构，即股东会是公司的权力机构，决定公司的重大事项，将经营权授予董事会和董事会聘任的经理。同时，股东会有权选举和更换非由职工代表担任的董事、监事，决定有关董事、监事的报酬事项，审议批准董事会和监事会或者监事的报告。董事会须对股东会负责，而经理须对董事会负责。监事会对董事、高级管理人员执行公司职务的行为进行监督，并履行其他监督职能。在公司董事、监事、高级管理人员侵害公司权益时，公司股东还享有代位诉讼权。

4) 提议、召集、主持股东会临时会议权

为保障股东参与重大决策权的实现，除应当按期召开股东会定期会议外，还应当依法召开股东会临时会议。《公司法》第四十条第二款规定：定期会议应当依照公司章程的规定按时召开。代表 1/10 以上表决权的股东，1/3 以上的董事，监事会或者不设监事会的公司的监事提议召开临时会议的，应当召开临时会议。如果董事会或者执行董事不能履行或者不履行召集股东会会议职责，由监事会或者不设监事会的公司的监事召集和主持；如果监事会或者监事也不召集和主持，代表 1/10 以上表决权的股东可以自行召集和主持。

5) 股份转让权

公司的股东作为公司股份的合法持有者有权根据自己的意愿和《公司法》及其章程的规定转让其股份(具体规定详见本书有限公司和股份有限公司有关股份转让的相关讲解)。

6) 退出权

依资本维持原则，公司成立后，股东不得抽逃出资，但这并影响股东在一定情形下退出公司或者解散公司。公司法规定，有下列情形之一的，对股东会该项决议投反对票的股东可以请求公司按照合理的价格收购其股权：①公司连续 5 年不向股东分配利润，而公司该五年连续盈利，并且符合本法规定的分配利润条件的；②公司合并、分立、转让主要财产的；③公司章程规定的营业期限届满或者章程规定的其他解散事由出现，股东会会议通过决议修改章程使公司存续的。自股东会会议决议通过之日起 60 日内，股东与公司不能达成股权收购协议的，股东可以自股东会会议决议通过之日起 90 日内向人民法院提起诉讼。此外，在公司经营管理发生严重困难，继续存续会使股东利益受到重大损失，通过其他途径不能解决时，持有公司全部股东表决权百分之十以上的股东，可以请求人民法院解散公司。

7) 累积投票权

股东累积投票权是指股东在股东大会选举董事或者监事时，按照累积投票方式参加选举董事或者监事的权利。累积投票是指股东所持的每一股份都拥有与股东大会拟选举的董事或者监事数量相等的投票权，股东既可以把全部投票权集中选举一人，也可分散选举数人，最后按得票多寡决定当选董事或者监事。

8) 决议撤销权

由于股东会实行资本多数决制度，小股东往往难以通过表决方式对抗大股东。而且，在实际操作中，大股东往往利用其优势地位，任意决定公司的重大事项。对此，《公司法》赋予小股东请求人民法院撤销程序违法或者实体违法的股东会、董事会决议的权利。

9) 知情权

股东虽然将公司的经营权授予了董事会和经理管理层，但是，股东依然享有了解公司基本经营状况的权利。当然，股东行使该项权利应以不影响公司正常运营为限。公司法对此作如下设计：股东有权查阅、复制公司章程、股东会会议记录、董事会会议决议、监事会会议决议和财务会计报告。股东可以要求查阅公司会计账簿。股东要求查阅公司会计账簿的，应当向公司提出书面请求，说明目的。公司有合理根据认为股东查阅会计账簿有不正当目的，可能损害公司合法利益的，可以拒绝提供查阅，并应当自股东提出书面请求之日起 15 日内书面答复股东并说明理由。公司拒绝提供查阅的，股东可以请求人民法院要求公司提供查阅。

10) 诉权

为切实保护股东权利，新《公司法》扩大了股东的诉权，丰富了公司诉讼的案由，主要有：小股东诉大股东的损害赔偿之诉(第二十条)；股东诉股东的出资责任之诉(第二十八条、第八十四条)、差价填补责任之诉(第三十一条)；股东诉公司的股东资格之诉(第三十三条)；股东诉公司的知情权之诉(第三十四条)、查账之诉(第三十四条)；股东诉公司的决议无效或者撤销之诉(第二十二条)、担保之诉(第十六条)；股权转让之诉(第七十二条)；退出权之诉(第七十五条)；股东直接诉董事、高管损害赔偿之诉(一百五十三条)；公司解散之诉(一百八十三条)等。

此外，股东权还包括优先权、建议质询权等。

举案说法 2.2

朱女士诉某技术服务公司查阅会计账簿案(2006)④

1996年，原告出资 25 万元成为被告股东，并被选举为被告董事。在近 10 年的时间里，被告以经营亏损或持平为借口，不进行利润分配，原告作为公司股东，始终无法了解公司业务和财产状况。原告提出要求查阅公司 1996—2006 年的原始会计账簿，但遭被告拒绝。原告诉至法院。

一审法院判决原告胜诉后，被告不服，以原告长期生活在国外，被告与其联系不上，其未参与过被告的经营活动，造成其不知道被告经营情况，这是原告的责任为由上诉至北京二中院。

北京二中院经审理认为，原告是被告的合法股东，依据公司章程和修改后的《中华人民共和国公司法》的相关规定，原告作为股东不仅有权查阅、复制公司股东会会议记录、财务会计报告，也可以查阅公司会计账簿。股东的上述知情权不能因其不在国内，未参与过被告的经营活动而被剥夺。据此，作出终审判决：被告向原告提供 1996—2006 年的原始会计账簿供其查阅。

3. 股东权利的分类

股东的权利依不同标准，可以有不同的分类。

(1) 以股东权的行使目标不同，分为共益权和自益权。凡股东以参加公司的运营为目的，或与此相关而行使的权利称为共益权；凡股东为自己的利益而行使的权利即为自益权。

(2) 以股东权行使是否需以持有一定数量的股份为形式要件，分为单独股东权和少数股东权。所谓单独股东权，即无论持有股份数量多少，股东一人可单独行使的权利；所谓

④ 参见侯志红：《北京法院首次确认中小股东有权查阅会计账簿》，转载于法律快车网，http://gongsi.lawtime.cn/gsfanli/2006091431162.html，2006-09-14。

少数股东权，是指必须代表股份总数一定比例以上的股东才能行使的权利，而不管是一名股东行使，还是数名股东联合行使。

(3) 以股东权的性质不同，分为固有权和非固有权。固有权是指非经持有该项权利的股东个别同意，即使以公司章程或股东大会决议方式也不得剥夺或随意改变行使条件的权利；非固有权则指可以通过公司章程或股东大会决议予以剥夺或改变行使条件的权利。

(4) 依权利主体的不同分为普通股东权、特别股东权(优先股东权、劣后股东权)。普通股东权是普通股东享有的股权；特别股东权是特别股东享有的股权。股份公司的股份可分为普通股与特别股，相应的，股权也可分为普通股东权与特别股东权。普通股东权与特别股东权的内容是不同的。优先股的股东有权按约定的股利率分取股利，但其不能参加股东会，无表决权。劣后股指在分配公司盈余或分配公司剩余财产方面逊后于普通股的股份。应当指出，优先股与劣后股的划分标准是相对的，有些特别股份在某一方面的权利优先，在另一方面的权利则可能劣后，如在分配公司盈余时具有优先的权利，但在分割公司剩余财产时则劣后于普通股。

4. 股东的义务

股东的义务是指基于股东资格而以独立身份应对公司所负的义务，主要内容如下。

(1) 遵守公司章程的义务。公司章程是股东们在设立公司时作出的共同承诺，所以，股东遵守公司章程是理所当然的。

(2) 缴纳所认缴的出资义务。公司作为资本企业，十分注重资本的充实。股东应当按照公司章程中的规定，足额缴纳所认缴的出资。

(3) 依其所认缴的出资额或所认购的股份为限对公司承担有限责任。股东有限责任是有限责任公司和股份有限公司的核心制度之一，一般情况下，无论公司的债务有多少，股东的责任是锁定的，即只在其认缴或认购的范围内承担责任。换言之，公司股东仅对公司负责。

(4) 公司成立后不得抽逃出资。公司的信用在很大程度上取决于公司的资本，所以，公司一旦成立，股东便不得以各种方式抽逃公司股本，但可依法转让。

(5) 公司股东应当遵守法律、行政法规。股东可依法行使股东权利，但不得滥用股东权利损害公司或者其他股东的利益；公司股东滥用股东权利给公司或者其他股东造成损失的，应当依法承担赔偿责任。

(6) 不得滥用公司法人独立地位和股东有限责任损害公司债权人的利益。公司股东违反此项义务，逃避债务，严重损害公司债权人利益的，应当对公司债务承担连带责任。

(7) 公司控股股东、实际控制人、董事、监事、高级管理人员不得利用其关联关系损害公司利益。违反规定给公司造成损失的，应当承担赔偿责任。

5. 公司法人人格否认或揭开公司面纱制度

“公司法人人格否认”或“揭开公司面纱”制度是公司有限责任的突破。英美法学者形象地将公司的独立人格和股东有限责任描绘为罩在公司头上的“面纱”。这层“面纱”将公司和股东隔开，当公司资产不足偿付其债务时，法律不能透过公司这层“面纱”要求股东承担责任。而“揭开公司面纱”则是指在公司股东滥用公司法人独立地位和股东有限责任，逃避债务，严重损害公司债权人利益时，法院为保护公司债权人利益，否定公司独立的人格，令股东对公司债务承担连带责任。公司有限责任是公司发展的基石，法官在适用揭开公司面纱制度时应严格掌握。适用“揭开公司面纱制度”原则应符合下列4个条件：一是公司设立合法有效且已取得独立人格；二是股东客观上滥用对公司的控制权；三是股东的控制权滥用行为，客观上损害了债权人利益或社会公共利益；四是股东不能为自己的利益而主张否认公司人格。

举案说法2.3

最高法院提审改判“揭开公司面纱”案[⑤]

甲公司是L银行开办的，法定代表人及其他成员均由该银行在职人员兼任，L银行对甲公司注册资金未到位。1993年8月1日，L银行与当地人民银行、V银行、甲公司协商，由人民银行拆借1 700万元资金给L银行，拆借3 800万元资金给V银行，再由V银行将该款转借L银行。当日V银行与甲公司签订了一份《拆借资金合同》，约定：V银行拆借资金3 800万元给甲公司，期限一年，并约定了拆借利率。后V银行依约划款3 800万元至甲公司在L银行设立的存款账户，甲公司收款后于同日划款至甲公司在L银行设立的贷款账户，用以归还自己欠L银行欠款，并支付利息；甲公司又代L银行其他债务人归还借款及利息，甲公司多次向V银行支付借款利息。后因甲公司及L银行不履行还款义务，V银行起诉要求两单位归还剩余欠款五千多万元及利息。一审法院认为：L银行设立甲公司的目的是绕开贷款规则限制，进行账外经营，尽管在《拆借资金合同》签订后，甲公司与L银行脱钩，但公司开支、人员均由L银行决定，办公场地及财物由甲公司提供，甲公司只是L银行实施账外经营的手段，由于L银行在开办甲公司时注册资金不到位，应在注册资金范围内对公司债务承担责任，因V银行、L银行、甲公司使用3 800万元拆借资金协议违反人民银行关于《同业拆借试行办法》强制性规定，因此合同无效，判决L银行返还占用甲公司拆借V银行资金，甲公司返还V银行借款3 800万元及利息。L银行不服提出上诉，二审法院认为：《拆借资金合同》主体为V银行与甲公司，L银行不是合同主体，不应以L银行参与拆借资金的协商，并以资金走向为由要求L银行归还借款；认为甲公司同日将借款划入L银行账户还款等行为属于自由处分财产使用权，在甲公司没有起诉L银行情况下，一审法院判决L银行承担还款义务错误，因此改判撤销要求L银行向V银行还款的判决。V银行不服二审判决，向广东省高院申诉被驳回后，坚持向最高法院申诉。最高人民法院经过两次开庭审理，认为：L银行开办甲公司由于注册资金没有到位应当承担民事责任；本案中拆借资金3 800万元的行为从协商到实际履行，L银行均参与其中，事实上L银行使用该款项，L银行应当承担还款义务；尽管拆借资金合同中，L银行不是名义上的借款人，但从合同履行事实上看，L银行是合同真正责任人；本案L银行通过设立具有独立法人资格的甲公司，以甲公司承担独立民事责任为由，作为逃避还款义务的抗辩理由，法律上属于股东滥用公司独立人格和股东的有限责任，企图借助公司面纱损害公司债权人利益，法院应当揭开这层面纱，由设立者L银行直接面对债权人V银行承担还款义务。最高法院审判委员会最终决定提审并作出了改判，判决支持了申诉人V银行的申诉要求，挽回了五千多万元的经济损失。

6. 相关用语的含义

(1) 高级管理人员。高级管理人员是指公司的经理、副经理、财务负责人，上市公司董事会秘书和公司章程规定的其他人员。

---

⑤ 参见北京市华风律师事务所：《揭开公司面纱》，载于华风律师事务所网，http://www.huafenglaw.com/smwh/xxinfo.php?id=1139，2008-01-24。

(2) 控股股东。控股股东是指其出资额占有限责任公司资本总额 50%以上或者其持有的股份占股份有限公司股本总额 50%以上的股东；出资额或者持有股份的比例虽然不足 50%，但依其出资额或者持有的股份所享有的表决权已足以对股东会、股东大会的决议产生重大影响的股东。

(3) 实际控制人。实际控制人是指虽不是公司的股东，但通过投资关系、协议或者其他安排，能够实际支配公司行为的人。

(4) 关联关系。关联关系是指公司控股股东、实际控制人、董事、监事、高级管理人员与其直接或者间接控制的企业之间的关系，以及可能导致公司利益转移的其他关系。但是，国家控股的企业之间不能因为同受国家控股而具有关联关系。

2.2.7 董事、监事、高管人员的消极任职资格、义务和责任

1. 董事、监事、高管人员的消极任职资格

《公司法》第一百四十七条规定，有下列情形之一的，不得担任公司的董事、监事、高级管理人员：

(1) 无民事行为能力或者限制民事行为能力；

(2) 因贪污、贿赂、侵占财产、挪用财产或者破坏社会主义市场经济秩序，被判处刑罚，执行期满未逾五年，或者因犯罪被剥夺政治权利，执行期满未逾 5 年；

(3) 担任破产清算的公司、企业的董事或者厂长、经理，对该公司、企业的破产负有个人责任的，自该公司、企业破产清算完结之日起未逾 3 年；

(4) 担任因违法被吊销营业执照、责令关闭的公司、企业的法定代表人，并负有个人责任的，自该公司、企业被吊销营业执照之日起未逾 3 年；

(5) 个人所负数额较大的债务到期未清偿。

公司违反前款规定选举、委派董事、监事或者聘任高级管理人员的，该选举、委派或者聘任无效。董事、监事、高级管理人员在任职期间出现本条第一款所列情形的，公司应当解除其职务。

2. 董事、监事、高管人员的义务和责任

(1) 董事、监事、高级管理人员应当遵守法律、行政法规和公司章程，对公司负有忠实义务和勤勉义务。

(2) 董事、监事、高级管理人员不得利用职权收受贿赂或者其他非法收入，不得侵占公司的财产。

(3) 董事、高级管理人员不得有下列行为。

① 挪用公司资金。

② 将公司资金以其个人名义或者以其他个人名义开立账户存储。

③ 违反公司章程的规定，未经股东会、股东大会或者董事会同意，将公司资金借贷给他人或者以公司财产为他人提供担保。

④ 违反公司章程的规定或者未经股东会、股东大会同意，与本公司订立合同或者进行交易。

⑤ 未经股东会或者股东大会同意，利用职务便利为自己或者他人谋取属于公司的商业机会，自营或者为他人经营与所任职公司同类的业务。

⑥ 接受他人与公司交易的佣金归为己有。

⑦ 擅自披露公司秘密。

⑧ 违反对公司忠实义务的其他行为。

董事、高级管理人员违反前款规定所得的收入应当归公司所有。

(4) 董事、监事、高级管理人员执行公司职务时违反法律、行政法规或者公司章程的规定，给公司造成损失的，应当承担赔偿责任。

(5) 股东会或者股东大会要求董事、监事、高级管理人员列席会议的，董事、监事、高级管理人员应当列席并接受股东的质询。

(6) 董事、高级管理人员应当如实向监事会或者不设监事会的有限责任公司的监事提供有关情况和资料，不得妨碍监事会或者监事行使职权。

2.2.8 公司的变更、终止与清算

1. 公司的变更

公司的变更是指构成公司的基本要素的变化。构成公司的基本要素主要是指其登记事项，包括公司名称、住所、法定代表人、注册资本、公司类型、经营范围、营业期限、有限责任公司的股东姓名或名称和股份有限公司发起人的姓名或名称、分支机构等。公司变更须依法进行，《公司法》特别对公司的组织和资本变更作了具体规范，即第九章规定了公司合并、分立、增资、减资。公司合并或者分立，登记事项发生变更的，应当依法向公司登记机关办理变更登记；公司解散的，应当依法办理公司注销登记；设立新公司的，应当依法办理公司设立登记。公司增加或者减少注册资本，应当依法向公司登记机关办理变更登记。

1) 公司合并

公司合并是指两个或两个以上的公司依法变为一个公司。公司合并可以采取吸收合并或者新设合并。一个公司吸收其他公司为吸收合并，被吸收的公司解散；两个以上的公司合并设立一个新的公司为新设合并，合并各方解散。公司合并，应当由合并各方签订合并协议，并编制资产负债表及财产清单。公司应当自作出合并决议之日起 10 日内通知债权人，并于 30 日内在报纸上公告。债权人自接到通知书之日起 30 日内，未接到通知书的自公告之日起 45 日内，可以要求公司清偿债务或者提供相应的担保。公司合并时，合并各方的债权、债务，应当由合并后存续的公司或者新设的公司承继。

2) 公司分立

公司分立是指一个公司依法分为两个或两个以上的公司。公司分立，其财产作相应的分割，同时，应当编制资产负债表及财产清单。公司应当自作出分立决议之日起 10 日内通知债权人，并于 30 日内在报纸上公告。公司分立前的债务由分立后的公司承担连带责任。但是，公司在分立前与债权人就债务清偿达成的书面协议另有约定的除外。

3) 公司增资

公司增加资本简称增资，是指公司为筹集资金、扩大营业，依照法定的条件和程序增加公司的资本总额。有限责任公司增加注册资本时，股东认缴新增资本的出资，依照本法设立有限责任公司缴纳出资的有关规定执行。股份有限公司为增加注册资本发行新股时，股东认购新股，依照本法设立股份有限公司缴纳股款的有关规定执行。

4) 公司减资

公司减少资本简称减资，是指公司资本过剩或亏损严重，根据生产经营的实际情况，

依照法定的条件和程序，减少公司的资本总额。

公司需要减少注册资本时，必须编制资产负债表及财产清单。公司应当自作出减少注册资本决议之日起 10 日内通知债权人，并于 30 日内在报纸上公告。债权人自接到通知书之日起 30 日内，未接到通知书的自公告之日起 45 日内，有权要求公司清偿债务或者提供相应的担保。公司减资后的注册资本不得低于法定的最低限额。

2. 公司的终止

公司的终止是指公司组织的解体和法人资格的消灭。公司因破产或者解散而终止；公司终止时，须依法进行清算。

破产是指公司因不能清偿到期债务，为满足债权人合理的清偿要求，由人民法院依照《中华人民共和国企业破产法》(以下简称《破产法》)的规定，组织股东、有关机关及有关专业人员成立清算组，对公司总财产进行破产清算的程序。

解散是指公司因法律或章程规定的解散事由出现而停止营业活动并逐渐终止其法人资格的行为，是公司主体资格消灭的必经程序。

公司因下列原因解散。

(1) 公司章程规定的营业期限届满或者公司章程规定的其他解散事由出现。

(2) 股东会或者股东大会决议解散。

(3) 因公司合并或者分立需要解散。

(4) 依法被吊销营业执照、责令关闭或者被撤销。

(5) 人民法院依照本法第一百八十三条的规定予以解散，即公司经营管理发生严重困难，继续存续会使股东利益受到重大损失，通过其他途径不能解决的，持有公司全部股东表决权 10%以上的股东，可以请求人民法院解散公司。

3. 公司的清算

公司清算是指公司解散后，处分其财产，终结其法律关系，从而消灭公司法人资格的法律程序。

根据是否在破产情形下进行，清算可分为破产清算和非破产清算。破产清算是指公司不能清偿到期债务被依法宣告破产时，由法院组织清算组对公司资产进行清理，并将破产财产公平地分配给债权人，并最终消灭公司法人资格的程序；非破产清算是指公司资产足以清偿全部债务的情况下进行的清算，包括自愿解散的清算和强制解散的清算，这种清算的财产除用以清偿公司的全部债务外，还要将剩余财产分配给公司的股东。

公司除因公司合并或者分立需要解散外，应当在其他法定解散事由出现之日起 15 日内成立清算组，开始清算。有限责任公司的清算组由股东组成，股份有限公司的清算组由董事或者股东大会确定的人员组成。逾期不成立清算组进行清算的，债权人可以申请人民法院指定有关人员组成清算组进行清算。人民法院应当受理该申请，并及时组织清算组进行清算。

清算组在清算期间行使下列职权。

(1) 清理公司财产，分别编制资产负债表和财产清单。

(2) 通知、公告债权人。

(3) 处理与清算有关的公司未了结的业务。

(4) 清缴所欠税款以及清算过程中产生的税款。

(5) 清理债权、债务。
(6) 处理公司清偿债务后的剩余财产。
(7) 代表公司参与民事诉讼活动。

2.3 有限责任公司

2.3.1 有限责任公司的概念和特征

有限责任公司又称有限公司，是指由50个以下股东出资设立，每个股东以其所认缴的出资额为限对公司承担责任，公司以其全部资产对其债务承担责任的企业法人。有限责任公司的特征如下。

1. 股东人数的限制性

对有限责任公司的股东人数，许多国家的公司法或有限责任公司法都有下限和上限的规定，如法国《公司法》规定股东人数为2人以上50人以下。我国原《公司法》的规定属于前者(2人以上50人以下)，现《公司法》的规定为50人以下。

2. 股东责任的有限性

有限责任公司的股东仅以其出资额为限对公司负责。除此之外，对公司的债权人不负任何财产责任，公司的债权人不得直接向股东主张债权或请求赔偿。

3. 股东出资的非股份性

有限责任公司的资本，除采取"出资平等制"或"复数股份制"的国家外，一般不分为股份，每个股东只有一份出资，但其数额可以不同，股东仅以其出资额为限对公司负责。

4. 公司资本的封闭性

有限责任公司的资本只能向全体股东认缴，不能向社会募集股份，不能发行股票。公司发给股东的出资数额的证明书被称为"股单"，股单不能在证券市场上流通转让。

5. 公司组织的简便性

有限责任公司的设立程序简单，只有发起设立，而无募集设立；有限责任公司的组织机构也较为简单、灵活，其股东会由全体股东组成，董事由股东会产生。

6. 资合与人合的统一性

有限责任公司虽然从本质上说是一种资本的联合，但因其股东人数有上限的规定，资本又具有封闭性的特点，故股东相互之间又具有人身信任因素，人合的色彩。

2.3.2 有限责任公司的设立

1. 设立有限责任公司的条件和事项

根据《公司法》第二十三条规定，设立有限责任公司，应当具备下列条件：
(1) 股东符合法定人数；

(2) 股东出资达到法定资本最低限额；

(3) 股东共同制定公司章程；

(4) 有公司名称，建立符合有限责任公司要求的组织机构；

(5) 有公司住所。

有限责任公司的注册资本为在公司登记机关登记的全体股东认缴的出资额。公司全体股东的首次出资额不得低于注册资本的 20%，也不得低于法定的注册资本最低限额，其余部分由股东自公司成立之日起两年内缴足；其中，投资公司可以在 5 年内缴足。

有限责任公司注册资本的最低限额为人民币 3 万元。法律、行政法规对有限责任公司注册资本的最低限额有较高规定的，从其规定。

原《公司法》规定，有限责任公司的注册资本最低限额：以生产经营为主和以商品批发为主的公司为人民币 50 万元，以商业零售为主的公司为人民币 30 万元，科技开发、咨询、服务性公司为人民币 10 万元，并要求一次缴清。现《公司法》据此进行了相应修改：一是取消了按照公司经营内容区分最低注册资本额的规定；二是允许公司按照规定的比例在两年内分期缴清出资，其中，投资公司可在 5 年内缴足；三是将有限责任公司的最低注册资本额降至人民币 3 万元。

有限责任公司章程应当载明下列事项：公司名称和住所；公司经营范围；公司注册资本；股东的姓名或者名称；股东的出资方式、出资额和出资时间；公司的机构及其产生办法、职权、议事规则；公司法定代表人；股东会会议认为需要规定的其他事项。股东应当在公司章程上签名、盖章。

2. 有限责任公司的出资方式

股东可以用货币出资，也可以用实物、知识产权、土地使用权等可以用货币估价并可以依法转让的非货币财产作价出资；但是，法律、行政法规规定不得作为出资的财产除外。对作为出资的非货币财产应当评估作价，核实财产，不得高估或者低估作价。法律、行政法规对评估作价有规定的，从其规定。

全体股东的货币出资金额不得低于有限责任公司注册资本的 30%。股东以货币出资的，应当将货币出资足额存入有限责任公司在银行开设的账户；以非货币财产出资的，应当依法办理其财产权的转移手续。股东不按照《公司法》规定缴纳出资的，除应当向公司足额缴纳外，还应当向已按期足额缴纳出资的股东承担违约责任。

3. 有限责任公司的出资证明

股东缴纳出资后，必须经依法设立的验资机构验资并出具证明。股东的首次出资经依法设立的验资机构验资后，由全体股东指定的代表或者共同委托的代理人向公司登记机关报送公司登记申请书、公司章程、验资证明等文件，申请设立登记。

有限责任公司成立后，发现作为设立公司出资的非货币财产的实际价额显著低于公司章程所定价额的，应当由交付该出资的股东补足其差额；公司设立时的其他股东承担连带责任。

根据《公司法》第三十二条的规定，有限责任公司成立后，应当向股东签发出资证明书。出资证明书应当载明下列事项：公司名称；公司成立日期；公司注册资本；股东的姓名或者名称、缴纳的出资额和出资日期；出资证明书的编号和核发日期。出资证明书由公司盖章。有限责任公司应当置备股东名册，记载下列事项：股东的姓名或者名称及住所；股东的出资额；出资证明书编号。

2.3.3 有限责任公司的组织机构

1. 股东会

有限责任公司股东会由全体股东组成，股东会是公司的权力机构，依《公司法》行使职权。

根据《公司法》第三十八条的规定，股东会行使下列职权：

(1) 决定公司的经营方针和投资计划；

(2) 选举和更换非由职工代表担任的董事、监事，决定有关董事、监事的报酬事项；

(3) 审议批准董事会的报告；

(4) 审议批准监事会或者监事的报告；

(5) 审议批准公司的年度财务预算方案、决算方案；

(6) 审议批准公司的利润分配方案和弥补亏损方案；

(7) 对公司增加或者减少注册资本作出决议；

(8) 对发行公司债券作出决议；

(9) 对公司合并、分立、解散、清算或者变更公司形式作出决议；

(10) 修改公司章程；

(11) 公司章程规定的其他职权。

对上述所列事项股东以书面形式一致表示同意的，可以不召开股东会会议，直接作出决定，并由全体股东在决定文件上签名、盖章。

首次股东会会议由出资最多的股东召集和主持，依照《公司法》规定行使职权。股东会会议分为定期会议和临时会议。定期会议应当依照公司章程的规定按时召开。代表1/10以上表决权的股东，1/3以上的董事，监事会或者不设监事会的公司的监事提议召开临时会议的，应当召开临时会议。股东会会议由股东按照出资比例行使表决权；但是，公司章程另有规定的除外。股东会的议事方式和表决程序，除《公司法》有规定的外，由公司章程规定。股东会会议作出修改公司章程、增加或者减少注册资本的决议，以及公司合并、分立、解散或者变更公司形式的决议，必须经代表2/3以上表决权的股东通过。

2. 董事会

1) 设董事会的有限责任公司

有限责任公司设董事会的，其成员为3～13人；但是，《公司法》第五十一条另有规定的除外。董事会设董事长一人，可以设副董事长。董事长、副董事长的产生办法由公司章程规定。

两个以上的国有企业或者两个以上的其他国有投资主体投资设立的有限责任公司，其董事会成员中应当有公司职工代表；其他有限责任公司董事会成员中可以有公司职工代表。董事会中的职工代表由公司职工通过职工代表大会、职工大会或者其他形式民主选举产生。

有限责任公司设立董事会的，股东会会议由董事会召集，董事长主持；董事长不能履行职务或者不履行职务的，由副董事长主持；副董事长不能履行职务或者不履行职务的，由半数以上的董事共同推举一名董事主持。召开股东会会议，应当于会议召开15日前通知全体股东；但是，公司章程另有规定或者全体股东另有约定的除外。股东会应当对所议事项的决定作成会议记录，出席会议的股东应当在会议记录上签名。

2) 不设董事会的有限责任公司

根据《公司法》的规定，股东人数较少或者规模较小的有限责任公司，可以设一名执行董事，不设董事会。执行董事可以兼任公司经理。有限责任公司不设董事会的，股东会会议由执行董事召集和主持。

3) 董事

董事任期由公司章程规定，但每届任期不得超过3年。董事任期届满，连选可以连任。董事任期届满未及时改选，或者董事在任期内辞职导致董事会成员低于法定人数的，在改选出的董事就任前，原董事仍应当依照法律、行政法规和公司章程的规定，履行董事职务。

4) 董事会的职权和责任

董事会对股东会负责，行使下列职权。

(1) 召集股东会会议，并向股东会报告工作。

(2) 执行股东会的决议。

(3) 决定公司的经营计划和投资方案。

(4) 制订公司的年度财务预算方案、决算方案。

(5) 制订公司的利润分配方案和弥补亏损方案。

(6) 制订公司增加或者减少注册资本以及发行公司债券的方案。

(7) 制订公司合并、分立、解散或者变更公司形式的方案。

(8) 决定公司内部管理机构的设置。

(9) 决定聘任或者解聘公司经理及其报酬事项，并根据经理的提名决定聘任或者解聘公司副经理、财务负责人及其报酬事项。

(10) 制定公司的基本管理制度及公司章程规定的其他职权。

董事会或者执行董事不能履行或者不履行召集股东会会议职责的，由监事会或者不设监事会的公司的监事召集和主持；监事会或者监事不召集和主持的，代表1/10以上表决权的股东可以自行召集和主持。

《公司法》突出董事会集体决策作用，强化了对董事长的制约，同时细化了董事会会议制度和工作程序。《公司法》明确规定：董事会会议由董事长召集和主持；董事长不能履行职务或者不履行职务的，由副董事长召集和主持；副董事长不能履行职务或者不履行职务的，由半数以上董事共同推举一名董事召集和主持。

董事会的议事方式和表决程序，除《公司法》有规定的外，由公司章程规定。董事会应当对所议事项的决定作成会议记录，出席会议的董事应当在会议记录上签名。董事会决议的表决实行一人一票制。

根据《关于外商投资的公司审批登记管理法律适用若干问题的执行意见》，中外合资、中外合作的有限责任公司的董事会是公司的权力机构，其组织机构由公司根据《中外合资经营企业法》、《中外合作经营企业法》和《公司法》通过公司章程规定。

3. 监事会

1) 组成

有限责任公司设监事会，其成员不得少于3人。股东人数较少或者规模较小的有限责任公司，可以设 1～2 名监事，不设监事会。监事会应当包括股东代表和适当比例的公司职工代表，其中职工代表的比例不得低于 1/3，具体比例由公司章程规定。监事会设主席一人，由全体监事过半数选举产生。监事会主席召集和主持监事会会议；监事会主席不能履行职务或者不履行职务的，由半数以上的监事共同推举一名监事召集和主持监事会会议。

董事、高级管理人员不得兼任监事。监事的任期每届为 3 年。监事任期届满，连选可以连任。监事任期届满未及时改选，或者监事在任期内辞职导致监事会成员低于法定人数的，在改选出的监事就任前，原监事仍应当依照法律、行政法规和公司章程的规定，履行监事职务。监事会每年度至少召开一次会议，监事可以提议召开临时监事会会议。监事会的议事方式和表决程序，除《公司法》有规定的外，由公司章程规定。监事会决议应当经半数以上监事通过。监事会、不设监事会的公司的监事行使职权所必需的费用，由公司承担。

2) 职权

根据《公司法》第五十四条的规定，监事会、不设监事会的公司的监事行使下列职权：

(1) 检查公司财务；

(2) 对董事、高级管理人员执行公司职务的行为进行监督，对违反法律、行政法规、公司章程或者股东会决议的董事、高级管理人员提出罢免的建议；

(3) 当董事、高级管理人员的行为损害公司的利益时，要求董事、高级管理人员予以纠正；

(4) 提议召开临时股东会会议，在董事会不履行本法规定的召集和主持股东会会议职责时召集和主持股东会会议；

(5) 向股东会会议提出提案；

(6) 依照《公司法》第一百五十二条的规定，对董事、高级管理人员提起诉讼；

(7) 监事可以列席董事会会议，并对董事会决议事项提出质询或者建议；

(8) 监事会、不设监事会的公司的监事发现公司经营情况异常，可以进行调查；必要时，可以聘请会计师事务所等协助其工作，费用由公司承担；

(9) 公司章程规定的其他职权。

举案说法 2.4

佛山首例公司监事权纠纷案⑥

原告罗某于 2002 年 12 月 17 日经选举成为被告佛山市某房地产开发有限公司的监事。2006 年 3 月 29 日，原告书面通知被告佛山市某房地产开发有限公司要求将财务资料给原告进行财务检查，但遭到拒绝。4 月 3 日，原告再次要求被告的法定代表人提供财务资料，配合原告进行财务检查，又被拒绝。原告认为被告无视公司章程和《公司法》的有关规定拒绝原告对被告的财务状况进行检查。被告的行为不仅严重损害了原告作为被告监事的合法权益，而且也损害了被告其他股东的合法权益，遂向广东省佛山市禅城区人

⑥ 参见《广东佛山首例公司监事权纠纷案一审宣判》，转载于搜狐网，http://news.sohu.com/20060623/n243894210.shtml，2006-06-23。

民法院起诉请求判令被告提供全部财务资料给原告进行检查。法院经过审理认为，监事由股东会选举产生，依法对公司的业务和财务资料享有监督检查权。案件中尽管依据公司章程原告的监事职务于2005年12月已经届满，但在公司股东大会选举出新的监事之前其仍然有权行使对公司的监视权。该法院认为，对公司的财务进行检查是监事的法定职责，原告作为被告公司的监事，自然有权行使检查权，而被告拒绝原告检查公司财务，有悖于法律规定，遂依照新《公司法》的规定判决被告在判决发生法律效力之日起五日内将公司的财务资料交给原告罗某检查。

4. 经理

有限责任公司可以设经理，由董事会决定聘任或者解聘。经理对董事会负责，行使下列职权。

(1) 主持公司的生产经营管理工作，组织实施董事会决议。

(2) 组织实施公司年度经营计划和投资方案。

(3) 拟订公司内部管理机构设置方案。

(4) 拟订公司的基本管理制度。

(5) 制定公司的具体规章。

(6) 提请聘任或者解聘公司副经理、财务负责人。

(7) 决定聘任或者解聘除应由董事会决定聘任或者解聘以外的负责管理人员。

(8) 董事会授予的其他职权。

公司章程对经理职权另有规定的，从其规定。经理列席董事会会议。

2.3.4 一人有限公司的特别规定

一人公司有狭义和广义之分。狭义的一人公司仅指股东为一人，全部资本由一人拥有的公司，又称形式上的一人公司；广义的一人公司也包括实质上的一人公司，即公司的真正股东只有一人，其余股东仅为持有最低股份的挂名股东，多表现为家族企业。我国《公司法》的规定是，一人有限责任公司是指只有一个自然人股东或者一个法人股东的有限责任公司。

由于缺少内部的制约机制，为规范其行为，《公司法》对其专设特别规定：一人有限责任公司的注册资本最低限额为人民币10万元，股东应当一次足额缴纳公司章程规定的出资额；一个自然人只能投资设立一个一人有限责任公司，该一人有限责任公司不能投资设立新的一人有限责任公司；一人有限责任公司应当在公司登记中注明自然人独资或者法人独资，并在公司营业执照中载明；一人有限责任公司章程由股东制定；一人有限责任公司不设股东会；股东行使相应职权作出决定时，应当采用书面形式，并由股东签名后置备于公司；一人有限责任公司应当在每一会计年度终了时编制财务会计报告，并经会计师事务所审计；一人有限责任公司的股东不能证明公司财产独立于股东自己的财产的，应当对公司债务承担连带责任等。

2.3.5 国有独资公司

《公司法》在“有限责任公司的设立和组织机构”一章中，设专节“国有独资公司的特别规定”为国有独资公司的深入改革提供制度支持。

国有独资公司是指国家单独出资、由国务院或者地方人民政府授权本级人民政府国有资产监督管理机构履行出资人职责的有限责任公司。对国有独资公司的特别规定如下。

(1) 国有独资公司章程由国有资产监督管理机构制定，或者由董事会制订报国有资产监督管理机构批准。

(2) 国有独资公司不设股东会，由国有资产监督管理机构行使股东会职权。国有资产监督管理机构可以授权公司董事会行使股东会的部分职权，决定公司的重大事项，但公司的合并、分立、解散、增加或者减少注册资本和发行公司债券，必须由国有资产监督管理机构决定；其中，重要的国有独资公司合并、分立、解散、申请破产的，应当由国有资产监督管理机构审核后，报本级人民政府批准。

(3) 董事每届任期不得超过 3 年。董事会成员中应当有公司职工代表。董事会成员由国有资产监督管理机构委派，但董事会成员中的职工代表由公司职工代表大会选举产生。董事会设董事长 1 人，可以设副董事长。董事长、副董事长由国有资产监督管理机构从董事会成员中指定。

(4) 国有独资公司设经理，由董事会聘任或者解聘。经理依法行使职权。经国有资产监督管理机构同意，董事会成员可以兼任经理。

(5) 国有独资公司的董事长、副董事长、董事、高级管理人员，未经国有资产监督管理机构同意，不得在其他有限责任公司、股份有限公司或者其他经济组织兼职。

(6) 国有独资公司监事会成员不得少于 5 人，其中职工代表的比例不得低于 1/3，具体比例由公司章程规定。监事会成员由国有资产监督管理机构委派；但是，监事会成员中的职工代表由公司职工代表大会选举产生。监事会主席由国有资产监督管理机构从监事会成员中指定。

2.3.6 有限责任公司股权的转让

有限责任公司的股东之间可以相互转让其全部或者部分股权。股东向股东以外的人转让股权，应当经其他股东过半数同意。股东应就其股权转让事项书面通知其他股东征求同意，其他股东自接到书面通知之日起满 30 日未答复的，视为同意转让。其他股东半数以上不同意转让的，不同意的股东应当购买该转让的股权；不购买的，视为同意转让。经股东同意转让的股权，在同等条件下，其他股东有优先购买权。两个以上股东主张行使优先购买权的，协商确定各自的购买比例；协商不成的，按照转让时各自的出资比例行使优先购买权。公司章程对股权转让另有规定的，从其规定。人民法院依照法律规定的强制执行程序转让股东的股权时，应当通知公司及全体股东，其他股东在同等条件下有优先购买权。其他股东自人民法院通知之日起满 20 日不行使优先购买权的，视为放弃优先购买权。

依照《公司法》转让股权后，公司应当注销原股东的出资证明书，向新股东签发出资证明书，并相应修改公司章程和股东名册中有关股东及其出资额的记载。对公司章程的该项修改不需再由股东会表决。

有下列情形之一的，对股东会该项决议投反对票的股东可以请求公司按照合理的价格收购其股权。

(1) 公司连续 5 年不向股东分配利润，而公司该 5 年连续盈利，并且符合本法规定的分配利润条件的。

(2) 公司合并、分立、转让主要财产的。

(3) 公司章程规定的营业期限届满或者章程规定的其他解散事由出现，股东会会议通过决议修改章程使公司存续的。

自股东会会议决议通过之日起60日内，股东与公司不能达成股权收购协议的，股东可以自股东会会议决议通过之日起90日内向人民法院提起诉讼。

自然人股东死亡后，其合法继承人可以继承股东资格；但是，公司章程另有规定的除外。

2.4 股份有限责任公司

2.4.1 股份有限责任公司的概念与特征

股份有限责任公司又称股份公司，是指注册资本由等额股份构成，并通过发行股票筹集资本，股东以其所持股份为限对公司承担责任，公司以其全部资产对公司债务承担责任的企业法人。股份有限公司与其他类型公司相比较，具有如下特征。

(1) 股东责任的有限性。股份有限公司的股东仅以其所认购的股份为限对公司负责。

(2) 资本募集的公开性。股份有限公司可以通过发行股票的形式来筹集公司的资本，任何人只要愿意支付股金，购买股票，就可以成为股份有限公司的股东。

(3) 股东出资的股份性。股份有限公司的资本要均分为等额的股份，每个股东所持有的股份数额可以不同，但每股的金额相等。

(4) 公司股票的流通性。股份有限公司的股票可以作为交易标的，原则上可以自由买卖。一为上市交易，即在证券交易所挂牌交易；二为柜台交易，即在证券公司的柜台直接交易。

(5) 公司财产的独立性。股份有限公司股东的出资构成了公司的独立财产，形成了公司法人所有权，使股份有限公司成为最典型的法人组织。

2.4.2 股份有限公司的设立

1. 设立方式

股份有限公司的设立，可以采取发起设立或者募集设立的方式。发起设立是指由发起人认购公司应发行的全部股份而设立公司；募集设立是指由发起人认购公司应发行股份的一部分，其余股份向社会公开募集或者向特定对象募集而设立公司。

2. 设立条件

设立股份有限公司应具备下列条件：

(1) 发起人符合法定人数；

(2) 发起人认购和募集的股本达到法定资本最低限额；

(3) 股份发行、筹办事项符合法律规定；

(4) 发起人制订公司章程，采用募集方式设立的经创立大会通过；

(5) 有公司名称，建立符合股份有限公司要求的组织机构；

(6) 有公司住所。

设立股份有限公司，应当有 2 人以上 200 人以下的发起人，其中须有半数以上的发起人在中国境内有住所；发起人是法人、自然人均可。公司未成立时承担连带责任。发起人承担公司筹办事务。发起人应当签订发起人协议，明确各自在公司设立过程中的权利和义务；股份有限公司采取发起设立方式设立的，注册资本为在公司登记机关登记的全体发起人认购的股本总额。公司全体发起人的首次出资额不得低于注册资本的 20%，其余部分由发起人自公司成立之日起两年内缴足；其中，投资公司可以在 5 年内缴足。在缴足前，不得向他人募集股份；股份有限公司采取募集方式设立的，注册资本为在公司登记机关登记的实收股本总额。

股份有限公司注册资本的最低限额为人民币 500 万元。法律、行政法规对股份有限公司注册资本的最低限额有较高规定的，按其他规定。

公司章程是公司必备的规定公司组织及活动的书面文件，是以书面形式固定下来的股东共同一致的意思表示。公司章程应当载明下列事项：

(1) 公司名称和住所；

(2) 公司经营范围；

(3) 公司设立方式；

(4) 公司股份总数、每股金额和注册资本；

(5) 发起人的姓名或者名称、认购的股份数、出资方式和出资时间；

(6) 董事会的组成、职权和议事规则；

(7) 公司法定代表人；

(8) 监事会的组成、职权和议事规则；

(9) 公司利润分配办法；

(10) 公司的解散事由与清算办法；

(11) 公司的通知和公告办法；

(12) 股东大会会议认为需要规定的其他事项。

2.4.3 股份有限公司的股份发行与转让

1. 股份发行

股份有限公司的资本划分为股份，每一股的金额相等。公司的股份采取股票的形式。

股票是公司签发的证明股东所持股份的凭证。同次发行的同种类股票，每股的发行条件和价格应当相同；任何单位或者个人所认购的股份，每股应当支付相同的价额。股票发行价格可以按票面金额，也可以超过票面金额，但不得低于票面金额。股票采用纸面形式或者国务院证券监督管理机构规定的其他形式。

股份的发行实行公开、公平、公正的原则，同种类的每一股份应当具有同等权利。股票应当载明下列主要事项：

(1) 公司名称；

(2) 公司成立日期；

(3) 股票种类、票面金额及代表的股份数；

(4) 股票的编号。

股票由法定代表人签名，公司盖章。发起人的股票应当标明发起人股票字样。公司发行的股票，可以为记名股票，也可以为无记名股票。公司向发起人、法人发行的股票应当为记名股票，并应当记载该发起人、法人的名称或者姓名，不得另立户名或者以代表人姓名记名。公司发行记名股票的，应当置备股东名册，记载下列事项：

(1) 股东的姓名或者名称及住所；

(2) 各股东所持股份数；

(3) 各股东所持股票的编号；

(4) 各股东取得股份的日期。

发行无记名股票的，公司应当记载其股票数量、编号及发行日期。

国务院可以对公司发行本法规定以外的其他种类的股份，另行作出规定。股份有限公司成立后，即向股东正式交付股票。公司成立前不得向股东交付股票。

公司发行新股，依照公司章程的规定由股东大会或者董事会对下列事项作出决议：

(1) 新股种类及数额；

(2) 新股发行价格；

(3) 新股发行的起止日期；

(4) 向原有股东发行新股的种类及数额。

公司经国务院证券监督管理机构核准公开发行新股时，必须公告新股招股说明书和财务会计报告，并制作认股书。

《公司法》第八十八条、第八十九条的规定适用于公司公开发行新股。公司发行新股，可以根据公司经营情况和财务状况，确定其作价方案。公司发行新股募足股款后，必须向公司登记机关办理变更登记，并公告。

2. 股份转让

股东持有的股份可以依法转让。股东转让其股份，应当在依法设立的证券交易场所进行或者按照国务院规定的其他方式进行。

记名股票由股东以背书方式或者法律、行政法规规定的其他方式转让，转让后由公司将受让人的姓名或者名称及住所记载于股东名册。股东大会召开前 20 日内或者公司决定分配股利的基准日前 5 日内，不得进行前款规定的股东名册的变更登记。但是，法律对上市公司股东名册变更登记另有规定的，从其规定。无记名股票的转让由股东将该股票交付给受让人后即发生转让的效力。发起人持有的本公司股份，自公司成立之日起 1 年内不得转让。

公司公开发行股份前已发行的股份，自公司股票在证券交易所上市交易之日起一年内不得转让。公司董事、监事、高级管理人员应当向公司申报所持有的本公司的股份及其变动情况，在任职期间每年转让的股份不得超过其所持有本公司股份总数的 25%；所持本公司股份自公司股票上市交易之日起 1 年内不得转让。上述人员离职后半年内，不得转让其所持有的本公司股份。公司章程可以对公司董事、监事、高级管理人员转让其所持有的本公司股份作出其他限制性规定。

公司不得收购本公司股份。但是，有下列情形之一的除外。

(1) 减少公司注册资本。

(2) 与持有本公司股份的其他公司合并。

(3) 将股份奖励给本公司职工。

(4) 股东因对股东大会作出的公司合并、分立决议持异议，要求公司收购其股份的。公司因前款第一项至第三项的原因收购本公司股份的，应当经股东大会决议。公司依照前款规定收购本公司股份后，属于第一项情形的，应当自收购之日起10日内注销；属于第二项、第四项情形的，应当在6个月内转让或者注销。公司依照第一款第三项规定收购的本公司股份，不得超过本公司已发行股份总额的 5%；用于收购的资金应当从公司税后利润中支出；所收购的股份应当在一年内转让给职工。

公司不得接受本公司的股票作为质押权的标的。记名股票被盗、遗失或者灭失，股东可以依照《民事诉讼法》规定的公示催告程序，请求人民法院宣告该股票失效。人民法院宣告该股票失效后，股东可以向公司申请补发股票。上市公司的股票，依照有关法律、行政法规及证券交易所交易规则上市交易。上市公司必须依照法律、行政法规的规定，公开其财务状况、经营情况及重大诉讼，在每会计年度内半年公布一次财务会计报告。

2.4.4 上市公司

上市公司是指其股票在证券交易所上市交易的股份有限公司。从 1611 年荷兰东印度公司在荷兰阿姆斯特丹证券交易所上市交易开始，上市公司已有近 400 年的历史。新中国最早发行股票是在 20 世纪 80 年代中期，1984 年北京的天桥百货股份有限公司正式成为中国的第一家股份制企业。随后，上海的飞乐公司、深圳的宝安公司相继发行了股票。1988 年前后在上海和深圳出现了地区性的股票交易，1990 年 12 月后上海证券交易所、深圳证券交易所相继宣布而开业，拉开了中国股票交易的序幕。1992 年，中国证券监督管理委员会正式成立，从而使中国的股票交易逐渐走上了正规化和法制化的轨道。

股票像一般的商品一样，有价格，能买卖，可以作质押品。股份公司借助发行股票来筹集资金，而投资者可以通过购买股票获取一定的股息收入。股票的基本特征有 6 个：一是权责性。股票作为股权的凭证，是股份的证券表现，代表股东对发行股票的公司拥有一定的权利和义务。二是不可偿还性。购买股票是一项无确定期限的投资，不允许投资者中途退股，只能到二级市场卖给第三者。三是流动性。股票虽不可退回本金，但流通股却可以随意转让出售或作为质押品。四是投资风险性。股票一经买进就不能退还本金，股价的波动反复无常，意味着持有者的盈亏变化很大。五是价格波动性。股票价格受社会诸多因素影响，股价经常处于波动起伏的状态。正是这种波动使投资者有可能实现短期获利的希望。六是责任有限性。投资者承担的责任范围仅仅限于购买股票的资金的数额。

按股票的上市地点和所面对的投资者来分，我国上市公司的股份可以分为 A 股、W 股、H 股、N 股、S 股。A 股正式名称是人民币普通股票。它是由我国境内公司发行，供境内机构、组织或个人(不含港澳台投资者)以人民币认购和交易的普通股股票。W 股正式名称是人民币特种股票。它是以人民币标明面值，以外币认购和买卖，在境内(上海和深圳)证券交易所上市交易的。它的投资人限于：外国的自然人、法人和其他组织，中国香港、澳门、台湾地区的自然人、法人和其他组织，定居在国外的中国公民，中国证监会规定的其他投资人。现阶段 W 股的投资人，主要是上述几类中的机构投资者。W 股公司的注册地和上市地都在境内，只不过投资者在境外或中国香港、澳门和台湾。H 股即注册地在内地、上市地在香港的外资股。香港的英文是Hong Kong，取其字首，在香港上市外资股就称为H股。以此类推，在纽约上市的股票为N股，在新加坡上市的股票为S股。

股票上市后，上市公司的一举一动都和众多的投资者的利益密切相连。因此，世界各国证券交易所都对股份公司上市作出了严格的规定，如必须有符合要求的业绩记录，最低的股本数额、最低的净资产值、最低的公众持股数和比例等。在严格的规定下，能够在证券交易所上市的股份公司事实上只占很小一部分。

为进一步严格对上市公司的要求、完善上市公司的治理结构，我国颁布了一系列法律法规和其他法律文件。《公司法》在“股份有限公司的设立和组织机构”一章中，设立专节“上市公司组织机构的特别规定”，对独立董事、董事会秘书和关联交易等作出规定。

上市公司在一年内购买、出售重大资产或者担保金额超过公司资产总额30%的，应当由股东大会作出决议，并经出席会议的股东所持表决权的2/3以上通过。

独立董事是指与其受聘的上市公司及其主要股东不存在可能妨碍其进行独立客观判断的一切关系的特定董事。20世纪六七十年代，以英美为代表的英美法系国家在不改变原有公司治理结构的情况下，通过设立独立董事制度达到了改善公司治理、提高监控职能的目的，实现了公司价值与股东利益的最大化。我国1999年开始引进该项制度。2001年8月，中国证监会正式颁行《关于在上市公司建立独立董事制度的指导意见》，该指导意见规定：在2002年6月30日前，中国的上市公司董事会成员中应当至少包括两名独立董事；在2003年6月30日前，上市公司董事会成员中应当至少包括1/3的独立董事。独立董事的具体职权主要包括如下几个方面。

(1) 重大关联交易(指上市公司拟与关联人达成的总额高于300万元或高于上市公司最近经审计净资产值的5%的关联交易)应由独立董事认可后，提交董事会讨论；独立董事作出判断前，可以聘请中介机构出具独立财务顾问报告，作为其判断的依据。

(2) 向董事会提议聘用或解聘会计师事务所。

(3) 向董事会提请召开临时股东大会。

(4) 提议召开董事会。

(5) 独立聘请外部审计机构和咨询机构。

(6) 可以在股东大会召开前公开向股东征集投票权。

迄今为止，所有的上市公司都已按照有关部门的规定设立了独立董事。设立独立董事对于维护公众投资者的利益具有积极的作用。为此，设立独立董事就成为上市公司的法定义务。关于独立董事的具体制度公司法没有详细规定，只作了原则性的规定，即上市公司设立独立董事，具体办法由国务院规定。

上市公司设董事会秘书，负责公司股东大会和董事会会议的筹备、文件保管以及公司股东资料的管理，办理信息披露事务等事宜。董事会秘书是指掌管董事会文书并协助董事会成员处理日常事务的人员。上市公司董事会秘书是公司的高级管理人员，承担法律、行政法规以及公司章程对公司高级管理人员所要求的义务，享有相应的工作职权，并获取相应的报酬。董事会秘书应该具备一定的专业知识，这是董事会秘书的职业所必需的。不仅要掌握公司法、证券法、上市规则等有关法律法规，还要熟悉公司章程、信息披露规则，掌握财务及行政管理方面的有关知识。董事会秘书应当遵守公司章程，承担高级管理人员的有关法律责任，对公司负有诚信和勤勉义务，不得利用职权为自己或他人谋取利益。

董事会秘书的主要职责有：一是负责公司股东大会和董事会会议的筹备、文件保管，即按照法定程序筹备股东大会和董事会会议，准备和提交有关会议文件和资料；负责保管公司股东名册、董事名册，大股东及董事、监事和高级管理人员持有本公司股票的资料，股东大会、董事会会议文件和会议记录等。二是负责公司股东资料的管理，如股东名册等资料的管理。三是负责办理信息披露事务，如督促公司制定并执行信息披露管理制度和重大信息的内部报告制度，促使公司和相关当事人依法履行信息披露义务，按照有关规定向有关机构定期报告和临时报告；负责与公司信息披露有关的保密工作，制订保密措施，促使董事、监事和其他高级管理人员以及相关知情人员在信息披露前保守秘密，并在内幕信息泄露时及时采取补救措施。

上市公司董事与董事会会议决议事项所涉及的企业有关联关系的，不得对该项决议行使表决权，也不得代理其他董事行使表决权。该董事会会议由过半数的无关联关系董事出席即可举行，董事会会议所作决议须经无关联关系董事过半数通过。出席董事会的无关联关系董事人数不足3人的，应将该事项提交上市公司股东大会审议。

引例分析

郑百文“花瓶董事”案

这是全国首例独立董事不服高额处罚的“民告官”行政诉讼案，又被称为“花瓶董事”案。陆家豪为什么被称为“花瓶董事”？陆家豪是在1995年当上郑百文的董事的。有一次，在政协会上做了一个关于股份制的发言，被郑百文的董事长李福乾看上了，要他当独立董事，不用参与经营管理。他欣然接受，后证监会下了批文。2001年7月29日中国证监会查明，“郑百文公司”上市前采取虚提返利、少计费用、费用跨期入账等手段，虚增利润1 908万元，并据此制作了虚假上市申报材料；上市后3年采取虚提返利、费用挂账、无依据冲减成本及费用、费用跨期入账等手段，累计虚增利润14 390万元，以及股本金不实、上市公告书重大遗漏、年报信息披露有虚假记载、误导性陈述或重大遗漏等问题。中国证监会认为，陆家豪作为董事，应当对董事会决议通过的有关上市申报材料，年度报告的真实性、完整性负责，不能以担任独立董事、不在公司任职、不参加公司日常经营管理、不领取工资报酬或津贴等理由主张减免处罚。由此可见，陆家豪虽然名义上是独立董事，而实际上，未行使过任何真正的独立董事的职权，只是像花瓶一样的摆设而已，因此被自己和他人称为“花瓶董事”。2001年9月27日，中国证监会作出处罚决定，认定包括陆家豪在内的公司数名董事对郑百文虚假陈述等违规事实负有直接责任，分别对他们处以罚款，陆家豪被罚10万元。

陆家豪提出行政复议，2002年3月4日证监会作出维持原处罚决定的行政复议决定。4月22日，陆家豪将证监会告上法庭，诉讼请求撤销证监会对其处以10万元的处罚决定。5月13日，北京市一中院正式受理此案，8月12日作出一审裁定，依法驳回陆家豪的起诉。

一审裁决后，陆家豪不服，又向北京市高院提起上诉。北京市高院于11月15日作出终审裁定，维持一审法院的裁定，认为陆家豪于3月18日已收到复议决定，直至4月22日才提起行政诉讼，超过了行政诉讼法规定的起诉期限。陆家豪对判决不服继续申诉。

郑百文“花瓶董事”案引发人们更多的思考，独立董事制度也成为热门话题。

独立董事指外部董事或非执行董事。一般而言，外部董事或非执行董事对内部董事或执行董事起监督和平衡作用，为了达到这一目的，外部董事或非执行董事必须独立于公司之外，也就是他们不能与公司有任何影响其客观、独立地作出判断的关系。

独立董事制度肇始于美国20世纪70年代。这项制度的创立旨在强化公司内部监督，更好地保护公司利益和广大中小股东的利益，防止大股东滥用权力。纽约证券交易所首开先河，在其规则中要求："在不迟于1978年6月30日以前设立并维持一个全部由独立董事组成的审计委员会，这些独立董事不得与管理层有任何会影响他们作为委员会成员独立判断的关系。"由于独立董事不像内部董事那样直接受制于公司控股股东和公司高级管理阶层，因而有利于董事会对公司事务的独立判断。在公司治理结构中引入独立董事制度，一方面可制约内部控股股东利用其控制地位做出不利于公司和外部股东的行为；另一方面还可以独立监督公司管理阶层，减轻内部人控制带来的问题。于是，世界各国中独立董事在董事会中的比例和职能越来越得到了突出的强调，即独立董事的比例表明了董事会的独立性，根据经合组织(OECD)1999年的调查显示，独立董事占董事会的比例，美国为62%，英国为34%，法国29%，而《财富》美国公司1 000强中，董事会的平均规模为11人，外部董事就达到9人，内部董事只有两人。

我国1999年开始引进该项制度。国家经贸委与中国证监会1999年联合发布的《关于进一步促进境外上市公司规范运作和深化改革的意见》中就要求境外上市公司董事会换届时，外部董事应占董事会人数的1/2以上，并应有两名以上的独立董事。2001年8月，中国证监会正式颁行《关于在上市公司建立独立董事制度的指导意见》，该指导意见规定，在2002年6月30日前，中国的上市公司董事会成员中应当至少包括两名独立董事；在2003年6月30日前，上市公司董事会成员中应当至少包括1/3的独立董事。

在中国证监会强力推行独立董事制度前后，社会各界都有众多争论，独立董事们压力也很大。持否定意见者批评独立董事是花瓶摆设等。郑百文"花瓶董事"案判决后，有些独立董事怕承担责任而退出，有些独立董事感到如履薄冰。当然，我们不能说上市公司的每一个独立董事都没有问题，但因此要否定所有的独立董事，甚至要从根本上否定独立董事制度，还缺乏足够的根据。其实，要解决中国证券市场存在的国有股东"一股独大"导致的中国证券市场的众多弊端，把希望都寄托在独立董事制度身上，是不理智的，需要一系列制度的配合，才能实现公司治理目标。

2005年独立董事制度已写入《公司法》。从此，独立董事在我国的法律上正式确立了自己的地位。但愿陆家豪能成为我国独立董事制度的"铺路石"。

本章小结

公司是市场经济中最重要、最活跃的主体，是最典型的企业法人。《公司法》是调整公司法律关系的法律规范，是经济法体系中十分重要的经济组织法。本章概括介绍了公司与公司法的概念和特征、公司的分类，公司法人财产权与股东权利，股东诉讼，公司财务会计基本要求，公司董事、监事、高级管理人员的资格和义务，公司合并、分立、增资、减资、解散与清算，有限责任公司的设立、组织机构、股权转让，一人有限责任公司和国有独资公司的特别规定以及上市公司组织机构的特别规定，股份有限公司的设立、股份的发行和转让等基本知识和制度。

思 考 题

(1) 为防止股东滥用公司人格和有限责任的危险，新《公司法》在允许设立一人公司的同时对其作出了哪些限制性规定？

(2) 我国法律对股份有限公司发起人的规定主要有哪些?

(3) 有限责任公司的股东有权查阅哪些公司文件?

(4) 哪些主体能够担任公司法定代表人?

(5) 在我国设立有限责任公司对公司资本的要求主要有哪些?

(6) 什么是揭开公司面纱制度?

(7) 什么是股票?股票有哪些特征和种类?

(8) 什么是上市公司的独立董事和董事会秘书?二者的职责有哪些?哪一个属于公司的高管人员?

第3章

合伙企业法

教学目标

通过学习本章，对合伙企业法有一定的了解和认识，能针对不同的案例进行分析；了解合伙企业的设立及事务管理，掌握合伙企业与第三人的关系以及合伙人的入伙与退伙。

教学要求

知识要点	能力要求	相关知识
合伙企业法概述	(1) 能够了解什么是合伙企业 (2) 能够了解合伙企业的法律特征 (3) 能够理解合伙企业法的基本原则	(1) 合伙企业的概念 (2) 合伙企业的法律特征 (3) 合伙企业法的基本原则
普通合伙企业	(1) 掌握合伙企业的设立条件 (2) 掌握合伙企业财产对内、对外转让的要求 (3) 能够了解合伙事务执行的具体规定 (4) 掌握合伙人入伙的条件及退伙的类型	(1) 合伙企业的设立条件 (2) 合伙事务执行的方式 (3) 合伙人的入伙的条件和程序及退伙的类型
有限合伙企业	(1) 能够了解有限合伙企业在设立时不同于普通合伙企业的特殊规定 (2) 能够了解有限合伙人的权利不同于普通合伙人权利的规定 (3) 能够掌握普通合伙人与有限合伙人资格转换的法律规定	(1) 有限合伙企业的设立条件 (2) 有限合伙人的权利 (3) 普通合伙人与有限合伙人资格转换的法律规定
合伙企业的解散与清算	(1) 能够了解合伙企业的解散 (2) 能够了解合伙企业的清算	(1) 合伙企业解散的事由 (2) 合伙企业清算的程序

引　例

违反竞业禁止规定　税务师赔偿 17 万①

1998 年 2 月，王远与其他 4 人合伙成立了一家会计师事务所，在核准经营范围中包括税务代理业务这一项。有着硕士学历的王远是一名税务师，他不甘心仅仅在这家事务所中充当一个部门的负责人，于是 2001 年初，他与另外两人又申请成立了税务师事务所有限公司，该公司的主要业务是税务代理，王远为公司的法定代表人及董事长。2002 年 7 月，会计师事务所的其他合伙人以王远违反合伙协议及合伙企业法的竞业禁止规定为由，将王远告上法庭。一审法院驳回了原告合伙人的诉讼请求。宣判后，合伙人不服，向北京一中院提起上诉。

3.1　合伙企业法概述

改革开放以来，随着投资经营的放开搞活、民间投资的启动，我国的合伙企业逐渐发展起来。而随着实行社会主义市场经济体制，立法机关根据我国市场主体的发展规范与合伙企业的发展需要，专门制定了合伙企业法。八届全国人大常委会第二十四次会议于 1997 年 2 月 23 日通过，自 1997 年 8 月 1 日起施行的《中华人民共和国合伙企业法》(以下简称《合伙企业法》)，明确规定了合伙企业法的立法宗旨、调整范围、合伙企业的设立、合伙经营行为规范与违反合伙企业法的法律责任等内容，为合伙企业的成立和开展经营活动提供了行为准则，为人民法院依法保护合伙企业及其合伙人的合法权益，正确审理涉及合伙企业的民事和经济纠纷案件提供了法律依据，使其成为我国市场主体立法的一个重要组成部分。但是，随着社会主义市场经济体制的逐步完善，经济社会中出现了一些新的情况和问题，加之民间投资、风险投资以及专业服务机构发展对合伙组织形式的不同需要，使其难以适应当前经济与社会发展要求；同时，国外合伙立法也出现了一些新的动向。这些都需要对现行的《合伙企业法》进行修改。2006 年 4 月，全国人大财政经济委员会向全国人大常委会提交了《合伙企业法》(修订草案)。经过常委会会议 3 次审议，2006 年 8 月 27 日，十届全国人大常委会第二十三次会议审议通过了《中华人民共和国合伙企业法(修订案)》。修订后的合伙企业法于 2007 年 6 月 1 日起施行。

3.1.1　合伙企业的概念及法律特征

所谓合伙企业，是指自然人、法人和其他组织依照本法在中国境内设立的普通合伙企业和有限合伙企业。根据《中华人民共和国合伙企业法》的规定，在中国境内设立的合伙企业可以分为普通合伙企业和有限合伙企业。普通合伙企业由普通合伙人组成，合伙人对合伙企业债务承担无限连带责任；而有限合伙企业由普通合伙人和有限合伙人组成，普通

① 载于中国法院网，http://www.chinacourt.org/public/detail.php?id=83911&k_title=合伙企业&k_content=合伙企业&k_author，2003-10-08。

合伙人对合伙企业债务承担无限连带责任，有限合伙人以其认缴的出资额为限对合伙企业债务承担责任。虽然所有的市场主体都可以参与设立合伙企业，成为合伙人，但对于一些特殊的市场主体来说，如果让其成为合伙企业的普通合伙人，对合伙企业债务承担无限连带责任，不利于保护国有资产和上市公司利益以及公共利益。因此，《合伙企业法》对一些特定市场主体成为普通合伙人作出了限制性规定，在第三条明确规定："国有独资公司、国有企业、上市公司以及公益性的事业单位、社会团体不得成为普通合伙人。"按照这一规定，上述组织只能参与设立有限合伙企业成为有限合伙人，而不得成为普通合伙人。

合伙企业这一独特的市场主体与其他的市场主体相比较，其特点表现为以下几点。

(1) 合伙企业的合伙人可以是自然人、法人和其他组织，合伙人的人数不得少于两人。

(2) 订立合伙协议。合伙企业以全体合伙人订立合伙协议为开端，没有合伙协议就不能成立合伙企业。合伙协议属于合同的一种，受合同法的调整。《合伙企业法》还特别规定了合伙协议应该具备的形式要件和实质要件，缺少这两个要件的协议不能产生合伙企业法所载明的相关法律后果。

(3) 承担合伙权利义务。合伙权利义务即合伙人之间承担共同出资、合伙经营、共享收益、共担风险的权利义务。合伙企业不具有法人地位，它建立在合伙人之间相互依赖的基础上，是视同自然人的法律拟制主体，各合伙人彼此间的权利义务是相同的。

(4) 普通合伙人对合伙企业的债务要承担无限连带责任，当合伙企业的财产不足以清偿其债务时，合伙人应当以自己的个人财产承担该不足部分的清偿责任，而有限合伙人以其认缴的出资额为限承担责任。

3.1.2　订立合伙协议、设立合伙企业的基本原则

《合伙企业法》规定了订立合伙协议和设立合伙企业，应当遵循自愿、平等、公平和诚实信用的原则。

1. 自愿原则

自愿原则属于民法中规定的意思自治范畴，要求各合伙人在订立合伙协议、设立合伙企业活动中，充分尊重彼此所表达的合法的意思表示，允许合伙人自主选择合伙对象。若合伙行为违背自愿原则，构成法律所禁止的欺诈、胁迫或重大误解，合伙协议和设立合伙企业的相关行为依法为无效或可撤销。

2. 平等原则

平等原则是市场经济关系本质特征和基本要求的集中反映，也是市场经济的客观要求。平等原则要求各合伙人具有平等的法律地位，在合伙法律关系的产生、变更和消灭上，各合伙人应平等协商，不允许一方凌驾于另一方之上。应注意的是，平等原则所要求的平等并不是指经济地位上的平等或经济实力上的平等，而是指法律地位的平等。

3. 公平原则

公平原则是市场活动中衡量市场主体行为的尺度，反映了商品交换规律的内在要求。公平原则侧重强调社会正义和结构合理，它要求合伙人在对外表达的意思与真实意愿不一致的情况下，对其行为后果承担责任，也要求审判人员在司法活动中确定责任时应本着公

平的观念，合情合理地作出判断。公平原则主要是针对合同关系而提出的要求，是当事人缔结合同关系，尤其是确定合同内容时所应遵循的指导性原则。

4. 诚实信用原则

诚实信用原则是市场经济活动中的道德准则，是道德规范在法律领域中的反映。它要求一切市场参加者符合诚实商人的道德标准，在不损害他人利益和社会公共利益的前提下追求自己的利益。其目的是在当事人之间的利益关系和当事人与社会之间的利益关系中实现平衡，并维护市场正常秩序。诚实信用原则要求每个合伙人在订立合伙协议、设立合伙企业时，以诚实信用及公序良俗为出发点，并在此后的合伙经营活动中恪守信用，尊重交易习惯，尊重社会公共利益，不滥用权利，不损人利己，做诚实的商人。

3.2 普通合伙企业

3.2.1 合伙企业的设立

普通合伙企业由普通合伙人组成，合伙人对合伙企业债务承担无限连带责任。合伙企业的设立是指准备设立合伙企业的人员依照法律规定的条件和程序，进行一定的准备工作，并向合伙企业登记机关申请设立合伙企业的行为。

1. 合伙企业的设立条件

为保证合伙企业的依法经营，维护合伙各方和债权人的合法权益，设立合伙企业应当具备下列条件。

1) 有两个以上的合伙人

关于合伙人的资格，《合伙企业法》作了以下限定。

(1) 合伙人为自然人的，应当具有完全民事行为能力，无民事行为能力人和限制民事行为能力人不得成为合伙企业设立时的合伙人。

(2) 法律、行政法规规定禁止从事营利性活动的人不得成为合伙企业的合伙人，如国家公务员、人民警察、法官、检察官等。

(3) 国有独资公司、国有企业、上市公司以及公益性的事业单位、社会团体不得成为普通合伙人。

2) 有书面合伙协议

合伙协议是指由各合伙人通过协商，共同决定相互间的权利义务，达成的具有法律约束力的协议。合伙协议应当包括下列内容。

(1) 合伙企业的名称和主要经营场所的地点。

(2) 合伙目的和合伙经营范围。

(3) 合伙人的姓名或者名称、住所。

(4) 合伙人的出资方式、数额和缴付期限。

(5) 利润分配和亏损分担方式。

(6) 合伙企业事务的执行。

(7) 入伙与退伙。

(8) 争议解决办法。

(9) 合伙企业的解散与清算。

(10) 违约责任。

合伙协议依法由全体合伙人协商一致，以书面形式订立。由于合伙企业需经工商行政管理部门的注册方能成立，登记的条件之一就是提交书面合伙协议，因而订立合伙协议必须是书面的正式合同。订立合伙协议时，应当遵循自愿、平等、公平、诚实信用原则。合伙协议经全体合伙人签名、盖章后生效。合伙人按照合伙协议享有权利，履行义务。修改或者补充合伙协议应当经全体合伙人一致同意，但合伙协议另有约定的除外。合伙协议未约定或者约定不明确的事项，由合伙人协商决定；协商不成的，依照本法和其他有关法律、行政法规的规定处理。

3) 有合伙人认缴或者实际缴付的出资

合伙人缴付出资可以是货币、实物、土地使用权、知识产权及其他财产权利。合伙人对于自己用于缴纳出资的财产或者财产权，应当拥有合法的处分权。此外，经全体合伙人协商一致，合伙人也可以用劳务出资。合伙人的出资作为财产投入合伙企业，需要评估作价的，可以由全体合伙人协商确定，也可以由全体合伙人委托法定评估机构评估。对劳务出资，其评估办法由全体合伙人协商确定，并在合伙协议中载明。合伙人应当按照合伙协议约定的出资方式、数额和缴付出资的期限，履行出资义务。以非货币财产出资的，依照法律、行政法规的规定，需要办理财产权转移手续的，应当依法办理。

4) 有合伙企业名称和生产经营场所

合伙人在成立合伙企业时，必须确定其合伙企业的名称。合伙企业在其名称中应当标明“普通合伙”字样。另外，要有生产经营场所和从事合伙经营的必要条件。

5) 法律、行政法规规定的其他条件

2. 合伙企业设立的程序

具备设立合伙企业条件的，应按下列程序设立。

1) 申请

申请设立合伙企业的，应当向企业登记机关——当地工商行政管理局提交登记申请、合伙协议书及身份证明等文件。法律、行政法规规定需经有关部门审批的，应在申请登记时提交批准文件。

2) 核准登记

申请人提交的登记申请材料齐全、符合法定形式，企业登记机关能够当场登记的，应予当场登记，发给营业执照。除上述情形外，企业登记机关应当自受理申请之日起 20 日内，作出是否登记的决定。予以登记的，发给营业执照；不予登记的，应当给予书面答复，并说明理由。

合伙企业设立分支机构时，应当向分支机构所在地的企业登记机关申请登记，领取营业执照。

3. 合伙企业设立的法律后果

合伙企业营业执照的签发日期为合伙企业的成立日期，它标志着合伙企业的设立程序完成。依法成立的合伙企业，可以自己的名义从事核准登记经营范围内的各种生产经营活动，成为市场的主体，其合法权益受到法律的保护。

合伙企业在领取营业执照前，合伙人不得以合伙企业的名义从事经营活动。

3.2.2 合伙企业的财产

1. 合伙企业财产的构成

合伙企业的财产是合伙企业存续的基础，是合伙企业对外承担责任的担保之一。合伙企业的财产包括 3 部分。

1) 原始财产

原始财产即合伙人的出资。原始财产是合伙企业积累财产的重要基础。需要强调说明如下。

(1) 合伙人的出资并不是全部都能成为合伙企业的财产。依《合伙企业法》的规定，合伙企业的出资方式可以是货币、实物、土地使用权、知识产权、其他财产权利以及劳务。其中劳务虽然可以通过全体合伙人协商确定的办法评估其价值，也可在合伙企业存续中创造价值，但因其内在的“行为性”特征，使其不能成为合伙企业的财产。

(2) 合伙企业的原始财产是全体合伙人实际缴纳的财产，而不是各合伙人在合伙协议中所认缴的财产。只有在全体合伙人均按时足额缴纳出资时，协议出资额才与实际出资额完全等同。

(3) 合伙人以转让财产所有权的出资形式构成合伙企业的财产是合伙企业原始财产取得的一般方式，合伙人也可以通过转让占有权、使用权的方式形成合伙企业的原始财产。

(4) 原始财产在合伙企业创立初期的价值是确定的，在合伙企业存续期间因市场因素则可能发生价值变化。

2) 积累财产

积累财产即合伙企业成立后以合伙企业的名义取得的全部收益。这部分是合伙企业在生产经营过程中所创造的新价值。

3) 依法取得的其他财产

2. 合伙企业财产的管理和使用

合伙企业是独立的民事主体，在合伙企业存续期间，合伙企业的财产独立于合伙人，由合伙企业所有或持有，由全体合伙人共同管理和使用。在合伙企业存续期间，合伙人依照合伙协议享有权利、承担责任。合伙企业财产的管理和使用必须由全体合伙人共同决定，任何人都无权单独支配合伙企业的财产。

合伙企业进行清算前，合伙人不得请求分割合伙企业的财产。合伙企业法另有规定的除外。在合伙企业存续期间，合伙企业的财产具有独立性和完整性两方面的特征。

(1) 所谓独立性是指合伙企业的财产独立于合伙人，合伙人出资后，便丧失了对这部分财产的所有权或持有权，合伙企业财产的主体就是合伙企业，而不是合伙人。

(2) 所谓完整性是指合伙企业的财产在合伙企业存续期间，作为一个整体而存在，合伙人一旦将其财产投入到合伙企业中，便不能在合伙企业存续期间对其出资主张支配权或处分权，合伙人对合伙企业财产权益的表现形式仅仅是依照合伙协议所确定的财产收益份额或比例。

因此，合伙企业在最终清算前，有权保障其财产的独立性和完整性，以维护全体合伙人乃至于合伙企业债权人的利益。但是，如果合伙人在合伙企业清算前私自转移或者处分合伙企业财产的，合伙企业不得以此对抗善意第三人。

典型案例 3.1

蔡先生诉刘先生返还合伙出资案

原告蔡先生与被告刘先生通过网络相识，经协商在2006年5月23日，双方签订了合伙协议，约定各自出资5万元开办合伙企业“北京清大欧曼电子商务中心”。该中心在5月25日经北京市工商行政管理局海淀分局注册成立。6月13日，双方签订协议，约定刘先生收取蔡先生6万元开办合伙企业的资金，保管期限为7日，过期无效。未经蔡先生同意不得擅自操作，所有权归蔡先生所有。此后约一周左右，刘先生退还蔡先生1万元，其余5万元仍在刘先生处。8月20日，北京清大欧曼电子商务中心为蔡先生开具收到其缴纳的上述6万元注册资本金的收据。9月18日，蔡先生向刘先生发出退伙通知书，双方未依约定和法定程序进行退伙清算。现蔡先生依据6月13日签订的协议要求刘先生返还其5万元。

法院经审理认为，蔡先生交予刘先生6万元明确为双方开办合伙企业的出资，虽然双方在6月13日的协议约定刘先生仅代为保管，所有权归蔡先生所有，但根据法律的相关规定，合伙人按协议约定缴付出资后，其出资财产作为合伙财产由全体合伙人共同管理和使用。且在合伙关系存续期间，出资人不得私自转移或处理，也不得随意退回。因此，蔡先生与刘先生关于出资所有权归蔡先生的约定无效。现合伙关系尚未解除，故法院作出判决，判决驳回蔡先生的诉讼请求。

3. 合伙财产的转让与出质

1) 合伙财产的转让

合伙企业财产的转让是指合伙人将自己在合伙企业中的财产份额转让于他人。由于合伙企业财产份额的转让将会影响到合伙企业以及各合伙人的切身利益，因此，《合伙企业法》对合伙企业财产份额的转让分为以下两种形式，并作了限制性规定。

(1) 合伙人对其财产份额进行外部转让，即在合伙企业存续期间，合伙人将其在合伙企业中的全部或部分财产份额转让给合伙人以外的第三人的行为。按照《合伙企业法》的规定：①合伙企业存续期间，合伙人向合伙人以外的人转让其在合伙企业中的全部或部分财产份额时，须经其他合伙人一致同意；②在同等条件下，其他合伙人有优先受让的权利，但是，合伙协议另有约定的除外；③经全体合伙人同意，合伙人以外的人依法受让合伙企业财产份额，经修改合伙协议即成为合伙企业的合伙人，依照本法修改后的合伙协议享有权利，承担责任。

(2) 合伙人对其财产份额进行内部转让，即合伙人将其在合伙企业中的全部或者部分财产份额转让给其他合伙人的行为，合伙人财产权益的内部转让因不涉及原合伙人以外的人参加，合伙企业存续的基础没有发生决定性变更，所以不需要经其他合伙人一致同意，只需要通知其他合伙人即可。

2) 合伙财产的出质

在合伙企业存续期间，各个合伙人对合伙企业的财产均享有预先确定的相应的份额。对此，每个合伙人都可以将自己的份额出质给第三人，以保证第三人债权的实现。由于合伙人以财产份额出质可能导致该财产份额依法发生权利转移，合伙人以其在合伙企业中的财产份额出质的，需经其他合伙人一致同意；未经其他合伙人一致同意，合伙人以其在合伙企业中的财产份额出质的，其行为无效，由此给善意第三人造成损失的，由行为人依法承担赔偿责任。

3.2.3 合伙企业的事务执行

合伙企业是一种人的组合和财产的组合，其权利能力和行为能力都没有与合伙成员完全分离。因此，合伙企业不必像法人那样设立专门的意思表示机关，它总是以合伙人的行为为其行为，每一个合伙人都有权利参与合伙企业事务的决策、执行和监督。

1. 合伙事务执行的方式

合伙人执行合伙企业事务有以下两种方式。

(1) 全体合伙人共同执行合伙企业事务。在采取这种形式的合伙企业中，按照合伙协议的约定，各个合伙人都直接参与经营，处理合伙企业的事务，对外代表合伙企业。作为合伙人的法人、其他组织执行合伙事务的，由其委派的代表执行。

(2) 委托一名或数名合伙人执行合伙企业事务。接受委托的一名或者数名合伙人对外代表合伙企业，其他合伙人不再执行合伙事务。无论哪种合伙企业事务的执行方式，都是合伙企业组织内部的关系，对外都不发生法律约束效力，这种内部关系不可以对抗善意的第三人。

不管采取哪种方式，除合伙协议另有约定外，下列事务必须经全体合伙人一致同意。

(1) 改变合伙企业名称。

(2) 改变合伙企业的经营范围、主要经营场所的地点。

(3) 处分合伙企业的不动产。

(4) 转让或者处分合伙企业的知识产权和其他财产权利。

(5) 以合伙企业名义为他人提供担保。

(6) 聘任合伙人以外的人担任合伙企业的经营管理人员。

2. 合伙事务执行的决议办法

由于合伙人拥有平等的合伙企业财产权利，因此，每个合伙人对合伙企业的各项决策都有并作出表达意见的权利。合伙人表达自己意见的途径和表达方式主要是通过决议的办法。

合伙人对合伙企业有关事项作出决议，按照合伙协议约定的表决办法办理。合伙协议未约定或者约定不明确的，实行合伙人一人一票并经全体合伙人过半数通过的表决办法。

本法对合伙企业的表决办法另有规定的，从其规定。

3. 合伙人在执行合伙事务中的权利和义务

1) 合伙人在执行合伙事务中的权利

(1) 合伙人平等享有合伙事务执行权。合伙企业的重要特点之一就是合伙经营，各合伙人无论其出资多少，都有权平等享有执行合伙企业事务的权利。

(2) 执行合伙事务的合伙人对外代表合伙企业。合伙人在代表合伙企业执行事务时，不是以个人的名义为一定的民事行为，而是以企业事务执行人的身份组织实施企业的生产经营活动。其执行合伙事务所产生的收益归合伙企业，所产生的费用和亏损由合伙企业承担。

(3) 不参加执行事务的合伙人的监督权。在委托执行合伙事务的情况下，不参加执行事务的合伙人享有对事务执行人的监督权。

(4) 合伙人查阅账簿权。无论是全体合伙人共同执行合伙事务，还是委托一名或数名合伙人执行合伙事务，合伙人为了解合伙企业的经营状况和财务状况，有权查阅合伙企业会计账簿等财务资料。

(5) 合伙人提出异议权和撤销委托执行事务权。合伙人分别执行合伙企业事务时，合伙人可以对其他合伙人执行的事务提出异议。提出异议时，应暂停该项事务的执行。如果发生争议，可由全体合伙人共同决定。受委托执行合伙企业事务的合伙人不按照合伙协议或者全体合伙人的决定执行事务的，其他合伙人可以决定撤销该委托。

2) 合伙人在执行合伙事务中的义务

(1) 执行合伙事务的执行人应当定期向不参加执行合伙事务的合伙人报告事务执行情况以及合伙企业的经营和财务状况。

(2) 合伙人不得自营或者同他人合作经营与本合伙企业相竞争的业务。

(3) 除合伙协议另有约定或者是经全体合伙人同意外，合伙人不得同本合伙企业进行交易。

(4) 合伙人不得从事损害本合伙企业利益的活动。

4. 合伙企业的损益分配

1) 合伙企业损益的内容

损益包括两个方面。

(1) 合伙企业的收益。它主要是指合伙企业以企业的名义通过经营活动而获得的利润和其他收入。

(2) 企业的亏损。它主要是指以合伙企业的名义进行经营管理活动时遭受的损失。

这种收益和亏损要由全体合伙人共同享有和承担。

2) 合伙损益的分配原则

合伙损益由合伙人依照合伙协议约定的比例分配和分担。合伙协议未约定或者约定不明确的，由合伙人协商决定；协商不成的，由合伙人按照实缴出资比例分配、分担；无法确定出资比例的，由各合伙人平均分配和分担。合伙协议不得约定将全部利润分配给部分合伙人或者由部分合伙人承担全部亏损。

典型案例 3.2

纸箱厂诉王某等四合伙人承担连带清偿债务案[②]

王某、于某、张某、赵某于 2000 年 3 月共同出资成立一合伙企业，在经营过程中，于 2001 年 7 月向原告纸箱厂赊购纸箱，共计欠款 6 000 元。由于经营不善，该合伙企业于 2001 年 12 月解散。王某、于某、

② 载于中国法院网，http://www.chinacourt.org/public/detail.php?id=73759&k_title=合伙企业&k_content=合伙企业&k_author，2003-08-08。

张某、赵某对合伙期间的债权、债务进行了清算，其中 6 000 元债务由王某承担，王某、于某、张某、赵某均在清算协议上签字予以认可。原告因索款未果将四被告诉至法院后，于某、张某和赵某 3 人均以清算协议为由，主张该笔欠款应当由王某一人偿还。

法院经审理认为，根据《中华人民共和国合伙企业法》的规定，合伙人共负盈亏，共担风险，对外承担无限连带责任。当合伙财产不足以清偿合伙债务时，合伙人还需以其个人财产来清偿，即承担无限责任，而且任何一个合伙人都有义务清偿全部合伙债务，即承担连带责任。王某、于某、张某、赵某关于分担债务的协议，仅是其合伙人内部协议，其并不能对抗第三人的主张，法院以此作出了四被告共同偿还并承担连带责任的判决。

5. 非合伙人参与经营管理

在合伙企业中，往往由于合伙人经营管理能力不足，需要在合伙人共同经营之外，聘任非合伙人担任合伙企业的经营管理人员，参与合伙企业的经营管理工作。根据《合伙企业法》的规定，经全体合伙人同意，可以聘任合伙人以外的人担任合伙企业的经营管理人员。但被聘任的合伙企业的经营管理人员应当在合伙企业授权范围内履行职务，如超越合伙企业授权范围从事经营活动，或者在履行职务过程中因故意或者重大过失给合伙企业造成损失的，依法承担赔偿责任。

3.2.4 合伙企业与第三人关系

合伙企业与第三人关系，实际是指有关合伙企业的对外关系，涉及合伙企业对外代表权的效力、合伙企业和合伙人的债务清偿等问题。

1. 对外代表权的效力

《合伙企业法》规定：执行合伙企业事务的合伙人，对外代表合伙企业。依据这一规定，可以取得合伙企业对外代表权的合伙人，主要有两种情况。

(1) 由全体合伙人共同执行合伙企业事务的，全体合伙人都有权对外代表合伙企业，即全体合伙人都取得了合伙企业的对外代表权。

(2) 由部分合伙人执行合伙企业事务的，只有受委托执行合伙企业事务的那一部分合伙人有权对外代表合伙企业，而不参加执行合伙企业事务的合伙人则不具有对外代表合伙企业的权利。

执行合伙企业事务的合伙人，在取得对外代表权后，可以以合伙企业的名义进行经营活动，在其授权范围内做出法律行为。

合伙人执行合伙事务的权利和对外代表合伙企业的权利，都会受到一定的内部限制。《合伙企业法》规定：合伙企业对合伙人执行合伙企业事务以及对外代表合伙企业权利的限制，不得对抗不知情的善意第三人。这里所指的合伙人，是指在合伙企业中有合伙事务执行权与对外代表权的合伙人；这里所指的限制，是对合伙人所享有的事务执行权与对外代表权利的一种界定；这里所指的对抗，是指合伙企业否定第三人的某些利益，拒绝承担某些义务或责任；这里所指的不知情，是指与合伙人有经济联系的第三人不知道合伙企业所作的内部限制，或不知道合伙企业对合伙人行使权利所作限制的事实；这里所指的善意第三人，是指本着合法交易的目的，诚实地通过合伙企业事务执行人，与合伙企业之间建立民事、商事法律关系的法人组织、非法人团体或自然人。如果第三人与合伙企业事务执行人恶意串通、损害合伙企业利益，则不属善意的情形。

2. 合伙企业和合伙人的债务清偿

1) 合伙企业的债务清偿与合伙人的关系

关于合伙企业的债务清偿与合伙人的关系，《合伙企业法》规定如下。

(1) 合伙企业对其债务，应先以其全部财产进行清偿。合伙企业财产不足以清偿到期债务的，各合伙人应当承担无限连带清偿责任。各合伙人个人所有的财产，除去依法不可执行的财产，如合伙人及其家属的生活必需品、已设定抵押权的财产等，均可用于清偿。

(2) 合伙人由于承担无限连带责任，清偿数额超过自己应分担比例的，有权向其他合伙人追偿。

需要注意的是，合伙人之间的分担比例对债权人没有约束力。债权人可以根据自己的清偿利益，请求全体合伙人中的一人或数人承担全部清偿责任，也可以按照自己确定的比例向各合伙人分别追偿。如果合伙人实际支付的债务数额超过其依照既定比例所应承担的数额，该合伙人有权利就超过自己应承担的清偿部分向其他未支付或者未足额支付应承担数额的合伙人追偿。

2) 合伙人的债务清偿与合伙企业的关系

关于合伙人的债务清偿与合伙企业的关系，《合伙企业法》规定如下。

(1) 合伙企业中某一合伙人的债权人，不得以该债权抵销其对合伙企业的债务。

(2) 合伙人个人负有债务，其债权人不得代位行使该合伙人在合伙企业中的权利。

(3) 合伙人的个人财产不足清偿其个人所负债务的，该合伙人只能以其从合伙企业中分取的收益用于清偿；债权人也可依法请求人民法院强制执行该合伙人在合伙企业中的财产份额用于清偿。

在以合伙人的财产份额清偿其个人债务的情况下，需要注意以下几点。

(1) 这种清偿必须通过民事诉讼法规定的强制执行程序进行，债权人不得自行接管债务人在合伙企业中的财产份额。

(2) 在强制执行个别合伙人在合伙企业中的财产份额时，应当通知全体合伙人，其他合伙人有优先购买权。其他合伙人未购买，又不同意将该财产份额转让给他人的，应为该合伙人办理退伙结算，或者办理削减该合伙人相应财产份额的结算。

典型案例 3.3

执行合伙人的财产份额案

王先生等 4 人合伙成立一家超市。王先生曾因子女上学欠张先生 5 万元一直未还，张先生向法院起诉王先生，要求还款。

法院判决支持张先生的诉讼请求。执行过程中，王先生的私人财产不足以清偿债务。张先生认为，王先生是超市的合伙人，其不能偿还欠款，自己可以替代其成为合伙人。于是，张先生要求法官确认自己在合伙企业中合伙人的地位。最终，法官拒绝其请求。

根据《合伙企业法》的规定，合伙人与合伙企业无关的债务应用合伙人的私人财产清偿，合伙人的自有财产不足以清偿时，该合伙人可以以其从合伙企业中分取的收益用于清偿，而债权人也可以依法请求法院强制执行该合伙人在合伙企业中的财产份额。王先生因儿女上学欠张先生 5 万元，张先生只能要求用王先生的私人财产清偿。王先生没有足够财产时，张先生也只能以王先生从合伙企业取得的收益获得清偿，或者申请执行王先生在超市中的财产份额。

法律还规定，法院强制执行合伙人的财产份额时，应当通知全体合伙人，其他合伙人有优先购买权。其他合伙人未购买，又不同意将该财产份额转让给他人的，应为该合伙人办理退伙结算，或者办理削减该合伙人相应财产份额的结算。所以，即使张先生申请执行王先生的财产份额，也只能获得相应的财产，而没有权利直接成为合伙企业的合伙人。

3.2.5 合伙企业的入伙与退伙

1. 入伙

入伙是指在合伙企业存续期间，合伙人以外的第三人加入合伙企业并取得合伙人地位、身份的法律行为。

1) 入伙的条件和程序

(1) 经全体合伙人一致同意。合伙企业接纳新的合伙人入伙，涉及合伙企业的出资比例、盈余分配比例、债务分担比例等的变动，需要对原有的合伙协议进行重大的变更。因此，新合伙人入伙，必须取得全体合伙人的一致同意。每个合伙人都有权基于原有的合伙协议，对是否接纳他人入伙作出意思表示。因此，经全体合伙人一致同意，是新合伙人入伙的实质性要件。

(2) 订立书面入伙协议。入伙协议是新合伙人与原合伙人在平等自愿的基础上，就新合伙人的入伙问题以及入伙后的权利义务问题所达成的协议。入伙协议应当包括哪些内容，法律未作具体的规定，由新合伙人和原合伙人协商确定。一般应包括以下内容：入伙的条件、程序、方式及时间、入伙的出资比例、盈余分配比例、债务分担比例等。入伙协议需采用书面形式。

(3) 订立入伙协议时，原合伙人应当履行告知义务，告知的内容主要是原合伙企业的经营状况和财务状况。

(4) 合伙企业登记事项因入伙发生变更，应当于发生变更事由之日起 15 日内，向企业登记机关办理有关登记手续。

2) 入伙的法律后果

合伙企业作为人合企业，其事务由全体合伙人共同执行。各合伙人对执行合伙企业事务享有同等的权利。入伙人经全体合伙人同意，并签订了书面入伙协议后就成为正式的合伙人。入伙的新合伙人与原合伙人享有同等权利，承担同等责任。入伙协议另有约定的，从其约定。入伙的新合伙人对入伙前合伙企业的债务承担连带责任。

2. 退伙

退伙是指使合伙人的身份归于消灭的法律事实。

1) 退伙的原因

合伙人退伙，一般有两种原因：一是自愿退伙；二是法定退伙。

(1) 自愿退伙是指合伙人基于自愿的意思表示而退伙，又称声明退伙。自愿退伙的表现形式可以分为协议退伙和通知退伙两种。

关于协议退伙，是指合伙协议约定了合伙企业经营期限时的声明退伙。合伙人在下列情形出现时，可以声明退伙。

① 合伙协议约定的退伙事由发生。

② 经全体合伙人一致同意退伙。

③ 发生合伙人难以继续参加合伙企业的事由。

④ 其他合伙人严重违反合伙协议约定的义务。

关于通知退伙，是指合伙协议未约定合伙企业的经营期限的，合伙人在不给合伙企业事务执行造成不利影响的情况下，可以退伙，但应当提前 30 日通知其他合伙人。

合伙人违反上述规定擅自退伙的，应当赔偿由此给合伙企业造成的损失。

(2) 法定退伙分为两类：一是当然退伙；二是除名退伙。

关于当然退伙，是指并非基于合伙人的自愿而是由法律明确规定的事由而退伙。合伙人有下列情形之一的，属于当然退伙。

① 作为合伙人的自然人死亡或者被依法宣告死亡。

② 个人丧失偿债能力。

③ 作为合伙人的法人或者其他组织依法被吊销营业执照、责令关闭撤销，或者被宣告破产。

④ 法律规定或者合伙协议约定合伙人必须具有相关资格而丧失该资格。

⑤ 被人民法院强制执行在合伙企业中的全部财产份额。

合伙人被依法认定为无民事行为能力人或者限制民事行为能力人的，经其他合伙人一致同意，可以依法转为有限合伙人，普通合伙企业依法转为有限合伙企业。其他合伙人未能一致同意的，该无民事行为能力或者限制民事行为能力的合伙人退伙。

当然退伙以法定事由实际发生之日为退伙生效日。

关于除名退伙，是指合伙人有下列情形之一的，经其他合伙人一致同意，可以决议将其除名。

① 未履行出资义务。

② 因故意或重大过失给合伙企业造成损失。

③ 执行合伙企业事务时有不正当行为。

④ 合伙协议约定的其他事由。

对合伙人的除名决议应当书面通知被除名人。被除名人自接到除名通知之日起，除名生效，被除名人退伙。被除名人有异议的，接到通知 30 日内向法院起诉。

2) 退伙的法律后果

(1) 退还财产份额。合伙人退伙，其他合伙人应当与该合伙人按照退伙时的合伙企业的财产进行结算，退还退伙人的财产份额。退伙人对给合伙企业造成的损失负有赔偿责任的，相应扣减其应当赔偿的数额。如退伙时有未了结的合伙企业事务的，待了结后进行结算，退还的具体办法由合伙人协议约定或者由全体合伙人决定，可以退还货币，也可以退还实物。

(2) 分担亏损。合伙人退伙时，合伙企业财产少于合伙企业债务的，由合伙人依照合伙协议约定的比例分配和分担。合伙协议未约定或者约定不明确的，由合伙人协商决定；

协商不成的，由合伙人按照实缴出资比例分配、分担；无法确定出资比例的，由各合伙人平均分配和分担。

(3) 对退伙前的债务承担无限连带责任。

(4) 因退伙导致合伙企业已经不具备法定人数或合伙目的无法实现而使合伙企业解散的，合伙企业终止。

3.2.6 特殊的普通合伙企业

随着社会对各项专业服务需求的迅速增长，很多会计师事务所、律师事务所等专业服务机构的规模扩大，合伙人数目大增，以至合伙人之间并不熟悉甚至不认识，各自的业务也不重合，与传统普通合伙中合伙人人数较少，共同经营的模式已有不同，因而让合伙人对其并不熟悉的合伙人的债务承担无限连带责任，有失公平。自20世纪60年代以后，针对专业服务机构的诉讼显著增加，其合伙人要求合理规范合伙人责任的呼声也越来越高。20世纪60年代以来，许多国家进行专门立法，规定采用普通合伙形式的专业服务机构的普通合伙人可以对特定的合伙企业债务承担有限责任，以使专业服务机构的合伙人避免承担过度风险。

为了减轻专业服务机构中普通合伙人的风险，促进专业服务机构的发展壮大，新《合伙企业法》在3.2.6小节中对专业服务机构中合伙人的责任作出了特别规定。特殊的普通合伙企业是指合伙人依照《合伙企业法》第五十七条的规定承担责任的普通合伙企业。

1. 特殊的普通合伙企业的适用范围

《合伙企业法》规定：以专业知识和专门技能为客户提供有偿服务的专业服务机构，可以设立为特殊的普通合伙企业，适用本法关于特殊的普通合伙企业的责任规定。

2. 对特殊的普通合伙企业的公示要求

特殊的普通合伙企业，其合伙人对特定合伙企业债务只承担有限责任，为保护交易相对人的利益，应当对这一情况予以公示。《合伙企业法》规定：特殊的普通合伙企业名称中应当标明“特殊普通合伙”字样。

3. 特殊的普通合伙企业合伙人的责任形式

这是特殊的普通合伙企业制度的最关键内容，《合伙企业法》第五十七条借鉴国外的立法经验，并结合我国实际，将其规定为：一个合伙人或者数个合伙人在执业活动中因故意或者重大过失造成合伙企业债务的，应当承担无限责任或者无限连带责任，其他合伙人以其在合伙企业中财产份额为限承担责任。合伙人在执业活动中非因故意或者重大过失造成的合伙企业债务以及合伙企业的其他债务，由全体合伙人承担无限连带责任。

4. 对特殊的普通合伙企业债权人的保护

特殊的普通合伙企业，其合伙人对特定合伙企业债务只承担有限责任，对合伙企业的债权人的保护相对削弱。为了保护债权人的利益，修改后的合伙企业法专门规定了对特殊的普通合伙企业债权人的保护制度，即执业风险基金制度和职业保险制度。《合伙企业法》规定：特殊的普通合伙企业应当建立执业风险基金，办理职业保险；执业风险基金用于偿付合伙人执业活动造成的债务；执业风险基金应当单独立户管理；执业风险基金的具体管理办法由国务院规定。

5. 特殊的普通合伙企业的法律适用

特殊的普通合伙企业实质上仍然是普通合伙企业，因此《合伙企业法》规定：特殊的普通合伙企业，本法未作规定的，适用本法关于普通合伙企业的规定。

目前，我国有很多专业服务机构如会计师事务所、律师事务所采取合伙制的形式。本法将专业服务机构分为两类：一类是采取企业形式的，如会计师事务所、建筑师事务所等，可以直接适用本法；另一类是非企业形式的，如律师事务所属于专业服务机构，但不是企业，由司法部审批管理，不进行工商登记。因此，实行合伙制的律师事务所不适用《合伙企业法》，但在承担责任的形式上可以采用《合伙企业法》规定的特殊普通合伙形式。为此，《合伙企业法》在附则中专门作出规定：非企业专业服务机构依据有关法律采取合伙制的，其合伙人承担责任的形式可以适用本法关于特殊的普通合伙企业合伙人承担责任的规定。

3.3　有限合伙企业

3.3.1　有限合伙企业的设立

有限合伙企业由普通合伙人和有限合伙人组成。普通合伙人对合伙企业债务承担无限连带责任；有限合伙人以其认缴的出资额为限对合伙企业债务承担责任。有限合伙在至少有一名合伙人承担无限责任的基础上，允许其他合伙人承担有限责任，它将具有投资管理经验或技术研发能力的机构和个人，与具有资金实力的投资者进行有效结合，既激励管理者全力创业和创新，降低决策与管理成本，提高投资效益，又使资金投入者在承担与公司制企业同样责任的前提下，获取更高收益。有限合伙规定承担无限连带责任的合伙人在企业中行使事务执行权，负责企业的经营管理；而规定有限合伙人依据合伙协议享受投资收益，对企业债务只承担有限责任，但不能对外代表合伙，也不直接参与经营。

有限合伙主要适用于风险投资。风险投资是 20 世纪 60 年代快速发展起来的一种股权投资方式，主要通过持有股权，投资于在创业阶段有快速成长可能的科技型中小企业，以促进这类企业的技术开发、创业发展和资金融通。

区别于普通合伙企业，有限合伙企业在设立时有如下特殊规定。

(1) 有限合伙企业的合伙人由 2 个以上 50 个以下合伙人设立，但是法律另有规定的除外。有限合伙企业至少应当有一个普通合伙人。

(2) 有限合伙企业名称中应当标明“有限合伙”字样。

(3) 有限合伙企业的合伙协议中，除符合普通合伙协议要求外，还应当载明下列事项。

① 普通合伙人和有限合伙人的姓名或者名称、住所。

② 执行事务合伙人应具备的条件和选择程序。

③ 执行事务合伙人的权限与违约处理办法。

④ 执行事务合伙人的除名条件和更换程序。

⑤ 有限合伙人入伙、退伙的条件、程序以及相关责任。

⑥ 有限合伙人和普通合伙人相互转变程序。

(4) 有限合伙人的出资。有限合伙人可以用货币、实物、知识产权、土地使用权或者其他财产权利作价出资，但不得以劳务出资。

有限合伙人应当按照合伙协议的约定按期足额缴纳出资；未按期足额缴纳的，应当承担补缴义务，并对其他合伙人承担责任。

在有限合伙企业登记事项中应当载明有限合伙人的姓名或者名称及认缴的出资数额。

3.3.2 有限合伙企业的事务执行

在有限合伙企业中，只能由普通合伙人执行合伙事务，执行事务的合伙人可以要求在合伙协议中确定执行事务的报酬及报酬提取方式。而有限合伙人不执行合伙事务，不得对外代表有限合伙企业。

但有限合伙人的下列行为，不视为执行合伙事务。

(1) 参与决定普通合伙人入伙、退伙。

(2) 对企业的经营管理提出建议。

(3) 参与选择承办有限合伙企业审计业务的会计师事务所。

(4) 获取经审计的有限合伙企业财务会计报告。

(5) 对涉及自身利益的情况，查阅有限合伙企业财务会计账簿等财务资料。

(6) 在有限合伙企业中的利益受到侵害时，向有责任的合伙人主张权利或者提起诉讼。

(7) 执行事务合伙人怠于行使权利时，督促其行使权利或者为了本企业的利益以自己的名义提起诉讼。

(8) 依法为本企业提供担保。

3.3.3 有限合伙人的权利及与第三人的关系

1. 有限合伙人的权利

有限合伙人可以同本有限合伙企业进行交易；可以自营或者同他人合作经营与本有限合伙企业相竞争的业务；可以将其在有限合伙企业中的财产份额出质；但是，合伙协议另有约定的除外。

可以按照合伙协议的约定向合伙人以外的人转让其在有限合伙企业中的财产份额，但应当提前 30 日通知其他合伙人。

有限合伙人的自有财产不足清偿其与合伙企业无关的债务的，该合伙人可以以其从有限合伙企业中的收益用于清偿；债权人也可以依法请求人民法院强制执行该合伙人在有限合伙企业中的财产份额用于清偿。人民法院强制执行有限合伙人的财产份额时，应当通知全体合伙人。在同等条件下，其他合伙人有优先购买权。

2. 有限合伙人与第三人的关系

第三人有理由相信有限合伙人为普通合伙人并与其交易的，该有限合伙人对该笔交易承担与普通合伙人同样的责任。

有限合伙人未经授权以有限合伙企业名义与他人进行交易，给有限合伙企业或者其他合伙人造成损失的，该有限合伙人应当承担赔偿责任。

3.3.4　有限合伙人的入伙与退伙

1. 入伙的法律后果

新入伙的有限合伙人对入伙前有限合伙企业的债务，以其认缴的出资额为限承担责任。

2. 退伙

1) 发生当然退伙的情形

(1) 作为合伙人的自然人死亡或者被依法宣告死亡。

(2) 作为合伙人的法人或者其他组织依法被吊销营业执照、责令关闭撤销，或者被宣告破产。

(3) 法律规定或者合伙协议约定合伙人必须具有相关资格而丧失该资格。

(4) 合伙人在合伙企业中的全部财产份额被人民法院强制执行。

2) 其他规定

(1) 作为有限合伙人的自然人在有限合伙企业期间丧失民事行为能力的，其他合伙人不得因此要求其退伙。

(2) 作为有限合伙人的自然人死亡、被依法宣告死亡或者作为有限合伙人的法人及其他组织终止时，其继承人或者权利承受人可以依法取得该有限合伙人在有限合伙企业中的资格。

(3) 有限合伙人退伙后，对基于其退伙前的原因发生的有限合伙企业债务，以其退伙时从有限合伙企业中取回的财产承担责任。

另外，有限合伙企业仅剩有限合伙人的，应当解散；有限合伙企业仅剩普通合伙人的，转为普通合伙企业。

3.3.5　普通合伙人与有限合伙人资格转换的法律规定

除合伙协议另有约定外，无论普通合伙人转变为有限合伙人，还是有限合伙人转变为普通合伙人，都应当经全体合伙人一致同意。有限合伙人转变为普通合伙人的，对其作为有限合伙人期间有限合伙企业发生的债务承担无限连带责任；而普通合伙人转变为有限合伙人的，对其作为普通合伙人期间合伙企业发生的债务承担无限连带责任。

3.4　合伙企业的解散与清算

3.4.1　合伙企业的解散

合伙企业的解散是指合伙企业因某些法律事实的发生而使其民事主体资格归于消灭的行为。致使合伙企业解散的法律事实称为合伙企业解散的事由。根据合伙企业解散是否出于自愿，合伙企业解散的事由分为两类：一类是任意解散事由；另一类是强制解散事由。前者是基于合伙人的自愿而解散，后者是基于法律或行政法规的规定而被迫解散。合伙企业有下列情形之一时，应当解散。

(1) 合伙协议约定的经营期限届满，合伙人决定不经营的。

(2) 合伙协议约定的解散事由出现。
(3) 全体合伙人决定解散。
(4) 合伙人不具备法定人数满30天。
(5) 合伙协议约定的合伙目的已经实现或者无法实现。
(6) 被依法吊销营业执照、责令关闭或者被撤销。
(7) 法律、行政法规规定的其他原因。

3.4.2 合伙企业的清算

合伙企业的清算是指合伙企业宣告解散后，为了终结合伙企业现存的各种法律关系，依法清理合伙企业债权债务的行为。合伙企业的清算主要包括以下程序：确定清算人、通告债权人、清理财产并编制文件、处理未了事务、清缴所欠税款、清理债权与债务、处理剩余财产、办理注销登记等。

1. 通知和公告债权人

合伙企业解散后应当进行清算，并通知和公告债权人。

2. 清算人的确定

清算人是在合伙企业解散过程中依法产生的专门负责清理合伙企业债权债务的人员。合伙企业解散时，清算人由全体合伙人担任。未能由全体合伙人担任清算的，经全体合伙人过半数同意，可以自合伙企业解散后15日内指定一名或数名合伙人，或者委托第三人担任清算人。15日内未确定清算人的，合伙人或者其他利害关系人可以申请人民法院指定清算人。

3. 清算人的职责

清算人在清算期间执行下列事务。
(1) 清理合伙企业财产，分别编制资产负债表和财产清单。
(2) 处理与清算有关的合伙企业未了结的事务。
(3) 清理所欠税款。
(4) 清理债权债务。
(5) 处理合伙企业清偿债务的剩余财产。
(6) 代表合伙企业参与诉讼或者仲裁活动。

清算人自被确定之日起10日内将合伙企业解散事项通知债权人，并于60日内在报纸上公告。债权人应当自被接到通知书之日起30日内，未接到通知书的自公告之日起45日内，向清算人申报债权。

债权人申报债权，应当说明债权的有关事项，并提供证明材料。清算人应当对债权进行登记。

清算期间，合伙企业存续，但不得开展与清算无关的经营活动。

4. 清偿顺序

合伙企业财产在支付清算费用后，按下列顺序清偿。
(1) 合伙企业所欠招用的职工的工资和劳动保险费用。

(2) 合伙企业所欠税款。

(3) 合伙企业的债务。

(4) 返还合伙人的出资。合伙企业财产依法清偿后仍有剩余，对此剩余的财产，如果合伙协议有约定，则依约定的比例进行分配。合伙协议未约定或者约定不明确的，由合伙人协商决定；协商不成的，由合伙人按照实缴出资比例分配、分担；无法确定出资比例的，由各合伙人平均分配和分担。

5. 清算结束

清算结束，清算人应当编制清算报告，经全体合伙人签名、盖章后，在 15 日内向企业登记机关报送清算报告，申请办理合伙企业注销登记。

合伙企业注销后，原普通合伙人对合伙企业存续期间的债务仍应承担无限连带责任。

合伙企业不能清偿到期债务的，债权人可以依法向人民法院提出破产清算申请，也可以要求普通合伙人清偿。

合伙企业依法被宣告破产的，普通合伙人对合伙企业债务仍应承担无限连带责任。

3.5 法律责任

3.5.1 合伙人的法律责任

合伙人违反《合伙企业法》的规定，须承担以下法律责任。

(1) 合伙人执行合伙事务，或者合伙企业从业人员利用职务上的便利，将应当归合伙企业的利益据为己有的，或者采取其他手段侵占合伙企业财产的，应当将该利益和财产退还合伙企业；给合伙企业或者其他合伙人造成损失的，依法承担赔偿责任；构成犯罪的，依法追究刑事责任。

(2) 合伙人对本法规定或者合伙协议约定必须经全体合伙人一致同意始得执行的事务擅自处理，给合伙企业或者其他合伙人造成损失的，依法承担赔偿责任。

(3) 不具有事务执行权的合伙人擅自执行合伙事务，给合伙企业或者其他合伙人造成损失的，依法承担赔偿责任。

(4) 合伙人违反本法规定或者合伙协议的约定，从事与本合伙企业相竞争的业务或者与本合伙企业进行交易的，该收益归合伙企业所有；给合伙企业或者其他合伙人造成损失的，依法承担赔偿责任。

(5) 合伙人违反合伙协议的，应当依法承担违约责任。

3.5.2 合伙企业的法律责任

合伙企业违反《合伙企业法》的规定，须承担以下法律责任。

(1) 提交虚假文件或者采取其他欺骗手段，取得合伙企业登记的，由企业登记机关责令改正，处以 5 000 元以上 5 万元以下的罚款；情节严重的，撤销企业登记，并处以 5 万元以上 20 万元以下的罚款。

(2) 合伙企业未在其名称中标明“普通合伙”、“特殊普通合伙”或者“有限合伙”字样的，由企业登记机关责令限期改正，处以 2 000 元以上 1 万元以下的罚款。

(3) 未领取营业执照，而以合伙企业或者合伙企业分支机构名义从事合伙业务的，由企业登记机关责令停止，处以 5 000 元以上 5 万元以下的罚款。

(4) 合伙企业登记事项发生变更时，未依照本法规定办理变更登记的，由企业登记机关责令限期登记；逾期不登记的，处以 2 000 元以上 2 万元以下的罚款。

合伙企业登记事项发生变更，执行合伙事务的合伙人未按期申请办理变更登记的，应当赔偿由此给合伙企业、其他合伙人或者善意第三人造成的损失。

3.5.3 清算人的法律责任

清算人违反《合伙企业法》的规定，须承担以下法律责任。

(1) 清算人未依照本法规定向企业登记机关报送清算报告，或者报送清算报告隐瞒重要事实，或者有重大遗漏的，由企业登记机关责令改正。由此产生的费用和损失，由清算人承担和赔偿。

(2) 清算人执行清算事务，牟取非法收入或者侵占合伙企业财产的，应当将该收入和侵占的财产退还合伙企业；给合伙企业或者其他合伙人造成损失的，依法承担赔偿责任；构成犯罪的，依法追究刑事责任。

(3) 清算人违反本法规定，隐匿、转移合伙企业财产，对资产负债表或者财产清单作虚假记载，或者在未清偿债务前分配财产，损害债权人利益的，依法承担赔偿责任；构成犯罪的，依法追究刑事责任。

引例分析

违反竞业禁止规定　税务师赔偿 17 万

一中院经审理认为，本案中王远擅自另行成立税务师事务所，显然与原会计师事务所业务相冲突，王远的行为已经违反了法律规定。据此法院依据该所的经营情况，判决王远赔偿会计师事务所其他合伙人 174 800 元人民币。竞业禁止指依照法律规定或者当事人的约定，权利人可以要求义务人在一定的期限内不得从事与自己营业相同、类似或相关的营业，即有权限制义务人针对自己的竞争行为。竞业禁止的义务人包括企业一般受雇人员，也包括董事、经理人或执行股东及合伙企业的合伙人。关于董事、经理人或执行股东及合伙人的竞业禁止，《合伙企业法》第三十条规定：合伙人不得自营或者同他人合作经营与本合伙企业相竞争的业务。《公司法》第六十一条规定：董事、经理不得自营或者为他人经营与其所任职公司同类的营业或者从事损害本公司利益的活动。法律之所以这样规定就在于对董事、经理人或执行股东及合伙人而言，他们在公司或企业中的有着特殊身份或地位。企业基于信任将整个企业或部分托付于他们，他们也必须忠实于公司、企业。他们手中掌握着公司、企业业务的决策权和执行权，他们的身份、地位使他们必定了解公司、企业的商业秘密或核心利益，若允许他们从事竞业活动，势必难以避免他们将利用这些优势为自己个人获取利益。如此，受损失的将不仅是其原来的企业，而且还将是整个的市场经济。自由与秩序是市场经济的两块基石，没有秩序就没有公平，也就没有真正的自由。因此，法律对上述人员有竞业禁止的强制性规定。

本章小结

本章主要介绍了普通合伙企业和有限合伙企业的概念和特征，以及各自的设立条件和程序、合伙企业事务的执行、合伙人的入伙与退伙，并对合伙企业的解散与清算进行了详细的论述。

思　考　题

(1) 合伙企业的概念及法律特征是什么？
(2) 普通合伙企业的设立条件是什么？
(3) 普通合伙企业的退伙有哪些类型？
(4) 有限合伙人的权利有哪些？
(5) 什么是特殊的普通合伙企业？
(6) 简述合伙企业与第三人关系。
(7) 合伙企业能否破产？合伙企业破产后，合伙人是否继续承担责任？

第4章

企业破产法

教学目标

通过学习本章，了解破产、破产法、破产财产、破产费用、公益费用、管理人、债权人会议、重整、和解的概念，了解管理人的职责、债权人会议的职权和企业破产还债的程序，理解破产法的基本原则和适用范围，掌握破产申请、破产公告、债权申报、重整计划、破产财产分配方案的内容和制作要求，为将来更深层次研究破产法问题和运用破产法知识解决现实问题打下良好基础。

教学要求

知识要点	能力要求	相关知识
破产申请	(1) 能够进行破产申请 (2) 能够制作破产申请书	(1) 破产及破产法的概念 (2) 破产案件的管辖 (3) 破产申请的内容 (4) 破产申请的受理
债权申报	(1) 能够进行债权申报 (2) 能够制作债权申报书	(1) 债权申报的概念 (2) 破产债权的构成和范围 (3) 债权申报的期限 (4) 破产债权的确认
重整	(1) 能够进行重整申请 (2) 能够制作重整计划草案	(1) 重整的概念 (2) 重整计划草案的内容 (3) 重整计划终止的法定情形 (4) 重整计划的批准与执行

知识要点	能力要求	相关知识
和解	(1) 能够进行和解申请 (2) 能够制作和解协议草案	(1) 和解的概念 (2) 和解协议的通过 (3) 和解协议的终止
破产清算	(1) 了解破产清偿的顺序 (2) 能够拟订破产财产分配方案	(1) 破产财产清偿的顺序 (2) 破产财产分配方案应载明的事项 (3) 破产财产分配方案的执行 (4) 破产费用和共益债务

引　　例

中国最大证券公司破产案[①]

南方证券股份有限公司曾经是我国最大的证券公司，由于违法违规经营，管理混乱，资不抵债 122 亿，2006 年 8 月 16 日，被深圳市中级人民法院判决破产还债。原南方证券 4 位高管因操纵证券交易价格罪而被判刑。

那么，什么是破产？企业在什么情况下必须破产？企业在破产前就没有起死回生的希望吗？……

4.1　破产法律制度概述

4.1.1　破产的概念、意义和我国破产法的立法现状

1. 破产的概念及意义

破产一般是指债务人经营失败，倾其财产偿债的事实。作为法律概念的破产，是指债务人不能清偿到期债务，并且资产不足以清偿全部债务或者明显缺乏清偿能力的，法院根据债权人或者债务人的申请，对企业进行重整或对破产财产予以清理和分配的特定诉讼程序。破产具有以下法律特征：一是资不抵债。企业所欠债务大于其资产，债务人在资产上处于资不抵债的状况，这是企业破产的主要特征。二是不能清偿到期债务。不能清偿到期债务是导致企业破产的直接原因，是决定企业最终达到破产界限的最本质的要件。

破产的法律意义，一是债务人严重亏损，不能清偿到期债务，而且挽救无望，法院可依法定程序将债务人的全部财产予以清算，使多数债权人按比例受偿，最大限度地保护债权人、债务人和企业职工的合法权益，从而结束债权债务关系，消灭债务人法律上民事主体资格；二是对具有挽救希望的企业，在法院主持下，由各方利害关系人协商通过重整计划，或由法院依法强制通过重整计划，进行企业的经营重组、债务清理等活动，使企业焕发生机，避免走上破产清算之路。

① 载于中国普法网，http://www.legalinfo.gov.cn/misc/2007-01/04/content_505307.html，2007-01-04。

2. 我国破产法的立法现状

破产法是指债务人不能清偿到期债务时，由法院宣告其破产并对其财产进行清算和分配，以及确认当事人在破产过程中权利义务的法律规范的总称。

1986年12月通过，1988年11月1日正式实施的《中华人民共和国企业破产法(试行)》(以下简称老《破产法》)，是在特定的社会条件下制定的，具有很多缺陷：一是条文简单，缺乏可操作性；二是计划色彩浓厚，行政干预强；三是许多概念界定不明晰，在法律上表述不明确；四是只适用于全民所有制企业，个体、私营企业没有破产规则可循；五是缺乏通行的重整、破产管理人等基本制度，使得破产制度极不完善。2006年8月27日，十届全国人大常委会第二十三次会议上审议通过了《中华人民共和国企业破产法》(以下简称《企业破产法》)。破产法于2007年6月1日起施行，老《破产法》同时废止。《企业破产法》是中国新的经济宪法，它确立了企业有序退出的法律制度，规范了企业破产程序，对于公平清理债权债务，保护债权人和债务人的合法权益，维护社会主义市场经济秩序具有重要意义。

4.1.2 我国破产法的立法宗旨

《企业破产法》第一条规定："为规范企业破产程序，公平清理债权债务，保护债权人和债务人的合法权益，维护社会主义市场经济秩序，制定本法。"根据这一规定，我国企业破产的立法宗旨包括5个方面。

1. 规范企业破产程序

通过规定企业破产界限、申请人向人民法院申请债务人破产时应提交的文件与要求、法院受理案件的依据与做法、债权人与债务人在破产申请中的相互关系，对破产案件审理所采取的处理方式，以及各当事人在案件中的地位与权利义务等，使整个破产程序合理规范，以方便案件的尽快处理，有效解决债权人与债务人的债务纠纷，公平保护案件各方当事人的合法权益，从而维护市场经济秩序的有效性。

2. 公平清理债权债务

在企业破产案件中，往往是由于债务人不能及时清偿到期债务而使债权人的利益受到损害，债权人或债务人不能通过正常协商等方式解决债务纠纷或危机，而向人民法院申请债务人破产。在企业破产清算中，人民法院应公平清理案件所涉及的各种债权、债务关系，充分保护各方当事人的合法权益。

3. 保护债权人的合法权益

在破产申请中，债权人被拖欠的债务得到全部偿还应属于其合法权益。但由于被拖欠的债权人往往不止一个人，当债务人资产不足以清偿全部债务时，足额清偿某个债权人全部债权就可能损害其他债权人的利益。而且，一旦多数债权人同意债务人重整时，对某一个或几个债权人的清偿也会损害企业重整的利益和其他债权人的利益。因此，债权人合法权益只能依他在破产程序中的具体情况来限定。

4. 保护债务人的合法权益

在破产案件中，虽然受损害的多数是债权人，债权人的合法权益应得到保护，债务人也同样有自己的合法权益，如生产经营权、重组权、债权主张权以及其他在破产宣告前后的各种权利等。因此，在保护债权人利益的同时，债务人的各种合法权益应受到同等保护。

5. 维护社会主义市场经济秩序

“社会主义市场经济秩序是指在我国社会主义市场经济体制下，由市场主体及其交易活动所形成的一种生产交易活动秩序，包括市场环境条件、市场准入要求与程序、市场交易规则、合同的订立与履行、对消费者的权益维护、交易纠纷的处理等，是市场经济体制的几大要素之一。”《企业破产法》就是要通过规范企业破产程序，公平清理债权债务，保护债权人和债务人的合法权益等措施，来实现维护社会主义市场经济秩序的目标。

4.1.3 《企业破产法》的适用

1. 适用范围

《企业破产法》第二条对其适用范围作了明确的规定：“企业法人不能清偿到期债务，并且资产不足以清偿全部债务或者明显缺乏清偿能力的，依照本法规定清理债务。企业法人有前款规定情形，或者有明显丧失清偿能力可能的，可以依照本法规定进行重整。”由此可见，企业破产法适用于中国境内所有的企业法人，包括国有企业、集体企业、法人型私营企业，上市公司与非上市公司，有限责任公司与股份有限公司，中外合资企业、中外合作企业与在中国境内注册的外国公司，商业银行、证券公司、保险公司等金融机构。根据《企业破产法》第一百三十三条的规定，本法施行前国务院规定的期限和范围内的国有企业实施破产的特殊事宜，按照国务院有关规定办理。

2. 跨境破产规定

随着全球资本流动加速，跨国投资大量发生，一个国家的破产裁决会对另外一个国家的债权人或者债务人产生重要影响。为了规范跨境破产问题，《企业破产法》第五条对跨境破产作了以下规定。

(1) 依照《企业破产法》开始的破产程序，对债务人在我国领域外的财产发生效力。

(2) 对于外国法院的破产裁决，在互惠、有司法协助或国际公约的条件下，我国法院也裁定承认和执行。这种有限的、有弹性的、有张力的跨境破产原则，为下一步与世界上各国破产法接轨作了铺垫。

3. 金融机构破产规定

根据《企业破产法》第一百三十四条的规定，金融机构破产总体上属于企业破产，要适用本法规定的原则与程序。但由于金融机构的特殊性，《企业破产法》规定如下。

(1) 商业银行、证券公司、保险公司等金融机构具有不能清偿到期债务，并且资产不足以清偿全部债务或者明显缺乏清偿能力的情形的，国务院金融监督管理机构可以向人民法院提出对该金融机构进行重整或者破产清算的申请。

(2) 国务院金融监督管理机构依法对出现重大经营风险的金融机构采取接管、托管等措施的，可以向人民法院申请中止以该金融机构为被告或者被执行人的民事诉讼和执行程序。

(3) 金融机构实施破产的，国务院可以依据本法和其他有关法律的规定制定实施办法。

4.2 企业破产还债程序的法律规定

4.2.1 破产申请的提出和受理

1. 破产原因

破产原因又称破产界限，是债权人和债务人得以启动破产程序的法律根据。破产原因直接决定市场主体能否适用破产程序解决其债权债务纠纷问题，能否有效地避免欺诈性破产和破产的恶意申请。根据《企业破产法》第二条的规定，企业破产的原因有两个：一是企业法人“不能清偿到期债务，并且资产不足以清偿全部债务”；二是企业法人“明显缺乏清偿能力”，其实质就是指企业不能清偿到期债务，即构成破产原因。这样两个原因可供债权人和债务人选择。作为债权人来说，只要企业不能清偿到期债务，就可以向法院申请宣告债务人破产，没有必要去了解企业是否资不抵债，这样可以促使债务人及时清偿债务，有助于保护债权人的利益。而对于债务人来说，在企业不能清偿到期债务的情况下，是否资不抵债，债务人心里是清楚的，一般情况下，债务人只有在企业不能清偿到期债务，并且资不抵债时，才会申请自己破产。

举案说法 4.1

育华大酒家申请破产案[②]

育华大酒家承包经营人邱天成，在经营期间，经营不善，管理混乱，财务收支严重不平衡，于1995年10月向本院申请破产还债。法院查明：育华大酒家的应收款为人民币194万元，但其提供的应收款明细表中，应收款仅为人民币62万元，其余人民币132万元应收款无明细记载。在已知的62万元中，个人白条借款达54.6万元。其中邱天成一人白条借款就达人民币20万元。因此，法院认为：育华大酒家不足以证明其已经不能清偿到期债务，育华大酒家破产还债的申请不符合法律规定的破产条件，裁定驳回育华大酒家破产还债的申请。

根据破产法，资不抵债并不是企业破产的要件，仅仅是无力清偿的原因之一，资不抵债并不必然带来无力清偿。因此，人民法院依法驳回育华大酒家破产还债的申请是正确的。

如果按照新《企业破产法》的处理和分析，本案会作出以下两种处理：如果育华大酒店没有新的证据，法院查明后依然是上述事实，法院则驳回育华大酒家破产还债的申请；如果育华大酒店有证据可以证明其明显缺乏清偿能力，法院则受理破产申请，按照破产还债程序、重整程序或者和解程序进行破产清算、重整或者和解。这是因为，根据《企业破产法》第二条规定：“企业法人不能清偿到期债务，并且资产不足以清偿全部债务或者明显缺乏清偿能力的，依照本法规定清理债务。”也就是说，不论什么原因，只要不能清偿到期债务，并且资产不足以清偿全部债务或者明显缺乏清偿能力的，企业法人即可申请破产。

2. 破产申请

破产申请是申请人申请债务人破产的行为。破产申请人可以是债权人，可以是债务人，

② 参见汤维建：《企业破产法新旧专题比较与案例应用》，北京：中国法制出版社，2006，第47～51页。

也可以是负有清算责任的人。破产申请应采用书面形式。根据《企业破产法》第八条的规定，向人民法院提交的破产申请书应当载明下列事项：申请人、被申请人的基本情况；申请目的；申请的事实和理由；人民法院认为应当载明的其他事项。债务人提出申请的，除提交破产申请书外，还应当向人民法院提交两类材料：一是债务人的财产状况；二是企业的职工状况。具体包括财产状况说明、债务清册、债权清册、有关财务会计报告、职工安置预案以及职工工资的支付和社会保险费用的缴纳情况。只有企业法人的法定代表人或者法定代表人的委托人才有权提出破产申请。破产申请事关重大，债务人必须依照章程，由董事会或者股东大会来决定，并要听取职工代表和工会的意见。

3. 破产案件的管辖

破产案件的管辖是指各级人民法院之间和同级的人民法院之间受理破产申请的权限范围，包括地域管辖、级别管辖和特殊管辖。

(1) 所谓地域管辖，即根据地域所确定的人民法院对破产案件的管辖权。根据《企业破产法》第三条的规定，破产案件由债务人住所地的人民法院管辖。

(2) 所谓级别管辖，是指不同级别的人民法院受理不同破产案件的管辖分工。根据最高人民法院《关于审理企业破产案件若干问题的规定》第二条的规定，在县、县级市企业登记机关核准登记企业的破产案件，应由基层人民法院管辖；在地区、地级市及其以上的企业登记机关核准登记企业，以及纳入国家计划调整的企业的破产案件，应由中级人民法院管辖。

(3) 所谓特殊管辖，是指在地域管辖与级别管辖以外，针对某些特定企业破产案件确定的管辖原则。依照《中华人民共和国民事诉讼法》第三十九条的规定，上级人民法院有权审理下级人民法院管辖的企业破产案件，也可以把本院管辖的企业破产案件交下级人民法院审理。下级人民法院对它所管辖的企业破产案件，认为需要由上级人民法院审理的，可以报请上级人民法院审理。

4. 破产案件的受理

破产案件的受理又称破产案件的立案，指人民法院对破产申请经审查认为符合企业破产法规定的情形而予以接受处理的行为。

1) 裁定时限

裁定指人民法院收到申请人提出债务人破产的申请，经审查作出的受理、不受理或驳回申请的裁定。对于裁定的作出时限，《企业破产法》第十条规定：“债权人提出破产申请的，人民法院应当自收到申请之日起 5 日内通知债务人。债务人对申请有异议的，应当自收到人民法院的通知之日起 7 日内向人民法院提出。人民法院应当自异议期满之日起 10 日内裁定是否受理。除前款规定的情形外，人民法院应当自收到破产申请之日起 15 日内裁定是否受理。有特殊情况需要延长前两款规定的裁定受理期限的，经上一级人民法院批准，可以延长 15 日。”

2) 法院审查

对于申请人的申请，人民法院要进行必要的审查，以便依据法律规定作出是否受理债务人破产申请的决定。人民法院的审查主要包括以下几方面。

(1) 审查是否符合《企业破产法》第二条规定的破产原因。

(2) 审查破产申请是否具有申请书，内容是否符合法定要求，证据是否齐备，能否充分说明债务人达到法定破产原因等情形。

(3) 对提出破产申请的债务人，还要审查其是否提供了财产状况说明、债务清册、债权清册、有关财务会计报告、职工安置预案以及职工工资的支付和社会保险费用的缴纳情况。

(4) 审查申请人提出的程序要求，即申请人提出的是清算，还是重整或和解。

(5) 审查申请是否属于本法院管辖权的范围。

3) 作出裁定

人民法院应在 15 日内，最长不超过 30 日内，根据不同情况作出受理、不受理或驳回申请的裁定。经审查决定受理的，除要及时将受理裁定送达申请人和债务人外，要在 25 日内将受理情况通知已知债权人，并发布受理公告。经审查决定不予受理的，应当自裁定作出之日起 5 日内送达申请人并说明理由。在受理案件后，如发现债务人有恶意破产行为、巨额财产下落不明或不符合法律规定的受理条件，人民法院对申请人提出的申请予以驳回。对于法院驳回申请的裁定，申请人按规定可以上诉。

5. 裁定受理破产申请的法律效力

1) 债务人的义务

企业被申请破产，企业的法定代表人和财务管理人员、主要业务人员负有以下法定义务。

(1) 债务人应当在 15 日内向法院提交企业财产状况说明、债权债务清册、财务会计报告等文件，并按公告通知的时间地点列席第一次债权人会议。

(2) 债务人应当妥善保管其占用和管理的所有财产、印章和账簿、文书等资料。

(3) 根据法院、管理人的要求进行工作。

(4) 未经法院许可，不得离开住所地。

(5) 不得新任其他企业的董事、监事、高级管理人员。

(6) 法院受理破产申请后，在管理人接管企业之前，债务人应当维持企业的正常活动，争取企业经营状况的好转，不得对个别债权人清偿债务，否则，其清偿行为无效。

2) 有关债务人财产的保全措施应当解除

按照《企业破产法》第十九条的规定，法院受理破产申请后，有关债务人财产的保全措施应当解除，破产程序是特别程序，其效力高于一般程序。按照《企业破产法》第十三条的规定，法院受理破产申请的同时，要指定管理人，由管理人接管企业，因此，对于债务人财产的保全措施应当解除，被解除保全的财产由管理人接管。

3) 债务人财产的执行程序应当中止

在法院受理破产后，为了维护全体债权人的利益，对债务人已经生效的其他民事判决、裁定，以及刑事判决、裁定中的财产部分的执行程序，应当中止，执行程序中的财产部分可以作为破产债权，与其他债权人一样平均受偿。

4) 尚未终结的民事诉讼或者仲裁应当中止

依照《企业破产法》第二十条的规定，人民法院受理破产申请后，已经开始而尚未终结的有关债务人财产的民事诉讼或者仲裁应当中止；在管理人接管债务人的财产后，诉讼或者仲裁继续进行。

4.2.2　债权申报与破产债权

1. 债权申报的概念

所谓债权申报，是指在破产程序中，债权人在法定的期限内，向管理人申报确定债权，以明确依照破产程序，行使权利的行为。债权申报是实现债权人权利的前提，债权人只有通过债权申报，才可能依照破产程序，获得破产财产。在规定时间内，债权人未进行债权申报的，就不能依照破产程序参加财产的分配。为了保证破产企业职工的利益，《企业破产法》第四十八条规定："债务人所欠职工的工资和医疗、伤残补助、抚恤费用，所欠的应当划入职工个人账户的基本养老保险、基本医疗保险费用，以及法律、行政法规规定应当支付给职工的补偿金，不必申报，由管理人调查后列出清单并予以公示。职工对清单记载有异议的，可以要求管理人更正；管理人不予更正的，职工可以向人民法院提起诉讼。"

2. 破产债权的范围

所谓破产债权，是指在破产宣告前成立，依破产程序进行申报，可以通过破产程序从破产财产中获得清偿的债权。根据《企业破产法》和有关司法解释的规定，破产债权的范围包括如下。

(1) 破产宣告前发生的无财产担保的债权。

(2) 破产宣告前发生的虽有财产担保但是债权人放弃优先受偿的债权。

(3) 破产宣告前发生的虽有财产担保但是债权数额超过担保物价值部分的债权。

(4) 票据出票人被宣告破产，付款人或者承兑人不知其事实而向持票人付款或者承兑所产生的债权。

(5) 管理人解除合同，对方当事人依法或者依照合同约定产生的对债务人可以用货币计算的债权。

(6) 债务人的受托人在债务人破产后，为债务人的利益处理委托事务所发生的债权。

(7) 债务人发行债券形成的债权。

(8) 债务人的保证人代替债务人清偿债务后依法可以向债务人追偿的债权。

(9) 债务人的保证人按照《中华人民共和国担保法》(以下简称《担保法》)第三十二条的规定预先行使追偿权而申报的债权。

(10) 债务人为保证人的，在破产宣告前已经被生效的法律文书确定承担的保证责任。

(11) 债务人在破产宣告前因侵权、违约给他人造成财产损失而产生的赔偿责任，因企业破产解除劳动合同，劳动者依法或者依据劳动合同对企业享有的补偿金请求权。

(12) 破产企业所欠职工的工资和应当划入职工个人账户的基本社会保险费用。

以下几类债权不得作为破产债权。

(1) 超过诉讼时效的债权。

(2) 未依法申报的债权。

(3) 尚未执行的滞纳金、罚款、罚金。

3. 债权的申报期限

债权人应在法定的债权申报期间内向管理人申报债权。根据《企业破产法》第四十五条的规定，债权申报期限自人民法院发布受理破产申请公告之日起计算，最短不得少于30日，最长不得超过3个月。债权人因不可抗力或者其他正当理由未能如期申报债权的，可以向人民法院请求延展其债权申报期限。在人民法院确定的债权申报期限内，债权人没有申报债权的，《企业破产法》第五十六条规定："可以在破产财产最后分配前补充申报；但是，此前已进行的分配，不再对其补充分配。"

4. 债权申报的方式和内容

债权申报的方式是指债权人向管理人申报债权所采取的方式，一般分为口头方式和书面方式。根据《企业破产法》第四十九条的规定，债权人申报债权必须采取书面的方式，应当提交书面申报材料。债权申报材料应当载明债权的数额及有无财产担保，申报债权是否属连带债权，申报债权的证明，以及债权人名称、住所、开户银行、申报时间、联系方式等必要情况。

5. 申报债权的审查确认

根据《企业破产法》第五十七、第五十八条的规定，申报债权的审查由管理人负责，申报债权的确认由人民法院负责。管理人收到债权申报材料后，应当登记造册，并编制债权表，对债权人的姓名或名称、住址、债权数额和性质、债权发生的原因等进行全面登记。债权表和债权申报材料由管理人保存，以供其他债权人、破产企业等利害关系人查阅。管理人负责对申报债权进行一般性审查，债权人或债务人有权出席债权审查会议，说明情况，陈述意见，协助审查。对无异议的债权予以登记，由法院制作裁定书，予以确认；对有异议的债权，债权人或者债务人可以向受理破产案件的人民法院提起债权确认的诉讼。

4.2.3 破产管理人制度和债权人会议

1. 破产管理人制度

管理人是指破产程序开始后，为了加强对债务人财产的管理，防止债务人随意处分财产，保护债权人的利益，专门设置的负责实施对债务人财产的管理、清理、处分、变价、分配等事项的机构。破产管理人制度是国际通行的一种负责管理处分破产财产的制度。我国《企业破产法》引进破产管理人制度，把破产运作交由专业化人士处理，将使破产程序更加符合市场经济的要求。我国《企业破产法》第三章对管理人的资格、地位、职权、监督、报酬、选任和解任等作了具体规定。

1) 管理人的选任

根据《企业破产法》第二十二条、第二十三条的规定，管理人由人民法院指定，债权人会议认为管理人不能依法、公正执行职务或者有其他不能胜任职务情形的，可以请求人民法院予以更换；管理人对人民法院负责，同时又接受债权人会议和债权人委员会的监督。

2) 管理人的任职资格

根据《企业破产法》第二十四条的规定，管理人可以由有关部门、机构的人员组成的清算组或者依法设立的律师事务所、会计师事务所、破产清算事务所等社会中介机构担任。同时还规定，人民法院根据破产企业的实际情况，可以在征询有关社会中介机构的意见后，指定该机构具备相关专业知识并取得执业资格的人员担任破产管理人，即个人也可以担任破产管理人。

有下列情形之一的，不得担任破产管理人。

(1) 因故意犯罪受过刑事处罚。

(2) 曾被吊销相关专业执业证书。

(3) 与本案有利害关系。

(4) 人民法院认为不宜担任管理人的其他情形。

为了保护债权人利益，对于个人担任管理人的，要求其应当参加执业责任保险。所谓执业责任保险，是指保险公司针对某些专业执业人员由于工作失误或意外损失而开设的险种。当管理人因不能勤勉尽责、忠实履行职务，给破产企业造成损失时，可以由保险机构予以赔偿。

3) 管理人的职责与监督

管理人在破产程序中居于中间人的地位，与债权人、债务人都没有利害关系，为保证管理人有效地开展工作，《企业破产法》第二十五条规定：管理人在破产事务中承担以下 9 项职责。

(1) 接管债务人的财产、印章和账簿、文书等资料。

(2) 调查债务人财产状况，制作财产状况报告。

(3) 决定债务人的内部管理事务。

(4) 决定债务人的日常开支和其他必要开支。

(5) 在第一次债权人会议召开之前，决定继续或者停止债务人的营业。

(6) 管理和处分债务人的财产。

(7) 代表债务人参加诉讼、仲裁或者其他法律程序。

(8) 提议召开债权人会议。

(9) 人民法院认为管理人应当履行的其他职责。

为了确保管理人在破产事务中正确地履行职责，《企业破产法》第二十三条规定：管理人依法规定执行职务，要向人民法院报告工作，并接受债权人会议和债权人委员会的监督。

4) 管理人的报酬

破产管理人执行职务，有权取得报酬。根据《企业破产法》第二十二条的规定，管理人的报酬由人民法院决定，如果债权人会议对法院决定的管理人的报酬没有异议，法院决定的报酬即为管理人的报酬；如果债权人会议对管理人的报酬有异议，有权向人民法院提出，法院要考虑债权人会议的意见，重新作出决定。

5) 管理人的辞任与解任

根据《企业破产法》第二十九条的规定，管理人辞去职务应当经人民法院许可，没有正当理由不得辞去职务。如果管理人确实有正当理由，如因病身体不能胜任等需要辞去管理人职务时，应当经人民法院许可。管理人不能依法、公正执行职务或者有其他不能胜任职务的情形，债权人会议有权请求人民法院予以解任。赋予债权人会议一定的解任权，有利于债权人对管理人的监督，有利于督促管理人勤勉尽责，忠实履行职务。

2. 债权人会议

1) 债权人会议的组成和职权

债权人会议，就是由破产法所规定的，在破产程序中代表债权人共同意志的全体破产债权人的意思表示机关。根据《企业破产法》第五十九条的规定，依法申报债权的债权人为债权人会议成员，有权参加债权人会议，享有表决权。没有依法如期申报债权的债权人，不参加破产程序，不能成为债权人会议的成员。债权人会议应当有债务人的职工和工会的代表参加，对有关事项发表意见。债权人会议除了以上正式成员以外，债务人企业的有关人员、管理人和中介机构工作人员作为列席人员参加债权人会议。根据《企业破产法》第六十条的规定，债权人会议设主席一人，由人民法院从有表决权的债权人中指定。债权人会议主席主持债权人会议。

债权人会议的职权主要是为债权人服务。根据《企业破产法》第六十一条的规定，债权人会议的职权有 11 项，包括核查债权；申请人民法院更换管理人，审查管理人的费用和报酬；监督管理人；选任和更换债权人委员会成员；决定继续或者停止债务人的营业；通过重整计划；通过和解协议；通过债务人财产的管理方案；通过破产财产的变价方案；通过破产财产的分配方案；人民法院认为应当由债权人会议行使的其他职权，如负责对债务人执行重整计划的情况实施监督等。

2) 债权人会议成员的表决权

在破产程序中，债权人会议表决的事项，实行债权人人数和所代表的债权数额双重多数通过的原则。根据《企业破产法》第五十九条的规定，依法申报债权的债权人为债权人会议的成员，享有表决权。对债务人的特定财产享有担保权的债权人，未放弃优先受偿权利的，不享有表决权；债权尚未确定的债权人，除人民法院能够为其行使表决权而临时确定债权额的之外，不得行使表决权。债权人可以委托代理人出席债权人会议，行使表决权。代理人出席债权人会议，应当向人民法院或者债权人会议主席提交债权人的授权委托书。债权人会议应当由有债务人的职工和工会的代表参加，对有关事项发表意见。

3) 债权人会议的议事规则

(1) 债权人会议的召开和通知。第一次债权人会议应在债权申报期限届满之日起 15 日内召开，由人民法院负责召集；以后的债权人会议，在人民法院认为必要时，管理人、债权人委员会向债权人会议主席提议召开时、占债权总额 1/4 以上的债权人向债权人会议主席提议召开时召开。召开债权人会议，应由管理人提前 15 日将会议的日期、地点和会议议程通知已知的债权人。

(2) 债权人会议的参加人。债权人会议的参加人包括所有债权人会议成员、管理人、债务人的职工和工会代表；债务人的企业法定代表人和其他有关管理人员列席债权人会议。

(3) 债权人会议的召集和主持。根据《企业破产法》第六十二条的规定，第一次债权人会议由人民法院召集，以后债权人会议应由债权人会议主席负责召集。债权人会议主席由人民法院从有表决权的债权人中指定。

(4) 债权人会议的表决。我国《企业破产法》规定：债权人会议的决议，由出席会议的有表决权的债权人过半数通过，并且其所代表的债权额占无财产担保债权总额的 1/2 以上；但是，通过和解协议草案的决议，必须占无财产担保债权总额的 2/3 以上。

(5) 债权人会议不能形成决议时的处理。为避免破产清算程序因债权人会议不能形成决议而久拖不决，根据《企业破产法》第六十五条的规定，对破产财产的管理方案、变价方案，经债权人会议表决未通过的，由人民法院作出裁定；对破产财产的分配方案，经债权人会议二次表决仍不能通过的，由人民法院作出裁定。债权人对人民法院作出的裁定不服的，可以向作出裁定的人民法院申请复议，但复议期间不影响裁定的执行。

(6) 债权人会议决议的效力。根据《企业破产法》的规定，债权人会议的决议对全体债权人均有约束力。债权人会议通过的重整计划、和解协议和破产财产分配方案，须报请人民法院裁定批准或认可后，方可执行。

(7) 债权人对债权人会议决议有异议时的处理。债权人对债权人会议通过的决议有异议，有权向人民法院提出撤销债权人会议决议。人民法院裁定撤销债权人会议决议的，应当责令债权人会议重新作出决议。

4) 债权人委员会

我国企业破产法规定了债权人委员制度。债权人委员会成员由债权人会议按照法定的表决程序，从债权人中选任。为维护破产企业职工的权益，债权人委员会成员中必须有一名由债务人职工推荐的职工代表或工会的代表。债权人委员成员人数不得超过 9 人。

债权人委员会的职责是代表债权人对管理人的行为实施监督。债权人委员会有权对债务人财产的管理和处分实施监督，对债务人财产的分配实施监督，并可行使债权人会议委托其行使的其他职权。依照《企业破产法》第六十九条的规定，管理人实施对债权人利益有重大影响的处分债务人财产的行为，应当向债权人委员会报告。债权人委员会认为管理人的行为违反债权人会议决议，损害债权人利益的，或者管理人、债务人拒绝接受监督的，可以就监督事项请求人民法院作出决定，人民法院应当在 5 日内作出相应的决定。债权人委员会认为有必要召开债权会议的，有权提议召开债权人会议。

4.2.4　重整与和解

1. 重整

1) 重整的概念和意义

重整是指对债务人已濒临破产界限，在破产申请前或在破产程序进行中，经债权人、债务人以及出资人申请，人民法院裁定批准，对债务人进行重新整合，缓解困境，获得重生的企业挽救制度。重整制度是在“促进债务人复兴”的立法目的指导下构建的一种再建型的债务清偿程序，它使得《企业破产法》不仅仅是一个市场退出法、淘汰法，还是一个企业更生法、拯救法。

设立重整制度的重大意义如下。

(1) 重整为濒临破产的企业增加一次恢复生机的机会，能最大限度地减少债权人及债务人的损失。

(2) 重整是已达破产界限的企业争取生存的最后机会，如果在此期间能够走出困境，企业就可以借此获得重生。

(3) 重整能够尽量减少社会财富的损失和因债务人破产而转为失业人口的数量，有利于保持社会的稳定。

(4) 重整制度为法院主导企业重组，把企业重组纳入法律轨道，提供了法律依据。

举案说法 4.2

郑百文重组案[③]

2000 年 3 月，郑州百文股份有限公司因不能清偿到期债务，被中国信达公司向法院提出破产申请。而后，山东三联公司宣布对郑百文进行重组。由于老《破产法》规定非国有企业法人不能实行整顿程序，当事人只能通过合作与让步，在法院之外进行重组。虽然重组获得了成功，但因缺乏必要的法律规则和法院监督，重组不仅困难重重，而且其公正性也受到质疑。在新《企业破产法》施行以后，与郑百文重组案类似的问题就可以迎刃而解。

2) 重整申请

重整申请是指在破产申请前或在破产程序进行中，债务人或债权人等利害关系人依照法定的条件和程序向人民法院申请债务人企业重整的行为。重整申请是启动重整程序的重要环节。根据《企业破产法》第七十条的规定，重整申请的主体有 3 个，一是债务人；二是债权人；三是债务人的出资人(出资总额占债务人注册资本 1/10 以上)。根据《企业破产法》附则的规定，商业银行、证券公司、保险公司等金融机构有本法第二条规定情形的，国务院金融监督管理机构也可以依法向人民法院提出对该金融机构进行重整的申请。

申请重整必须向人民法院提交重整申请书。重整申请书应当载明的事项包括申请人、被申请人的基本情况，申请的事实和理由，以及人民法院认为应当记载的其他事项。同时，还应当提交与重整申请有关的证据材料，如申请人和被申请人的主体资格证明，申请人的法定代表人或者主要负责人姓名，债务人不能清偿到期债务的有关证据材料等。申请人是债务人的，还应当提交财产状况说明、债务清册、债权清册、有关财务会计报告、职工安置预案，以及职工工资的支付和社会保险费用的缴纳情况等证据材料。

人民法院收到重整申请书和有关证据以后，经审查符合《企业破产法》规定条件的，应作出准许债务人重整的裁定，并予以公告。

3) 重整期间

重整期间是指自人民法院裁定债务人重整之日起至重整程序终止这段时间。在重整期间，债务人财产与营业事务的管理有两种方式。

(1) 债务人自行管理方式：即债务人在管理人的监督下自行管理财产和营业事务。按照破产法的规定，由债务人自行管理财产和营业事务的，已经依照法律规定接管债务人财产和营业事务的管理人，应当向债务人移交财产和营业事务，法律规定的管理人职权由债务人行使。

(2) 管理人聘任管理方式：即由管理人聘任债务人的经营管理人员负责营业事务。

为了帮助企业摆脱困境，实现重整目的。《企业破产法》规定：在重整期间，债务人享有以下财产权利。

(1) 债权人对债务人特定财产享有的担保权暂停行使，但特定财产有损坏可能时，债权人可以请求恢复行使担保权。

---

③ 参见王欣新：《破产法专题研究》，北京：法律出版社，2002，第 103～104 页。

(2) 为继续营业，债务人可以取回质物、留置物，可以借款，但应提供替代担保。

(3) 债务人合法占有的他人财产，在重整期间要求取回的，应当符合事先约定的条件。

(4) 在重整期间，出资人不得请求投资收益分配，债务人的董事、监事、高级管理人员不得向第三人转让其持有的债务人的股权。

4) 重整计划的制订

所谓重整计划，也称重整方案，是指为了维持债务人继续营业，由管理人或者债务人提出、债权人会议认可并经人民法院批准，以谋求债务人通过重整获得重生并清理债权债务关系的方案。负责管理债务人企业财产和营业事务的债务人或管理人，应当自人民法院裁定债务人重整之日起 6 个月内，同时向人民法院和债权人会议提交重整计划草案。

根据《企业破产法》第八十一条的规定，重整计划草案应当包括下列内容。

(1) 债务人的经营方案。

(2) 债权分类。

(3) 债权调整方案。

(4) 债权受偿方案。

(5) 重整计划的执行期限。

(6) 重整计划执行的监督期限。

(7) 有利于债务人重整的其他方案。

重整计划草案应提交债权人会议按照债权分类分组进行表决。重整计划表决通过后，经人民法院审查批准，终止重整程序，并予以公告。重整计划草案没有取得各表决组表决通过，如符合法定情形，人民法院可以强行批准重整计划。经人民法院裁定批准的重整计划具有法律效力，对债务人和全体债权人均有约束力，债务人和全体债权人必须遵守。

5) 重整计划的执行

重整计划由债务人负责执行。管理人已经接管债务人财产和营业事务的，在人民法院裁定批准重整计划以后，应当及时向债务人移交接管的财产和营业事务，以保证债务人执行重整计划。债务人执行重整计划时必须接受管理人的监督。

债务人不能执行重整计划，或者不执行重整计划的，管理人或者利害关系人有权请求人民法院依法裁定终止重整计划的执行。人民法院经审查后，认定债务人不能执行或者不执行重整计划的，裁定终止重整计划的执行，并宣告债务人破产。

按照重整计划完成全部重整工作后，债务人应召开股东大会，宣布重整结束，企业恢复正常。同时，按照重整计划减免的债务，自重整计划执行完毕时起，债务人不再承担清偿责任。

举案说法 4.3

全国首例上市公司破产重整案

2007 年 11 月 23 日，浙江海纳科技股份有限公司(以下简称债务人)破产重整案，在杭州市中级法院顺利审结，法院批准破产重整计划，债务人重获新生，全国首例上市公司破产重整案画上了圆满的句号。

债务人是 1999 年 5 月由浙江大学企业集团控股有限公司、浙江省科技风险投资公司以及 4 位自然人共同发起，以社会募集的方式设立，并于 1999 年 6 月 11 日在深圳证券交易所挂牌交易。成立之初，债务人作为一家高科技企业，以浙江大学为技术依托，取得了不错的业绩。但到 2004 年 3 月债务人实际控制人变更为邱某后，公司发展状况恶化。邱某通过其掌控的“飞天系”公司挪用债务人资金高达 2.51 亿元，擅自以债务人的名义为其掌控的“飞天系”公司向银行贷款或个人贷款提供连带保证担保，本金总额高达 3.95 亿元。由此，债务人债务危机全面爆发，并进入破产程序。2007 年 9 月 14 日，法院正式受理了有关债务人破产重整的申请。重整计划的核心内容是：为避免破产清算，债务人的实际大股东大地公司以债务人资产价值 11 072.87 万元为基数提供等值现金，用于清偿债权人。债权人债权本金获得 25.35%的清偿，于重整计划裁定批准之日起 30 日内以现金方式一次性清偿，债权人免除债务人剩余本金和全部利息债权及其他债权。大地公司代偿后，形成对债务人 9 845.61 万元新的债权。10 月 24 日召开的债务人第一次债权人会议中，各债权人就重整计划进行了表决，结果以 12 家同意、1 家不同意、2 家弃权通过了重整计划。

债务人重获新生无论对公司本身，还是对投资者抑或是整个资本市场都是件好事，同时也为今后同类案件的审理提供了范例。

2. 和解

所谓和解，是指债务人在进入破产程序以后，在法院的主持下，债务人和债权人就延长债务人清偿债务的期限、减免部分债务等事项达成协议，从而中止破产程序的制度。和解制度由和解申请、和解协议草案的提出与通过、和解协议的认可与公告以及和解协议的执行四大环节构成。

1) 和解申请

和解申请的主体是债务人。债务人申请和解，应当向人民法院提出和解申请，应当提交和解申请书，提供有关证据，并提交和解协议草案。和解申请书应当载明申请人的基本情况、申请的事实和理由等事项。有关证据主要包括财产状况说明、债务清册、债权清册、有关财务会计报告等。经审查认为符合《企业破产法》规定条件的，人民法院应作出准许和解的裁定，并予以公告。

2) 和解协议的提出和通过

所谓和解协议，是指由债务人提出草案、债权人会议表决通过、法院认可的关于清偿债务的协议。和解协议是破产和解程序的关键环节。债务人在向人民法院提出和解申请时，应提交和解协议草案。和解协议草案应当具备清偿债务的财产来源、清偿债务的办法、清偿债务的期限等内容。如果要求减少债务的，还应写明请求减少的数额。

债务人提出的和解协议草案，由债权人会议进行讨论和表决。根据《企业破产法》第九十七条的规定，出席债权人会议的有表决权的债权人过半数同意，并且所代理的债权额占无财产担保债权总额的 2/3 以上，和解协议通过。

3) 和解协议的认可与公告

债权人会议通过和解协议后，须提请人民法院审查，人民法院经过审查准许的，应裁定认可，同时终止和解程序，并予以公告。和解协议对有物权担保的债权人无约束力，债务人在同债权人会议达成和解后，为避免因担保物的执行影响生产经营，还需与有物权担保的债权人个别进行和解。

和解协议草案经债权人会议表决未获通过或未获人民法院认可的，人民法院应裁定终止和解程序，并宣告债务人破产。债务人以欺诈或其他违法行为成立的和解协议，人民法院应当裁定无效，并宣告债务人破产。

4) 和解协议的执行

所谓和解协议的执行，是指对和解协议内容的具体实施。和解协议经人民法院裁定认可，即发生法律效力，对债务人和全体和解债权人均有约束力。债务人与和解债权人应当严格执行和解协议，履行和解协议规定的义务。债务人应当严格按照和解协议规定的时间、数额、方式等履行自己的义务，向和解债权人清偿债务。和解债权人也应当遵守和解协议的规定，在债务人按照和解协议规定的条件清偿债务时，应当及时接受债务人的清偿。同时，和解债权人不得在和解协议规定以外，向债务人提出清偿债务的要求。和解协议得到了全部执行，自和解协议执行完毕时起，按照和解协议减免的债务，债务人不再承担清偿责任。

债务人不能执行或者不执行和解协议的，债权人可以请求人民法院裁定终止和解协议的执行，并宣告债务人破产。

4.2.5 破产宣告和破产清算

1. 破产宣告

破产宣告是指人民法院以裁定方式作出的认定债务人已缺乏清偿债务的能力，应当依照破产程序进行破产清算的法律判定。破产宣告是债务人进入破产清算程序的前提。

根据《企业破产法》的规定，在下列情形下，人民法院可以裁定宣告债务人破产。

(1) 债务人或债权人直接提出对债务人进行破产清算的。

(2) 重整计划草案未获通过的。

(3) 债务人不能执行或者不执行重整计划，利害关系人请求终止重整计划执行的。

(4) 和解协议草案未获债权人会议通过的。

(5) 和解协议是在债务人的欺诈或者其他不法行为成立的。

(6) 债务人不按或者不能按和解协议规定的条件清偿债务，和解债权人请求人民法院宣告债务人破产的。

人民法院宣告债务人破产，应当作出裁定，自裁定作出之日起 5 日内送达债务人和管理人，自裁定作出之日起 10 日内通知已知债权人，并予以公告。破产宣告的裁定不能上诉，应自作出之日起生效，之后破产案件转入破产清算程序。

2. 破产财产的构成

所谓破产财产，就是属于破产人所有或者由国家授予其经营管理的，在破产宣告后由管理人依法管理和处分，用以清偿破产债权的全部财产。依照《企业破产法》的规定，下列财产属于破产财产。

(1) 破产申请受理时属于破产人的全部财产。包括破产企业的机器、设备、厂房和其他建筑物以及在建工程等在内的企业的固定资产；破产企业的现金、银行存款、各种存货，以及应向他人收取的欠款等在内的企业的流动资产；破产企业持有的股票、债券等有价证券；破产企业依法享有的各项财产权利，包括企业以出让方式取得的土地使用权、采矿权、探矿权等用益物权，因合同、侵权行为、不当得利、无因管理等原因产生的债权，企业的专有技术、专利权、商标权等知识产权和其他财产权利。

(2) 破产人在破产申请受理后至破产程序终结前取得的财产。

下列财产不属于破产财产。

(1) 破产企业工会的财产。

(2) 破产企业中属于他人的财产。

(3) 已作为担保物的财产。

3. 破产财产的变价

破产财产的变价是指在破产清算程序中，将拟用于分配的破产财产中的非货币性财产，以拍卖或者债权人会议决定的其他方式，转变为货币财产，以便于进行破产分配的行为。负责破产财产的管理和处分的管理人应当在破产债权调查完毕后适时提出变价方案。

破产变价方案是指将破产财产中的非货币财产进行变价的具体方案。破产财产的变价方案，应当对变价财产的范围、财产类别、财产的评估价值、各类财产的变价方式和预计变价时间、预计支付的变价费用等重要事项加以说明和规定。管理人制定破产财产变价方案，应遵循公开变价原则，公正估价，公告变价事项，公开竞卖，以公开、公正、公平原则办理破产财产变价等事务。制定变价方案只有按照债权人会议通过的或者人民法院裁定认可，方能作为对破产财产进行变价出售的依据。

破产财产的变价出售原则上采取拍卖的方式进行，债权人会议对变价方式有决议的从其规定。

4. 破产财产清偿顺序

破产财产清偿顺序是指在破产债务清偿中，依据一定的原则进行分类排序，然后以全部破产财产按该法定顺序进行清偿的破产财产清偿规则。清偿顺序是清算程序中的核心内容。破产财产应优先清偿破产费用和共益债务，然后按照法定的顺序进行清偿。

根据《企业破产法》第一百一十三条的规定，破产财产应按下列顺序进行清偿。

(1) 破产人所欠职工的工资和医疗、伤残补助、抚恤费用，所欠的应当划入职工个人账户的基本养老保险、基本医疗保险费用，以及法律、行政法规规定应当支付给职工的补偿金。

(2) 破产人欠缴的除前项规定以外的社会保险费用和破产人所欠税款。

(3) 普通破产债权。

破产财产的分配，应当首先清偿第一顺序的债权，清偿后有剩余的，清偿第二顺序的债权，还有剩余的，再清偿其他各项破产债权。破产财产不足以清偿同一顺序的清偿要求的，按照各项债权数额占本顺序债权总额的比例，从破产财产中受偿。

对于担保债权和职工债权的清偿顺序问题，采取了“新老划断”的办法。《企业破产法》规定：在新法公布以前出现的破产，职工债权优先于担保债权，破产人无担保财产不足清偿职工工资的，要从有担保的财产中清偿。在新《企业破产法》公布后，将优先清偿担保债权、职工工资和其他福利从未担保财产中清偿。

5. 破产费用和共益债务

1) 破产费用

破产费用是指破产程序开始时以及办理过程中，为破产程序的进行以及为全体债权人的共同利益而在破产申请的受理、破产财产的管理、变价和分配中产生的，以及为破产财产进行诉讼和办理其他与此相关的事务所开支的各项费用。根据《企业破产法》第四十一条的规定，人民法院受理破产申请后发生的下列费用为破产费用。

(1) 破产案件的诉讼费用。

(2) 管理、变价和分配债务人财产的费用。

(3) 管理人执行职务的费用、报酬和聘用工作人员的费用。

2) 共益债务

共益债务是指在破产程序中为全体债权人的共同利益而发生的各种债务。根据《企业破产法》第四十二条的规定，人民法院受理破产申请后发生的下列债务，为共益债务。

(1) 因管理人或者债务人请求对方当事人履行双方均未履行完毕的合同所产生的债务。

(2) 债务人财产受无因管理所产生的债务。

(3) 因债务人不当得利所产生的债务。

(4) 为债务人继续营业而应支付的劳动报酬和社会保险费用以及由此产生的其他债务。

(5) 管理人或者相关人员执行职务致人损害所产生的债务。

(6) 债务人财产致人损害所产生的债务。

破产费用和共益债务由债务人财产随时清偿。债务人财产不足以清偿所有破产费用和共益债务的，先行清偿破产费用。债务人财产不足以清偿所有破产费用或者共益债务的，按照比例清偿。

6. 破产财产分配

破产财产分配是指按照破产法所规定的各类破产债权的受偿顺序和受偿比例，将破产财产分配给破产债权人，使各项破产债权得以公平受偿的行为。进行破产财产分配首先要拟订分配议案。根据《企业破产法》第一百一十五条的规定，破产财产分配方案由管理人拟订，破产财产分配方案应当载明下列事项。

(1) 参加破产财产分配的债权人名称、住所。

(2) 参加破产财产分配的债权额。

(3) 可供分配的破产财产数额。

(4) 破产财产分配的顺序、比例及数额。

(5) 实施破产财产分配的方法。

债权人会议讨论通过破产财产分配方案后，由管理人将该方案提交债权人会议讨论，通过后，提交人民法院进行审查；人民法院经审查裁定许可后，由管理人主持进行破产财产的分配。

7. 破产程序的终结

破产程序的终结是指破产程序履行全部任务或因故没有必要继续进行相关程序，而由有关当事人向人民法院提出申请，人民法院经过认定属实，而以裁定方式进行终结案件的情形。根据《企业破产法》第一百二十条的规定，管理人在破产人无财产可供分配或已将变价的破产财产、不需变价的破产财产全部分配给各请求权人后，应当及时向人民法院提交破产财产分配报告，并提请人民法院裁定终结破产程序。人民法院应当自收到管理人终结破产程序的请求之日起15日内作出是否终结破产程序的裁定。裁定终结的，应当予以公告。

根据《企业破产法》第一百二十一条的规定，管理人应当自破产程序终结之日起10日内，持人民法院终结破产程序的裁定，向破产人的原登记机关办理注销登记。办理注销登记后，该企业法人便不复存在。管理人于办理注销登记完毕的次日终止执行职务。但是，存在诉讼或者仲裁未决情况的除外。

举案说法4.4

蓝天啤酒公司破产还债案④

蓝天啤酒公司拥有固定资产原值900万元。由于连年亏损，累计负债1 500万元，仅银行利息每年即需付120万元以上。蓝天啤酒公司生存无望，便向该市中级人民法院提出破产申请。法院受理后，经核定，实际债权人有23个，金额为1 300万元，其中有抵押的债权额为97万元，普通债权额为1 203万元；劳动保险费8.1万元；欠职工医药费6.3万元；应该支付的税款为6.1万元。经清理评估，蓝天啤酒公司固定资产净值620万元，存货120万元，土地使用值170万元，总计910万元。

法院宣告申请人蓝天啤酒公司破产还债后，应该如何分配破产财产？

根据新《企业破产法》的规定，破产财产优先拨付破产费用20万元，抵押债权97万元后，按如下顺序清偿。

(1) 所欠职工医药费6.3万元和劳动保险费8.1万元(第一顺位)。

(2) 破产企业所欠税款6.1万元(第二顺位)。

(3) 破产债权828.5元，普通债权额为1 203万元，清偿率约为69%(第三顺位)。

4.3 法律责任

法律责任是指不履行法定义务，或者从事法律禁止的行为而应承担的法律后果。在企业破产程序中，债务人、债权人、管理人或者其他有关人员不履行法定义务或者从事法律所禁止的行为，影响破产企业财产收益的最大化，影响破产程序的顺利进行，进而损害破产债权人和其他利害关系人的利益，扰乱破产秩序，因此，必须依法予以追究与处罚。

4.3.1 破产企业董事、监事或者高级管理人员职务违法的责任

企业的董事、监事或者高级管理人员属于企业的经营管理人员，具体负责企业的生产经营活动，应当遵守法律法规和企业章程，忠于职守，尽力做好企业的经营管理工作。如违反忠实义务、勤勉义务，直接导致企业破产的，要追究相关人员的法律责任。根据《企业破产法》第一百二十五条的规定，企业董事、监事或者高级管理人员违反忠实义务、勤

④ 载于中国法律网，http://www.cnfalv.com/a/anli22/9060.html，2007-03-09。

勉义务，致使所在企业破产的，就要承担相应的法律责任。

(1) 要依法承担民事赔偿责任。

(2) 自破产程序终结之日起 3 年内不得在任何企业担任董事、监事或其他高级经营管理职务。

(3) 因严重不负责任或者滥用职权，造成企业破产，致使国家利益遭受重大损失，构成严重不负责任或者滥用职权犯罪的，要依法追究其刑事责任。

4.3.2 债务人及其有关人员违法的责任

1. 有义务列席债权人会议的人员拒绝履行义务的责任

有义务列席债权人会议的债务人的有关人员主要是指债务人的法定代表人，如董事长、执行董事、总经理等，也可以包括企业的财务管理人员以及其他经营管理人员。根据《企业破产法》第一百二十六条的规定，自人民法院受理破产申请的裁定送达债务人之日起至破产程序终结之日，债务人的有关人员承担妥善保管其占有和管理的财产、印章和账簿、文书等资料，根据人民法院、管理人的要求进行工作并如实回答询问，列席债权人会议并如实回答债权人的询问等法定义务。如果违反这一法定义务，就要承担相应的法律责任。

(1) 有义务列席债权人会议的债务人的有关人员，经人民法院传唤，无正当理由拒不列席债权人会议的，人民法院可以拘传，并依法加以处罚。

(2) 债务人的有关人员违反法律规定，拒不陈述、回答，或者作虚假陈述、回答的，人民法院可以依法处以罚款。

2. 债务人拒绝履行提交资料或者移交财产、资料等义务的责任

根据《企业破产法》第一百二十七条的规定，人民法院依法受理破产申请后，债务人应当向人民法院提交财产状况说明、债务清册、债权清册、有关财务会计报告以及职工工资的支付情况和社会保险费用的缴纳情况等资料，以便公平清理债权债务。债务人拒不提交或者提交的资料不真实的，人民法院对直接责任人员可以依法处以罚款。

3. 债务人从事违法财产处分行为的责任

为了防止恶意逃债，或者故意损害债权人合法利益，《企业破产法》第三十一条、第三十二条、第三十三条明确规定如下。

(1) 人民法院受理破产申请前一年内，债务人实施的下列行为，管理人有权请求人民法院予以撤销：无偿转让财产的；以明显不合理的价格进行交易的；对没有财产担保的债务提供财产担保的；对未到期的债务提前清偿的；放弃债权的。

(2) 人民法院受理破产申请前 6 个月内，债务人有法定破产情形，仍对个别债权人进行清偿的，管理人有权请求人民法院予以撤销。

(3) 为逃避债务而隐匿、转移债务人财产，以及虚构债务或者承认不真实的债务的，该行为无效。根据《企业破产法》第一百二十八条的规定，实施上述行为，损害债权人利益的，债务人的法定代表人和其他直接责任人员依法承担赔偿责任；触犯刑法规定，构成妨害清算犯罪或虚假破产犯罪的，依法追究刑事责任。

4. 债务人有关人员擅自离开住所地的责任

为了保证破产程序的顺利进行，《企业破产法》第十五条规定：自人民法院受理破产申请的裁定送达债务人之日起至破产程序终结之日，债务人的有关人员未经人民法院许可，不得离开住所地。《企业破产法》第一百二十九条规定：债务人的有关人员违反本法规定，擅自离开住所地的，人民法院可以予以训诫、拘留，可以依法并处罚款。

4.3.3 管理人的法律责任

管理人是由人民法院依法指定专门负责破产事务的人。《企业破产法》第二十七条明确规定，管理人应当勤勉尽责，忠实执行职务。《企业破产法》第一百三十条规定：管理人未依照本法规定勤勉尽责，忠实执行职务的，人民法院可以依法处以罚款；给债权人、债务人或者第三人造成损失的，依法承担赔偿责任；与公司企业法人相勾结共同实施妨害清算犯罪或虚假破产犯罪的，应以共同犯罪追究其刑事责任。

引例分析

中国最大证券公司破产案

对于证券公司等金融机构的破产问题，我国总的原则是实行优胜劣汰，经营不善，不能清偿到期债务的，就应依法进行破产。但由于老《破产法》未作具体规定，缺少具体的操作办法，对南方证券这样的金融机构进行破产处理就困难重重。一是在一般企业的破产中，债权人能够要求对债务人要求强制执行，这就使金融监管机构采取的行政处置措施难以正常进行。有关监管机构为了顺利处置出现风险的金融机构，维护金融秩序和社会稳定，只能进行个案处理，采取一些临时措施解决这方面的问题。但由于法律依据不足，这样的临时措施常常会引起一些当事人的非议。二是金融机构进入破产程序后，由于没有法定的具体的操作办法，人民法院对债务人的破产清算就很困难。三是南方证券高管人员要承担什么样的法律责任，对他们如何定性处罚也很困难。

《企业破产法》第一百三十四条规定如下。

(1) 商业银行、证券公司、保险公司等金融机构具有不能清偿到期债务，并且资产不足以清偿全部债务或者明显缺乏清偿能力的情形的，国务院金融监督管理机构可以向人民法院提出对该金融机构进行重整或者破产清算的申请。

(2) 国务院金融监督管理机构依法对出现重大经营风险的金融机构采取接管、托管等措施的，可以向人民法院申请中止以该金融机构为被告或者被执行人的民事诉讼和执行程序。

(3) 金融机构实施破产的，国务院可以依据本法和其他有关法律的规定制定实施办法。依据这一规定，金融机构破产总体上属于企业破产，要适用本法规定的原则与程序。但由于金融机构的特殊性，金融机构的破产，一要经有关监管机构批准；二是不能简单受理申请；三是有的债务人要由监管机构或其委托机构接管；四是可以依据本法和其他有关法律的规定制定具体的实施办法。

有了上述规定，在南方证券这类金融机构出现重大经营风险时，金融监督管理机构就可以依法对其采取接管、托管等措施；进行破产清算有了一定的法律依据；对违反忠实、勤勉义务，致使所在企业破产的企业高管人员进行定性处罚时，也有了法律依据。

本章小结

破产法是指债务人不能清偿到期债务时，由法院宣告其破产并对其财产进行清算和分配，以及确认当事人在破产过程中权利义务的法律规范的总称。破产原因是债权人和债务人得以启动破产程序的法律根据。企业破产原因有两个：一是债务人“不能清偿到期债务，并且资产不足以清偿全部债务”；二是债务人“明显缺乏清偿能力”。破产申请是申请人申请债务人破产的行为；破产案件的受理是指人民法院对破产申请经审查而予以立案处理的行为。破产申请与受理是破产申请进入程序的关键。债权申报是指在破产程序中，债权人在法定的期限内，向管理人申报确定债权，以明确依照破产程序，行使权利的行为。债权申报是实现债权人权利的前提。管理人是指在破产程序开始后，为了加强对债务人财产的管理，防止债务人随意处分财产，保护债权人的利益，专门设置的负责实施对债务人财产的管理、清理、处分、变价、分配等事项的机构。债权人会议是在破产程序中代表债权人共同意志的全体破产债权人的意思表示机关。重整是指对已濒临破产界限而又有挽救希望的债务人进行重新整合，缓解困境，获得重生的企业挽救制度；和解是指债务人在进入破产程序以后，在法院的主持下，债务人和债权人就延长债务人清偿债务的期限、减免部分债务等事项达成协议，从而中止破产程序的制度。破产宣告是指人民法院以裁定方式作出的认定债务人已缺乏清偿债务的能力，应当依照破产程序进行破产清算的法律判定。破产宣告是债务人进入破产清算程序的前提。破产财产清偿顺序是指在破产债务清偿中依据一定的原则进行分类排序，然后以全部破产财产按该法定顺序进行清偿的破产财产清偿规则。破产财产应优先清偿破产费用和共益债务，然后按照法定的顺序进行清偿。

思　考　题

(1) 简述破产管理人制度。
(2) 试评新《企业破产法》的破产界限。
(3) 试述新《企业破产法》的重整制度。
(4) 试述新《企业破产法》的破产清偿顺序。
(5) 试述重整与和解的区别。
(6) 什么是破产费用和共益债务？二者的清偿顺序谁先谁后？

第3篇

公共经济管理法

第5章

税收法

教学目标

通过学习本章，对我国的税收制度和税收征管制度有一定程度的掌握，了解税收管理体制和各个税种的基本知识，为解决实际问题奠定基础。

教学要求

知识要点	能力要求	相关知识
税法的概念及构成要素	能够运用税制的构成要素分析税收实体法的基本内容	(1) 税法的概念 (2) 税法的构成要素
我国现行主要税种	(1) 能够明确各税种的纳税人及计税依据 (2) 能够正确计算应纳税额	(1) 增值税 (2) 土地增值税 (3) 企业所得税 (4) 个人所得税
我国税收管理体制	(1) 能够理解我国税制改革的原因 (2) 能够理解分税制在公共财政体制框架中的地位及作用	(1) 税收立法权的划分 (2) 税款征收管理范围的划分 (3) 税收收入的划分
我国税收征收管理制度	(1) 明确税收征纳双方的权利和义务 (2) 能够分析税收的违法行为 (3) 能够运用税收征管法解决实际问题	(1) 税务管理 (2) 税款征收 (3) 税务检查 (4) 法律责任

引　例

共和国“第一税案”①

从 1995 年 3 月至 1997 年 3 月，浙江省金华县共有 218 户企业参与虚开专用发票，开出专用发票 65 536 份，价税合计 63.1 亿元，直接涉及虚开专用发票的犯罪分子154人，党政干部、税务干部 24 人。案件涉及全国 36 个省、自治区、直辖市和计划单列市的 3 030 个县、市的 28 511 户企业。涉及此案的金华市原宣传部长、县委书记、财税局局长、国税局局长和副局长、检察院税检室副主任等被判有期徒刑；县财税局稽查大队原大队长被一审判处死刑。另外，虚开增值税专用发票数额巨大的犯罪分子胡银峰、吴跃冬、吕华明被一审判处死刑。这是中华人民共和国成立以来发生的全国第一大税案。

什么是增值税专用发票？什么是虚开增值税专用发票罪？该种犯罪会给国家和社会带来哪些危害？

5.1　税 法 概 述

5.1.1　税收的概念、特征和职能

1. 税收的概念、特征

马克思主义经典作家对税收作过极其深刻的论断，对税收的抽象本质作出了科学概括。马克思指出：“赋税是政府机器的经济基础，而不是其他任何东西”。恩格斯在《家庭、私有制和国家起源》中也指出：“为了维持这种公共权力，就需要公民缴纳费用——捐税。”由于国家扮演着履行公共职能的社会角色，使得其在为社会提供公共产品方面具有私人无法比拟的优越性。因此，市场经济条件下的公共产品基本上由国家提供，国家提供公共产品的经济来源是公共财政，而公共财政的主要组成部分就是税收。现代市场经济条件下的公共产品和公共财政理论为我们理解国家与纳税人之间的关系提供了一个新的视角。

因此，税收是国家为了实现其职能，凭借其政治权力，参与国民收入的分配与再分配，按照法律规定的标准，对社会组织和个人强制地、无偿地取得财政收入所发生的一种特殊分配活动。税收具有如下特征。

(1) 强制性。主要是指国家以社会管理者的身份，用法律法规等形式对征收捐税加以规定，并依照法律强制征税。

(2) 无偿性。主要是指国家征税后，税款即成为财政收入，不再归还纳税人，也不支付任何报酬。

(3) 固定性。主要指在征税之前，以法的形式预先规定了课税对象、课税额度和课税方法等。

2. 税收的职能

现代市场经济条件下的税收具有四大职能。

① 载于中税网，http://www.taxchina.cn/sszg/2003-12/11/cms133686article.shtml，2003-12-11。

一是组织收入职能。在市场经济条件下，组织收入职能是税收的首要职能。在发达市场经济国家，税收在政府财政收入中的重要性表现得十分明显，一些国家的税收占财政收入的比例超过 90%。而在我国，1994 年税制改革以来，税收收入占国家财政收入的比重基本保持在 95%左右②。

二是调控经济职能。这是指税收作为经济杠杆，影响社会成员的经济利益，引导个人、企业的经济行为，从而达到调控宏观经济运行的目的，促进国家政治、经济、社会的健康发展。从历史上看，自从 20 世纪 30 年代世界经济大危机以来，税收一直都是各国重要的宏观调控工具。在我国，税收已经成为社会主义市场经济宏观调控的重要杠杆，适度运用税收杠杆对调控宏观经济发挥着积极的作用。

三是收入分配职能。通过税收间接地实现收入再分配，是现代市场经济国家的普遍做法。收入分配问题已成为我国社会与经济发展的一个重大问题。在收入分配制度改革中，通过设计有效的税制，如运用个人所得税、消费税、房产税等税收措施，积极发挥税收的分配职能，促进社会收入分配的公平合理和社会的和谐发展。

四是监督职能。国家在征收税款过程中，一方面要查明情况，正确计算并征收税款；另一方面又能发现纳税人在生产经营过程中或在缴纳税款过程中存在的问题。国家税务机关对征税过程中发现的问题，可以采取措施纠正，也可以通知纳税人或政府有关部门及时解决。

3. 税收的种类

根据不同的划分标准，我国税收的种类如下。

(1) 按征税对象的性质分：流转税(增值税、消费税、营业税、关税)；所得税(企业所得税、个人所得税)；资源税(资源税、耕地占用税和城镇土地使用税等)；行为税(印花税等)；财产税(房产税、契税、车船税等)。

(2) 按税收管理和使用权限分：中央税(关税、消费税)；地方税(个人所得税、房产税、土地使用税等)；中央地方共享税(增值税等)。

(3) 按税收与价格的关系分：价内税(消费税等)和价外税(增值税等)。

(4) 按计税标准为依据划分：从价税(增值税、营业税、关税等)和从量税(资源税等)。

(5) 按税负是否转嫁分：直接税(所得税)和间接税(增值税、消费税)。

5.1.2 税法的概念、特征、基本原则和构成要素

1. 税法的概念、特征

税法是所有调整税收关系的法律规范的总称。税法规范既包括实体性规范，如《个人所得税法》、《中华人民共和国企业所得税法》等；又包括程序性规范，如《税收征收管理法》、《增值税专用发票使用规定(试行)》、《税务行政复议规则(暂行)》等。税法具有如下特征。

(1) 强制性。税法的强制性与税收的强制性和无偿性具有密切关系，但税法的强制性还是有其特定内涵的。一是这一强制性的实现不仅有国家权力作为后盾，而且有一系列的

② 数据来源于国家税务总局网站公布的《1994—2005 年税收收入占财政收入比重情况》，http://www.ctaxnews.com.cn/sw/swzt/ssqz/xwbb/t20060714-1322925.htm，2006-07-14。

制度措施作保证；二是法律规范可具体分为指导性规范、强制性规范和禁止性规范。税法主要是强制性规范，即对于一切满足税收要素的纳税人，均应依据税法缴纳税款，而不允许行政机关与纳税人之间达成某种合意，变动法定税收要素的内容。

(2) 规范性。税法规范性具体表现在以下 3 方面：一是税种与税种法的相对应性。“一法一税”，国家一般按单个税种立法，作为征税时具有可操作性的法律依据；且税种的开征与否一般都由国家最高权力机关通过制定税收法律的形式加以规定，具有稳定性和固定性。二是税收要素的规范性。虽然各个税种法的具体内容千差万别，但就税收的基本要素而言，是每一部税种法都必须予以规定的，包括税法主体、征税对象、税率等。税收要素的规范性是税收规范性的保障或基础，便于税法的实施。三是税法一般都采取成文法的形式，而排除习惯等非成文法的适用。

(3) 技术性。随着现代市场经济的复杂化，税法也随之高度技术化。在复杂的经济生活中，为保证税负公平，防止偷税、避税行为，设计条理细致的税收法律制度就很有必要。一方面税法要防止对经济生活的不当干预；另一方面又必须注意如何才能确保税收征收，保证税收征管的实效。因此，在这些制度设计中就体现出税法规范的技术性。

举案说法 5.1

国税总局封堵“阴阳合同”逃税③

2012 年 3 月 31 日，国家税务总局局长肖捷做客中国政府网接受在线访谈时表示，为遏制近年来一些人在二手房交易时通过“阴阳合同”逃避税收的现象，税务部门与有关部门共同加强了二手房交易的税收征管工作，通过应用房地产估价技术，对二手房的交易申报价格进行评估。

近年来，一些人在二手房交易时，在按真实价格签订交易合同的同时，往往还签订一个低于实际交易价格的假合同，作为申报纳税的依据。“阴阳合同”的目的是避税。

肖捷说，税务部门与有关部门共同研究后，决定根据二手房所处的区域位置、交通条件、基础设施、周边配套以及市场交易均价等因素确定计税的基准价格，对申报的价格明显偏低并且没有正当理由的，要依据税务部门的评估值来核定计税价格。

前一段时间，有些地方上调了二手房交易计税价格，实际上就是为了遏制“阴阳合同”避税。肖捷举例说，某市的税务机关在进行评估的第一个月，就有 96.7%的二手房交易通过评估调增了计税价格。另外，各地税务机关对 40 余万套二手房的交易申报价格进行了评估，纳税人对评估结果持有异议的不到 1%。

2. 税法的基本原则

税法的基本原则是对一国调整税收关系法律规范的高度抽象和概括，是贯穿税收立法、执法和司法等全过程的具有普遍指导意义的法律准则。现代税法的基本原则主要包括如下 3 项：税收法定原则、税收公平原则和税收效率原则。

1) 税收法定原则

税收法定原则也称为税收法律主义，是民主和法治原则在税法上的体现，是最基本的

③ 资料来源于天津市国家税务局网，http://www.tjsat.gov.cn/0400/040001/04000101/20120331153708484.html，2012-03-31。

税法原则，对保障人权、维护国家利益和社会公益举足轻重。各国法律一般从征税主体的征税权和纳税主体的纳税义务这两方面予以规范，并强调征税权的行使必须限定在法律规定的范围内，确定征纳双方的权利义务必须以法律规定为依据，任何主体行使权利和履行义务均不得超越法律的规定。

税收法定原则一般包括以下 3 个方面：①税收要素法定；②税收要素确定；③征税程序法定。

2) 税收公平原则

税收公平原则中公平的概念包括两种：一为横向的公平，一为纵向的公平。横向的公平是指处于同等经济负担能力的人应纳同等的税收；而纵向公平的目的在于让经济负担能力不同的人应缴纳不同等的税收。所谓经济负担能力，是指各纳税人的税收负担能力，其基础有所得、财产和消费 3 种。以所得为依据设计税收负担可以实现横向和纵向的公平，特别是无负担能力不纳税的观念可以保障纳税人的生存权。税收负担能力理论被税法学界和税收立法者引进税法的观念中，并发展成税法上体现税收公平原则的量能课税原则。

3) 税收效率原则

税收效率原则所要求的是以最小的费用获取最大的税收收入，并利用税收的经济调控职能最大限度地促进经济的发展，或者最大限度地减轻税收对经济发展的负面影响。它包括税收行政效率和税收经济效率两个方面。

3. 税法的构成要素

税法的构成要素一般包括总则、纳税义务人、征税对象、税目、税率、纳税环节、纳税期限、纳税地点、减税免税、罚则、附则等项目。

(1) 总则。主要包括立法依据、立法目的、适用原则等。

(2) 纳税义务人。即纳税主体，主要是指一切履行纳税义务的法人、自然人及其他组织。

(3) 征税对象。即纳税客体，主要是指税收法律关系中征、纳双方权利义务所指向的物或行为。这是区分不同税种的主要标志，我国现行税收法律法规都有自己特定的征税对象。比如，企业所得税的征税对象就是应税所得；增值税的征税对象就是商品或劳务在生产和流通过程中的增值额。

(4) 税目。税目是指各个税种所规定的具体征税项目，它是征税对象的具体化。比如，消费税具体规定了烟、酒等税目。

(5) 税率。税率是指对征税对象的征收比例或征收额度。税率是计算税额的尺度，也是衡量税负轻重与否的重要标志。我国现行的税率主要如下。

① 比例税率。即对同一征税对象，不分数额大小，规定相同的征收比例。我国的增值税、营业税、企业所得税等采用的是比例税率。

② 超额累进税率。即把征税对象按数额的大小分成若干等级，每一等级规定一个税率，税率依次提高，但每一纳税人的征税对象则依所属等级同时适用几个税率分别计算，将计算结果相加后得出应纳税款的税率。目前采用这种税率的有个人所得税。

③ 定额税率。即按征税对象来确定计算单位，直接规定一个固定税额。目前采用定额税率的有资源税、城镇土地使用税、车船使用税等。

④ 超率累进税率。即按征税对象数额的相对率划分若干级距，分别规定相应的差别税

率，相对率每超过一个级距，对超过的部分就按高一级的税率计算征税。目前，采用这种税率的是土地增值税。

(6) 纳税环节。主要指税法规定的征税对象在从生产到消费的流转过程中应当缴纳税款的环节。如流转税在生产和流通环节纳税；所得税在分配环节纳税等。

(7) 纳税期限。纳税期限是指纳税人按照税法规定缴纳税款的期限。比如，企业所得税在月份或者季度终了后 15 日内预缴，年度终了后 4 个月内汇算清缴，多退少补；营业税的纳税期限分别为 5 日、10 日、15 日或者一个月，纳税人的具体纳税期限由主管税务机关根据纳税人应纳税额的大小分别核定，不能按照固定期限纳税的，可以按次纳税。

(8) 纳税地点。主要是指根据各个税种纳税对象的纳税环节和有利于对税款的源泉控制而规定的纳税人(包括代征、代扣、代缴义务人)的具体纳税地点。就我国现行税法的规定来看，纳税地点大致可以分为以下几种情形。

① 固定业户向其机构所在地的主管税务机关申报纳税。

② 固定业户到外县、市经营的，应根据具体情况向固定业户所在地申报纳税，或向经营地主管税务机关申报纳税。

③ 非固定业户或临时经营户向经营地主管税务机关申报纳税。

④ 进口货物向报关地海关纳税。

(9) 减税免税。主要是指对某些纳税人和征税对象采取减少征税或者免予征税的特殊规定。

(10) 罚则。主要是指对纳税人违反税法的行为采取的处罚措施。

(11) 附则。附则一般都规定与该法紧密相关的内容，比如，该法的解释权、生效的时间等。

5.1.3 税收法律关系

1. 税收法律关系的概念和特点

税收法律关系是指国家与纳税人之间根据税法规定形成的税收权利和义务关系。国家征税与纳税人纳税形式上表现为利益分配的关系，但经过法律明确其双方的权利与义务后，这种关系实质上已上升为一种特定的法律关系。了解税收法律关系，对于正确理解国家税法的本质，严格依法纳税、依法征税都具有重要的意义。

税收法律关系有以下特点。

(1) 税收是以国家为主体的特定分配关系，所以税收法律关系中征税一方主体始终是国家，税务机关代表国家行使征税权。

(2) 在税收法律关系中，征税一方享有征收权利，纳税一方负有缴纳义务，并不奉行等价有偿原则。

(3) 税法规定的权利和义务不以征纳双方当事人的主观意志为转移。

2. 税收法律关系的要素

税收法律关系的要素由主体、内容和客体构成。

1) 税收法律关系的主体

税收法律关系的主体是指税收法律关系中享有权利和承担义务的当事人。在我国税收法律关系中，主体的一方是代表国家行使征税职责的国家税务机关，包括国家各级税务机关、海关和财政机关；另一方是履行纳税义务的人，包括法人、自然人和其他组织，在华的外国企业、组织、外籍人、无国籍人，以及在华虽然没有机构、场所但有来源于中国境内所得的外国企业或组织。

在税收法律关系中权利主体双方法律地位平等，只是因为主体双方是行政管理者与被管理者的关系，双方的权利与义务不对等，因此，与一般民事法律关系中主体双方权利与义务平等是不一样的。这是税收法律关系的一个重要特征。

2) 税收法律关系的内容

税收法律关系的内容是指征纳双方所享有的权利和应承担的义务。这是税收法律关系中最实质的东西，也是税法的灵魂。它规定权利主体可以有什么行为，不可以有什么行为，若违反了这些规定，须承担什么样的法律责任。

国家税务主管机关的权利主要表现在依法进行征税、进行税务检查及对违章者进行处罚。其义务主要是向纳税人宣传、咨询、辅导税法，及时把征收的税款解缴国库，依法受理纳税人对税收争议申诉等。

纳税义务人的权利主要有多缴税款申请退还权、延期纳税权、依法申请减免税权、申请复议和提起诉讼权等，其义务主要是按税法规定办理税务登记、进行纳税申报、接受税务检查、依法缴纳税款等。

3) 税收法律关系的客体

税收法律关系的客体是指税收法律关系主体的权利和义务共同指向的对象，也就是征税对象，包括货币、实物、行为。例如，所得税的法律关系客体就是生产经营所得和其他所得；财产税的法律关系客体即是财产；流转税的法律关系客体就是货物销售收入或劳务收入。税收法律关系客体也是国家利用税收杠杆调整和控制的目标，国家在一定时期根据客观经济形势发展的需要，通过扩大或缩小征税范围调整征税对象，以达到限制或鼓励国民经济中某些产业、行业发展的目的。

3. 税收法律关系的产生、变更和终止

税收法律关系依据一定的法律事实而产生、变更或终止。引起税收法律关系产生的法律事实包括纳税义务人发生了税法规定的应税行为或事件；新的纳税义务人出现等。引起税收法律关系变更的法律事实包括税法的修订；纳税方式的变动；纳税人的收入或财产状况发生变化；由于不可抗力事件致使纳税人难于履行原定的纳税义务等。引起税收法律关系终止的法律事实包括纳税义务人履行了纳税义务；纳税人符合免税的条件；税种的废止；纳税人的消失等。例如，纳税人开业经营即产生税收法律关系，纳税人转业或停业就造成税收法律关系的变更或消灭。

5.2 实 体 税 法

实体税法即税收实体法，它是指规定国家征税和纳税主体纳税的实体权力(利)和义务的法律规范的总和。中国现行实体税法结构体系包括流转税法、所得税法、财产税法、行为税法、资源税法和其他实体税法。

5.2.1 流转税法

流转税是以商品流转额和非商品营业额(服务收入)为征税对象的一个税种。流转税的征税对象是流转额，“流转额”既包括商品销售收入额，也包括各种劳务、服务的业务收入额。流转税这一税种包括增值税、消费税、营业税和关税等。流转税的主要特点：一是以商品生产、交换和提供商业性劳务为征税前提，征税范围较为广泛；二是以商品、劳务的销售额和营业收入作为计税依据，一般不受生产、经营成本和费用变化的影响；三是一般具有间接税的性质，特别是在从价征税的情况下，税收与价格的密切相关，便于国家通过征税体现产业政策和消费政策；四是同有些税类相比，流转税在计算征收上较为简便易行，也容易为纳税人所接受。

1. 增值税法

增值税是对我国境内销售货物或者提供加工、修理修配劳务，以及进口货物的单位和个人，就其取得的货物或应税劳务的销售额，以及进口货物的金额计算税款，并实行税款抵扣制度的一种流转税。现行增值税的基本规范是 1993 年 12 月国务院颁布的《中华人民共和国增值税暂行条例》(以下简称《增值税暂行条例》)。

从计税原理而言，增值税是对商品生产和流通中各环节的新增价值或商品附加值进行征税，所以称之为“增值税”。然而，由于新增价值或商品附加值在商品流通过程中是一个难以准确计算的数据，因此，在增值税的实际操作上采用间接计算办法，即从事货物销售以及提供应税劳务的纳税人，要根据货物或应税劳务销售额，按照规定的税率计算税款，然后从中扣除上一道环节已纳的增值税税款，其余额即为纳税人应缴纳的增值税税款。这种计算办法同样体现了对新增价值征税的原则。

1) 增值税的纳税人

增值税的纳税人是指在我国境内销售货物或者提供加工、修理修配劳务以及进口货物的单位和个人。

我国将增值税的纳税人划分为一般纳税人和小规模纳税人。小规模纳税人是指年销售额在规定标准以下，并且会计核算不健全④，不能按规定报送有关税务资料的增值税纳税人。小规模纳税人以外的增值税纳税人则称为增值税一般纳税人。

2) 征税范围

增值税的征税范围包括以下两个方面。

(1) 销售或者进口的货物。货物是指有形动产，包括电力、热力、气体在内。

(2) 提供的加工、修理修配劳务。加工是指受托加工货物，即委托方提供原料及主要材料，受托方按照委托方的要求制造货物并收取加工费的业务；修理修配是指受托对损伤和丧失功能的货物进行修复，使其恢复原状和功能的业务。

增值税的征税范围除了上述一般规定之外，还有以下几项特殊规定。

(1) 视同销售的规定。视同销售就是将不属于销售范围或尚未实现销售的货物，视同销售处理，纳入增值税的征税范围。例如，将货物交付他人代为销售；销售代销货物；设

④ 会计核算不健全是指不能正确核算增值税的销项税额、进项税额和应纳税额。

有两个以上机构并实行统一核算的纳税人，将货物从一个机构移送至其他机构用于销售，但相关机构设在同一县(市)的除外；将自产或委托加工的货物用于非应税项目；将自产、委托加工或购买的货物作为投资，提供给其他单位或个体经营者；将自产、委托加工或购买的货物分配给股东或投资者；将自产、委托加工的货物用于集体福利或个人消费；将自产、委托加工或购买的货物无偿赠送他人。

该项规定的目的有两个：一是保证增值税税款抵扣制度的实施，不致因发生上述行为而造成税款抵扣环节的中断；二是避免因为上述行为造成货物销售税收负担不平衡的矛盾，防止以上述行为来逃避纳税。

(2) 混合销售行为的规定。一项销售行为如果既涉及增值税应税货物又涉及非应税劳务[⑤]，则称为混合销售行为。从事货物的生产、批发或零售的企业，企业性单位及个体经营者发生混合销售行为，视为销售货物，应当征收增值税。其他单位和个人的混合销售行为，视为销售非应税劳务，不征收增值税。纳税人的销售行为是否属于混合销售行为，由国家税务总局所属的征税机关确定。

(3) 兼营非应税劳务行为的规定。增值税的纳税人兼营非应税劳务，如果不分别核算或者不能准确核算货物或应税劳务的销售额和非应税劳务的营业额，其非应税劳务应与货物或应税劳务一并征收增值税。

3) 增值税的税率与征收率

增值税设置了基本税率 17%、低税率 13%和零税率 3 档。此外，对于小规模纳税人还规定了 3%的征收率。

(1) 基本税率。增值税一般纳税人销售或者进口货物，提供加工、修理修配劳务，除低税率适用范围和销售个别旧货适用征收率外，税率一律为 17%，这就是通常所说的基本税率。

(2) 低税率。增值税一般纳税人销售或者进口粮食、食用植物油、自来水、暖气、冷气、热水、煤气、石油液化气、天然气、沼气、居民用煤炭制品、图书、报纸、杂志、饲料、化肥、农药、农机、农膜、农业产品、金属矿采选产品、非金属矿采选产品以及国务院规定的其他货物的，按低税率计征增值税，低税率为 13%。

财政部、国家税务总局近日联合下发财税[2011]137 号通知称，经国务院批准，自 2012 年 1 月 1 日起，免征蔬菜流通环节增值税(不包括蔬菜罐头)。[⑥]

(3) 零税率。为了鼓励本国货物出口，在遵循 WTO 基本规则的前提下，我国根据本国的实际，采取出口退税与免税相结合的政策，对纳税人出口满足特定条件的货物采用零税率。

(4) 征收率。考虑到小规模纳税人经营规模小，且会计核算不健全，难以按上述两档税率计税和使用增值税专用发票抵扣进项税款，因此，实行按销售额与征收率计算应纳税额的简易办法。小规模纳税人适用征收率的规定。2009 年 1 月 1 日起，在全国范围内实施增值税转型改革，增值税小规模纳税人的征收率统一降低至 3%，一般纳税人采用简易办法征税也适用 4%或 6%的征收率。

4) 增值税的计税方法

增值税实行价外计征的办法，实行根据发票注明的税金进行税款抵扣的制度。商品零

---

⑤ 非应税劳务是指属于应缴营业税的交通运输业、建筑业、金融保险业、邮电通信业、文化体育业、娱乐业、服务业税目征收范围的劳务。

⑥ 参见《专家解读免征蔬菜流通环节增值税》，载于 http://news.sina.com.cn/c/2012-01-10/091523775385.shtml

售环节的发货票不单独注明税金，因为商品零售继续实行价内税，税金已包含在价格之内。

(1) 针对一般纳税人所采用的计税方法。一般纳税人销售货物或者提供应税劳务，应纳税额为当期销项税额抵扣当期进项税额后的余额。

应纳税额计算公式为

应纳税额=当期销项税额-当期进项税额

进项税额是指纳税人购进货物或接受应纳税劳务的支付或负担，并在计算增值税的应纳税额时允许抵扣的增值税税款。

销项税额是指纳税人销售货物或者应税劳务，按照销售额及适用税率计算并向购买方收取的增值税额。

销项税额计算公式为

销项税额=不含增值税的销售额×税率

不含增值税的销售额=含税销售额÷(1+税率)

(2) 针对小规模纳税人所采用的计税方法。小规模纳税人销售货物或者应税劳务，按照销售额和3%的征收率计算应纳税额，不得抵扣进项税额。

应纳税额计算公式为

应纳税额=不含增值税的销售额×征收率

不含增值税的销售额=含税销售额÷(1+征收率)

举案说法 5.2

某百货商店依法缴纳增值税案

某百货商店2008年全年销售额80万元，2009年2月销售给消费者一批日用百货，收取全部货款为30 900元，当月购进货物取得增值税专用发票上注明税款600元。

问：该商店2009年2月应缴纳多少增值税？

解析：该百货商店2008年全年销售额80万元，根据2009年1月1日起施行的增值税暂行条例实施细则第二十八条的规定，条例第十一条所称小规模纳税人的标准为：①从事货物生产或者提供应税劳务的纳税人，以及以从事货物生产或者提供应税劳务为主，并兼营货物批发或者零售的纳税人，年应征增值税销售额(以下简称应税销售额)在50万元以下(含本数，下同)的；②除本条第一款第①项规定以外的纳税人，年应税销售额在80万元以下的。该企业属于小规模纳税人。小规模纳税人征收率为3%。应纳税额=不含增值税的销售额×征收率。不含增值税的销售额=含税销售额÷(1+征收率)。应纳税额=30 900/(1+3%)×3%=900元。

(3) 纳税人进口货物的计税方法。纳税人进口货物，按照组成计税价格和《增值税暂行条例》规定的税率计算应纳税额，不得抵扣任何税额。

组成计税价格的计算公式为

组成计税价格=关税完税价格+关税+消费税

应纳税额的计算公式为

应纳税额=组成计税价格×税率

5) 免征增值税的项目

免征增值税的项目主要有农业生产者销售的自产农业产品；避孕药品和用具；古旧图

书；直接用于科学研究、科学试验和教学的进口仪器、设备；外国政府、国际组织无偿援助的进口物资和设备；来料加工、来件装配和补偿贸易所需进口的设备；由残疾人组织直接进口供残疾人专用的物品；销售自己使用过的物品。

2. 消费税法

消费税是以特定消费品为课税对象所征收的一种税，属于流转税的范畴。目前，世界上已有一百多个国家开征了这一税种或类似税种。我国现行消费税是1994年税制改革中新设置的一个税种。在对货物普遍征收增值税的基础上，选择少数消费品再征收一道消费税，目的是为了调节产品结构，引导消费方向，保证国家财政收入。2006年3月21日财政部、国家税务总局联合下发通知，从2006年4月1日起，对我国现行消费税的税目、税率及相关政策进行调整。

1) 消费税的纳税人

消费税的纳税义务人是在中华人民共和国境内生产、委托加工和进口应税消费品的单位和个人。

2) 征税范围

消费税的征税范围包括14类产品，即烟、酒及酒精、化妆品、贵重首饰及珠宝玉石、鞭炮和焰火、成品油、汽车轮胎、摩托车、小汽车、木制一次性筷子、实木地板、游艇、高尔夫球及球具、高档手表。

3) 税率

消费税采用比例税率和定额税率两种形式，以适应不同应税消费品的实际情况。具体规定如下。

(1) 烟。每标准箱(5万支)定额税率为150元；标准条(200支)调拨价格在50元以上的卷烟税率为45%，不足50元的税率为30%；雪茄烟的税率为25%；其他进口卷烟、手工卷烟等一律适用45%的税率；烟丝为30%。

(2) 酒及酒精。白酒定额税率为20%；黄酒为每吨240元；啤酒出厂价在每吨3 000元以上的为每吨250元，不足3 000元的，为每吨220元；其他酒税率为10%；酒精税率为5%。

(3) 化妆品。税率为30%。

(4) 首饰和珠宝玉石。税率为10%，其中金银首饰及钻石的税率为5%。

(5) 鞭炮和焰火。税率为15%。

(6) 成品油。汽油、石脑油、溶剂油、润滑油，定额税率为每升0.20元；柴油、航空煤油、燃料油，定额税率为每升0.10元。

(7) 汽车轮胎。税率为3%。

(8) 摩托车。排量250毫升(含250毫升)以下的摩托车，税率为3%；排量超过250毫升的摩托车，税率为10%。

(9) 小汽车。乘用车(包括越野车)按排量大小分别适用6档税率，税率最低为3%，最高为20%；中轻型商用客车税率为5%。

(10) 木制一次性筷子及实木地板。税率为5%。

(11) 游艇。税率为10%。

(12) 高尔夫球及球具。税率为 10%。

(13) 高档手表。税率为 20%。

4) 消费税的计税方法

消费税属于价内税，并实行单一环节征收，一般在应税消费品的生产、委托加工和进口环节缴纳，在以后的批发、零售等环节中，由于价款中已包含消费税，因此不必再缴纳消费税。从 1995 年 1 月 1 日起，金银首饰由生产销售环节征税改为零售环节征税；从 2002 年 1 月 1 日起，钻石及钻石饰品由生产、进口环节征税改为零售环节征税。

消费税实行从价定率或者从量定额的办法计算应纳税额。应纳税额计算公式为

实行从价定率办法计算的应纳税额=销售额×税率

实行从量定额办法计算的应纳税额=销售数量×单位税额

3. 营业税法

营业税是对在我国境内提供应税劳务、转让无形资产或者销售不动产的单位和个人就其营业收入额征收的一种税。现行营业税的基本规范是 1993 年 12 月 13 日国务院颁布《中华人民共和国营业税暂行条例》。

1) 营业税的纳税人

在中华人民共和国境内提供应税劳务、转让无形资产或者销售不动产的单位和个人，为营业税的纳税义务人。

2) 征税范围

营业税的征税范围具体包括交通运输业、建筑业、金融保险业、邮电通信业、文化体育业、娱乐业、服务业、转让无形资产和销售不动产。

3) 税率

营业税按照行业、类别的不同分别采用不同的比例税率，具体规定如下。

(1) 交通运输业、建筑业、邮电通信业、文化体育业，税率为 3%。

(2) 金融保险业、服务业、销售不动产、转让无形资产，税率为 5%。

(3) 娱乐业执行 5%～20%的幅度税率，具体适用的税率，由各省、自治区、直辖市人民政府根据当地的实际情况在税法规定的幅度内决定。从 2001 年 5 月 1 日起，对夜总会、歌厅、舞厅、射击、狩猎、跑马、游戏、高尔夫球、游艺、电子游戏厅等娱乐行为一律按 20%的税率征收营业税。自 2004 年 7 月 1 日起，保龄球、台球按 5%的税率征收营业税，税目仍属于“娱乐业”。

4) 应纳税额的计算方法

纳税人提供应税劳务、转让无形资产或者销售不动产，按照营业额和规定的税率计算应纳税额。

应纳税额计算公式为

应纳税额=营业额×税率

5) 免征营业税的项目

免征营业税的项目有如下内容。

(1) 托儿所、幼儿园、养老院、残疾人福利机构提供的育养服务，婚姻介绍，殡葬服务。

(2) 残疾人员个人为社会提供的劳务。

(3) 非营利性医疗机构按照国家规定的价格取得的医疗服务收入。

(4) 学校和其他教育机构提供的教育劳务，学生勤工俭学提供的劳务。

(5) 农业机耕、排灌、病虫害防治、植保、农牧保险以及相关技术培训业务，家禽、牲畜、水生动物的配种和疾病防治。

(6) 纪念馆、博物馆、文化馆、美术馆、展览馆、书画院、图书馆、文物保护单位举办文化活动的门票收入，宗教场所举办文化、宗教活动的门票收入。

4. 关税法

关税是海关依法对进出境货物、物品征收的一种税。所谓“境”指关境，又称“海关境域”或“关税领域”，是国家《海关法》全面实施的领域。在通常情况下，一国关境与国境是一致的，包括国家全部的领土、领海、领空。但当某一国家在国境内设立了自由港、自由贸易区等，这些区域就进出口关税而言处在关境之外，这时，该国家的关境小于国境，如我国。根据《中华人民共和国香港特别行政区基本法》和《中华人民共和国澳门特别行政区基本法》，香港和澳门保持自由港地位，为我国单独的关税地区。当几个国家结成关税同盟，组成一个共同的关境，实施统一的关税法令和统一的对外税则，这些国家彼此之间货物进出国境不征收关税，只对来自或运往其他国家的货物进出共同关境时征收关税，这些国家的关境大于国境，如欧洲联盟。

关税是一种特殊的税种，它是维护国家主权和经济利益，执行国家对外经济政策的重要手段。关税可以分为进口关税和出口关税。

我国现行关税法律规范以全国人民代表大会于2000年7月修正颁布的《中华人民共和国海关法》为法律依据，以国务院于2003年11月发布的《中华人民共和国进出口关税条例》，以及由国务院关税税则委员会审定，作为条例组成部分的《中华人民共和国海关进出口税则》和《中华人民共和国海关入境旅客行李物品和个人邮递物品征收进口税办法》为基本法规，由负责关税政策制定和征收管理的主管部门依据基本法规拟定的管理办法和实施细则为主要内容。

1) 关税的纳税人

关税的纳税人是指准许进口货物的收货人、准许出口货物的发货人和准许进出境物品的所有人。进出口货物的收、发货人是依法取得对外贸易经营权，并进口或者出口货物的法人或者其他社会团体以及自然人。进出境物品的所有人包括该物品的所有人和推定为所有人的人。一般情况下，对于携带进境的物品，推定其携带人为所有人；对分离运输的行李，推定相应的进出境旅客为所有人；对以邮递方式进境的物品，推定其收件人为所有人；以邮递或其他运输方式出境的物品，推定其寄件人或托运人为所有人。

2) 征税范围

关税的征税范围包括准许进出境的货物和物品。货物是指贸易性商品；物品指入境旅客随身携带的行李物品、个人邮递物品、各种运输工具上的服务人员携带进口的自用物品、馈赠物品以及其他方式进境的个人物品。

3) 进出口货物的关税税率

关税的税率为比例税率。进出口货物的税率分为进口税率和出口税率。进口税率又分为最惠国税率、协定税率、特惠税率、普通税率、关税配额税率等税率。对进口货物在一定期限内可以实行暂定税率。出口关税设置出口税率。对出口货物在一定期限内可以实行暂定税率。

原产于共同适用最惠国待遇条款的世界贸易组织成员的进口货物，原产于与中华人民共和国签订含有相互给予最惠国待遇条款的双边贸易协定的国家或者地区的进口货物，以及原产于中华人民共和国境内的进口货物，适用最惠国税率。

原产于与中华人民共和国签订含有关税优惠条款的区域性贸易协定的国家或者地区的进口货物，适用协定税率。

原产于与中华人民共和国签订含有特殊关税优惠条款的贸易协定的国家或者地区的进口货物，适用特惠税率。

原产于上述规定以外国家或者地区的进口货物，以及原产地不明的进口货物，适用普通税率。

任何国家或者地区违反与中华人民共和国签订或者共同参加的贸易协定及相关协定，对中华人民共和国在贸易方面采取禁止、限制、加征关税或者其他影响正常贸易的措施的，对原产于该国家或者地区的进口货物可以征收报复性关税，适用报复性关税税率。

4) 进出口货物的关税计税依据

关税的计税依据是进出口货物完税价格。

进口货物的完税价格由海关以符合条件的成交价格以及该货物运抵中华人民共和国境内输入地点起卸前的运输及其相关费用、保险费为基础审查确定。

出口货物的完税价格由海关以该货物的成交价格以及该货物运至中华人民共和国境内输出地点装载前的运输及其相关费用、保险费为基础审查确定。

5) 进出口货物关税应纳税额的计算

进出口货物的关税，以从价计征、从量计征或者国家规定的其他方式征收。

从价计征的计算公式为

$$\text{应纳税额}=\text{完税价格}\times\text{关税税率}$$

从量计征的计算公式为

$$\text{应纳税额}=\text{货物数量}\times\text{单位税额}$$

6) 进境物品进口税的征收

海关按照《进境物品进口税税率表》及海关总署制定的《中华人民共和国进境物品归类表》、《中华人民共和国进境物品完税价格表》对进境物品进行归类、确定完税价格和确定适用税率。进境物品的进口税由海关依法从价计征。

5.2.2 所得税法

所得税即收益税，是对企业和个人因为从事劳动、经营和投资所取得的各种收益为征税对象的税。所得税主要包括企业所得税和个人所得税。

1. 企业所得税

企业所得税是指对我国境内，企业和其他取得收入的组织就其生产、经营所得和其他所得所征收的一种税。我国第十届全国人民代表大会第五次会议于 2007 年 3 月 16 日通过了《中华人民共和国企业所得税法》(以下简称《企业所得税法》)，自 2008 年 1 月 1 日起施行。《企业所得税法》成为继《个人所得税法》、《外商投资企业和外国企业所得税法》以及《税收征管法》之后的由全国人大及其常委会制定的第 4 部法律。

《企业所得税法》对所有企业适用，既包括内资企业，也包括外商投资企业和外国企业。因此，《企业所得税法》的制定与施行标志着在中国并行了二十多年的内外资两套所得税法的合并，同时也宣告了外商投资企业与外国企业在中国享受超国民待遇的终结。

新的《企业所得税法》将企业所得税税率确定为 25%；整合了原税法中的税收优惠政策；采用了规范的“居民企业”和“非居民企业”的概念，居民企业承担全面纳税义务，就其境内外全部所得纳税；非居民企业承担有限纳税义务，一般只就其来源于我国境内的所得纳税。此外，对应纳税所得额的计算、税款征收等方面也作出了一定的调整。

1) 企业所得税的纳税人

企业所得税的纳税义务人是指在中国境内的企业和其他取得收入的组织。为公平税负，支持和鼓励个人投资兴办企业，促进国民经济持续、快速、健康发展，国务院决定自 2000 年 1 月 1 日起，对个人独资企业和合伙企业停止征收企业所得税，投资者的生产经营所得，比照个体工商户的生产、经营所得征收个人所得税。

纳税义务人中的企业分为居民企业和非居民企业。

(1) 居民企业是指依法在中国境内成立，或者依照外国(地区)法律成立但实际管理机构在中国境内的企业。居民企业应当就其来源于中国境内、境外的所得缴纳企业所得税。

(2) 非居民企业是指依照外国(地区)法律成立且实际管理机构不在中国境内，但在中国境内设立机构、场所的，或者在中国境内未设立机构、场所，但有来源于中国境内所得的企业。非居民企业在中国境内设立机构、场所的，应当就其所设机构、场所取得的来源于中国境内的所得，以及发生在中国境外但与其所设机构、场所有实际联系的所得，缴纳企业所得税。非居民企业在中国境内未设立机构、场所的，或者虽设立机构、场所但取得的所得与其所设机构、场所没有实际联系的，应当就其来源于中国境内的所得缴纳企业所得税。

2) 税率

企业所得税的税率为 25%，对于非居民企业来源于中国境内的所得，税率为 20%。

3) 计税依据

企业所得税的计税依据为企业的应纳税所得额，即企业每一纳税年度的收入总额，减除不征税收入、免税收入、各项扣除以及允许弥补的以前年度亏损后的余额。

企业以货币形式和非货币形式从各种来源取得的收入为收入总额，包括销售货物收入、提供劳务收入、财产转让收入、股息或红利等权益性投资收益、利息收入、租金收入、特许权使用费收入、接受捐赠收入、其他收入。

收入总额中的不征税收入包括财政拨款、依法收取并纳入财政管理的行政事业性收费、政府性基金、国务院规定的其他不征税收入。

计算应纳税所得额时准予扣除的项目，是指企业实际发生的与取得收入有关的、合理的支出，包括成本、费用、税金、损失和其他支出。下列项目应按照规定的范围予以扣除。

(1) 企业发生的公益性捐赠支出，在年度利润总额 12%以内的部分，准予在计算应纳税所得额时扣除。

(2) 企业按照规定计算的固定资产折旧，准予扣除。

下列固定资产不得计算折旧扣除：房屋、建筑物以外未投入使用的固定资产；以经营租赁方式租入的固定资产；以融资租赁方式租出的固定资产；已足额提取折旧仍继续使用的固定资产；与经营活动无关的固定资产；单独估价作为固定资产入账的土地；其他不得计算折旧扣除的固定资产。

(3) 企业按照规定计算的无形资产摊销费用，准予扣除。

下列无形资产不得计算摊销费用扣除：自行开发的支出已在计算应纳税所得额时扣除的无形资产；自创商誉；与经营活动无关的无形资产；其他不得计算摊销费用扣除的无形资产。

(4) 在计算应纳税所得额时，企业发生的下列支出作为长期待摊费用，按照规定摊销的，准予扣除：已足额提取折旧的固定资产的改建支出；租入固定资产的改建支出；固定资产的大修理支出；其他应当作为长期待摊费用的支出。

(5) 企业使用或者销售存货，按照规定计算的存货成本，准予在计算应纳税所得额时扣除。

(6) 企业转让资产，该项资产的净值，准予在计算应纳税所得额时扣除。

(7) 企业纳税年度发生的亏损，准予向以后年度结转，用以后年度的所得弥补，但结转年限最长不得超过 5 年。

其他项目依照法律、行政法规和国家有关税收的规定扣除。

在计算应纳税所得额时，下列项目不得扣除。

(1) 向投资者支付的股息、红利等权益性投资收益款项。

(2) 企业所得税税款，税收滞纳金。

(3) 罚金、罚款和被没收财物的损失。

(4) 本法规定以外的捐赠支出。

(5) 赞助支出。

(6) 未经核定的准备金支出。

(7) 与取得收入无关的其他支出。

(8) 企业对外投资期间，投资资产的成本在计算应纳税所得额时不得扣除。

(9) 企业在汇总计算缴纳企业所得税时，其境外营业机构的亏损不得抵减境内营业机构的盈利。

非居民企业取得本法规定的所得，按照下列方法计算其应纳税所得额。

(1) 股息、红利等权益性投资收益和利息、租金、特许权使用费所得，以收入全额为应纳税所得额。

(2) 转让财产所得，以收入全额减除财产净值后的余额为应纳税所得额。

(3) 其他所得，参照前两项规定的方法计算应纳税所得额。

在计算应纳税所得额时，企业财务、会计处理办法与税收法律、行政法规的规定不一致的，应当依照税收法律、行政法规的规定计算。

4) 税收优惠

(1) 企业的下列收入为免税收入：国债利息收入；符合条件的居民企业之间的股息、红利等权益性投资收益；在中国境内设立机构、场所的非居民企业从居民企业取得与该机构、场所有实际联系的股息、红利等权益性投资收益；符合条件的非营利组织的收入。

(2) 企业的下列所得可以免征、减征企业所得税：企业从事农、林、牧、渔业项目的所得；从事国家重点扶持的公共基础设施项目投资经营的所得；从事符合条件的环境保护、节能节水项目的所得；符合条件的技术转让所得；在中国境内未设立机构、场所的，或者虽设立机构、场所但取得的所得与其所设机构、场所没有实际联系的非居民企业，来源于中国境内的所得。

(3) 符合条件的小型微利企业，减按 20%的税率征收企业所得税。国家需要重点扶持的高新技术企业，减按 15%的税率征收企业所得税。

(4) 国家对重点扶持和鼓励发展的产业和项目，给予企业所得税优惠。创业投资企业从事国家需要重点扶持和鼓励的创业投资，可以按投资额的一定比例抵扣应纳税所得额。

(5) 企业的下列支出可以在计算应纳税所得额时加计扣除：开发新技术、新产品、新工艺发生的研究开发费用；安置残疾人员及国家鼓励安置的其他就业人员所支付的工资。

(6) 企业的固定资产由于技术进步等原因，确需加速折旧的，可以缩短折旧年限或者采取加速折旧的方法。

(7) 企业综合利用资源，生产符合国家产业政策规定的产品所取得的收入，可以在计算应纳税所得额时减计收入。企业购置用于环境保护、节能节水、安全生产等专用设备的投资额，可以按一定比例实行税额抵免。

5) 企业所得税的计算方法

企业的应纳税所得额乘以适用税率，减除依照《企业所得税法》关于税收优惠的规定减免和抵免的税额后的余额，为企业应纳所得税额。

企业取得的下列所得已在境外缴纳的所得税税额，可以从其当期应纳税额中抵免，抵免限额为该项所得依照本法规定计算的应纳税额；超过抵免限额的部分，可以在以后 5 个年度内，用每年度抵免限额抵免当年应抵税额后的余额进行抵补。

(1) 居民企业来源于中国境外的应税所得。

(2) 非居民企业在中国境内设立机构、场所，取得发生在中国境外但与该机构、场所有实际联系的应税所得。

居民企业从其直接或者间接控制的外国企业分得的来源于中国境外的股息、红利等权益性投资收益，外国企业在境外实际缴纳的所得税税额中属于该项所得负担的部分，可以作为该居民企业的可抵免境外所得税税额，在上述规定的抵免限额内抵免。

6) 关联企业的纳税调整

企业与其关联方共同开发、受让无形资产，或者共同提供、接受劳务发生的成本，在计算应纳税所得额时应当按照独立交易原则进行分摊。如果企业与其关联方之间的业务往来，不符合独立交易原则而减少企业或者其关联方应纳税收入或者所得额的，税务机关有权按照合理方法调整。

企业可以向税务机关提出与其关联方之间业务往来的定价原则和计算方法，税务机关与企业协商、确认后，达成预约定价安排。企业向税务机关报送年度企业所得税纳税申报表时，应当就其与关联方之间的业务往来，附送年度关联业务往来报告表。如果企业不提供与其关联方之间的业务往来资料，或者提供虚假、不完整资料，未能真实反映其关联业务往来情况的，税务机关有权依法核定其应纳税所得额。

2. 个人所得税

个人所得税是以个人(自然人)取得的各项应税所得为对象征收的一种税。我国现行个人所得税的基本规范是中华人民共和国第十届全国人民代表大会常务委员会第十八次会议于 2005 年 10 月 27 日通过的《中华人民共和国个人所得税法》。2007 年 6 月 29 日，根据第十届全国人民代表大会常务委员会第二十八次会议《关于修改〈中华人民共和国个人所得税法〉的决定》对该项法律个别条款进行了修正。根据 2011 年 6 月 30 日第十一届全国人民代表大会常务委员会第二十一次会议决定，再一次对《中华人民共和国个人所得税法》作出修改，该决定自 2011 年 9 月 1 日起施行。

1) 个人所得税的纳税人

我国个人所得税的纳税人分为居民和非居民。居民是指在中国境内有住所，或者虽无住所但在境内居住满一年的个人。居民纳税人负有无限纳税义务，要对其来源于中国境内和境外的所得交税；非居民纳税人指在中国境内无住所又不居住或居住不满一年但有从中国境内取得所得的个人。非居民纳税人承担有限纳税义务，仅就其来源于中国境内的所得向中国交纳个人所得税。

个人所得税的纳税人具体包括中国公民、个体工商户、外籍个人等，自 2000 年 1 月 1 日起，个人独资企业和合伙企业投资者也为个人所得税的纳税义务人。

2) 征税对象

个人所得税的征税对象是个人取得的应税所得，具体包括工资、薪金所得；个体工商户的生产、经营所得；对企事业单位的承包经营、承租经营所得；劳务报酬所得；稿酬所得；特许权使用费所得；利息、股息、红利所得；财产租赁所得；财产转让所得；偶然所得以及经国务院财政部门确定征税的其他所得。

3) 税率

个人所得税按征税对象分别设置超额累进税率和比例税率两种。

工资、薪金所得，适用超额累进税率，7 级税率为 3%～45%；个体工商户的生产、经营所得和对企事业单位的承包经营、承租经营所得，适用 5 级 5%～35%的超额累进税率；稿酬所得，适用比例税率，税率为 20%，并按应纳税额减征 30%；劳务报酬所得，适用比例税率，税率为 20%，对劳务报酬所得一次收入畸高的，可以实行加成征收，具体办法由国务院规定；特许权使用费所得，利息(对储蓄存款利息所得开征、减征、停征个人所得税及其具体办法，由国务院规定)、股息、红利所得，财产租赁所得，财产转让所得，偶然所得和其他所得，适用比例税率，税率为 20%。

个人所得税速算见表 5-1(工资、薪金所得适用；本表所称全月应纳税所得额是指依照本法第六条的规定，以每月收入额减除费用 3 500 元以及附加减除费用[⑦]后的余额)。

⑦ 税法第六条第三款所说的附加减除费用适用的范围，是指：(1)在中国境内的外商投资企业和外国企业中工作的外籍人员；(2)应聘在中国境内的企业、事业单位、社会团体、国家机关中工作的外籍专家；(3)在中国境内有住所而在中国境外任职或者受雇取得工资、薪金所得的个人；(4)国务院财政、税务主管部门确定的其他人员。税法第六条第三款所说的附加减除费用标准为 1 300 元。

表 5-1 个人所得税速算一

级数	全月应纳税所得额	税率/%	速算扣除数
1	不超过 1 500 元的	3	0
2	超过 1 500 元至 4 500 元的部分	10	105
3	超过 4 500 元至 9 000 元的部分	20	555
4	超过 9 000 元至 35 000 元的部分	25	1 005
5	超过 35 000 元至 55 000 元的部分	30	2 755
6	超过 55 000 元至 80 000 元的部分	35	5 505
7	超过 80 000 元的部分	45	13 505

个人所得税速算见表 5-2(个体工商户的生产、经营所得和对企事业单位的承包经营、承租经营所得适用；本表所称全年应纳税所得额是指依照本法第六条的规定，以每一纳税年度的收入总额减除成本、费用以及损失后的余额)。

表 5-2 个人所得税速算二

级数	全年应纳税所得额	税率/%	速算扣除数
1	不超过 15 000 元的	5	0
2	超过 15 000 元至 30 000 元的部分	10	750
3	超过 30 000 元至 60 000 元的部分	20	3 750
4	超过 60 000 元至 100 000 元的部分	30	9 750
5	超过 100 000 元的部分	35	14 750

4) 税收优惠

免纳个人所得税的项目包括以下方面。

(1) 省级人民政府、国务院部委和中国人民解放军以上单位，以及外国组织、国际组织颁发的科学、教育、技术、文化、卫生、体育、环境保护等方面的奖金。

(2) 国债和国家发行的金融债券利息。

(3) 按照国家统一规定发给的补贴、津贴；福利费、抚恤金、救济金。

(4) 保险赔款。

(5) 军人的转业费、复员费。

(6) 按照国家统一规定发给干部、职工的安家费、退职费、退休工资、离休工资、离休生活补助费。

(7) 依照我国有关法律规定应予免税的各国驻华使馆、领事馆的外交代表、领事官员和其他人员的所得。

(8) 中国政府参加的国际公约、签订的协议中规定免税的所得。

(9) 经国务院财政部门批准免税的所得。

经批准可以减征个人所得税的情形包括残疾、孤老人员和烈属的所得；因严重自然灾害造成重大损失的和其他经国务院财政部门批准减税的情况。

5) 应纳税所得额的计算方法

工资、薪金所得，以每月收入额减除费用 3 500 元后的余额，为应纳税所得额。

个体工商户的生产、经营所得，以每一纳税年度的收入总额，减除成本、费用以及损失后的余额，为应纳税所得额。

对企事业单位的承包经营、承租经营所得，以每一纳税年度的收入总额，减除必要费用后的余额，为应纳税所得额。

劳务报酬所得、稿酬所得、特许权使用费所得、财产租赁所得，每次收入不超过4 000元的，减除费用800元；4 000以上的，减除20%的费用，其余额为应纳税所得额。

财产转让所得，以转让财产的收入额减除财产原值和合理费用后的余额，为应纳税所得额。利息、股息、红利所得，偶然所得和其他所得，以每次收入额为应纳税所得额。

个人将其所得对教育事业和其他公益事业捐赠的部分，按照国务院有关规定从应纳税所得中扣除。

对在中国境内无住所而在中国境内取得工资、薪金所得的纳税义务人和在中国境内有住所而在中国境外取得工资、薪金所得的纳税义务人，可以根据其平均收入水平、生活水平以及汇率变化情况确定附加减除费用，附加减除费用适用的范围和标准由国务院规定。纳税义务人从中国境外取得的所得，准予其在应纳税额中扣除已在境外缴纳的个人所得税税额。但扣除额不得超过该纳税义务人境外所得依照本法规定计算的应纳税额。

6) 个人所得税的缴纳

个人所得税采取源泉扣缴税款和自行申报两种纳税方法。以所得人为纳税义务人，以支付所得的单位或者个人为扣缴义务人。个人所得超过国务院规定数额的，在两处以上取得工资、薪金所得或者没有扣缴义务人的，以及具有国务院规定的其他情形的，纳税义务人应当按照国家规定办理纳税申报。扣缴义务人应当按照国家规定办理全员全额扣缴申报。

举案说法 5.3

个人所得税案

李沐是某大学教授，2012年3月，工资、薪金所得为5 500元；因完成国家级研究课题并因此出版学术专著获9 000元稿酬；因购买中国福利彩票获四等奖8 000元；因购买国库券获7 000元利息；因向保险公司投保获得保险赔款2 000元。请问其本月应缴个人所得税是多少？

解答：本月工资、薪金所得应纳税所得额为5 500−3 500=2 000(元)

工资、薪金应缴所得税为1 500×3%+(2 000−1 500)×10%=95(元)

稿酬所得应缴所得税为9 000×20%×(1−30%)=1 260(元)

彩票中奖应缴所得税为8 000×20%=1 600(元)

国债利息及保险赔款免税。

其本月应缴所得税额为95+1 260+1 600=2 955(元)

5.2.3 财产税法

财产税是指对拥有应纳税财产的人征收的一种地方税。它包括房产税、城市房地产税和契税。

房产税的纳税义务人为内资及我国的居民。与之相对应的城市房地产税的纳税义务人为在我国境内拥有房屋产权的外商投资企业、外国企业和外籍个人以及华侨、港澳台同胞。

为在我国境内拥有房屋产权的外商投资企业、外国企业和外籍个人以及华侨、港澳台同胞。

1. 房产税法

房产税是以房屋为征税对象，按房屋的计税余值或租金收入为计税依据，向产权所有人征收的一种财产税。现行的房产税法是1986年9月15日国务院发布的《中华人民共和国房产税暂行条例》。

1) 房产税的纳税人

房产税在城市、县城、建制镇和工矿区征收。房产税以在征税范围内的房屋产权所有人为纳税人。产权属于全民所有的，由经营管理的单位缴纳；产权属集体和个人所有的，由集体单位和个人纳税；产权出典的，由承典人缴纳；产权所有人、承典人不在房产所在地的，或者产权未确定及租典纠纷未解决的，由房产代管人或者使用人缴纳。

外商投资企业和外国企业暂不缴纳房产税。

2) 计税依据

房产税的计税依据是房产的计税价值或房产的租金收入。其中，房产的计税价值是指房产原值一次减除 10%～30%后的余值，具体减除幅度由省、自治区、直辖市人民政府规定。没有房产原值作为依据的，由房产所在地税务机关参考同类房产核定。

3) 税率

房产税的税率，依照房产余值计算缴纳的，税率为1.2%；依照房产租金收入计算缴纳的，税率为12%。从2001年1月1日起，对个人按市场价格出租的居民住房，用于居住的，可暂减按4%的税率征收房产税。

4) 税收优惠

免纳房产税的项目有国家机关、人民团体、军队自用的房产；由国家财政部门拨付事业经费的单位自用的房产；宗教寺庙、公园、名胜古迹自用的房产；个人所有非营业用的房产；行使国家行政管理职能的中国人民银行总行(含国家外汇管理局)所属分支机构自用的房产；经财政部批准免税的其他房产。

除上述规定者外，纳税人纳税确有困难的，可由省、自治区、直辖市人民政府确定，定期减征或者免征房产税。

2. 契税法

契税是指在我国境内转移土地、房屋权属，由承受的单位和个人缴纳的一种税。现行契税的基本规范，是1997年7月7日国务院发布的《中华人民共和国契税暂行条例》。

1) 契税的纳税人

契税的纳税人是我国境内转移土地、房屋权属时承受的单位和个人。单位是指企业单位、事业单位、国家机关、军事单位和社会团体以及其他组织。个人是指个体经营者及其他个人，包括中国公民和外籍人员。

2) 征税对象

契税的征税对象是我国境内所转移的土地和房屋权属，具体包括国有土地使用权出让、土地使用权转让、房屋买卖、房屋赠与、房屋交换。

3) 税率

契税实行 3%～5%的幅度税率。实行幅度税率考虑到了我国经济发展不平衡，各地经济差别较大的实际情况。因此，各省、自治区、直辖市人民政府可以在 3%～5%的幅度税率规定范围内，按照本地区的实际情况决定。

4) 计税依据

契税的计税依据为不动产的价格。由于土地、房屋权属转移方式不同，定价方法不同，因而具体计税依据视不同情况而决定。具体规定如下所述。

(1) 国有土地使用权出让、土地使用权出售、房屋买卖，以成交价格为计税依据。

(2) 土地使用权赠与、房屋赠与，由征收机关参照土地使用权出售、房屋买卖的市场价格核定。

(3) 土地使用权交换、房屋交换，为所交换的土地使用权、房屋的价格的差额。

(4) 以划拨方式取得土地使用权，经批准转让房地产时，由房地产转让者补交契税。计税依据为补交的土地使用权出让费用或者土地收益。

如果前述成交价格明显低于市场价格并且无正当理由的，或者所交换土地使用权、房屋的价格的差额明显不合理并且无正当理由的，由征收机关参照市场价格核定。

5) 税收优惠

(1) 国家机关、事业单位、社会团体、军事单位承受土地、房屋用于办公、教学、医疗、科研和军事设施的，免征契税。

(2) 城镇职工按规定第一次购买公有住房的，免征契税。

(3) 因不可抗力灭失住房而重新购买住房的，酌情准予减征或者免征契税。

(4) 土地、房屋被县级以上人民政府征用、占用后，重新承受土地、房屋权属的，由省级人民政府确定是否减免契税。

(5) 承受荒山、荒沟、荒丘、荒滩土地使用权，并用于农、林、牧、渔业生产的，免征契税。

(6) 经外交部确认，依照我国有关法律规定以及我国缔结或参加的双边和多边条约或协定，应当予以免税的外国驻华使馆、领事馆、联合国驻华机构及其外交代表、领事官员和其他外交人员承受土地、房屋权属。

(7) 财政部规定的其他减征、免征契税的项目。

5.2.4 行为税法

行为税法又称特定目的税，是指以某些特定行为为征税对象而征收的一类税，包括印花税、车船税、烟叶税、车辆购置税、屠宰税、筵席税等。这里仅介绍印花税。

印花税是对经济活动和经济交往中书立、使用、领受具有法律效力的凭证的单位和个人征收的一种税。现行印花税的基本规范，是 1988 年 8 月 6 日国务院发布的《中华人民共和国印花税暂行条例》。

1. 印花税的纳税人

印花税的纳税义务人是指在中国境内书立、使用、领受印花税法所列举的凭证并应依法履行纳税义务的单位和个人，具体包括立合同人、立据人、立账簿人、领受人和使用人。

2. 征税对象

现行印花税只对《中华人民共和国印花税暂行条例》所列举的凭证征税，具体有5类：经济合同；产权转移书据；营业账簿；权利、许可证照和经财政部确定征税的其他凭证。

3. 计税依据

印花税根据不同征税项目，分别实行从价计征和从量计征两种征收方式。印花税只对税目税率表中列举的凭证和经财政部确定征税的其他凭证征税。也就是说，印花税的征收范围采用列举的方式，没有列举的凭证，无需贴花。例如，根据《中华人民共和国印花税暂行条例实施细则》第十条的规定，招聘合同不在印花税应税合同或凭证的列举范围内，因此，企业与劳务公司签订的招聘合同不缴纳印花税。不同征税项目的计税依据包括如下几个方面。

(1) 各类经济合同，以合同上记载的金额、收入或费用为计税依据。

(2) 产权转移书据以书据中所载的金额为计税依据。

(3) 记载资金的营业账簿，以实收资本和资本公积两项合计的金额为计税依据。

(4) 其他营业账簿和权利、许可证照，以件数为计税依据。

4. 税率

印花税的税率有两种形式，即比例税率和定额税率。

在印花税的税目中，各类合同以及具有合同性质的凭证、产权转移书据、营业账簿中记载资金的账簿，适用比例税率。印花税的比例税率分为4个档次，分别是万分之零点五、万分之三、万分之五、万分之一。适用万分之零点五税率的为“借款合同”；适用万分之三税率的为“购销合同”、“建筑安装工程承包合同”、“技术合同”；适用万分之五税率的是“加工承揽合同”、“建筑工程勘察设计合同”、“货物运输合同”、“产权转移书据”、“营业账簿”税目中记载资金的账簿；适用万分之一税率的为“财产租赁合同”、“仓储保管合同”、“财产保险合同”、“股权转让书据”。

在印花税的税目中，“权利、许可证照”和“营业账簿”税目中的其他账簿，适用定额税率，均为按件贴花，单位税额为每件5元。

5. 印花税的缴纳

印花税实行由纳税人根据规定自行计算应纳税额，购买并一次贴足印花税票的缴纳办法。为简化贴花手续，应纳税额较大或者贴花次数频繁的，纳税人可向税务机关提出申请，采取以缴款书代替贴花或者按期汇总缴纳的办法。

举案说法 5.4

某企业依法应缴印花税案

某企业2012年3月开业，领受房产证、工商营业执照、商标注册证、土地使用证各1件。企业营业账簿中，实收资本2 000 000元，其他账簿30本。当月企业与其他单位签订购销合同两份，购买相关设备，合同金额分别为200 000元和500 000元；建筑工程承包合同一份，工程承包金额为5 000 000元。

计算该企业3月应缴纳的印花税额。

解：按规定，领取权利、许可证照，应按件贴花5元。则企业对于领取的权利、许可证照应纳税额为

$$应纳税额=应税凭证件数\times适用税率=5\times4=20(元)$$

按照规定，对于企业营业账簿中的资金账簿，应按实收资本和资本公积金额的合计数计税贴花，税率为 0.5‰，则资金账簿应纳税额为

应纳税额=应税凭证计税金额×适用税率=20 000 000×0.5‰=1 000(元)

按照规定，对于营业账簿中的其他营业账簿，应按件贴花 5 元，则其应纳税额为

应纳税额=30×5=150(元)

按照规定，签订的购销合同，应以合同所载金额为计税依据计税贴花，税率为 0.3‰，则购销合同应纳税额为

应纳税额=(200 000+500 000)×0.3‰=210(元)

按照规定，签订的工程承包合同，应以工程承包金额为计税依据计税贴花，税率为 0.3‰，则工程承包合同应纳税额为

应纳税额=5 000 000×0.3‰=1 500(元)

3 月份企业应当缴纳印花税为

应纳税额=20+1 000+190+210+1 500=2 920(元)

5.2.5 资源税法

资源税类是以各种自然资源为课税对象、为了调节资源级差收入并体现国有资源有偿使用而征收的一类税，具体包括资源税、城镇土地使用税、耕地占用税等，这里只介绍资源税与城镇土地使用税。

1. 资源税法

资源税是指对我国境内开采原油、天然气、煤炭、其他非金属矿原矿、黑色矿原矿、有色金属矿原矿和盐的单位和个人取得的收入征收的一种税。现行资源税的基本规范，是 1993 年 12 月 25 日国务院颁布的《中华人民共和国资源税暂行条例》。

资源税采取从量定额的办法征收，实施“普遍征收，级差调节”的原则。普遍征收是指对在我国境内开发的一切应税资源产品征收资源税；级差调节是指运用资源税对因资源贮存状况、开采条件、资源优劣、地理位置等客观存在的差别而产生的资源级差收入，通过实施差别税额标准进行调节。资源条件好的，税额高一些；资源条件差的，税额低一些。

1) 资源税的纳税人与扣缴义务人

资源税的纳税人是指在中华人民共和国境内开采应税矿产品或者生产盐的单位和个人。

中外合作开采石油、天然气，按照现行规定只征收矿区使用费，暂不征收资源税。因此，中外合作开采石油、天然气的企业不是资源税的纳税义务人。

收购未税矿产品的单位为资源税的扣缴义务人。收购未税矿产品的单位是指独立矿山、联合企业和其他单位。

2) 征税范围

应当征收资源税的矿产品和盐共有 7 类，包括原油、天然气、煤炭、其他非金属矿原矿、黑色矿原矿、有色金属矿原矿和盐。

3) 税目和税额幅度

原油为 8～30 元/吨；天然气为 2～15 元/千立方米；煤炭为 0.3～5 元/吨；其他非金属矿原矿为 0.5～20 元/吨或者立方米；黑色金属矿原矿为 2～30 元/吨；有色金属矿原矿为 0.4～30 元/吨；固体盐为 10～60 元/吨，液体盐为 2～10 元/吨。

4) 资源税的税额计算

(1) 纳税人开采或生产的应税产品用于销售的，计算公式为

应纳税额=销售数量×单位税额

(2) 纳税人将开采或生产的应税产品自用或捐赠的，计算公式为

应纳税额=自用数量或捐赠数量×单位税额

(3) 扣缴义务人收购未完税产品，于收购环节代扣代缴资源税，计算公式为

应代扣代缴资源税=收购数量×单位税额

5) 资源税的减免

(1) 开采原油过程中用于加热、修井的原油，免税。

(2) 纳税人开采或者生产应税产品过程中，因意外事故或者自然灾害等原因遭受重大损失的，由省、自治区、直辖市人民政府酌情决定减税或者免税。

(3) 国务院规定的其他减税、免税项目。

2. 城镇土地使用税法

城镇土地使用税是以征收范围内的土地为征税对象，以实际占用的土地面积为计税依据，按规定税额对拥有土地使用权的单位和个人征收的一种税。现行城镇土地使用税的基本规范，是2006年12月30日国务院第163次常务会议修改并通过的《中华人民共和国城镇土地使用税暂行条例》。

开征城镇土地使用税，有利于通过经济手段加强对土地的管理，变土地的无偿使用为有偿使用，促进合理、节约使用土地，提高土地使用效益；有利于适当调节不同地区、不同地段之间的土地级差收入，促进企业加强经济核算，理顺国家与土地使用者之间的分配关系。

1) 城镇土地使用税的纳税人

在城市、县城、建制镇、工矿区范围内使用土地的单位和个人，为城镇土地使用税的纳税人。

单位包括国有企业、集体企业、私营企业、股份制企业、外商投资企业、外国企业以及其他企业和事业单位、社会团体、国家机关、军队以及其他单位；个人包括个体工商户以及其他个人。

2) 城镇土地使用税的适用税额

大城市1.5～30元/平方米；中等城市1.2～24元/平方米；小城市0.9～18元/平方米；县城、建制镇、工矿区0.6～12元/平方米。

3) 计税依据

城镇土地使用税以纳税人实际占用的土地面积为计税依据。

4) 应纳税额的计算

应纳税额=计税土地面积×适用税额

5) 税收优惠

下列土地免缴土地使用税。

(1) 国家机关、人民团体、军队自用的土地。

(2) 由国家财政部门拨付事业经费的单位自用的土地。

(3) 宗教寺庙、公园、名胜古迹自用的土地。

(4) 市政街道、广场、绿化地带等公共用地。

(5) 直接用于农、林、牧、渔业的生产用地。

(6) 经批准开山填海整治的土地和改造的废弃土地，从使用的月份起免缴土地使用税为5～10年。

(7) 由财政部另行规定免税的能源、交通、水利设施用地和其他用地。

5.2.6 其他实体税法

以上是以征税对象为标准划分的实体税法规定的主要税种，并非完全列举。此外，我国还有其他一些实体税法，如土地增值税法、城市维护建设税法、教育费附加法等无法划入上述税种，它们也是我国税法体系(图5.1)的重要组成部分。

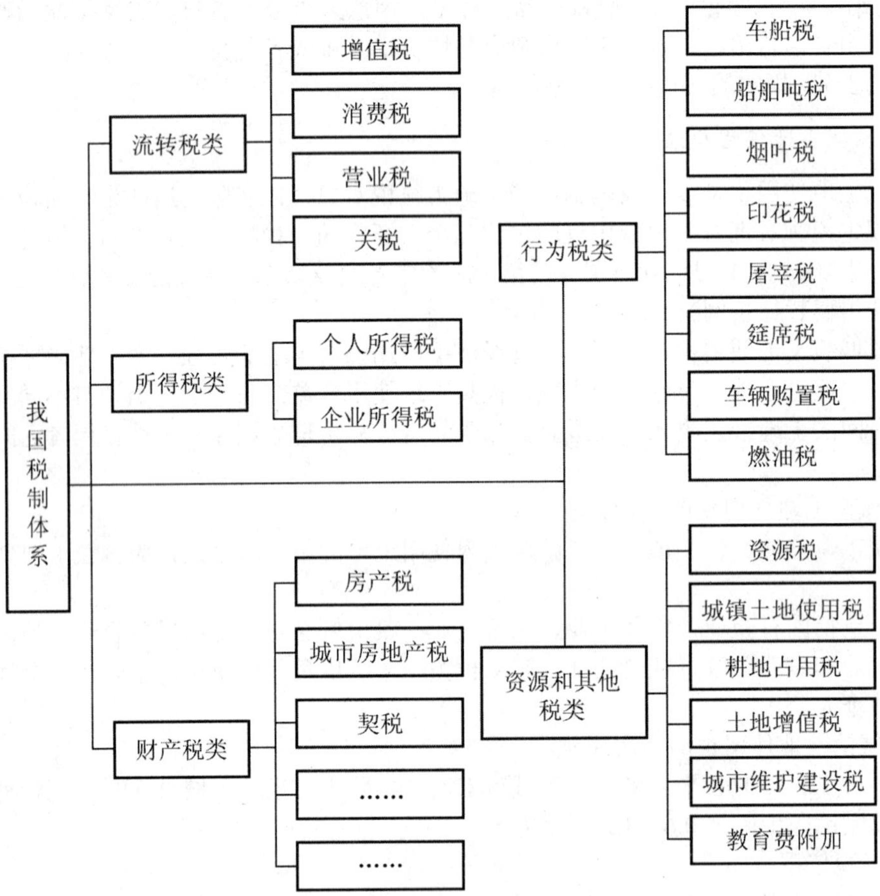

图5.1 我国现行税收制度体系

1. 土地增值税法

土地增值税是对转让国有土地使用权、地上建筑物及其附着物并取得收入的单位和个人就其转让房地产所取得的增值额征收的一种税。

为了增强国家对房地产开发和房地产市场调控力度，抑制炒买炒卖土地投机获得暴利的行为，规范国家参与土地增值收益的分配方式，增加国家财政收入，国务院通过了《中华人民共和国土地增值税暂行条例》，自1994年1月1日起施行。财政部发布了《中华人民共和国土地增值税暂行条例实施细则》，自1995年1月27日起施行。

1) 土地增值税的纳税人

土地增值税的纳税人为转让国有土地使用权、地上的建筑及其附着物并取得收入的单位和个人。单位包括各类企业、事业单位、国家机关和社会团体及其他组织。个人包括个体经营者。

2) 征税范围

土地增值税的征税范围包括如下情况。

(1) 转让国有土地使用权。这里所说的“国有土地”，是指按国家法律规定属于国家所有的土地。

(2) 地上的建筑物及其附着物连同国有土地使用权一并转让。这里所说的“地上的建筑物”，是指建于土地上的一切建筑物，包括地上地下的各种附属设施。这里所说的“附着物”，是指附着于土地上的不能移动或一经移动即遭损坏的物品。

3) 征税对象

土地增值税的征税对象是转让房地产所取得的增值额，即纳税人转让房地产所取得的收入减除法定扣除项目金额后的余额。

纳税人转让房地产所取得的收入包括货币收入、实物收入和其他收入。

计算增值额的扣除项目包括取得土地使用权所支付的金额、房地产开发成本、房地产开发费用、与转让房地产有关的税金、财政部规定的其他扣除项目。

4) 税率

土地增值税实行4级超率累进税率。增值额未超过扣除项目金额50%的部分，税率为30%；增值额超过扣除项目金额50%、未超过扣除项目金额100%的部分，税率为40%；增值额超过扣除项目金额100%、未超过扣除项目金额200%的部分，税率为50%；增值额超过扣除项目金额200%的部分，税率为60%。

5) 应纳税额的计算方法

计算土地增值税税额，可按增值额乘以适用的税率减去扣除项目金额乘以速算扣除系数的简便方法计算，具体公式如下。

(1) 增值额未超过扣除项目金额50%的公式为

$$土地增值税额=增值额\times30\%$$

(2) 增值额超过扣除项目金额50%，未超过100%的公式为

$$土地增值税税额=增值额\times40\%-扣除项目金额\times5\%$$

(3) 增值额超过扣除项目金额100%，未超过200%的公式为

$$土地增值税税额=增值额\times50\%-扣除项目金额\times15\%$$

(4) 增值额超过扣除项目金额200%的公式为

$$土地增值税税额=增值额\times60\%-扣除项目金额\times35\%$$

公式中的5%、15%、35%为速算扣除系数。

6) 免征土地增值税的情形

(1) 纳税人建造普通标准住宅出售，增值额未超过扣除项目金额20%的。

(2) 因国家建设需要依法征用、收回的房地产。

2. 城市维护建设税法

城市维护建设税法是指国家制定的用以调整城市维护建设税征收与缴纳权利及义务关

系的法律规范。现行城市维护建设税的基本规范，是 1985 年 2 月 8 日国务院发布并于同年 1 月 1 日实施的《中华人民共和国城市维护建设税暂行条例》。

1) 城市维护建设税的特点

(1) 税款专款专用。一般情况下，税收收入都直接纳入国家预算，由中央和地方政府根据需要，统一安排使用到国家建设和事业发展的各个方面，税法并不规定各个税种收入的具体使用范围和方向。但城市维护建设税不同，其所征税款要求保证用于城市公用事业和公共设施的维护和建设。

(2) 属于一种附加税。征税对象是税法规定征税的目的物，是一个税种区别于另一个税种的主要标志。而城市维护建设税是以纳税人实际缴纳的增值税、消费税、营业税税额为计税依据，随“三税”同时征收，其本身没有特定的课税对象，其征管方法也完全比照“三税”的有关规定办理。

(3) 根据城镇规模设计不同的比例税率。城市维护建设税的负担水平，不是依据纳税人获取的利润水平或经营特点而定，而是根据纳税人所在城镇的规模及其资金需要设计的。城镇规模大的，税率高一些；反之，就低一些。例如，纳税人所在地在城市市区的，税率为 7%；在县城、建制镇的税率为 5%。这样规定能够使不同地区获取不同数量的城市维护建设资金，因地制宜地进行城市的维护和建设。

(4) 征收范围较广。增值税、消费税、营业税是对商品和劳务的征税，在我国现行税制体系中居主体税种的地位，占全部税收收入总额的 70%左右，其征税范围基本上包括了我国境内所有经营行为的单位和个人。城市维护建设税以增值税、消费税、营业税额作为税基，从这个意义上看，城市维护建设税几乎是对所有纳税人的征税，因此，它的征税范围比其他任何税种的征税范围都要广。

2) 城市维护建设税的作用

(1) 补充城市维护建设资金的不足。城市在国民经济建设中有着重要的作用。随着我国经济体制改革的深入和市场经济的迅速发展，我国城市化进程也在不断加快，城市的中心地位越来越重要。但是，由于城市建设资金不足，使城市的维护建设欠账较多，远远跟不上工农业生产和各项事业发展的需要。在 1984 年以前，国家用于城市维护建设的资金，除了在基本建设投资中安排及征收城市公用事业附加外，还在部分城市试行从上年利润中提取 5%的城市维护费的办法。采用这种办法集中城建资金，不仅面窄、量少，而且极不稳定。1984 年国营企业实行利改税后，企业利润减少，又直接影响了城建资金的提取量。1985 年开征城市维护建设税之后，由于城市维护建设税以“商品劳务三税”的税额为计税依据，与“三税”同时征收，这样，不但扩大了征收范围，而且还可以保证城建税收入随“三税”的增长而增长，从而使城市维护建设有了一个比较稳定和可靠的资金来源。

(2) 限制了对企业乱摊派。在开征城市维护建设税以前，有些地区和部门借口城建资金不足，随意向企业摊派物资和资金，加重了企业的负担，影响了企业正常生产经营和发展。征收城市维护建设税后，国家把地方政府用于城市维护建设的资金来源用法律形式固定下来。所以，《城市维护建设税暂行条例》第八条明确规定：开征城市建设维护税后，任何地区和部门都不得再向纳税人摊派资金或物资。遇到摊派情况，纳税人有权拒绝执行，这就为限制对企业的乱摊派提供了法律保证。

(3) 调动了地方政府进行城市维护和建设的积极性。《城市维护建设税暂行条例》第六条规定：城市维护建设税应当保证用于城市公用事业和公共设施的维护建设，具体安排由地方政府确定。这就明确了城市委会建设税是一个具有专款专用性质的地方税。将城市维护建设税收入与当地城市建设直接挂钩，税收收入越多，城镇建设资金就越充裕，城镇建设发展就越快。

这样，就可以充分调动地方政府的积极性，使其关心城市维护建设税收入，加强城市维护建设税的征收管理。从另一角度看，城市维护建设税作为一个地方税种，也充实和完善了地方税体系，扩大了地方政府的财政收入规模，为整体税制的进一步完善起到了积极的作用。

3) 纳税义务人

城建税的纳税义务人是指负有缴纳增值税、消费税和营业税“三税”义务的单位和个人，包括国有企业、集体企业、私营企业、股份制企业、其他企业和行政单位、事业单位、军事单位、社会团体、其他单位，以及个体工商户及其他个人。但目前，对外商投资企业和外国企业缴纳的“三税”不征收城建税。

4) 税率

城建税的税率是指纳税人应缴纳的城建税税额与纳税人实际缴纳的“三税”税额之间的比率。城建税按纳税人所在地的不同，设置了如下 3 档地区差别比例税率。

(1) 纳税人所在地为市区的，税率为 7%。

(2) 纳税人所在地为县城、镇的，税率为 5%。

(3) 纳税人所在地不在市区、县城或者镇的，税率为 1%。

城建税的适用税率，应当按纳税人所在地的规定税率执行。但是，对下列两种情况，可按缴纳“三税”所在地的规定税率就地缴纳城建税。

第一种情况：由受托方代扣代缴、代收代缴“三税”的单位和个人，其代扣代缴、代收代缴的城建税按受托方所在地适用税率执行。

第二种情况：流动经营等无固定纳税地点的单位和个人，在经营地缴纳“三税”的，其城建税的缴纳按经营地适用税率执行。

5) 计税依据

城建税的计税依据是指纳税人实际缴纳的“三税”税额。纳税人违反“三税”有关税法而加收的滞纳金和罚款，是税务机关对纳税人违法行为的经济制裁，不作为城建税的计税依据，但纳税人在被查补“三税”和被处以罚款时，应同时对其偷漏的城建税进行补税、征收滞纳金和罚款。

城建税以“三税”税额为计税依据并同时征收，如果要免征或者减征“三税”，也就要同时免征或者减征城建税。

自 1997 年 1 月 1 日起，供货企业向出口企业和市县外贸企业销售出口产品时，以增值税当期销项税额抵扣进项税额后的余额，计算缴纳城建税。但对出口产品退还增值税、消费税的，不退还已缴纳的城建税。

自 2005 年 1 月 1 日起，经国家税务总局正式审核批准的当期免抵的增值税税额应纳入城市维护建设税和教育费附加的计征范围，分别按规定的税(费)率征收城市维护建设税和教育费附加。2005 年 1 月 1 日前，已按免抵的增值税税额征收的城市维护建设税和教育费附加不再退还，未征的不再补征。

由于城建税法实行纳税人所在地差别比例税率，所以在计算应纳税额时，应十分注意根据纳税人所在地来确定适用税率。

6) 税收优惠

城建税原则上不单独减免，但因城建税又具附加税性质，当主税发生减免时，城建税相应发生税收减免。城建税的税收减免具体有以下几种情况。

(1) 城建税按减免后实际缴纳的“三税”税额计征，即随“三税”的减免而减免。

(2) 对于因减免税而需进行“三税”退库的，城建税也可同时退库。

(3) 海关对进口产品代征的增值税、消费税，不征收城建税。

(4) 为支持三峡工程建设，对三峡工程建设基金，自2004年1月1日至2009年12月31日期间，免征城市维护建设税和教育费附加。

(5) 对“三税”实行先征后返、先征后退、即征即退办法的，除另有规定外；对随“三税”附征的城市维护建设税和教育费附加，一律不予退(返)还。

3. 教育费附加的有关规定

教育费附加是对缴纳增值税、消费税、营业税的单位和个人，就其实际缴纳的税额为计算依据征收的一种附加费。

教育费附加是为加快地方教育事业，扩大地方教育经费的资金而征收的一项专用基金。1984年，国务院颁布了《关于筹措农村学校办学经费的通知》，开征了农村教育事业经费附加。1985年，中共中央作出了《关于教育体制改革的决定》，指出必须在国家增拨教育基本建设投资和教育经费的同时，充分调动企、事业单位和其他各种社会力量办学的积极性，开辟多种渠道筹措经费。为此，国务院于1986年4月28日颁布了《征收教育费附加的暂行规定》，决定从同年7月1日起开始在全国范围内征收教育费附加。

教育费附加对缴纳增值税、消费税、营业税的单位和个人征收，以其实际缴纳的增值税、消费税和营业税为计征依据，分别与增值税、消费税和营业税同时缴纳。

教育费附加计征比率曾几经变化。1986年开征时，规定为1%；1990年5月《国务院关于修改〈征收教育费附加的暂行规定〉的决定》中规定为2%；按照1994年2月7日《国务院关于教育费附加征收问题的紧急通知》的规定，现行教育费附加征收比率为3%。

教育费附加的计算公式为

应纳教育费附加=实际缴纳的增值税、消费税、营业税×征收比率

例如，某市区一家企业9月份实际缴纳增值税300 000元，缴纳消费税200 000元，缴纳营业税100 000元。计算该企业应缴纳的教育费附加。

应纳教育费附加=(实际缴纳的增值税+实际缴纳的消费税+实际缴纳的营业税)×征收比率=(300 000+200 000+100 000)×3%=600 000×3%=18 000(元)

教育费附加的减免规定：①对海关进口的产品征收的增值税、消费税，不征收教育费附加；②对由于减免增值税、消费税和营业税而发生退税的，可同时退还已征收的教育费附加。但对出口产品退还增值税、消费税的，不退还已征的教育费附加。

我国现行税收种类体系如图5.1所示。

5.3 税收征收管理法

5.3.1 税收管理体制

税收管理体制是指划分中央和地方政府之间税收管理权限的一项重要制度。税收管理权包括税收立法权、税收法律法规的解释权、税种的开征和停征权、税目和税率的调整权、税收的加征和减免权等。

1. 税收立法权的划分

税收立法权是制定、修改、解释或废止税收法律法规、规章和规范性文件的权力。我国税收立法权的层次主要有以下几方面。

(1) 全国性税种的立法权，即包括全部中央税、中央与地方共享税和在全国范围内征收的地方税税法的制定、公布和税种的开征、停征权，属于全国人民代表大会及其常务委员会。

(2) 经全国人大及其常委会授权，全国性税种可先由国务院以“条例”或“暂行条例”的形式发布施行。经一段时期后，再行修订并通过立法程序，由全国人大及其常委会正式立法。

(3) 经全国人大及其常委会授权，国务院有制定税法实施细则、增减税目和调整税率的权力。

(4) 经全国人大及其常委会的授权，国务院有税法的解释权；经国务院授权，国家税务主管部门有税收条例的解释权和制定税收条例实施细则的权力。

(5) 省级人民代表大会及其常务委员会有根据本地区经济发展的具体情况和实际需要，在不违背国家统一税法，不影响中央的财政收入，不妨碍我国统一市场的前提下，开征全国性税种以外的地方税种的税收立法权。

(6) 经省级人民代表大会及其常务委员会授权，省级人民政府有本地区地方税法的解释权和制定税法实施细则、调整税目、税率的权力，也可在上述规定的前提下，制定一些税收征收办法，还可以在全国性地方税条例规定的幅度内，确定本地区适用的税率或税额。上述权力除税法解释权外，在行使后和发布实施前须报国务院备案。

2. 税务机构的设置

根据我国经济和社会发展及实行分税制财政管理体制的需要，现行税务机构设置是中央政府设立国家税务总局，省及省以下税务机构分为国家税务局和地方税务局两个系统。国家税务总局对国家税务局系统实行机构、编制、干部、经费的垂直管理，协同省级人民政府对省级地方税务局实行双重领导。国家税务总局对省级地方税务局的领导，主要体现在税收政策、业务的指导和协调，对国家统一的税收制度、政策的监督，组织经验交流等方面。

3. 税收征收管理范围的划分

国家税务局系统负责征收和管理的项目有增值税，消费税，车辆购置税，铁道部门、各银行总行、各保险总公司集中缴纳的营业税、所得税、城市维护建设税，中央企业缴纳的所得税，中央与地方所属企业、事业单位组成的联营企业、股份制企业缴纳的所得税，地方银行、非银行金融企业缴纳的所得税，海洋石油企业缴纳的所得税、资源税，外商投资企业和外国企业所得税，证券交易税(开征之前为对证券交易征收的印花税)，个人所得税中对储蓄存款利息所得征收的部分，中央税的滞纳金、补税、罚款。

地方税务局系统负责征收和管理的项目有营业税、城市维护建设税(不包括上述由国家税务局系统负责征收管理的部分)，地方国有企业、集体企业、私营企业缴纳的所得税，个人所得税(不包括对银行储蓄存款利息所得征收的部分)，资源税，城镇土地使用税，耕地占用税，土地增值税，房产税，城市房地产税，车船使用税，车船使用牌照税，印花税，契税，屠宰税，筵席税，农业税牧业税及其地方附加税，地方税的滞纳金、补税、罚款。

自 2002 年 1 月 1 日起，按国家工商行政管理总局的有关规定，在各级工商行政管理部门办理设立(开业)登记的企业，其企业所得税由国家税务局负责征收管理。但下列办理设立(开业)登记的企业仍由地方税务局负责征收管理。

(1) 两个以上的企业合并设立一个新的企业，合并各方解散，但合并各方原均为地方税务局征收管理的。

(2) 因分立而新设立的企业，但原企业由地方税务局负责征收管理的。

(3) 原缴纳企业所得税的事业单位改制为企业办理设立登记，但原事业单位由地方税务局负责征收管理的。

(4) 在工商行政管理部门办理变更登记的企业，其企业所得税仍由原征收机关负责征收管理。

自 2002 年 1 月 1 日起，在其他行政管理部门新登记注册、领取许可证的事业单位、社会团体、律师事务所、医院、学校等缴纳企业所得税的其他组织，其企业所得税由国家税务局负责征收管理。

海关系统负责征收和管理的项目有关税、行李和邮递物品进口税，此外还负责代征进出口环节的增值税和消费税。

4. 中央政府与地方政府税收收入划分

根据国务院关于实行分税制财政管理体制的规定，我国的税收收入分为中央政府固定收入、地方政府固定收入和中央政府与地方政府共享收入。

1) 中央政府固定收入

包括消费税(含进口环节海关代征的部分)、车辆购置税、关税、海关代征的进口环节增值税等。

2) 地方政府固定收入

包括城镇土地使用税、耕地占用税、土地增值税、房产税、城市房地产税、车船使用税、车船使用牌照税、契税、屠宰税、筵席税、牧业税。

3) 中央政府与地方政府共享收入

(1) 增值税(不含进口环节由海关代征的部分)。中央政府分享 75%，地方政府分享 25%。

(2) 营业税。铁道部、各银行总行、各保险总公司集中缴纳的部分归中央政府，其余部分归地方政府。

(3) 企业所得税、外商投资企业和外国企业所得税。铁道部、各银行总行及海洋石油企业缴纳的部分归中央政府，其余部分中央与地方政府按比例分享。分享比例是2002年所得税收入中央与地方各分享50%，2003年所得税收入中央分享60%，地方分享40%，从2004年起，中央与地方所得税收入分享比例继续按中央分享60%，地方分享40%执行。

(4) 个人所得税。除储蓄存款利息所得的个人所得税外，其余部分的分享比例与企业所得税相同。2002年中央与地方各分享50%，2003年中央分享60%，地方分享40%，从2004年起，中央与地方所得税收入分享比例继续按中央分享60%，地方分享40%执行。

(5) 资源税。海洋石油企业缴纳的部分归中央政府，其余部分归地方政府。

(6) 城市维护建设税。铁道部、各银行总行、各保险总公司集中缴纳的部分归中央政府，其余部分归地方政府。

(7) 印花税。证券交易印花税收入的94%归中央政府，其余6%和其他印花税收入归地方政府。

5.3.2 税收征收管理制度

税收征收管理是税务机关对纳税人依法征收税款和进行税务监督管理的总称。我国现行的税收征收管理制度主要依据2001年4月28日中华人民共和国第九届全国人民代表大会常务委员会第二十一次会议修订通过的《中华人民共和国税收征收管理法》。

税收征收管理法律制度主要有税务管理、税款征收、税务检查、法律责任等内容。《税收征收管理法》规定，凡依法由税务机关征收的各种税收的征收管理，均适用本法。但是耕地占用税、契税、牧业税征收管理的具体办法由国务院另行制定。关税及海关代征税收的征收管理，依照法律、行政法规的有关规定执行。中华人民共和国同外国缔结的有关税收的条约、协定同《税收征收管理法》有不同规定的，依照条约、协定的规定办理。

1. 税务管理

1) 税务登记

根据规定，企业，企业在外地设立的分支机构和从事生产、经营的场所，个体工商户和从事生产、经营的事业单位自领取营业执照之日起30日内，必须持有关证件，向税务机关申报办理税务登记。税务机关应当自收到申报之日起30日内审核并发给税务登记证件。纳税人按照国务院税务主管部门的规定使用税务登记证件。税务登记证件不得转借、涂改、损毁、买卖或者伪造。

从事生产、经营的纳税人应当按照国家有关规定，持税务登记证件，在银行或者其他金融机构开立基本存款账户和其他存款账户，并将其全部账号向税务机关报告。

2) 账簿、凭证管理

纳税人、扣缴义务人按照有关法律、行政法规和国务院财政、税务主管部门的规定设置账簿，根据合法、有效凭证记账，进行核算。并且按照国务院财政、税务主管部门规定的保管期限保管账簿、记账凭证、完税凭证及其他有关资料，不得伪造、变造或者擅自损毁。

税务机关是发票的主管机关，负责发票印制、领购、开具、取得、保管、缴销的管理和监督。单位、个人在购销商品、提供或者接受经营服务以及从事其他经营活动中，应当按照规定开具、使用、取得发票。增值税专用发票由国务院税务主管部门指定的企业印制；其他发票按照国务院税务主管部门的规定，分别由省、自治区、直辖市国家税务局、地方税务局指定企业印制。

国家根据税收征收管理的需要，积极推广使用税控装置。纳税人应当按照规定安装、使用税控装置，不得损毁或者擅自改动税控装置。

3) 纳税申报

纳税人必须依照法律、行政法规规定或者税务机关依照法律、行政法规的规定确定的申报期限、申报内容，如实办理纳税申报，报送纳税申报表、财务会计报表以及税务机关根据实际需要要求纳税人报送的其他纳税资料。

扣缴义务人必须依照法律、行政法规规定或者税务机关依照法律、行政法规的规定确定的申报期限、申报内容如实报送代扣代缴、代收代缴税款报告表以及税务机关根据实际需要要求扣缴义务人报送的其他有关资料。

2. 税款征收

1) 征税主体

税务机关依照法律、行政法规的规定征收税款，不得违反法律、行政法规的规定开征、停征、多征、少征、提前征收、延缓征收或者摊派税款。除税务机关、税务人员以及经税务机关依照法律、行政法规委托的单位和人员外，任何单位和个人不得进行税款征收活动。

2) 税款的代扣、代收

扣缴义务人依照法律、行政法规的规定履行代扣、代收税款的义务。对法律、行政法规没有规定负有代扣、代收税款义务的单位和个人，税务机关不得要求其履行代扣、代收税款义务。扣缴义务人依法履行代扣、代收税款义务时，纳税人不得拒绝。纳税人拒绝的，扣缴义务人应当及时报告税务机关处理。税务机关按照规定付给扣缴义务人代扣、代收手续费。

3) 纳税人的权利、义务

纳税人、扣缴义务人应该按照法律、行政法规规定或者税务机关依照法律、行政法规的规定确定的期限，缴纳或者解缴税款。纳税人因有特殊困难，不能按期缴纳税款的，经省、自治区、直辖市国家税务局、地方税务局批准，可以延期缴纳税款，但是最长不得超过 3 个月。纳税人未按照规定期限缴纳税款的，扣缴义务人未按照规定期限解缴税款的，税务机关除责令限期缴纳外，从滞纳税款之日起，按日加收滞纳税款万分之五的滞纳金。纳税人可以依照法律、行政法规的规定书面申请减税、免税。减税、免税的申请须经法律、行政法规规定的减税、免税审查批准机关审批。地方各级人民政府、各级人民政府主管部门、单位和个人违反法律、行政法规规定，擅自作出的减税、免税决定无效，税务机关不得执行，并向上级税务机关报告。

纳税人有合并、分立情形的，应当向税务机关报告，并依法缴清税款。纳税人合并时未缴清税款的，应当由合并后的纳税人继续履行未履行的纳税义务；纳税人分立时未缴清税款的，分立后的纳税人对未履行的纳税义务应当承担连带责任。

欠缴税款数额较大的纳税人在处分其不动产或者大额资产之前，应当向税务机关报告。

4) 税务机关在税款征收过程中的权利、义务

税务机关征收税款时，必须给纳税人开具完税凭证。扣缴义务人代扣、代收税款时，纳税人要求扣缴义务人开具代扣、代收税款凭证的，扣缴义务人应当开具。

纳税人有下列情形之一的，税务机关有权核定其应纳税额。

(1) 依照法律、行政法规的规定可以不设置账簿的。

(2) 依照法律、行政法规的规定应当设置账簿但未设置的。

(3) 擅自销毁账簿或者拒不提供纳税资料的。

(4) 虽设置账簿，但账目混乱或者成本资料、收入凭证、费用凭证残缺不全，难以查账的。

(5) 发生纳税义务，未按照规定的期限办理纳税申报，经税务机关责令限期申报，逾期仍不申报的。

(6) 纳税人申报的计税依据明显偏低，又无正当理由的。

企业或者外国企业在中国境内设立的从事生产、经营的机构、场所与其关联企业之间的业务往来，应当按照独立企业之间的业务往来收取或者支付价款、费用；不按照独立企业之间的业务往来收取或者支付价款、费用，而减少其应纳税的收入或者所得额的，税务机关有权进行合理调整。

对未按照规定办理税务登记的从事生产、经营的纳税人以及临时从事经营的纳税人，由税务机关核定其应纳税额，责令缴纳；不缴纳的，税务机关可以扣押其价值相当于应纳税款的商品、货物。扣押后缴纳应纳税款的，税务机关必须立即解除扣押，并归还所扣押的商品、货物；扣押后仍不缴纳应纳税款的，经县以上税务局局长批准，依法拍卖或者变卖所扣押的商品、货物，以拍卖或者变卖所得抵缴税款。

税务机关有根据认为从事生产、经营的纳税人有逃避纳税义务行为的，可以在规定的纳税期之前，责令限期缴纳应纳税款。在限期内发现纳税人有明显的转移、隐匿其应纳税的商品、货物以及其他财产或者应纳税的收入的迹象的，税务机关可以责成纳税人提供纳税担保。如果纳税人不能提供纳税担保，经县以上税务局局长批准，税务机关可以采取下列税收保全措施。

(1) 书面通知纳税人开户银行或者其他金融机构冻结纳税人的金额相当于应纳税款的存款。

(2) 扣押、查封纳税人的价值相当于应纳税款的商品、货物或者其他财产。

纳税人在上述规定的限期内缴纳税款的，税务机关必须立即解除税收保全措施；限期期满仍未缴纳税款的，经县以上税务局局长批准，税务机关可以书面通知纳税人开户银行或者其他金融机构从其冻结的存款中扣缴税款，或者依法拍卖或者变卖所扣押、查封的商品、货物或者其他财产，以拍卖或者变卖所得抵缴税款。

纳税人在限期内已缴纳税款，税务机关未立即解除税收保全措施，使纳税人的合法利益遭受损失的，税务机关应当承担赔偿责任。个人及其所扶养家属维持生活必需的住房和用品，不在税收保全措施的范围之内。

从事生产、经营的纳税人、扣缴义务人未按照规定的期限缴纳或者解缴税款，纳税担保人未按照规定的期限缴纳所担保的税款，由税务机关责令限期缴纳，逾期仍未缴纳的，经县以上税务局局长批准，税务机关可以采取下列强制执行措施。

(1) 书面通知其开户银行或者其他金融机构从其存款中扣缴税款。

(2) 扣押、查封、依法拍卖或者变卖其价值相当于应纳税款的商品、货物或者其他财产，以拍卖或者变卖所得抵缴税款。

税务机关采取强制执行措施时，对上述所列纳税人、扣缴义务人、纳税担保人未缴纳的滞纳金同时强制执行。但是个人及其所扶养家属维持生活必需的住房和用品，不在强制执行措施的范围之内。

税务机关扣押商品、货物或者其他财产时，必须开付收据；查封商品、货物或者其他财产时，必须开付清单。税务机关滥用职权违法采取税收保全措施、强制执行措施，或者采取税收保全措施、强制执行措施不当，使纳税人、扣缴义务人或者纳税担保人的合法权益遭受损失的，应当依法承担赔偿责任。

欠缴税款的纳税人或者他的法定代表人需要出境的，应当在出境前向税务机关结清应纳税款、滞纳金或者提供担保。未结清税款、滞纳金，又不提供担保的，税务机关可以通知出境管理机关阻止其出境。

税务机关应当对纳税人欠缴税款的情况定期予以公告。纳税人有欠税情形而以其财产设定抵押、质押的，应当向抵押权人、质权人说明其欠税情况。抵押权人、质权人可以请求税务机关提供有关的欠税情况。

欠缴税款的纳税人因怠于行使到期债权，或者放弃到期债权，或者无偿转让财产，或者以明显不合理的低价转让财产而受让人知道该情形，对国家税收造成损害的，税务机关可以依照合同法的规定行使代位权、撤销权。

5) 税收优先

税务机关征收税款，税收优先于无担保债权，法律另有规定的除外。纳税人欠缴的税款发生在纳税人以其财产设定抵押、质押或者纳税人的财产被留置之前的，税收应当先于抵押权、质权、留置权执行。纳税人欠缴税款，同时又被行政机关决定处以罚款、没收违法所得的，税收优先于罚款、没收违法所得。

6) 税款的退还、补缴和追征

纳税人超过应纳税额缴纳的税款，税务机关发现后应当立即退还。纳税人自结算缴纳税款之日起 3 年内发现的，可以向税务机关要求退还多缴的税款并加算银行同期存款利息，税务机关及时查实后应当立即退还。涉及从国库中退库的，依照法律、行政法规有关国库管理的规定退还。

因税务机关的责任，致使纳税人、扣缴义务人未缴或者少缴税款的，税务机关在 3 年内可以要求纳税人、扣缴义务人补缴税款，但是不得加收滞纳金。因纳税人、扣缴义务人计算错误等失误，未缴或者少缴税款的，税务机关在 3 年内可以追征税款、滞纳金。有特殊情况的，追征期可以延长到 5 年。对偷税、抗税、骗税的，税务机关追征其未缴或者少缴的税款、滞纳金或者所骗取的税款，不受该规定期限的限制。

7) 税款入库

国家税务局和地方税务局应当按照国家规定的税收征收管理范围和税款入库预算级次，将征收的税款缴入国库。对审计机关、财政机关依法查出的税收违法行为，税务机关应当根据有关机关的决定、意见书，依法将应收的税款、滞纳金按照税款入库预算级次缴入国库，并将结果及时回复有关机关。

3. 税务检查

税务机关有权进行下列税务检查。

(1) 检查纳税人的账簿、记账凭证、报表和有关资料，检查扣缴义务人代扣代缴、代收代缴税款账簿、记账凭证和有关资料。

(2) 到纳税人的生产、经营场所和货物存放地检查纳税人应纳税的商品、货物或者其他财产，检查扣缴义务人与代扣代缴、代收代缴税款有关的经营情况。

(3) 责成纳税人、扣缴义务人提供与纳税或者代扣代缴、代收代缴税款有关的文件、证明材料和有关资料。

(4) 询问纳税人、扣缴义务人与纳税或者代扣代缴、代收代缴税款有关的问题和情况。

(5) 到车站、码头、机场、邮政企业及其分支机构检查纳税人托运、邮寄应纳税商品、货物或者其他财产的有关单据、凭证和有关资料。

(6) 经县以上税务局局长批准，凭全国统一格式的检查存款账户许可证明，查询从事生产、经营的纳税人、扣缴义务人在银行或者其他金融机构的存款账户。税务机关在调查税收违法案件时，经设区的市、自治州以上税务局局长批准，可以查询案件涉嫌人员的储蓄存款。税务机关查询所获得的资料，不得用于税收以外的用途。

税务机关对从事生产、经营的纳税人以前纳税期的纳税情况依法进行税务检查时，发现纳税人有逃避纳税义务行为，并有明显的转移、隐匿其应纳税的商品、货物以及其他财产或者应纳税的收入的迹象的，可以按照《中华人民共和国税收征收管理法》规定的权限采取税收保全措施或者强制执行措施。

纳税人、扣缴义务人必须接受税务机关依法进行的税务检查，如实反映情况，提供有关资料，不得拒绝、隐瞒。税务机关依法进行税务检查时，有权向有关单位和个人调查纳税人、扣缴义务人和其他当事人与纳税或者代扣代缴、代收代缴税款有关的情况，有关单位和个人有义务向税务机关如实提供有关资料及证明材料。

税务机关调查税务违法案件时，对与案件有关的情况和资料，可以记录、录音、录像、照相和复制。

税务机关派出的人员进行税务检查时，应当出示税务检查证和税务检查通知书，并有责任为被检查人保守秘密；未出示税务检查证和税务检查通知书的，被检查人有权拒绝检查。

5.4 法 律 责 任

在税收法律关系中，当事人应承担的法律责任主要是行政法律责任和刑事法律责任。本节重点介绍《税收征收管理法》中规定的法律责任。

5.4.1 纳税人、扣缴义务人违反税法的法律责任

1. 违反税务管理的法律责任

纳税人有下列行为之一的，由税务机关责令限期改正，可以处 2 000 元以下的罚款；情节严重的处 2 000 元以上 1 万元以下的罚款。

(1) 未按照规定的期限申报办理税务登记、变更或者注销登记的。

(2) 未按照规定设置、保管账簿或者保管记账凭证和有关资料的。

(3) 未按照规定将财务、会计制度或者财务、会计处理办法和会计核算软件报送税务机关备查的。

(4) 未按照规定将其全部银行账号向税务机关报告的。

(5) 未按照规定安装、使用税控装置，或者损毁或者擅自改动税控装置的。

纳税人不办理税务登记的，由税务机关责令限期改正；逾期不改正的，由工商行政管理机关吊销其营业执照。

纳税人未按照规定使用税务登记证件，或者转借、涂改、损毁、买卖、伪造税务登记证件的，处2 000元以上1万元以下的罚款；情节严重的，处1万～5万元以下的罚款。

扣缴义务人未按照规定设置、保管代扣代缴、代收代缴税款账簿或者保管代扣代缴、代收代缴税款记账凭证及有关资料的，由税务机关责令限期改正，可以处2 000元以下的罚款；情节严重的，处2 000元以上5 000元以下的罚款。

2. 违反纳税申报规定的法律责任

纳税人未按照规定的期限办理纳税申报和报送纳税资料的，或者扣缴义务人未按照规定的期限向税务机关报送代扣代缴、代收代缴税款报告表和有关资料的，由税务机关责令限期改正，可以处2 000元以下的罚款；情节严重的，可以处2 000元以上1万元以下的罚款。

纳税人、扣缴义务人编造虚假计税依据的，由税务机关责令限期改正，并处5万元以下的罚款。纳税人不进行纳税申报，不缴或者少缴应纳税款的，由税务机关追缴其不缴或者少缴的税款、滞纳金，并处不缴或者少缴的税款50%以上5倍以下的罚款。

3. 偷税的法律责任

偷税是指纳税人伪造、变造、隐匿、擅自销毁账簿、记账凭证，或者在账簿上多列支出或者不列、少列收入，或者经税务机关通知申报而拒不申报或者进行虚假的纳税申报，不缴或者少缴应纳税款的行为。

对纳税人偷税的，由税务机关追缴其不缴或者少缴的税款、滞纳金，并处不缴或者少缴的税款50%以上5倍以下的罚款；构成犯罪的，依法追究刑事责任；扣缴义务人采取前列手段，不缴或者少缴已扣、已收税款，由税务机关追缴其不缴或者少缴的税款、滞纳金，并处不缴或者少缴的税款50%以上5倍以下的罚款；构成犯罪的，依法追究刑事责任。

举案说法 5.5

虚开发票偷逃巨额税款案[⑧]

2010年12月30日，东营中院对舒某等26人涉嫌特大虚开增值税专用发票偷逃税款7 600万元一案进行公开宣判，该案首犯舒某被判处有期徒刑15年，并处没收个人财产1 000万元，其他25名被告人分别被判处10年6个月至两年不等有期徒刑。

据了解，此案是公安部、国家税务总局挂牌督办案件，也是东营建市以来涉案金额最大的虚开增值税专用发票案。

⑧ 载于中国经济网，http://www.ce.cn，王斌文：山东东营宣判虚开发票偷逃巨额税款案26人获刑，2010-12-31。

法院一审查明，从2006年12月至2009年6月，被告人舒某为牟取非法利益，在东营先后设立山东顺风工贸有限公司、山东龙辉工贸有限公司，在没有真实货物交易的情况下，以顺风公司、龙辉公司的名义，通过被告人赵某等中间人的介绍并收取开票费，为山东铁雄能源煤化有限公司等企业虚开增值税专用发票1 271份，税额26 735 142.14元，价税合计184 099 076.16元。为抵扣税款、掩盖开出销项增值税专用发票的事实，被告人舒某先后通过被告人侯某等人介绍，从其他企业为顺风公司、龙辉公司虚开进项增值税专用发票1 697份，税额49 610 523.06元，价税合计342 495 922.8元。

法院审理认为，26名被告人的行为均构成虚开增值税专用发票罪，遂依据各自涉案的数额、情节作出上述判决。

4. 逃税的法律责任

纳税人、扣缴义务人编造虚假计税依据的，由税务机关责令限期改正，并处5万元以下的罚款。

纳税人、扣缴义务人在规定期限内不缴或者少缴应纳或者应解缴的税款，经税务机关责令限期缴纳，逾期仍未缴纳的，税务机关除依法采取强制执行措施追缴其不缴或者少缴的税款外，可以处不缴或者少缴的税款50%以上5倍以下的罚款。

扣缴义务人应扣未扣、应收而不收税款的，由税务机关向纳税人追缴税款，对扣缴义务人处应扣未扣、应收未收税款50%以上3倍以下的罚款

5. 逃避追缴欠缴的法律责任

纳税人欠缴应纳税款，采取转移或者隐匿财产的手段，妨碍税务机关追缴欠缴的税款的，由税务机关追缴欠缴的税款、滞纳金，并处欠缴税款50%以上5倍以下的罚款；构成犯罪的，依法追究刑事责任。

6. 骗取出口退税的法律责任

以假报出口或者其他欺骗手段，骗取国家出口退税款的，由税务机关追缴其骗取的退税款，并处骗取税款1倍以上5倍以下的罚款；构成犯罪的，依法追究刑事责任。对骗取国家出口退税款的，税务机关可以在规定期间内停止为其办理出口退税。

7. 抗税的法律责任

抗税是以暴力、威胁方法拒不缴纳税款的行为。对于抗税行为，除由税务机关追缴其拒缴的税款、滞纳金外，依法追究刑事责任。情节轻微，未构成犯罪的，由税务机关追缴其拒缴的税款、滞纳金，并处拒缴税款1倍以上5倍以下的罚款。

8. 阻挠税务检查的法律责任

纳税人、扣缴义务人逃避、拒绝或者以其他方式阻挠税务机关检查的，由税务机关责令改正，可以处1万元以下的罚款；情节严重的，处1万元以上5万元以下的罚款。

9. 非法印制发票的法律责任

非法印制发票的，由税务机关销毁非法印制的发票，没收违法所得和作案工具，并处1万元以上5万元以下的罚款；构成犯罪的，依法追究刑事责任。

5.4.2 税务人员违反税法的法律责任

税务机关违反规定擅自改变税收征收管理范围和税款入库预算级次的，责令限期改正，对直接负责的主管人员和其他直接责任人员依法给予降级或者撤职的行政处分。

税务人员徇私舞弊，对依法应当移交司法机关追究刑事责任的不移交，情节严重的，依法追究刑事责任。

未经税务机关依法委托征收税款的，责令退还收取的财物，依法给予行政处分或者行政处罚；致使他人合法权益受到损失的，依法承担赔偿责任；构成犯罪的，依法追究刑事责任。

税务机关、税务人员查封、扣押纳税人个人及其所扶养家属维持生活必需的住房和用品的，责令退还，依法给予行政处分；构成犯罪的，依法追究刑事责任。

税务人员利用职务上的便利，收受或者索取纳税人、扣缴义务人财物或者谋取其他不正当利益，构成犯罪的，依法追究刑事责任；尚不构成犯罪的，依法给予行政处分。

税务人员徇私舞弊或者玩忽职守，不征或者少征应征税款，致使国家税收遭受重大损失，构成犯罪的，依法追究刑事责任；尚不构成犯罪的，依法给予行政处分。

税务人员滥用职权，故意刁难纳税人、扣缴义务人的，调离税收工作岗位，并依法给予行政处分。

税务人员对控告、检举税收违法违纪行为的纳税人、扣缴义务人以及其他检举人进行打击报复的，依法给予行政处分；构成犯罪的，依法追究刑事责任。

违反法律、行政法规的规定，擅自作出税收的开征、停征或者减税、免税、退税、补税以及其他同税收法律、行政法规相抵触的决定的，除依照本法规定撤销其擅自作出的决定外，补征应征未征税款，退还不应征收而征收的税款，并由上级机关追究直接负责的主管人员和其他直接责任人员的行政责任；构成犯罪的，依法追究刑事责任。

5.4.3 税法适用的救济

纳税人、扣缴义务人、纳税担保人同税务机关在纳税上发生争议时，必须先依照税务机关的纳税决定缴纳或者解缴税款及滞纳金或者提供相应的担保，然后可以依法申请行政复议；对行政复议决定不服的，可以依法向人民法院起诉。

当事人对税务机关的处罚决定、强制执行措施或者税收保全措施不服的，可以依法申请行政复议，也可以依法向人民法院起诉。

当事人对税务机关的处罚决定逾期不申请行政复议也不向人民法院起诉、又不履行的，作出处罚决定的税务机关可以依法采取强制执行措施，或者申请人民法院强制执行。

引例分析

共和国“第一税案”

利用增值税专用发票犯罪比一般的偷税、欠缴税款罪性质要恶劣得多，给国家带来的损失更大，是一种盗取国库资金的行为。由于税务机关内部征管、稽查之间缺少良好的协调机制，征收管理手段落后，征管信息传递不畅，再加上一部分税务干部无视操作规程，随意简化工作程序，致使一些规章制度流于形式，最终给犯罪分子留下可乘之机。为了巨大的利益，涉税犯罪分子铤而走险。

"共和国第一税案"涉税金额巨大，犯罪人数众多，其中涉及许多国家干部。对他们的惩治依据是1995年10月30日第八届全国人民代表大会常务委员会第十六次会议通过的《全国人民代表大会常务委员会关于惩治虚开、伪造和非法出售增值税专用发票犯罪的决定》。"虚开增值税专用发票的，处3年以下有期徒刑或者拘役，并处2万元以上20万元以下罚金；虚开的税款数额巨大或者有其他严重情节的，处3年以上10年以下有期徒刑，并处5万元以上50万元以下罚金；虚开的税款数额特别巨大或者有其他特别严重情节的，处10年以上有期徒刑或者无期徒刑，并处没收财产。对于虚开增值税专用发票骗取国家税款，数额特别巨大、情节特别严重、给国家利益造成特别重大损失的，处无期徒刑或者死刑，并处没收财产"。另外，该决定第八条规定："税务机关或者其他国家机关的工作人员有下列情形之一的，依照本决定的有关规定从重处罚。①与犯罪分子相勾结，实施本决定规定的犯罪的；②明知是虚开的发票，予以退税或者抵扣税款的；③明知犯罪分子实施本决定规定的犯罪，而提供其他帮助的"。

近年来，伪造、虚开增值税专用发票的犯罪行为屡禁不止，而且越来越严重，骗取国家税款的数额触目惊心。因此，必须严格执行税收征管程序、制度，加强对税务机关税收征管的监督检查，加大对增值税涉税案件的查处力度，严厉打击这种犯罪行为。

本章小结

税收具有强制性、固定性、无偿性；国家依据税法征税，纳税义务人根据税法的规定办理税务登记、进行纳税申报、接受税务检查、依法缴纳税款。我国的现行税种主要包括流转税、所得税、财产税、特定行为税和资源税。

分税制是我国现行的税收管理体制。

税收征收管理制度的主要内容包括税务管理、税款征收、税务检查和法律责任等内容。

思 考 题

(1) 简述税法的基本原则及其构成要素。
(2) 增值税的征税范围有何特殊的规定？
(3) 简述我国税收管理体制的内容。
(4) 如何认定偷税行为？纳税人偷税所应担负的法律责任有哪些？
(5) 税收保全措施与强制执行措施有何区别？
(6)《税收征管法》中关于税收优先的规定有哪些？

第6章

金　融　法

教学目标

通过学习本章，了解金融、金融市场、金融法、银行、银行法、货币政策、存款准备金、基准利率、再贴现、再贷款、外汇、汇率、信贷等概念；了解中国人民银行、中国银监会的法律地位和职责，商业银行、政策性银行的业务范围和业务规则，我国人民币管理、外汇管理和贷款管理的相关规定；理解我国的货币政策目标和货币政策工具作用机制；初步掌握人民币管理、外汇管理和信贷管理的能力，并能运用所学知识分析和解决相关的法律问题。

教学要求

知识要点	能力要求	相关知识
金融法概念	能够掌握金融法的基本概念	(1) 金融与金融市场 (2) 银行的种类和职能 (3) 金融法的基本框架 (4) 银行法的主要内容
金融机构	(1) 能够了解人民银行和中国银监会的职责 (2) 掌握商业银行和政策性银行的基本业务规范	(1) 人民银行的法律地位、管理体制、职责和业务 (2) 银监会的主要职责和监管措施 (3) 银监会从业人员的基本规范 (4) 商业银行的业务范围和规范 (5) 政策性银行的特点和业务范围

知识要点	能力要求	相关知识
货币管理	(1) 能够了解我国基本货币政策和货币政策工具作用机制 (2) 掌握人民币流通管理和外汇管理的基本规范 (3) 掌握外汇经营业务	(1) 货币政策及其特征 (2) 货币政策目标 (3) 货币政策工具 (4) 人民币流通管理办法 (5) 人民币保护制度 (6) 外汇管理制度
信贷管理	(1) 能够了解我国信贷管理政策和贷款程序 (2) 掌握贷款及相关业务	(1) 贷款的种类、期限和利率 (2) 贷款人、借款人的权利和义务 (3) 贷款的程序 (4) 贷款管理责任制度 (5) 不良贷款及处置办法 (6) 贷款债权保全及清偿办法

引 例

巴林银行倒闭案①

巴林银行是拥有233年历史的英国老牌银行，也是世界首家“商业银行”、“英国皇家银行”。巴林银行新加坡分行经理里森未经批准，1994年底购进价值70亿美元的日本日经股票指数期货，之后，里森又在日本债券和短期利率合同期货市场上作价值约200亿美元的空头交易。随着日经指数的下跌，10亿美元化为乌有。1995年2月26日，巴林银行宣布破产，被国际荷兰集团以象征性的1英镑接管。

6.1 金融和银行法律制度概述

6.1.1 金融与金融市场的概念

1．金融的概念

所谓金融，即货币资金的融通，是各种金融机构以货币为对象，以信用为形式所进行的货币收支、资金融通活动的总称。资金融通包括货币的发行、流通和回笼，存款的吸收和提取，贷款的发放与收回，国内外汇兑的往来，国内国际货币结算，金银、外汇的买卖，信托投资以及保险、期货交易等活动。金融有广义与狭义之分。广义的金融是指全社会的货币资金的筹集、分配、融通、使用和管理活动的总和；狭义的金融是指货币流通和信用分配的总和。在市场经济条件下，金融联结着生产、交换、分配和消费等各个环节，是社会生产和再生产活动的有机组成部分。

① 参见《中国新时代》，2006(8)期，第12页。

2. 金融市场的概念

金融市场是资金供求双方借助金融工具进行各种货币资金交易活动的市场，是各种融资市场的总称。金融市场有广义和狭义之分。广义的金融市场泛指资金供求双方运用各种金融工具，通过各种形式进行的全部金融性交易活动，包括金融机构与客户之间、各金融机构之间、资金供求双方所有以货币资金为交易对象的金融活动。狭义的金融市场则是一般限定在以票据和有价证券为金融工具的交易活动、金融机构间的同业拆借、黄金外汇的交易活动等范围内。通常所说的金融市场主要是指后者。

整个市场体系中，金融市场是最基本的组成部分之一，是联系其他市场的纽带。金融市场的发展对整个市场体系的发展起着举足轻重的制约作用，而市场体系中其他各市场的发展，又为金融市场的发展提供了条件和可能。

金融市场最基本的功能是满足社会再生产过程中的投融资需求，促进资本的集中与转换，具体表现为以下几点。

(1) 有效地动员筹集资金。

(2) 合理地分配和引导资金。

(3) 灵活地调度和转化资金。

(4) 有效地实施宏观调控。

金融市场功能的发挥程度，主要取决于市场的建立基础与发展方向。

6.1.2 银行的概念和职能

1. 银行的概念

银行是专门经营存款、贷款和汇兑等货币信用业务，充当信用中介和支付中介的金融机构。货币资金的融通主要是通过银行等金融机构的业务活动实现的。

2. 银行的分类

根据不同的划分指标，我国的银行大体可以进行以下几种分类。

(1) 按设立银行的资金来源可以分为国有独资银行、地方投资银行、股份制农村信用合作银行等。

(2) 按银行投资是内资还是外资可以分为内资银行、外资银行、外国银行等。

(3) 按银行的职能可以分为中央银行、商业银行、政策性银行等。

3. 银行的职能

银行具有以下职能。

(1) 银行以存款和贷款的方式充当货币资金供给者与使用者的信用中介。

(2) 为客户办理收付、转账结算等金融服务业务，充当社会支付的中介。

(3) 以存款方式吸收社会暂时闲置资金，以贷款方式借贷给生产经营单位，从而将储蓄转化为投资，促进经济增长。

(4) 发行各种信用流通工具，如银行券、支票等，满足流通过程对流通手段和支收手段的需要。

(5) 配合政府的宏观经济政策，直接参与对社会经济的宏观调控。

6.1.3 银行法的概念和内容

1. 金融法的概念

所谓金融法，是指调整货币流通和信用活动中所发生的各种金融关系的法律规范的总称。《中华人民共和国中国人民银行法》(以下简称《中国人民银行法》)、《中华人民共和国商业银行法》(以下简称《商业银行法》)、《中华人民共和国票据法》(以下简称《票据法》)和《中华人民共和国保险法》(以下简称《保险法》)、《中华人民共和国证券法》(以下简称《证券法》)、《中华人民共和国信托法》(以下简称《信托法》)、《中华人民共和国银行业监督管理法》(以下简称《银行业监督管理法》)等构成了我国金融法体系的基本框架。

2. 银行法的概念和内容

银行法是调整银行的组织机构、业务活动和监督管理过程中发生的各种社会关系的法律规范的总称。银行法可以分为银行主体法和银行行为法。银行主体法是规定各类银行及非银行金融机构的性质、地位、设立、变更、终止等组织方面的法律规范的总称，其主要内容包括银行及非银行金融机构的种类、性质、地位、职能、作用、组织形式、组织机构、管理体制、设立、变更、接管、终止的条件与程序等方面的规定；银行行为法是调整银行及非银行金融机构开展业务活动的法律规范的总称，其主要内容包括各类银行的营运机制，如存款、储蓄、放款、投资信托、证券发行及交易、汇兑、票据结算、租赁、咨询、保险等方面业务种类和经营规则的规定。

银行法是我国金融法的核心，它的形成和发展对我国金融制度具有举足轻重的影响。我国的银行法由《中国人民银行法》、《商业银行法》、《银行业监督管理法》和国务院、中国人民银行、中国银监会制定、颁布的行政法规和部门规章共同构成。《中国人民银行法》确立了中国人民银行的地位和职责，保证国家货币政策的正确制定和执行，建立和完善了中央银行宏观调控体系；《商业银行法》旨在保护商业银行、存款人和其他客户的合法权益，规范商业银行的行为，提高信贷资金质量，加强监督管理，保障商业银行的稳健运行，维护金融秩序，促进社会主义市场经济发展；《银行业监督管理法》进一步明确了中国人民银行和中国银监会的分工和职责。

6.2 银行法主体

6.2.1 中国人民银行和中国银监会

1. 中国人民银行

1) 中国人民银行的法律地位

《中国人民银行法》对中国人民银行的法律地位进行了明确规定。根据《中国人民银行法》第二条、第七条的规定，中国人民银行是中华人民共和国的中央银行，是国家银行、发行银行、储备银行的银行，是在国务院领导下，制定和执行货币政策、维护金融稳定、提供金融服务的宏观调控部门；在国务院领导下，依法独立执行货币政策，履行职责，开展业务，不受地方政府、各级政府部门、社会团体和个人的干涉。

2) 中国人民银行的职责和业务

根据《中国人民银行法》第四条的规定，中国人民银行依法履行下列职责。

(1) 发布与履行与其职责有关的命令和规章。

(2) 依法制定和执行货币政策。

(3) 发行人民币、管理人民币流通。

(4) 监督管理银行间同业拆借市场和银行间债券市场。

(5) 实施外汇管理，监督管理银行间外汇市场。

(6) 监督管理黄金市场。

(7) 持有、管理、经营国家外汇储备、黄金储备。

(8) 经理国库。

(9) 维护支付、清算系统的正常运行。

(10) 指导、部署金融业反洗钱工作，负责反洗钱的资金监测。

(11) 负责金融业的统计、调查分析和预测。

(12) 作为国家的中央银行，从事有关国际金融活动。

(13) 国务院规定的其他职责。

根据《中国人民银行法》的规定，中国人民银行的业务主要包括以下几个方面。

(1) 依照法律、行政法规的规定经理国库。

(2) 代理国务院财政部门组织发行、兑付国债和其他政府债券。

(3) 根据需要，为金融机构开立账户。

(4) 组织或者协助组织金融机构之间的清算系统，协调金融机构之间的清算事项，提供清算服务。

(5) 根据执行货币政策的需要，决定对商业银行贷款的数额、期限、利率和方式。

(6) 兑换、收回和销毁残损、污损的人民币。

由于中国人民银行的特殊性质和地位，《中国人民银行法》对其业务活动进行了如下限制性的规定。

(1) 不得对金融机构的账户透支。

(2) 不得对政府财政透支，不得直接认购、包销国债和其他政府债券。

(3) 不得向地方政府、各级政府部门提供贷款，不得向非银行金融机构以及其他单位和个人提供贷款，但国务院决定中国人民银行可以向特定的非银行金融机构提供贷款的除外。

(4) 对商业银行贷款的期限不得超过一年。

(5) 不得向任何单位和个人提供担保。

3) 中国人民银行管理体制

(1) 中国人民银行实行行长负责制。中国人民银行行长的人选由国务院总理提名，全国人民代表大会决定；全国人民代表大会闭会期间，由全国人民代表大会常务委员会决定，由中华人民共和国主席任免。中国人民银行副行长由国务院总理任免。中国人民银行实行行长负责制。行长领导中国人民银行工作，副行长协助行长工作。

(2) 中国人民银行理事会为中国人民银行的决策机构，也是全国金融事业的最高决策机构。理事长由人民银行行长担任，副理事长从理事中选任；理事会设秘书长，由理事兼任。理事会在意见不能取得一致时，理事长有权裁决，重大问题请示国务院决定。

(3) 货币政策委员会是中国人民银行制定货币政策的咨询议事机构。货币政策委员会的职责是，在综合分析宏观经济形势的基础上，依据国家宏观调控目标，讨论货币政策的制定和调整、一定时期内的货币政策目标、货币政策工具的运用、有关货币政策的重要措施及其他宏观经济政策的协调等涉及货币政策的重大事项，并提出建议。货币政策委员会主席由中国人民银行行长担任，副主席由主席指定。

4) 中国人民银行的金融监督管理

中国人民银行是国务院的金融管理职能部门，是国家最高的金融监督管理部门，对金融机构及其业务活动实施监督管理是其重要职能之一。根据《中国人民银行法》第三十二条的规定，中国人民银行对金融业具有以下监督管理权。

(1) 执行有关存款准备金管理规定的行为。

(2) 与中国人民银行特种贷款有关的行为。

(3) 执行有关人民币管理规定的行为。

(4) 执行有关银行间同业拆借市场、银行间债券市场管理规定的行为。

(5) 执行有关外汇管理规定的行为。

(6) 执行有关黄金管理规定的行为。

(7) 代理中国人民银行经理国库的行为。

(8) 执行有关清算管理规定的行为。

(9) 执行有关反洗钱规定的行为。

2. 中国银监会

1) 银监会及其组织机构

中国银行业监督管理委员会简称中国银监会，是在国务院领导下，统一监督管理全国的银行、金融资产管理公司、信托投资公司及其他存款类金融机构，维护银行业合法、稳健运行的银行业监督管理机构。

银监会目前设主席一人，副主席四人，银监会下设银行监管一部、银行监管二部、银行监管三部、银行监管四部、非银行金融机构监管部、合作金融机构监管部。银行监管一部负责承办对国有商业银行及资产管理公司等的监管工作；银行监管二部负责承办对股份制商业银行、城市商业银行的监管工作；银行监管三部负责承办对政策性银行、邮政储蓄机构以及外资银行等的监管工作；银行监管四部主要负责对政策性银行、邮政储蓄机构、资产管理公司实施监管；非银行金融机构监管部负责承办对非银行金融机构(证券、期货和保险类除外)的监管工作；合作金融机构监管部负责承办对农村和城市存款类合作金融机构的监管工作。

银监会根据履行职责的需要设立派出机构，并对派出机构实行统一领导和管理。各派出机构在银监会的授权范围内，履行监督管理职责。中国银监会派出机构为监管局、监管分局和监管办事处。目前，中国银监会在全国31个省(自治区、直辖市)和大连、青岛、厦门、深圳、宁波这5个计划单列市设监管局，在地市设监管分局，在部分县市设监管办事处。

2) 银监会的主要职责

根据《银行业监督管理法》的规定，银监会的职责主要有以下8项。

(1) 制定有关银行业金融机构监管的规章制度和办法。

(2) 审批银行业金融机构及分支机构的设立、变更、终止及其业务范围。

(3) 对银行业金融机构实行现场和非现场监管，依法对违法违规行为进行查处。

(4) 审查银行业金融机构高级管理人员的任职资格。

(5) 负责统一编制全国银行数据、报表，并按照国家有关规定予以公布。

(6) 会同有关部门提出存款类金融机构紧急风险处置的意见和建议。

(7) 负责国有重点银行业金融机构监事会的日常管理工作。

(8) 承办国务院交办的其他事项。

3) 银监会的监管对象和目标

根据《银行业监督管理法》第二条的规定，银监会的监督管理对象如下。

(1) 银行业金融机构是指在我国境内设立的商业银行、城市信用合作社、农村信用合作社等吸收公众存款的金融机构及政策性银行。

(2) 在我国境内设立的金融资产管理公司、信托投资公司、财务公司、金融租赁公司以及经国务院银行业监督管理机构批准设立的其他金融机构。

(3) 经国务院银行业监督管理机构批准在我国境外设立的金融机构以及上述金融机构在境外的业务活动。

根据《银行业监督管理法》第三条的规定，银监会监督管理的目标如下。

(1) 促进银行业的合法、稳健运行，维护公众对银行业的信心。

(2) 保护银行业公平竞争，提高银行业竞争能力。

4) 从业人员的基本规范

根据《银行业监督管理法》的规定，银监会从业人员的基本规范有以下 3 点。

(1) 应当具备与其任职相适应的专业知识和业务工作经验。

(2) 忠于职守，依法办事，公正廉洁，不得利用职务便利牟取不正当的利益，不得在金融机构等企业兼任职务。

(3) 保守国家秘密，并有责任为其监管的银行业金融机构及当事人保守秘密。

5) 银监会的监管措施

根据《银行业监督管理法》第四章的规定，银监会的监管措施主要有以下几种。

(1) 要求报送资料。有权要求银行业金融机构按照规定报送资产负债表、利润表和其他财务会计、统计报表、经营管理资料以及注册会计师出具的审计报告等财务资料。

(2) 现场检查。根据审慎监管的要求，可以采取措施进行现场检查：进入银行业金融机构进行检查；询问银行业金融机构的工作人员，要求其对有关检查事项作出说明；查阅、复制银行业金融机构与检查事项有关的文件、资料，对可能被转移、隐匿或者毁损的文件、资料予以封存；检查银行业金融机构运用电子计算机管理业务数据的系统。

(3) 监管谈话。根据履行职责的需要，可以与银行业金融机构董事、高级管理人员进行监督管理谈话，要求他们就银行业金融机构的业务活动和风险管理的重大事项作出说明。

(4) 强制整改。在银行业金融机构违反审慎经营规则的情况下，可以责令限期改正，逾期未改的，经批准可以区别情形采取下列措施：责令暂停部分业务、停止批准开办新业务；限制分配红利和其他收入；限制资产转让；责令控股股东转让股权或者限制有关股东的权利；责令调整董事、高级管理人员或者限制其权利；停止批准增设分支机构等管理措施。

(5) 强制信息披露。银监会有权责令银行业金融机构依法如实向社会公众披露财务会计报告、风险管理状况、董事和高级管理人员变更以及其他重大事项等信息。

(6) 接管、重组、撤销。对已经或可能发生信用危机的，严重影响存款人和其他客户合法权益的银行业金融机构，可以依法对其实行接管或者促成机构重组；银行业金融机构违法经营或因经营管理不善，严重危害金融秩序、损害公众利益的，有权予以撤销。银行业金融机构被接管、被指令合并、被撤销时，有权对其董事、高级管理人员及其他直接责任人员采取限制措施。

(7) 冻结账户。经批准，有权查询涉嫌金融违法的银行业金融机构及其工作人员以及关联行为人的账户；对涉嫌转移或者隐匿违法资金的，经批准可以申请司法机关予以冻结。

举案说法 6.1

客户挤兑案[②]

1998年，海南发展银行因为经营恶化，出现客户挤兑现象。1998年6月1日，中国人民银行决定关闭海南发展银行，由中国人民银行依法组成清算组，对其进行关闭清算，同时指定中国工商银行托管其债权债务，对境外负债和境内居民保证支付，其余债务待清算后偿付。海南发展银行因此而退出市场。本案是发生在《银行业监督管理法》生效前，若在此之后，则应由银行业监督管理委员会接管或促成机构重组。

6.2.2 商业银行

1. 商业银行的概念和特征

商业银行是指依照《商业银行法》和《公司法》设立，以营利为目的，以吸收存款、发放贷款和办理结算为主要业务的信用机构。我国的商业银行包括国有独资商业银行、股份制商业银行、合作银行及外资商业银行、中外合资商业银行、外国商业银行分行。

商业银行具有以下特征。

(1) 商业银行是以营利为目的的金融企业，营利性特征使商业银行不同于中央银行和政策性银行。

(2) 商业银行是依照《商业银行法》和《公司法》成立的金融企业，它不同于依照其他法律成立的非银行金融企业。

(3) 商业银行是吸收存款、发放贷款和办理结算等业务的企业法人，它不同于从事其他业务活动的企业法人。

2. 商业银行的设立和组织机构

1) 商业银行设立的条件

我国对商业银行的设立实行行政许可制。未经国务院银行业监督管理机构审查批准，任何单位和个人不得从事吸收存款等商业银行业务。

设立商业银行应当具备的条件主要如下。

② 参见单飞跃：《经济法教程》，北京：法律出版社，2006。

(1) 符合《商业银行法》和《公司法》规定的章程。

(2) 符合《商业银行法》规定的注册资本最低限额。设立商业银行的注册资本的最低限额为10亿元人民币，城市合作商业银行的注册资本最低限额为1亿元人民币，农村合作商业银行的注册资本最低限额为5千万元人民币。注册资本应是实缴资本。

(3) 有具备任职的专业知识和业务工作经验的董事、高级管理人员。

(4) 有健全的组织机构和管理制度。

(5) 有符合要求的营业场所、安全防范措施和与业务有关的其他设施。经批准设立的商业银行，由中国银监会颁发经营金融业务许可证，并凭该许可证向工商行政管理部门办理登记，领取营业执照。

2) 商业银行的组织形式、组织机构

《商业银行法》第十七条规定：商业银行的组织形式、组织机构适用《公司法》的规定。《公司法》规定的公司组织形式为有限责任公司和股份有限责任公司。我国的有限责任公司分为两种：一般有限责任公司和国有独资有限责任公司。相应地，我国商业银行的组织形式也有3种：有限责任制银行、国有独资商业银行和股份制商业银行。

商业银行的组织形式不同，其组织机构也不尽相同。有限责任制银行和股份制商业银行的组织机构包括股东会(股东大会)、董事会、监事会、经理(行长)，国有独资商业银行的组织机构包括董事会、监事会、经理(行长)。监事会对国有独资商业银行的信贷资产质量、资产负债比例、国有资产保值增值等情况以及高级管理人员违反法律、行政法规或者章程的行为和损害银行利益的行为进行监督。监事会由国务院派出，对国务院负责。监事会设主席一人，监事若干人。监事分为专职和兼职两种，监事会主席由国务院任命。

3. 商业银行的业务范围

根据《商业银行法》第三条的规定，商业银行可以经营下列部分或全部业务。

(1) 吸收公众存款。

(2) 发放短期、中期、长期贷款。

(3) 办理国内外结算。

(4) 办理票据承兑和贴现。

(5) 发行金融债券。

(6) 代理发行、代理兑付、承销政府债券。

(7) 买卖政府债券。

(8) 从事同业拆借。

(9) 买卖、代理买卖外汇。

(10) 从事银行卡业务。

(11) 提供信用证服务及担保。

(12) 代理收付款项及代理保险业务。

(13) 提供保管箱服务。

(14) 经国务院银行业监督管理机构批准的其他业务。

按资金的来源和用途，商业银行的业务范围可分为以下3类。

(1) 负债业务。负债业务是商业银行通过一定的形式，组织资金来源的业务。其主要方式是吸收存款、发放金融债券、借款和应付款等，其中最主要的业务是吸收存款。

(2) 资产业务。资产业务是商业银行为了获得利息，运用其积聚的货币资金从事各种信用活动的业务，它是商业银行的主要业务活动之一。商业银行的资产业务包括发放贷款、进行投资、租赁业务、买卖外汇、票据贴现等，最主要的资产业务是贷款业务和投资业务。

(3) 中间业务。中间业务也称表外业务，是指商业银行不用自有资金，只代理客户承办交付、支取和其他委托事项而从中收取手续费的业务。商业银行的中间业务包括办理国内外结算、代理发行、代理兑付、承销政府债券、代理买卖外汇、提供信用证服务及担保、代理收付款以及代理保险业务等。

商业银行在从事上述业务时，要注意法律风险，恪守应尽的义务，否则就要吃官司。

举案说法 6.2

赵某诉北京某银行赔偿纠纷案③

2002年1月16日，原告由其所在单位统一在被告处办理了103非银联标识金穗借记卡作为工资卡使用。通过正常程序，原告领取了中国农业银行金穗借记卡一张及对账存折一个，未变更初始密码。到2004年7月1日，原告借记卡内金额还存有6 921.58元，此后再未从此卡内提款。2005年2月27日，原告根据中国农业银行相关公告将该卡更换为银联标识金穗通宝卡，并查出卡内存款仅有余额7.58元。存款交易明细显示：2005年1月13日至2005年1月14日，原告卡内存款分7次支取6 900元。原告同事在得知其情况后，立即到被告处核对存款情况，其他未变更初始密码的同事发现自己卡内存款也被他人支取。原告表示，其从开卡之日至存款被盗，从未授权他人取款，此卡也从未脱离其本人的控制。2005年2月28日，原告等人报案。案件审理过程中，根据原告的申请，法院到海淀分局了解情况，得知公安部门调取了银行录像资料，证实在该时段内确有一名犯罪嫌疑人在ATM机上取款，排除了原告或与其有关人员取款的可能。北京市一中院认为，储蓄机构对储户的存款及相关的储蓄信息负有安全保密的义务。被告未尽到对储户存款及相关的储蓄信息的安全保障义务，导致原告103卡内存款被他人盗取，故被告应承担相应的赔偿责任。据此，一中院终审判决被告返还原告人民币6 900元及自2005年2月至2006年10月的利息，按银行同期存款利率计算。同样获得赔偿的还有原告的其他两位同事。3名储户共计获赔16.5万元及利息。

6.2.3 政策性银行

1. 政策性银行的概念及特征

政策性银行是指由政府创立和担保，以贯彻国家产业政策和区域发展政策为目标，专门经营政策性货币信贷业务，不以盈利为目的的金融机构。根据国务院《关于金融体制改革的决定》，我国在1994年先后组建了国家开发银行、中国农业发展银行和中国进出口银行这3家政策性银行。

政策性银行具有以下特征。

(1) 由政府创立。政策性银行多由政府创立、参股或保证，以政府为后盾。

---

③ 参见《卡内存款被冒领 银行未尽安全保障义务担》，载于金融法网，http://www.pkufli.net/Financial_Newspaper_List.asp。

(2) 业务范围的特定性。政策性银行有着自己特定的服务领域，其经营范围主要集中于关系国民经济健康、稳定、可持续发展和体现国家产业政策的基础部门或领域，为其提供必要的资金支持。

(3) 非营利性。政策性银行是政府进行宏观调控、发展国民经济的专门性金融机构，因此，其与商业银行的根本区别就在于政策性银行不以营利为目的，不与商业银行展开竞争，而以国家和社会公共利益的实现为其经营的出发点。

(4) 融资方式的特殊性。政策性银行不能吸收公众存款，国家财政拨款是其主要的融资渠道；另外，中央银行的再贷款、再贴现和专项基金以及发行政策性金融债券等也是其重要的融资方式。

政策性银行基于经济社会发展的实际需要，要不断地进行改革和发展，其目标就是：通过市场化的方式，进行政策性银行基本制度的安排和融资模式的设计，在适时降低其政策性含量的同时，对其业务功能逐渐实行多元化的经营特许，不断提升其内部治理水平，从而完成我国对诸多社会瓶颈领域的融资模式从“输血式”到“造血式”的转化，使政策性银行可持续发展，进而成为我国金融体系中具有竞争能力的重要组成部分。

2. 国家开发银行

国家开发银行是以国家重点建设项目为主要融资对象的政策性银行，其任务是集中资金保证国家重点建设，增强国家对固定资产投资的宏观调控能力，进一步深化融资体制改革，促进城乡、区域、经济社会、人与自然、国内和对外开放的协调发展，实现经济持续稳定发展的目标。

国家开发银行的主要业务如下。

(1) 融资业务。它是指向国内金融机构发行金融债券和向社会发行财政担保建设债券。

(2) 贷款业务。它是指向国家基础设施、基础产业和支柱产业的大、中型基本建设和技术改造等政策性项目及其配套工程发放政策性贷款。

(3) 中间业务。它是指办理建设项目贷款的评审、咨询和担保业务，与贷款项目有关的企业存款和结算业务等。

举案说法 6.3

辽宁省“棚户区”改造案[④]

辽宁省“棚户区”的改造是我国政策性银行融资制度变革中一个成功的案例。2005年以后，我国宏观调控的方向发生了根本转变，开始关注民生问题，典型例子就是辽宁省“棚户区”的改造，政策性银行融资制度也因此受到挑战。辽宁省是老工业基地，沈阳、抚顺、本溪、阜新、朝阳等11个城市由于历史原因存在着大量的棚户区。激情燃烧的岁月，“先生产、后生活”是老工业基地建设者不悔的选择。50多年来，仅煤电之城阜新就为共和国贡献了5.7亿吨煤炭，用载重60吨的车皮装载可绕地球4圈半。然而，新中国成立初期的土石房、砖木房，甚至日伪时期的劳工房、简易房却一直与矿工们相依相伴。“屋里小

④ 参见《辽宁省城市集中连片棚户区改造实施方案》，辽宁省人民政府办公厅(辽政办发[2005]16号)文件。

半间，头顶能望天，四世同堂住，睡觉肩挨肩”是棚户区生活的真实写照。到2005年初，辽宁省形成上百个5万平方米以上连片“棚户区”，没有基础设施，24.8万户、84.4万人居住其中。总面积806万平方米的棚户区，需要资金180多亿元人民币。对于解决“棚户区”问题，从中央到地方都很重视，各级政府尽可能动员财政的力量，拿出改造所需资金总额的三分之一。另外三分之二所需资金的出路有两条：第一条是动员社会力量，第二条就是从银行贷款。针对第一条，首先“出棚户区”的老百姓集资解决了20多亿元；其次，对这个民心工程，改造全过程坚持“阳光工程”，用最低的进价和施工费完成“棚户区”的改造，这样又节省一部分资金。针对第二条，要求是首先能控制风险，做到“有贷有还”，其次是资金到位时间短、快，解燃眉之急。面对挑战，国家开发银行改革内部操作程序，设立评审“绿色通道”，仅用了不到3个月时间就完成全部评审程序，提供总额60亿元的贷款，其核心价值在于把政府的信用、市场的信用、全社会的信用和金融机构的信用有机联结在一起，有力和及时地支持了“棚户区”的改造。一年以后，人们期盼多年的辽宁省“棚户区”改造第一期工程顺利完成，“十一五”期间将基本完成城市棚户区改造。这种投融资制度的“棚户区改造”新模式，是我国1994年成立政策性银行以后，在融资制度安排上又一次质的变化和飞跃，它适应了经济社会发展的新形势、新要求，值得总结和推广。

3. 中国进出口银行

中国进出口银行是政府全资拥有的国家出口信用机构，其任务主要是为机电产品和成套设备等资本性货物的进出口提供政策性金融支持。

中国进出口银行的主要业务范围如下。

(1) 办理出口信贷。

(2) 办理对外承包工程和境外投资类贷款。

(3) 办理中国政府对外优惠贷款。

(4) 提供对外担保。

(5) 转贷外国政府和金融机构提供的贷款。

(6) 办理本行贷款项下的国际国内结算业务和企业存款业务。

(7) 在境内外资本市场、货币市场筹集资金(不含发行股票)。

(8) 办理国际银行间的贷款，组织或参加国际、国内银团贷款。

(9) 从事人民币同业拆借和债券回购。

(10) 从事自营外汇资金交易和经批准的代客外汇资金交易。

(11) 办理与本行业务相关的资信调查、咨询、评估业务。

(12) 经批准或受委托的其他业务。

4. 中国农业发展银行

中国农业发展银行是以承担国家粮棉油储备、农副产品收购、农业开发等方面的政策性贷款为主要业务的政策性银行，其设立的宗旨是以国家信用为基础，筹集农业政策性信贷资金，承担国家规定的农业政策性金融业务，代理财政性支农资金的拨付，为农业和农村经济发展服务。

中国农业发展银行目前的主要业务如下。

(1) 办理由国务院确定的粮食、油料、棉花收购，及储备、调销贷款。

(2) 办理肉类、食糖、烟叶、羊毛等国家专项储备贷款。

(3) 办理中央财政对上述主要农产品补贴资金的拨付，为中央和省级政府共同建立的粮食风险基金开立专户并办理拨付。

(4) 办理粮食企业简易建仓贷款。

(5) 办理业务范围内开户企事业单位的存款。

(6) 办理开户企事业单位的结算。

(7) 发行金融债券。

(8) 办理粮棉油政策性贷款企业进出口贸易项下的国际结算业务以及与国际业务相配套的外汇存款、外汇汇款、同业外汇拆借、代办外汇买卖和结汇、售汇业务。

(9) 办理保险代理等中间业务。

(10) 办理经国务院批准的其他业务。

6.3 货币管理法律规定

6.3.1 货币政策管理

1. 货币政策的概念和特征

货币政策是指中央银行为实现特定的经济目标所采取的各种控制和调节货币供应量或信用量的方针、政策和措施的总称。货币政策主要由信贷政策、利率政策和外汇政策构成。货币政策调节的对象是货币供应量，即全社会总的购买力，具体表现形式为流通中的现金和个人、企事业单位在银行的存款。

货币政策具有以下特征。

(1) 货币政策是一种宏观经济政策。货币政策不是对单个银行或某一经济部门采取的具体经济措施，而是通过对货币供应量、信用量、利率、汇率及金融市场等宏观经济指标的调节和控制，进而影响社会的总需求与总供给。

(2) 货币政策是调节社会总需求的政策。社会总需求总是表现为全社会货币支付能力的需求，货币政策通过调节货币供应量可以调节全社会货币支付能力，进而实现社会总需求和社会总供给的平衡。

(3) 货币政策主要是间接调控经济的政策。货币政策对经济活动的调节主要是通过采取经济手段和法律手段对市场主体经济活动进行管理，进而达到对社会总需求的调控，很少使用行政手段进行直接干预。

2. 货币政策目标

货币政策目标是中央银行制定和实施货币政策的目的。中央银行货币政策所要达到的最终目标有以下4个。

(1) 稳定物价。稳定物价就是稳定货币币值，将物价总水平的上升控制在一定的幅度内。通常认为年物价上涨率在3%以内即实现了物价稳定。

(2) 充分就业。充分就业是指将失业率控制在合理的范围内。失业率在4%以下即为充分就业。

(3) 经济增长。经济增长就是在一定时期内增加产品与劳务的产出，以促进国民经济的发展。经济增长通常以“人均国民生产总值”的增长率来表示，发达国家一般为1%～4%，发展中国家为4%～8%。

(4) 国际收支平衡。国际收支平衡是指一国外汇收支相抵，基本持平或略有顺差或逆差。

货币政策的四大目标间常常存在着冲突，所以中央银行在制定和实施货币政策时，只能根据现实的经济状况和当前的主要经济任务，确定一定时期内最合理的一个或几个金融调控目标。《中国人民银行法》第三条规定：我国的货币政策目标是“保持货币币值的稳定，并以此促进经济增长”。

3. 货币政策工具

货币政策工具是中央银行为了实现货币政策的目标而采取的各种手段的总称。根据《中国人民银行法》的规定，中国人民银行可以运用的货币政策工具有下列几种。

1) 法定存款准备金

存款准备金是限制金融机构信贷扩张、保证客户提取存款和资金清算需要而准备的资金。法定存款准备金是指以法律形式规定商业银行和其他金融机构按规定的比率将其吸收存款总额的一部分缴存中央银行作为存款准备金。这一部分是一个风险准备金，是不能够用于发放贷款的。金融机构交存的准备金所占其吸收存款总额的比例称为法定存款准备金率，存款准备金率由中国人民银行根据放松或紧缩银根的需要进行调整。当需要紧缩银根时，就提高法定准备金率。因为准备金率提高，货币乘数就变小，从而降低了整个商业银行体系创造信用、扩大信用规模的能力，其结果是社会的银根偏紧，货币供应量减少，利息率提高，投资及社会支出都相应缩减；反之亦然。实行存款准备金制度，可以保证商业银行存款支付和资金清偿能力，以维护金融体系的稳定和安全；通过提高或降低法定存款准备金率，可以影响货币供应量，增强中央银行信贷资金宏观调控能力。

为落实从紧的货币政策要求，继续加强银行体系流动性管理，抑制货币信贷过快增长，中国人民银行从1985年开始曾多次调整金融机构人民币存款准备金率。例如，2007年是经济过热的一年，曾10次调高法定存款准备金率，抑制结构性的通货膨胀。

2) 基准利率

基准利率是指中央银行对商业银行的存贷款利率。基准利率在整个金融市场和利率体系中处于关键地位，起决定作用，它的变化决定了其他各种利率的变化。基准利率是我国中央银行实现货币政策目标的重要手段，制定基准利率的依据是货币政策目标，当货币政策目标发生变化时，利率也应随之变化。当政策重点放在稳定货币时，中央银行的贷款利率就应当适当提高，以抑制过热的需求；相反，当政策目标侧重于刺激经济增长时，中央银行贷款利率则应适时调低。基准利率在利率体系中处于核心地位，基准利率直接影响着金融机构存贷款活动的展开，进而影响整个社会的信贷总量。例如，为了抑制货币信贷总量、控制投资的过快增长，中国人民银行从2004年起多次加息，仅2007年就加息6次。2007年12月21日的调整有利于防止经济增长由偏快转为过热，防止物价由结构性上涨演变为明显的通货膨胀。

3) 再贴现

贴现是票据持票人在票据到期之前，为获取现款而向银行贴付一定利息的票据转让。再贴现是指商业银行或其他金融机构将贴现所获得的未到期票据，向中央银行办理的再次贴现。根据《商业汇票承兑、贴现与再贴现管理暂行办法》的规定，再贴现票据必须是具有真实的交易关系和债权债务关系的票据；再贴现的对象是在中国人民银行及其分支机构开立存款账户的商业银行、政策性银行及其分支机构。再贴现是商业银行及其他金融机构与中央银行之间的票据买卖和资金让渡的过程，是商业银行和其他金融机构向中央银行融通资金的重要方式。

再贴现作为中央银行执行货币政策的重要工具之一，中央银行通过再贴现率的调整调控货币供应量。再贴现率是中央银行买进商业银行贴进的票据时所扣除的利息率，央行通过调整贴现率，改变商业银行向中央银行融资的能力。当中央银行需要收缩银根、抑制经济过快扩张时，就可提高再贴现率，从而抑制信贷需求，减少货币供给；当中央银行需要放松银根、刺激经济发展时，就降低再贴现率，从而增加货币供给。再贴现不仅影响商业银行筹资成本，限制商业银行的信用扩张，控制货币供应总量，而且可以按国家产业政策的要求，有选择地对不同种类的票据进行融资，促进结构调整。

4) 再贷款

再贷款是指中央银行对金融机构提供的信用贷款。凡经中国人民银行批准，持有经营金融业务许可证，并在中国人民银行单独开立基本账户的金融机构，均可成为再贷款的对象。由于再贷款主要用于解决商业银行临时资金的不足，所以中央银行对商业银行的贷款期限较短，最长不得超过一年。中国人民银行总行按月考核各分支机构对商业银行贷款使用情况；中国人民银行各分支机构要定期检查金融机构使用人民银行对金融机构贷款情况，对违规发放、使用再贷款的，要予以纠正，并追究有关人员的责任。商业银行要定期及时向开户中国人民银行报送本行会计报表、信贷现金计划执行情况及其他有关资料。

再贷款是我国当前央行调节货币供应量和控制信贷规模的主要货币政策工具。中央银行通过调整再贷款利率，控制再贷款额度，指导和调节商业银行的信贷活动，从而调控货币供应量和信贷规模。

5) 公开市场业务

公开市场是指交易主体间自由议价、自由成交，其交易信息向社会公开的金融市场。公开市场业务是指中央银行利用在公开市场上买卖有价证券和外汇的办法来调节信用规模、货币供应量和利率以实现其金融控制和调节的活动，是货币政策的最重要工具。

公开市场业务的操作方法是：当中央银行判断社会上资金过多时，即卖出债券，相应地收回一部分社会资金；当中央银行判断社会上资金不足时，则央行买入债券，直接增加金融机构可用资金的数量。公开市场业务不仅可调节货币供应量，而且还会影响证券利率，从而影响银行利率。

公开市场业务的主要根据是货币供应量和商业银行备付金头寸以及市场汇率等指标的变化；进行公开市场业务的工具是国债和外汇；中国人民银行开展公开市场业务的对象是金融机构，外汇交易的对象主要是银行，国债交易的对象是具有直接与中国人民银行进行债券交易资格的商业银行、证券公司和信托投资公司；中国人民银行国债公开市场业务采取买卖和回购的交易方式进行，债券交易一般采取招标方式进行。

6.3.2 人民币管理

1. 人民币的法律地位

《中国人民银行法》第十六条规定：“中华人民共和国的法定货币是人民币。以人民币支付中华人民共和国境内的一切公共的和私人的债务，任何单位和个人不得拒收。”这一规定确立了人民币的法律地位。作为法定支付手段，用人民币支付我国境内一切公共的和私人的债务，任何单位和个人不得拒收。人民币是我国唯一法定货币，我国禁止发行除人民币以外的其他货币或变相货币，金银不得以货币的形式进行流通。同时，我国禁止外国货币在国内私自流通。

2. 人民币的发行

人民币发行是指中国人民银行代表国家向流通领域中投放人民币现金的行为。人民币的发行应遵循以下3个原则。

(1) 集中统一发行的原则。中国人民银行是人民币的唯一法定发行机关。人民币由中国人民银行统一发行，任何单位和个人不得印制、发售人民币或变相货币。

(2) 计划发行的原则。人民币的发行应根据国民经济和社会发展计划的要求有计划地发行。

(3) 经济发行的原则。根据国民经济运行实际所需要的货币量，提出货币发行计划，以保证市场上的货币流通量与商品流通量相适应，从而保持币值和物价的稳定，保证经济的稳定和持续发展。

3. 人民币的流通管理

1) 人民币的现金流通

人民币的现金流通是指用现款直接进行收付的货币运作。国家鼓励开户单位和个人在经济活动中，采取转账方式进行结算，减少使用现金。根据《现金管理暂行条例》的规定，开户单位可以在下列范围使用现金。

(1) 职工工资、津贴。

(2) 个人劳务报酬。

(3) 根据国家规定颁发给个人的科学技术、文化艺术、体育等各种奖金。

(4) 各种劳保、福利费用以及国家规定的对个人的其他支出。

(5) 向个人收购农副产品和其他物资的价款。

(6) 出差人员必须随身携带的差旅费。

(7) 结算起点以下的零星支出。

(8) 中国人民银行确定需要支付现金的其他支出。

开户银行应当根据实际需要，核定开户单位3～5天的日常零星开支所需的库存现金现额。边远地区和交通不便地区的开户单位的库存现金限额可以多于5天，但不得超过15天的日常零星开支。经核定的库存现金限额，开户单位必须严格遵守。需要增加或者减少库存现金限额的，应当向开户银行提出申请，由开户银行核定。

开户单位支付现金可以从本单位库存现金限额中支付或者从开户银行提取，不得从本单位的现金收入中直接支付(即坐支)。因特殊情况需要坐支现金的，应当事先报经开户银行审查批准，由开户银行核定坐支范围和限额。坐支单位应当定期向开户银行报送坐支金额和使用情况。

开户单位应当建立健全现金账目，逐笔记载现金支付。账目应当日清月结，账款相符。

2) 人民币的非现金流通

人民币的非现金流通是指通过银行转账结算，银行将款项从付方单位账户划转到收方单位账户的货币运作。开户单位之间的经济往来除可以使用现金外，应通过开户银行办理转账结算。转账结算的起点为人民币 5 000 元，中国人民银行负责该起点的确定和调整。转账结算起点以下的支付也可以采取转账结算。开户单位购置国家规定的专项控制商品，必须采取转账结算，不得使用现金。保险机构、证券机构、金融期货经纪公司等机构对客户(不含个人)从事股票、债券、保险、期货等经营活动，必须采用转账结算。转账结算凭证与现金具有同等支付能力，开户单位不得对现金结算给予比转账结算优惠的待遇，不得拒受支票、银行汇票和银行本票等转账结算凭证。

3) 人民币的出入境管理

国家对货币出入境实行限额管理制度。中国公民出入境、外国人入出境，每人每次携带的人民币不得超出限额 2 万元。携带人民币出入境的，应当按照国家规定向海关如实申报。违反国家规定运输、携带、在邮件中夹带国家货币出入境的，由国家有关部门依法处理；情节严重的，依法追究其刑事责任。

4. 人民币的保护

人民币是我国的法定货币，为了巩固人民币的法定地位，维护人民币的形象，我国《中国人民银行法》和《人民币管理条例》规定了下列保护制度。

(1) 禁止非法买卖流通人民币。

(2) 禁止下列损害人民币的行为：故意毁坏人民币；制作、仿制、买卖人民币图样；在宣传品、出版物或者其他商品上使用人民币图样。

(3) 人民币样币禁止流通。

(4) 任何单位和个人不得印制、发售人民币代币票券。

(5) 禁止伪造、变造人民币，禁止出售、购买伪造、变造的人民币；禁止走私、运输、持有、使用、伪造、变造的人民币等。

违反上述规定的，依照《中国人民银行法》的有关规定予以处罚；构成犯罪的，依法追究刑事责任。

6.3.3 外汇管理

1. 外汇管理概述

外汇是指以外国货币表示的，可用于国际结算的支付手段。外汇管理是指一个国家的外汇管理机构依法对所辖境内的外汇收付、买卖、借贷、转移，以及国际结算、外汇汇率和外汇市场等所实行的干预和限制措施。外汇管理的作用是：稳定我国货币的对外汇率，平衡本国国际收支，防范外汇风险，保护国内市场，促进经济发展。

目前，我国外汇管理体制基本上属于部分外汇管制，即对经常项目的外汇交易不实行外汇管制，但对资本项目的外汇交易进行一定的限制；对金融机构的外汇业务实行监督管理；禁止外币在境内计价流通。

我国外汇管理的主要法律依据是《中华人民共和国外汇管理条例》。外汇管理机关是国家外汇管理局及其分局、支局。管理的对象是我国境内机构、个人、驻华机构、来华人员的外汇收支或经营活动。

2. 外汇管理的主要内容

1) 经常项目外汇管理

所谓经常项目是指国际收支中经常发生的交易项目，包括贸易收支、劳务收支、单方面转移等。经常项目外汇管理主要包括经常项目可兑换、经常项目外汇收入管理和进出口核销制度。

(1) 经常项目可兑换。经常项目可兑换指对属于经常项目下的各类交易，包括进出货物、支付运输费、保险费、劳务服务、出境旅游、投资利润、借债利息、股息、红利等，在向银行购汇或从外汇账户上支付时不受限制。《中华人民共和国外汇管理条例》第五条规定："国家对经常性国际支付和转移不予限制。"

(2) 银行结汇制。境内机构的经常项目外汇收入应当卖给外汇指定银行。

(3) 出口收汇和进口付汇核销制度。《中华人民共和国外汇管理条例》第十二条规定："境内机构的出口收汇和进口付汇，应当按照国家关于出口收汇核销管理和进口付汇核销管理的规定办理核销手续。"实行这两项制度的目的是为了监督企业出口货物后必须及时、足额地收回贷款，付出贷款后必须及时、足额地收到货物，从而堵塞套汇和逃汇等非法活动。

2) 资本项目外汇管理

所谓资本项目是指国际收支中因资本输出和输入而产生资产与负债的增减项目，包括直接投资、各类贷款、证券投资等。资本项目外汇的管理应遵循以下3个原则。

(1) 境内机构资本项目外汇收入，除国务院另有规定外，应当调回境内。

(2) 境内机构资本项目下的外汇收入，应在外汇指定银行开立外汇账户，卖给外汇指定银行的，须经外汇管理机关批准。

(3) 境内机构资本项目下的购汇或对外支付，均需要外汇管理机关审查批准，按照外汇管理规定在银行办理有关手续。

3) 金融机构外汇业务

金融机构经营外汇业务须经外汇管理机关批准，领取经营外汇业务许可证，经营外汇业务不得超出批准的范围。未经外汇管理机关批准，任何单位和个人不得经营外汇业务。

经营外汇业务应遵循以下规则。

(1) 经营外汇业务的金融机构应当按照国家有关规定为客户开立外汇账户，办理有关外汇业务。

(2) 金融机构经营外汇业务，应当按照国家有关规定缴存外汇存款准备金，遵守外汇资产负债比例管理的规定，并建立呆账准备金；应当接受外汇管理机关的检查、监督；应当向外汇管理机关报送外汇资产负债表、损益表以及其他财务会计报表资料。

(3) 外汇指定银行办理结汇业务所需人民币资金，应当使用自有资金。

(4) 金融机构终止经营外汇业务，应当向外汇管理机关提出申请；金融机构经批准终止经营外汇业务的，应当依法进行外汇债权、债务的清算，并缴销经营外汇业务许可证。

4) 人民币汇率和外汇市场

汇率是一国货币同他国货币之间的兑换比率，即一国货币用另一国货币表示的价格。人民币汇率实行以市场供求为基础的、单一的、有管理的浮动汇率制度。中国人民银行根据银行间外汇市场形成的价格，公布人民币对主要外币的汇率。为了形成更富弹性的人民币汇率机制，从2005年7月21日起，人民币汇率不再盯住单一美元，我国开始实行以市场供求为基础、参考一篮子货币进行调节、有管理的浮动汇率制度。

外汇市场是进行外汇交易的场所。我国的外汇市场是全国统一的银行间外汇交易市场。外汇市场交易应当遵循公开、公平、公正和诚实信用的原则。外汇指定银行和经营外汇业务的其他金融机构，应当根据中国人民银行公布的汇率和规定的浮动范围，确定对客户的外汇买卖价格，办理外汇买卖业务。国务院外汇管理局依法监督管理全国的外汇市场，中国人民银行根据货币政策的要求和外汇市场的变化，依法对外汇市场进行调控。

3. 法律责任

1) 逃汇行为的法律责任

逃汇行为是指境内机构或者个人违反国家规定，将外汇私自保存、使用、存放境外、擅自汇出或者带出境外，逃避我国的外汇管制的行为。根据《中华人民共和国外汇管理条例》第三十九条的规定，对于逃汇行为，由外汇管理机构责令限期调回外汇，强制收兑，并处以逃汇金额30%以上5倍以下的罚款；构成犯罪的，依法追究刑事责任。

2) 非法套汇行为的法律责任

非法套汇行为是指境内机构或个人采用各种方式私自向他人用人民币或者物质换取外汇或者外汇收益，套取国家外汇的行为。根据《中华人民共和国外汇管理条例》第四十条的规定，对于非法套汇行为，由外汇管理机构给予警告，强制收兑，并处以套汇金额30%以上3倍以下的罚款；构成犯罪的，依法追究刑事责任。

举案说法 6.4

骗取国家外汇案[⑤]

原国家外汇管理局江西省分局蒋川等5人，为牟取国家外汇牌价与黑市价的利差，1998年8月，通过伪造虚假借款合同等相关凭证和单据，骗取国家外汇1 000多万美元。被告人骗购外汇属于一种非法套汇行为，已构成非法经营罪，且情节特别严重，被南昌市中院以非法经营罪分别判处5名被告7～12年有期徒刑。

3) 其他违反外汇管理行为的法律责任

对于违法经营外汇业务、违法买卖外汇等其他违反外汇管理的行为，外汇管理机构可视其行为方式和程度，分别采取责令改正、通报批评、强制收兑、罚款、没收违法所得、责令整顿、吊销经营外汇业务许可证、予以取缔等处罚措施；情节严重构成犯罪的，依法追究刑事责任。对直接负责的主管人员和其他直接责任人员，应当给予纪律处分；构成犯罪的，依法追究其刑事责任。

⑤ 参见资料《贪欲催生骗汇罪行 监守自盗“蛀”出金融黑洞》，载于新华网，http://news.xinhuanet.com/fortune/2003-05/21/content_880598.htm，2003-05-21。

6.4 信贷管理法律规定

6.4.1 信贷和信贷管理

1. 信贷和信贷管理的概念

信贷是体现一定经济关系的不同所有者之间的货币借贷行为。信贷有广义和狭义之分。广义上的信贷即银行信用是银行存款与贷款等信用业务活动的总称；狭义上的信贷是指以银行为主体的金融机构的贷款行为。

信贷管理可以划分为宏观层次的信贷管理和微观层次的信贷管理。宏观信贷管理是指中国人民银行对货币信贷总量的控制和信贷资金的调节与监管；微观信贷管理则主要是指商业银行对信贷资金发放的管理。

2. 信贷管理的基本原则

信贷管理应遵循的基本原则是总量控制、比例管理、分类指导和市场融通。

(1) 总量控制：是指人民银行主要运用间接的、经济的手段，控制货币发行、基础货币、信贷规模以及金融机构的金融资产总量，以保证货币信贷的增长与经济发展相适应。

(2) 比例管理：是指规定金融机构的资产与负债之间必须保持一定的比例，以保证信贷资金的安全性和流动性。

(3) 分类指导：是指在统一的货币政策下，对不同的金融机构的信贷资金实施有区别的管理方法。

(4) 市场融通：是指人民银行主要通过市场来促使信贷资金的合理配置。商业银行和非银行金融机构主要通过市场融通资金，改善资产负债结构。

3. 信贷管理的内容

1) 货币信贷总量控制

中国人民银行总行掌握货币信贷总量控制权。人民银行对货币信贷总量的控制主要通过运用社会信用规划、再贷款、再贴现、公开市场操作、准备金率、基准利率、比例管理等手段进行间接控制，其主要方式如下。

(1) 要建立经济、金融宏观指标监测体系，通过对国民生产总值、特价指数、国际收支状况等主要指标的分析、预测，确定货币供应量的年度增长幅度。

(2) 根据确定的货币供应量增长幅度，编制社会信用规划。社会信用规划包括商业银行、政策性银行、非银行金融机构信贷计划和企业融资计划。金融机构要编制上报信贷计划，人民银行将其纳入社会信用规划综合平衡后，用于指导金融机构的信用活动。

(3) 要减少信用贷款，增加再贴现和抵押贷款，发展以国债、外汇为操作对象的公开市场业务，逐步提高通过货币市场吞吐基础货币的比重。

(4) 制定资产负债比例管理办法，监管金融机构资产负债比例指标执行情况。金融机构要建立健全内部资金运用总量约束和风险管理机制，以保证货币信贷总量的健康适度。

(5) 必要时可以运用贷款限额管理手段控制信贷规模。

2) 信贷资金的比例管理

为了保持资产的安全性和流动性，保证资产质量，防范和减少资产风险，提高信贷资金效益，商业银行要实行资产负债比例和风险管理。

(1) 资产负债比例管理是以金融机构的资本及负债制约其资产总量及结构。资产负债比例管理指标主要包括资本充足率、存贷款比例、中长期贷款比例、资产流动性比率、备付金比例、单个贷款比例、拆借资金比例、股东贷款比例和贷款质量比例。

(2) 逐步降低信用放款比重，提高抵押、担保贷款和贴现比重；对金融资产实行风险权数考核，控制风险资产比重；建立大额贷款、大额信用证、大额提现向中国人民银行报告制度；完善信贷资产风险准备制度。

(3) 商业银行要接受人民银行对其资产负债比例及其资产质量的检查和考核；及时、准确、完整地上报资产负债比例和资产质量管理的统计报表和分析报告。

4. 信贷管理的重点

信贷管理要在加强风险控制，降低不良资产比例，提高市场竞争力的同时，提高银行信贷对经济发展的支持力度，突出两个方面的管理重点。

(1) 防范新的信贷风险，商业银行要密切关注信贷业务发展中可能隐含的风险，加强信贷管理，对任何违规行为要及时纠正查处，控制信贷风险。

(2) 发挥银行信贷的导向作用，促进经济结构的调整，提高经济的产出效率。当前特别要对中央银行宏观调控的 7 个方面的政策导向从决策、协调、服务措施上作出及时反应，包括及时发放国债项目配套贷款，根据国家产业政策，优化贷款结构，促进经济结构调整；改进对中小企业信贷服务的各项政策措施，加大对中小企业发展的支持力度，改善供给，扩大内需；完善风险控制措施，提高银行信贷经营效率和扩大信贷收益；全面推行下岗失业人员小额担保贷款，支持扩大就业和再就业，降低失业率，培养消费需求；规范助学贷款管理，逐步完善助学贷款的法制化管理；支持农村信用合作金融机构，办好农户小额信用贷款和农户联保贷款，加强对“三农”的信贷支持；调整支农再贷款的地区配置结构，重点支持中西部地区农村经济发展，增加农民收入。

6.4.2 贷款通则的主要内容

为了规范贷款行为，维护借贷双方的合法权益，保证信贷资产的安全，提高贷款使用的整体效益，促进社会经济的继续发展，中国人民银行 1996 年颁布了《贷款通则》。《贷款通则》共十二章八十条，对贷款的种类、贷款的期限和利率、借款人和贷款人的权利和义务、贷款的程序、贷款的管理责任、贷款债权保全和清偿的管理及罚则等，都作了明确规定。

1. 贷款的种类

所谓贷款，是指贷款人对借款人提供的并按约定的利率和期限还本付息的货币资金。根据不同的标准，可以对贷款进行不同的分类：按照贷款人的不同，贷款可分为自营贷款、委托贷款和特定贷款；按照贷款期限的长短，贷款可分为短期贷款、中期贷款和长期贷款；按照贷款的担保方式，贷款可分为信用贷款、担保贷款和票据贴现。

2. 贷款期限和利率

贷款限期是指贷款人将资金贷给借款人后到贷款人收回的时间，它是借款人对贷款的实际占有时间。贷款限期由借贷双方共同商定，并在借款合同中载明。自营贷款期限最长一般不得超过10年；票据贴现的贴现期限最长不得超过6个月。不能按期归还贷款的，借款人可向贷款人申请贷款展期，短期贷款展期累计不得超过原贷款期限；中期贷款展期累计不得超过原贷款期限的一半；长期贷款展期期限累计不得超过3年。

贷款的利率由贷款人按照中国人民银行规定的贷款利率的上下限确定，并在借款合同中载明。贷款人和借款人应当按借款合同和中国人民银行有关计息规定按期计收或交付利息。除国务院决定外，任何单位和个人无权决定停息、减息、缓息和免息。

3. 借款人的权利和义务

1) 借款人的条件

所谓借款人，是指从经营贷款业务的中资金融机构取得贷款的法人、其他经济组织、个体工商户和自然人。借款人申请贷款，应当具备产品有市场、生产经营有效益、不挤占挪用信贷资金、恪守信用等基本条件，并且符合以下要求。

(1) 有按期还本付息的能力，原应付贷款利息和到期贷款已清偿；没有清偿的，已经做了贷款人认可的偿还计划。

(2) 除自然人和不需要经工商部门核准登记的事业法人外，应当经过工商部门办理年检手续。

(3) 已开立基本账户或一般存款账户。

(4) 除国务院规定外，有限责任公司和股份有限公司对外股本权益性投资累计额未超过其净资产总额的50%。

(5) 借款人的资产负债率符合贷款人的要求。

(6) 申请中期、长期贷款的，新建项目的企业法人所有者权益与项目所需总投资的比例不低于国家规定的投资项目的资本金比例。

2) 借款人的权利

借款人具有下列权利。

(1) 可以自主向主办银行或者其他银行的经办机构申请贷款并依条件取得贷款。

(2) 有权按合同约定提取和使用全部贷款。

(3) 有权拒绝借款以外的附加条件。

(4) 有权向贷款人的上级和中国人民银行反映、举报有关情况。

(5) 在征得贷款人同意后，有权向第三人转让债务。

3) 借款人的义务

借款人承担下列义务。

(1) 应当如实提供贷款人要求的资料，配合贷款人的调查、审查和检查。

(2) 应当接受贷款人对其使用信贷资金情况和有关生产经营、财务活动的监督。

(3) 应当按借款合同约定的用途使用贷款。

(4) 应当按借款合同约定及时清偿贷款本息。

举案说法 6.5

助学贷款拖欠案[⑥]

2004年，丁某在中行办理了一笔6 000元的国家助学贷款。2005年7月丁某毕业后，认为自己已远离所在学校，新的工作环境中谁也不知道其有过国家助学贷款，父母也已移居，银行联系不到他本人和家人，自己不还国家助学贷款，银行也拿他没办法，于是连续一年没还款也没和贷款行联系。2006年3月，公司准备派其去外地学习培训，丁某前往银行申请办理信用卡，准备在外地学习期间用。当丁某把申请表交到银行后，被告知：因其有拖欠国家助学贷款的记录，银行拒绝为其办理信用卡。丁某大吃一惊，得知个人征信系统已全国联网运行，这才意识到按约还贷的重要性。事后丁某马上与贷款行联系，把拖欠贷款本息全额结清。

(5) 将债务全部或部分转让给第三人的，应当取得贷款人的同意。

(6) 有危及贷款人债权安全情况时，应当及时通知贷款人，同时采取保全措施。

借款人除承担上述义务外，对其还作如下限制性规定。

(1) 不得在一个贷款人同一辖区内的两个或两个以上同级分支机构取得贷款。

(2) 不得向贷款人提供虚假的或者隐瞒重要事实的资产负债表、损益表等。

(3) 不得用贷款从事股本权益性投资，国家另有规定的除外。

(4) 不得用贷款在有价证券、期货等方面从事投机经营。

(5) 除依法取得经营房地产资格的借款人以外，不得用贷款经营房地产业务；依法取得经营房地产资格的借款人，不得用贷款从事房地产投机。

(6) 不得套取贷款用于借贷牟取非法收入。

(7) 不得违反国家外汇管理规定使用外币贷款。

(8) 不得采取欺诈手段骗取贷款。

4. 贷款人的权利和义务

1) 贷款人的权利

所谓贷款人，是指在中国境内依法设立的经营贷款业务的中资金融机构。贷款人自主审查和决定贷款，除国务院批准的特定贷款外，有权拒绝任何单位和个人强令其发放贷款或者提供担保。贷款人的权利有以下几点。

(1) 要求借款人提供与借款有关的资料。

(2) 根据借款人的条件，决定贷与不贷、贷款金额、期限和利率等。

(3) 了解借款人的生产经营活动和财务活动。

(4) 依合同约定从借款人账户上划收贷款本金和利息。

(5) 借款人未履行借款合同规定义务的，贷款人有权依合同约定要求借款人提前归还贷款或停止支付借款人尚未使用的贷款。

(6) 在贷款将受或已受损失时，可依据合同规定，采取使贷款免受损失的措施。

---

⑥ 参见资料《个人征信系统建设在提高大学生信用意识、促进国家助学贷款政策实施方面的案例》，载于中国人民银行网，http://www.pbc.gov.cn/detail.asp?col=1440&ID=87，2006-10-11。

2) 贷款人的义务

贷款人承担下列义务。

(1) 应当公布所经营的贷款的种类、期限和利率，并向借款人提供咨询。

(2) 应当公开贷款审查的资信内容和发放贷款的条件。

(3) 贷款人应当审议借款人的借款申请，并及时答复贷与不贷。

(4) 应当对借款人的债务、财务、生产、经营情况保密，但对依法查询者除外。

贷款人除承担上述义务外，贷款通则还对其作了如下限制性规定。

(1) 商业银行贷款应当遵守资产负债比例管理的规定：资本充足率不得低于8%；贷款余额与存款余额的比例不得超过75%；流动性资产余额与流动性负债余额的比例不得低于25%；对同一借款人的贷款余额与商业银行资本余额的比例不得超过10%。

(2) 不得向关系人发放信用贷款，向关系人发放担保贷款的条件不得优于其他借款人同类贷款条件的规定。

(3) 借款人有《贷款通则》第二十四条第二款规定情形之一者，不得对其发放贷款。

(4) 未经中国人民银行批准，不得对自然人发放外币币种的贷款。

(5) 自营贷款和特定贷款，除按中国人民银行规定计收利息之外，不得收取其他任何费用；委托贷款，除按中国人民银行规定计收手续费之外，不得收取其他任何费用。

(6) 不得给委托人垫付资金，国家另有规定的除外。

(7) 严格控制信用贷款，积极推广担保贷款。

5. 贷款的程序

为了建立良好的贷款管理机制，优化贷款管理流程，以便及时发现问题和解决问题，避免或减少贷款风险，《贷款通则》第六章规定，贷款必须按照下列程序进行操作。

(1) 贷款申请。借款人需要贷款，应当向主办银行或者其他银行的经办机构直接申请，并填写《借款申请书》。《借款申请书》应当载明借款金额、借款用途、偿还能力及还款方式等，并须提供以下资料：借款人及保证人基本情况；财政部门或会计(审计)事务所核准的上年度财务报告，以及申请借款前一期的财务报告；原有不合理占用的贷款的纠正情况；抵押物、质物清单和有处分权人的同意抵押、质押的证明及保证人拟同意保证的有关证明文件；项目建议书和可行性报告；贷款人认为需要提供的其他有关资料。

(2) 信用等级评估。贷款人或信用评估机构根据借款人的领导者素质、经济实力、资金结构、履约情况、经营效益和发展前景等因素，评定借款人的信用等级。

(3) 贷款调查。贷款人受理借款人申请后，应当对借款人的信用等级以及借款的合法性、安全性、盈利性等情况进行调查，核实抵押物、质物、保证人情况，测定贷款的风险度。

(4) 贷款审批。审查人员应当对调查人员提供的资料进行核实、评定，复测贷款风险度，提出意见，按规定权限报批。

(5) 签订借款合同。所有贷款应当由贷款人与借款人签订借款合同。借款合同应当约定借款种类、借款用途、金额、利率、借款期限，还款方式，借贷双方的权利、义务，违约责任和双方认为需要约定的其他事项。

(6) 发放贷款。贷款人要按借款合同规定按期发放贷款。

(7) 贷后检查。贷款发放后，贷款人应当对借款人执行借款合同情况及借款人的经营情况进行追踪调查和检查。

(8) 贷款归还。借款人应当按借款合同规定按时足额归还贷款本息。贷款人在短期贷款到期1个星期之前、中长期贷款到期1个月之前，应当向借款人发送还本付息通知单；借款人应当及时筹备资金，按时还本付息。

6. 贷款管理责任制

1) 实行行长(经理、主任)负责制

贷款实行分级经营管理，各级行长在授权范围内对贷款的发放和收回负全部责任。行长可授权副行长或贷款管理部门负责人审批贷款，副行长或贷款管理部门负责人对行长负责。贷款人各级机构应当建立有行长、副行长和有关部门负责人参加的贷款审查委员会(小组)，负责贷款的审查。

2) 建立审贷分离制

所谓审贷分离，是将贷款的调查、审查、检查分离开来，将审批贷款和发放贷款的当事人区分开来：贷款调查评估人员负责贷款调查评估，承担负责失误和评估失准的责任；贷款审查人员负责贷款风险的审查，承担审查失误的责任；贷款发放人员负责贷款的调查和清收，承担检查失误、清收不力的责任。

3) 建立分级审批制

贷款人应当根据业务量大小、管理水平和贷款风险确定各级分支机构的审批权限，超过审批权限的贷款应当报上级审批。分级审批可以明确各级应负责任，增强责任心，减少贷款风险。

4) 信贷工作岗位责任制、驻厂信贷员制和离职审计制

(1) 信贷工作岗位责任制：是指各级贷款管理部门应将贷款管理的每一个环节的管理责任落实到部门、岗位、个人，严格划分各级信贷工作人员的职责。

(2) 驻厂信贷员制：是贷款人对大额借款人采取的特殊管理制度。

(3) 离职审计制：是指在贷款管理人员调离原工作岗位时，对其权限内所发放的贷款风险情况进行审计。由于贷款管理人员的任期与贷款发放的周期并不一致，经常出现贷款管理人员离职时，其任职内贷款不到期的现象，实行离职审计制度可以减少因此而产生的风险。

7. 不良贷款

1) 不良贷款的概念

不良贷款是指呆账贷款、呆滞贷款和逾期贷款。呆账贷款是指需要核销、无法收回的贷款；呆滞贷款是指逾期超过两年以上未还的贷款，或虽未逾期或逾期不满两年但生产经营已终止、项目已停建的贷款；逾期贷款是指到期(含展期后到期)未还的贷款(不含呆滞贷款和呆账贷款)。中国人民银行1998年发布的《贷款风险分类指导原则(试行)》规定：我国的信贷资产采取新的分类方法，即按风险程度将贷款分为正常、关注、次级、可疑、损失5类，其中，后3类合称不良贷款。

2) 对不良贷款的处置

(1) 不良贷款的登记。不良贷款由会计、信贷部门提供数据，由稽核部门负责审核并按规定权限认定，贷款人应当按季填报不良贷款情况表。在报上级行的同时，应当报中国人民银行当地分支机构。

(2) 不良贷款的考核。贷款人的不良贷款不得超过中国人民银行规定的比例；贷款人应当对所属分支机构下达和考核呆账贷款、呆滞贷款和逾期贷款的有关指标。

(3) 不良贷款的催收和呆账贷款的冲销。信贷部门负责不良贷款的催收，稽核部门负责对催收情况检查。贷款人应当按照国家有关规定提取呆账准备金，并按照呆账冲销的条件和程序冲销呆账贷款。未经国务院批准，贷款人不得豁免贷款；除国务院批准外，任何单位和个人不得强令贷款人豁免贷款。

8. 贷款债权保全和清偿的管理

(1) 贷款人有权参与处于兼并、破产或股份制改造等过程中的借款人的债务重组，应当要求借款人落实贷款还本付息事宜。

(2) 贷款人应当要求实行承包、租赁经营的借款人，在承包、租赁合同中明确落实原贷款债务的偿还责任。

(3) 贷款人对实行股份制改造的借款人，应当要求其重新签订借款合同，明确原贷款债务的清偿责任。对实行整体股份制改造的借款人，应当明确其所欠贷款债务由改造后的公司全部承担；对实行部分股份制改造的贷款人，应当要求改造后的股份公司按占用借款人的资本金或资产的比例承担原借款人的贷款债务。

(4) 贷款人对联营组成新的企业法人的借款人，应当要求其依据所占用的资本或资产的比例将贷款债务落实到新的企业法人。

(5) 贷款人对合并(兼并)的借款人，应当要求其在合并(兼并)前清偿贷款债务或提供相应的担保。借款人不清偿贷款债务或未提供相应担保的，贷款人应当要求合并(兼并)企业或合并后新成立的企业承担归还原借款人贷款的义务，并与之重新签订有关合同或协议。

(6) 贷款人对与外商合资(合作)的借款人，应当要求其继续承担合资(合作)前的贷款归还责任，并要求其将所得收益优先归还贷款。借款人用已作为贷款抵押、质押的财产与外商合资(合作)时必须征求贷款人同意。

(7) 贷款人对分立的借款人，应当要求其在分立前清偿贷款债务或提供相应的担保。贷款人不清偿贷款债务或未提供相应担保，贷款人应当要求分立后的各企业，按照分立时所占资本或资产比例或协议，对原借款人所欠贷款承担和清偿责任。对设立子公司的借款人，应当要求其子公司按所得资本或资产的比例承担和偿还母公司相应的贷款债务。

(8) 贷款人对产权有偿转让或申请解散的借款人，应当要求其在产权转让或解散前落实贷款债务的清偿。

(9) 贷款人应当按照有关法律参与借款人破产财产的认定与债权债务的处置，对于破产借款人已设定财产抵押、质押或其他担保的贷款债权，贷款人依法享有优先受偿权；无财产担保的贷款债权按法定程序和比例受偿。

引例分析

巴林银行倒闭案

巴林银行破产的原因主要有三：一是内部管理不善；二是缺乏风险防范机制；三是过度从事期货投机交易。从巴林银行破产案中我们可以得到如下启示。

(1) 必须建立健全金融机构内部控制制度，采取有效的隔离措施。巴林银行容许里森身兼双职，既担任前台首席交易员职务，又负责管理后线清算，说明了该行的管理制度极不健全。巴林事件提醒人们加强内部管理的重要性和必要性。

(2) 必须建立专门的风险管理机制。缺乏专门的风险管理机制是里森能够顺利从事越权交易的主要原因。因此，从事金融衍生产品业务的银行应制定一套完善的风险防范措施，包括交易头寸的限额，止损的限制，内部监督与稽核。根据不同的风险采取不同的风险管理策略等，并通过对风险因素敏感地察觉和缜密的调查，及早发现危机隐患，达到预防和控制风险的效果。

(3) 扩大银行资本，进行多方位经营。作为一个现代化的银行集团，应努力扩大自己的资本基础，进行多方位经营，作出合理的投资组合，不断拓展自己的业务领域，这样才能加大银行自身的安全系数并不断盈利。

本章小结

金融是各种金融机构以货币为对象，以信用为形式所进行的货币收支、资金融通活动的总称。金融市场是资金供求双方借助金融工具进行各种货币资金交易活动的市场，金融市场最基本的功能是满足社会再生产过程中的投融资需求，促进资本的集中与转换。

金融法是调整货币流通和信用活动中所发生的各种金融关系的法律规范的总称。银行法是调整银行的组织机构、业务活动和监督管理过程中发生的各种社会关系的法律规范的总称，是我国金融法的核心，中国人民银行是我国的中央银行，是在国务院领导下，制定和执行货币政策、维护金融稳定、提供金融服务的宏观调控部门。中国银监会是在国务院领导下，负责对全国银行业金融机构及其业务活动进行监督管理的银行业监督管理机构。货币政策是指中央银行为实现特定的经济目标所采取的各种控制和调节货币供应量或信用量的方针、政策和措施的总称。我国的货币政策的目标是保持币值的稳定，促进经济增长；货币政策工具主要有存款准备金、基准利率、再贴现、再贷款和公开市场业务。人民币是我国唯一法定货币，我国禁止发行其他货币或变相货币，金银不得以货币的形式进行流通，禁止外国货币在国内私自流通；鼓励在经济活动中采取转账方式进行结算，减少使用现金。外汇是指以外国货币表示的可用于国际结算的支付手段。外汇管理是指一个国家的外汇管理机构依法对所辖境内的外汇收付、买卖、借贷、转移以及国际结算、外汇汇率和外汇市场等所实行的干预和限制措施。贷款是指贷款人对借款人提供的并按约定的利率和期限还本付息的货币资金。为了建立良好的贷款管理机制，优化贷款管理流程，避免或减少贷款风险，贷款必须履行法定的程序，建立健全行长负责制、审贷分离制、分级审批制、信贷工作岗位责任制、驻厂信贷员制和离职审计制等贷款管理责任制。

思考题

(1) 中国人民银行的职责是什么？

(2) 中国银监会的监管职责和监管措施有哪些？

(3) 我国的货币政策工具有哪些？

(4) 简述我国的外汇管理规定。

(5) 简述贷款的程序和操作流程。

(6) 什么是政策性银行？政策性银行有哪些特征？我国现有几家政策性银行？它们分别执行什么职能？

第7章

产品质量法

教学目标

通过学习本章，了解我国的产品质量监督管理制度，明确生产者、销售者的产品质量义务及损害赔偿制度，掌握产品质量法的重要内容，能够熟练运用产品质量法分析和解决实际问题。

教学要求

知识要点	能力要求	相关知识
产品的含义及范围	能够正确判断一种产品是否属于产品质量法调整的范围	(1) 产品的概念 (2) 产品的范围
产品质量管理	(1) 能够理解各种产品质量标准文件的内容及用途 (2) 能够根据企业的实际情况选择接受企业质量体系认证还是产品质量认证 (3) 能够理解产品质量监督检查重点的选择	(1) 产品质量标准制度 (2) 企业质量体系认证制度 (3) 产品质量认证制度 (4) 产品质量检验制度 (5) 产品质量监督检查制度
生产者的义务和责任	能够正确判断某种产品质量问题是否属于生产者的责任	(1) 默示担保义务和责任 (2) 明示担保义务和责任 (3) 产品标识义务和责任 (4) 禁止的行为
销售者的义务和责任	能够正确判断某种产品质量问题是否属于销售者的责任	(1) 进货检查义务和责任 (2) 产品质量保持义务和责任 (3) 禁止的行为

知识要点	能力要求	相关知识
损害赔偿及罚则	(1) 能够根据引发产品质量问题的原因依法寻求解决问题的渠道 (2) 能够运用产品质量法分析现实中的判例	(1) 产品“瑕疵”引发的补偿和损害赔偿 (2) 产品缺陷引发的损害赔偿 (3) 罚则

引　　例

“三鹿”奶粉“鹿死谁手”？

“三鹿”是一家中外合资的股份制企业，有着50年辉煌的历史，品牌价值上百亿，还获得了国家质检总局免检的资格。但是，就在短短的40多天(2008年8月1日～9月11日)，“三鹿”就变成了破产企业。多人因犯生产、销售伪劣产品罪等罪名，被判刑罚。“三鹿”奶粉毁了众多儿童，毁了“三鹿”几十年建立起来的信誉，也对中国乳制品行业产生很坏影响。“三鹿”奶粉事件引发人们的深思，那么，“三鹿”奶粉究竟“鹿死谁手”？

7.1　产品质量法概述

7.1.1　产品与产品质量

1. 产品的含义、范围

从自然属性来讲，产品是指经过人类劳动获得的具有一定使用价值的劳动成果。产品既可以是商品，也可以是非商品；既可以指直接从自然界获取的各种农产品、矿产品或经过加工工业品，甚至建筑工程等物质性物品；也可以指文学、艺术、哲学和科学技术等精神物品。

从法律属性来讲，产品是指经过某种加工用于消费和使用的物品，指生产者、销售者能够对其质量加以控制的产品，而不包括内在质量主要取决于自然因素的产品。

我国1993年通过的《产品质量法》(以下简称《产品质量法》)规定，本法所称产品是指“经过加工、制作，用于销售的产品”，但不包括建设工程和军工产品。2000年修改后的《产品质量法》，增加规定为“建筑工程使用的建筑材料、建筑构配件和设备，属于前款规定的产品范围的，适用本法”。

根据我国《产品质量法》的规定，产品应当具备两个条件：

1) 经过加工、制作

未经加工、制作的天然物品不是本法意义上的产品，如籽棉、水稻、小麦、蔬菜、饲养的鱼虾等种植业、养殖业的初级产品，原油、原煤等直接开采出来未经炼制、洗选加工的原矿产品等，均不适用《产品质量法》的规定。

国内一些学者提出应该将医院所使用的“血液”列入产品质量法所规定的产品范围。①这种说法是有一定道理的，“血液”属于一种天然物品，但我国《产品质量法》规定销售者应当建立并执行进货检查验收制度，以防止假冒伪劣产品进入流通领域。医院作为“血液”的采集者和提供者，有能力对该产品的质量进行控制，有义务对该产品的质量负责。

现实中出售的种子也是初级产品，出售坏种子、假种子的“坑农”事件历来作为违法事件处理，该事件同样可以作为产品侵权的责任问题进行处理。

2) 用于销售

非用于销售的产品，如自己制作自己使用或馈赠他人的产品，不对其制作者适用《产品质量法》的规定。

“用于销售”不等于经过销售，只要产品是以销售为目的生产、制作的，不论它是经过销售渠道到达消费者或用户手上，还是经过其他渠道，都属于《产品质量法》所规定的产品。赠送的产品、试用的产品也属于产品责任法意义上的产品。比如厂家将自己生产的新产品或某些产品以赠与、试用、买一送一、买大送小等无偿赠送的方式送与用户，这些产品虽然可能“未投入流通”，但是，以销售为目的生产并以营销目的交付消费者的，这类产品如存在缺陷造成他人损害，应当允许受害人提起产品责任诉讼。

2. 产品质量

属于《产品质量法》规定范围内的产品，并不必然引起产品质量法律责任。如果该产品不存在质量问题，也就不存在法律责任的承担问题。对产品质量法律责任的认定必须明确产品质量及其判定标准。

产品质量是指产品在正常使用条件下，满足合理使用用途要求所必须具备的内在品质及外观形态等特征的总和。国际标准化组织颁布的《质量—术语》(ISO 8402—1991)标准中，将产品质量定义为：产品或服务满足规定或潜在需要的特征和特性的总和。一般来说，以下 3 方面是任何产品必不可少的特征。

(1) 适用性。由于产品的生产、交换的目的是为了满足人们的需要，就要求每一件合格的产品能够满足人们的这种愿望。所以，产品的适用性是评价产品质量的一项重要指标。

(2) 安全性。产品实现其适用性，必然是通过产品的使用这一途径来体现的。这就要求产品在使用环节上安全可靠，不会给使用者和其他人带来人身、财产上的危险。

(3) 经济性。在市场经济条件下，产品的使用价值主要通过市场交换来实现，在市场交换中，要求产品价格公道，正确反映供求关系和价值规律，不要造成不应有的资源浪费。

我国《产品质量法》第二十六条对产品质量作了细化，产品质量应当符合下列要求。

(1) 产品不存在危及人身、财产安全的不合理的危险；有保障人体健康，人身、财产安全的国家标准、行业标准的，应当符合该标准。

(2) 具备产品应当具备的使用性能；但是对产品使用性能的瑕疵作出说明的除外。

(3) 符合在产品或者其包装上注明采用的产品标准，符合以产品说明、实物样品等方式表明的质量状况。

---

① 参见北京大学法律系教授张琪 2000 年发表的《中美产品责任法中产品缺陷的比较研究》，载于 http://www.law-lib.com/LW/lw_view.asp?no=646，2001-05-12。

举案说法 7.1

央视“3.15”晚会曝光麦当劳餐厅无视食品保质期

在 2012 年的“3.15”晚会上，麦当劳食材被曝光存在严重的质量问题。麦当劳对每种食材均有在保温箱内存放时间的限制，并规定食材在保温箱中存放超过规定时间就要扔掉，但记者暗访的结果却是，在北京三里屯某麦当劳店内，食材已经在保温箱中存放超过规定时间，但并没有被扔掉，而是被重新放回了保温箱。

麦当劳的香芋派等甜食很受消费者欢迎，在每个派的包装上都有一个数字，它是这个派的过期时间，而记者却发现，这些数字可以被员工随意更改，原本只有一个半小时保质期的派，有可能过 3、4 个小时之后还在待售。

此外，记者在暗访中还发现，有些麦当劳员工会把掉在地上的牛肉饼，过期变硬的芝士片，已经过期的鸡翅当成正常的原料使用。

由此可见，记者暗访的北京三里屯某麦当劳店内的上述食品不符合质量要求，理应受到舆论谴责和处罚。

7.1.2 产品质量法的概念和调整对象

产品质量法是调整产品质量监督管理关系和产品质量责任关系的法律规范的总称。

在我国，《民法通则》、《产品质量法》、《侵权责任法》和《消费者权益保护法》等构筑起产品质量法律制度的框架。另外，还制定了一系列相关的法律法规，如《工业产品质量责任条例》、《药品管理法》、《食品卫生法》、《食品安全法》、《认证认可条例》、《工业产品生产许可证管理条例》、《标准化法》等。最高人民法院的有关司法解释也是产品质量法律制度的内容之一。

《产品质量法》是 1993 年 2 月 22 日第七届全国人大常委会第三十次会议审议首次通过的，2000 年 7 月 8 日又进行了修正，2000 年 9 月 1 日起施行。《产品质量法》是一部集经济关系与管理关系、民事规范和行政规范为一体的综合性法律。该法对产品质量的民事、行政和刑事责任进行了全面规定，着重解决了缺陷产品造成消费者人身伤害和财产损失的侵权赔偿问题。《产品质量法》规定产品质量责任和产品质量监督管理，公法和私法规范有机结合，体现了经济法特色。

2009 年 12 月 26 日通过并于 2010 年 7 月 1 日实施的《侵权责任法》，是我国商事法律发展的重大成果，侵权责任法中有关产品责任的条款是对我国产品质量法中的责任进行的有益补充和完善。

我国《产品质量法》的调整对象如下。

(1) 产品质量监督管理关系：相关行政机关如技术质量监督部门、工商行政管理部门等是监督管理时与经营者之间形成的不平等主体之间的法律关系。

(2) 产品质量责任关系：生产者、销售者与用户或消费者之间在产品质量方面的权利、义务，以及由此产生的法律责任方面的关系。

(3) 产品质量检验、认证关系：经营者、用户、消费者因产品质量检验认证与社会中介机构——检验认证机构产生的法律关系。

7.1.3 产品质量法的适用范围和立法原则

1.《产品质量法》的适用范围

(1) 从空间上说，该法适用于在中华人民共和国境内从事产品生产、销售活动，包括销售进口商品。

(2) 从主体上说，该法适用于生产者和销售者、用户和消费者、国家质量监督管理机关和有关的中介机构。

(3) 从客体上说，该法只适用于经过加工、制作，用于销售的产品，不包括建设工程及军工产品。

2.《产品质量法》的立法原则

(1) 坚持产品质量标准原则。以客观的产品质量标准作为判定生产者、销售者是否承担产品质量责任的首要依据。

(2) 统一立法、区别管理的原则。对可能危及人体健康和人身、财产安全的工业产品，国家产品质量监督管理部门依法实施强制性管理。

(3) 实施行政区域统一管理、组织协调的属地化原则。对产品质量的监督管理和执法监督检查采用地域管辖原则。县级以上地方产品质量监督部门主管本行政区域内的产品质量监督工作。县级以上地方人民政府有关部门在各自的职责范围内负责产品质量监督工作。

(4) 贯彻奖优罚劣的管理原则。国家鼓励推行科学的质量管理方法，采用先进的科学技术，鼓励企业产品质量达到并且超过行业标准、国家标准和国际标准。对产品质量管理先进和产品质量达到国际先进水平、成绩显著的单位和个人，给予奖励。而对于生产、销售不符合保障人体健康和人身、财产安全的国家标准、行业标准的产品的单位和个人，要予以惩处。

(5) 实行管理和监督相结合的原则。多管齐下，力求做到防患于未然。

7.2 产品质量监督

7.2.1 产品质量监督的概念

从广义上说，产品质量监督是指由产品质量监督机构、有关组织和消费者，按照技术标准，对企业的产品质量进行评价、考核和鉴定，以促进企业加强质量管理，执行质量标准，保证产品质量，维护用户和消费者的利益。产品质量监督有如下几种方式。

(1) 企业的自我监督。

(2) 社会监督：包括舆论、消费者及消费者协会等社会团体对产品质量进行的多种形式的监督。

(3) 国家监督：包括国家质量监督部门对产品质量的监督检验等。

(4) 行业监督：主要是行业主管部门对产品质量进行的监督。

从狭义上说，产品质量监督是指法律规定的产品质量监督部门，依照法定职权和程序，对企业产品质量所进行的监察督促活动。其监督的主要措施包括国家质量监督部门的监督抽查、地方质量监督部门的监督检查、生产许可、强制性产品认证等。

7.2.2 产品质量监督体制

产品质量监督体制是产品质量监督机构的设置、职责划分以及相应制度的统称。

1. 产品质量监督体系及职责划分

依照《产品质量法》的规定，国务院产品质量监督管理部门主管全国产品质量监督工作，国务院有关部门在各自的职责范围内负责产品质量监督工作。县级以上地方产品质量监督部门主管本行政区域内的产品质量监督工作。县级以上地方人民政府有关部门在各自的职责范围内负责产品质量监督工作。但是法律对产品质量的监督部门另有规定的，依照有关法律的规定执行。

目前，国家质量监督检验检疫总局(简称国家质检总局)是国务院主管全国质量、计量、出入境商品检验、出入境卫生检疫、出入境动植物检疫、进出口食品安全和认证认可、标准化等工作，并行使行政执法职能的直属机构。国家质检总局对中国国家认证认可监督管理委员会和中国国家标准化管理委员会实施管理。

国家质检总局下设的质量管理司和产品质量监督司具体负责全国的质量监督管理工作。我国各省(自治区、直辖市)、市、县质量技术监督局负责本行政区域的产品质量监督工作，国家质检总局对省(自治区、直辖市)质量技术监督机构实行业务领导。

2. 产品质量监督管理制度

我国现行法律、行政法规确立了产品质量标准制度、企业质量体系认证制度、产品质量认证制度、产品质量检验制度、产品质量监督检查制度等，这些制度相辅相成、自成体系。

1) 产品质量标准制度

产品质量标准是指对产品的结构、规格、质量、检验方法所作的技术规定，是判定产品合格与否的最主要的依据之一。产品标准按照层次可以分为国家标准、行业标准、企业标准；按照是否为强制执行可以分为强制性标准和推荐性标准。

强制性国家标准代号为GB；推荐性国家标准代号为GB/T。

行业标准代号，例如农业为NY、轻工为QB、化工为HG、机械为JB、商业为SB等。

企业标准代号为QB。

《产品质量法》规定：可能危及人体健康和人身、财产安全的工业产品，必须符合保证人体健康，人身、财产安全的国家标准、行业标准；未制定国家标准、行业标准的，必须符合保障人体健康，人身、财产安全的要求。企业所生产的产品质量，必须符合其商品或者商品的包装上所标明的所执行质量标准，否则就要承担产品质量责任。

2) 企业质量体系认证制度

企业质量体系认证制度是指法定的认证机构依据国际通用的“质量管理和质量保证”系列标准，对企业的产品质量保证能力和质量管理水平进行的综合性检查和评定，经认证合格，颁发企业质量体系认证证书，以兹证明的制度。该制度通过对产品质量构成的各种因素，如产品设计、工艺准备、制造过程、质量检验、组织机构和人员素质等质量保证能力进行严格评定，使企业形成稳定生产符合标准产品的能力。

目前国际上通用的“质量管理和质量保证标准”是 ISO 9000 系列国际标准，我国对企业实行质量体系认证的依据是 GB/T 1900—ISO 9000“质量管理和质量保证”系列国家标准。企业根据自愿原则可以向国务院产品质量监督部门认可的或国务院产品质量监督部门授权的部门认可的认证机构申请企业质量体系的认证。经认证合格的，由认证机构颁发企业质量体系认证证书。

企业通过认证获得的企业质量体系认证证书不能用在所生产的产品上，但可以用于正确的宣传，在申请产品质量认证时可免除对企业质量体系的检查。

3) 产品质量认证制度

产品质量认证制度是指依据具有国际水平的产品标准和技术要求，经过认证机构确认并通过颁发认证证书和产品质量认证标志的形式，证明产品符合相应标准和技术要求的制度。

国家参照国际先进的产品标准和技术要求，推行产品质量认证制度，企业根据自愿原则可以向国务院产品质量监督部门认可的或国务院产品质量监督部门授权的部门认可的认证机构申请产品质量认证。经认证合格的，由认证机构颁发产品质量认证证书，准许企业在产品或者其包装上使用产品质量认证标志。

产品质量认证分为安全认证和合格认证两种。安全认证是国家认可的认证机构对涉及人身健康、财产安全的产品，依据国家或者行业安全标准和产品中的安全性能进行的认证，目的是保护用户和消费者的人身健康和生命财产安全；合格认证主要是看产品是不是符合国家产品标准或者行业产品标准，目的是向用户说明这个产品是合格的、优质的。

2001 年 12 月，国家质检总局发布了《强制性产品认证管理规定》，对涉及人类健康和安全、动植物生命和健康，以及环境保护和公共安全的产品实行强制性认证制度。中国强制性产品认证简称 CCC 认证或 3C 认证，是一种法定的强制性安全认证制度，也是国际上广泛采用的保护消费者权益、维护消费者人身财产安全的基本做法。列入《实施强制性产品认证的产品目录》中的产品包括家用电器、汽车、安全玻璃、医疗器械、电线电缆、玩具等 20 大类 135 种产品。

4) 产品质量检验制度

产品质量检验制度是指按照特定的标准，对产品质量进行检测，以判明产品是否合格的活动。《产品质量法》规定：产品质量应当检验合格，不得以不合格产品冒充合格产品。

企业产品质量检验是产品质量的自我检验，产品出厂时，可由企业自行设置的检验机构进行检验，也可以委托专业的产品质量检验机构进行，按照我国法律规定，产品质量检验机构必须具备相应的检验条件和能力，并须经省级以上人民政府产品质量监督管理部门或其授权的部门考核合格后，方可承担产品质量检验工作。

5) 产品质量监督检查制度

产品质量监督检查是一项强制性行政措施，国家对产品质量实行以抽查为主要方式的监督检查制度。对依法进行的产品质量监督检查，生产者、销售者不得拒绝。

监督检查的重点有 3 类产品：第一类是可能危及人体健康和人身财产安全的产品，如药物、食品等；第二类是重要工农业原材料和影响国计民生的重要工业产品，如钢铁、石油制品等；第三类是消费者、有关组织反映有质量问题的产品。

为维护企业的合法权益，减轻企业负担。《产品质量法》规定：国家监督抽查的产品，地方不得另行重复抽查；上级监督抽查的产品，下级不得另行重复抽查。抽查的样品应在市场上或企业仓库的待销产品中随机抽取。不得超过检验的合理需要，并且不得向被检查人收取检验费用。生产者、销售者对抽查检验的结果有异议的，可以自收到检验结果之日起 15 日内向实施监督抽查的产品质量监督部门或者其上级产品质量监督部门申请复检，由受理复检的产品质量监督部门作出复检结论。产品质量抽查结果应当由国家指定的报刊负责公布。

抽查的产品质量不合格的，由实施监督抽查的产品质量监督部门责令其生产者、销售者限期改正。逾期不改正的，由省级以上人民政府产品质量监督部门予以公告；公告后经复查仍不合格的，责令停业，限期整顿；整顿期满后经复查产品质量仍不合格的，吊销营业执照。

自 1993 年《产品质量法》颁布并实施以来，司法及执法实践中存在的主要问题是政府的产品质量监督部门缺乏必要的执法监督手段，这是伪劣产品“打不死”、“打不疼”的重要原因。因此，新修订的《产品质量法》对各级政府产品质量监督部门的职权作出了更加具体的规定，县级以上产品质量监督部门根据已经取得的违法嫌疑证据或举报，对涉嫌违法行为进行查处时，可行使下列职权。

(1) 对当事人涉嫌违法从事生产、销售场所实施现场检查。

(2) 向当事人的法人代表、主要负责人和其他有关人员调查、了解有关的情况。

(3) 查阅、复制当事人有关的合同、发票、账簿以及其他有关资料。

(4) 对有根据认为不符合保障人体健康和人身、财产安全的国家标准、行业标准的产品或有其他严重质量问题的产品，以及直接用于生产、销售该项产品的原辅材料、包装物、生产工具，予以查封或者扣押。

7.3 生产者、销售者的产品质量义务和责任

我国《产品质量法》用相当的篇幅来规定生产者、销售者的产品质量义务和责任。所谓的产品质量义务是指法律规定的生产者、销售者为保证产品质量必须作出的一定行为或不得作出一定行为，分为积极义务与消极义务两种。产品质量义务不同于产品质量责任。产品质量责任是指产品的生产者、销售者以及对产品质量负有直接责任的人违反产品质量法规定的产品质量义务应承担的法律后果。因此，产品质量义务是产品质量责任的前提。

产品质量责任与产品责任又是不同的概念，两者的区别在于以下几点。

(1) 判定责任的依据不同。判定产品责任的依据是产品存在缺陷，而判定产品质量责任的依据包括默示担保、明示担保和产品缺陷，较产品责任更为广泛。

(2) 承担责任的条件不同。承担产品责任的充分必要条件是产品存在缺陷，并且造成了他人人身伤害、财产损失，两者缺一不可。只有因产品缺陷发生了损害后果，方可追究缺陷产品的生产者和销售者的民事侵权赔偿责任；而承担产品质量责任的条件是只要产品质量不符合默示担保条件或者明示担保条件之一的，无论是否造成损害后果，都应当承担相应的责任。

(3) 责任性质不同。产品责任是一种特殊的民事责任，仅指产品侵权损害赔偿责任，而产品质量责任是一种综合责任，包括民事责任、行政责任和刑事责任。

产品质量责任制度产生于 19 世纪中叶，在 20 世纪得到广泛发展。在它产生和发展中，有两个重要的关键问题：一是产品质量责任产生的依据，即是违约还是侵权；二是产品质量责任的归责原则，是过错责任还是无过错责任原则。产品质量责任法律制度围绕着这两个问题，经历了以下几个阶段。

(1) 合同责任说。在产品质量责任制度的早期，多数人认为产品质量责任是一种合同责任，当事人之间的合同关系是否成立是承担产品质量责任的前提。1842 年英国温特伯诉赖特一案确立了“无合同，无责任”的原则，产品责任是通过解释适用传统的合同法和侵权法中的有关规范来确定的。在追究产品质量责任时，原告要举证双方是否存在合同。

(2) 疏忽责任说。该说认为，产品的生产者或销售者有疏忽之处，致使产品有缺陷，而且由于这种缺陷，消费者的人身或财产遭到损害，对此，该产品的生产者和销售者应承担责任。在以疏忽为理由提起赔偿诉讼时，原告必须证明被告有疏忽，即被告没有做到“合理的注意”，以及由于被告的这种疏忽直接造成了原告的损失。由此可见，疏忽责任原则比合同责任原则更有利于保护消费者的财产和人身安全。

(3) 违反担保责任说。该说认为，生产者或者销售者违反了对货物明示或者默示担保，致使消费者或者使用者因产品缺陷而遭受损害，应当负赔偿。明示担保是基于当事人的意思表示而产生的，它是卖方对其产品符合规定标准的声明或者陈述，包括产品说明、广告或者标签；默示担保是依据法律规定产生的，卖方必须对产品说明应当具有的销售性或者特定产品的适用性进行无条件的担保，尽管不以书面的形式出现，但是自产品投入市场之时起，这种默示的担保就依法自动产生。默示担保是比较复杂的，《美国统一商法典》把它分为两种形式：①保证产品适于销售；②保证产品适合于某一种通常用途。

违反担保责任制度无须证明被告有疏忽行为，只要原告证明产品有缺陷，并证明被告违反其对产品质量和性能的明示或者默示的担保。因此，违反担保责任制度实际上已经在过错责任的基础上严格化了，受害人只要证明担保存在，产品提供者违反担保，致使受害人遭受损害即可，而无须证明产品提供者存在过错。

(4) 严格责任说。该说认为，产品只要存在缺陷，对消费者或者使用者具有不合理的危险，产生人身伤害或者财产损失，该产品产销中的各个环节的人都应负排除责任。美国学者称之为“绝对责任原则”制度。根据这个原则，原告无须指出被告有疏忽，也无须证明存在明示或者默示的担保以及被告有违反担保行为，消费者只要证明产品存在危险或处于不合理的状态、产品的缺陷在投入市场之前就已存在、该产品的缺陷导致了损害即可。被告在诉讼中提出的抗辩理由是有限的，他只能就产品制造时的工艺条件、产品出售后是否已经变动、产品是否已经过有效期等几点提出抗辩。一般来说，如果确实产品缺陷对消费者造成持久的、严重的人身伤害或者财产损失，生产者或者销售者的责任几乎是无法避免的。显然，严格责任制度对消费者的保护是最为充分的。

(5) 市场份额责任说。该说认为，当原告不能明确举证他的损害是由谁的缺陷产品所致时，就以各个被告人的市场份额作为判决的根据。

7.3.1　生产者的产品质量义务和责任

生产环节是保证产品质量的主要环节，生产者对产品质量负有重大责任。生产者的生产质量义务和责任主要有以下几个方面。

1. 默示担保义务和责任

默示担保是指生产者用于销售的产品应当符合该产品生产和销售的一般目的。

《产品质量法》规定产品质量应当符合下列要求：不存在危及人身、财产安全的不合理危险，有保障人体健康和人身、财产安全的国家标准、行业标准的，应当符合该标准。具备产品应当具备的使用性能，但是，对产品存在使用性能的瑕疵作出说明的除外。

2. 明示担保义务和责任

明示担保是指产品的生产者对产品的性能和质量所做的一种声明或陈述。

《产品质量法》要求生产者生产的产品质量应当符合在产品或其包装上注明采用的产品标准，符合以产品说明、实物样品等方式表明的质量状况，如果产品质量不符合明示担保，应当依法承担责任。

3. 遵守产品质量标识制度的义务和责任

产品标识是表明产品的名称、产地、质量状况等信息的表述，产品标识是生产者提供的，属于明示担保的范围。

产品标识必须真实并且符合下列要求。

(1) 有产品质量检验合格证明。

(2) 有中文标明的产品名称、生产厂名、厂址。

(3) 根据产品的特点和使用要求，需要标明产品规格、等级、所含主要成分的名称和含量的，用中文相应予以标明；需要事先让消费者知晓的，应当在外包装上标明，或者预先向消费者提供有关资料。

(4) 限期使用的产品应当在显著位置清晰地标明生产日期、安全使用期或者失效日期。

(5) 使用不当易造成产品本身损坏或可能危及人身、财产安全的，应有警示标志或中文警示说明。

(6) 易碎、易燃、易爆、有毒、有腐蚀性、有放射性等危险物品及储运中不能倒置和有其他特殊要求的产品，其包装质量必须符合要求，并且作出警示标志或者中文警示说明，标明储运注意事项。

4. 生产者不得为法律禁止实施的行为

《产品质量法》规定产品质量应当符合下列要求：生产者不得生产国家明令淘汰的产品；不得伪造产地；不得伪造或冒用他人的厂名、厂址；不得伪造或冒用认证标志等质量标志；产品不得掺杂、掺假；不得以假充真、以次充好；不得以不合格产品冒充合格产品。如果生产者违反这些禁止性规定，将被追究民事、行政，乃至刑事责任。

7.3.2 销售者的产品质量义务和责任

销售是产品从生产者手中到达消费者手中的中间环节，销售者对其经营的商品同样负有质量方面的义务和责任，其产品质量义务和责任主要包括以下方面。

1. 进货查验义务和责任

销售者应当建立并执行进货检查验收制度，验明产品的出厂检验合格证明，中文标明的产品名称、厂名、厂址和其他标识，以防止假冒伪劣产品进入流通领域。

销售者的进货检查验收应当包括产品标识检查、产品观感检查和必要的产品内在质量的检验。

举案说法 7.2

华某诉瓷砖销售商案[②]

华某为筹建一大型购物超市，在进行店面装修过程中需要使用一批地面砖。2003年7月26日，华某与仇某经协商达成买卖地面砖的口头协议，由华某向仇某购买规格为50cm×50cm的地面砖469块，每块2.80元。后仇某派人将上述地面砖送至华某处，华某给付了部分货款，但是该批地面砖没有具体的生产厂名、厂址和产品合格证。

8月初，华某将地面砖铺设完毕。华某向仇某支付了其余货款。8月中旬，华某购买的地面砖开始出现表面剥落和磨损等严重现象，其遂与仇某进行交涉，但双方对如何处理纠纷未能达成一致意见。9月28日，华某向当地消费者协会投诉。此后，消协也多次组织双方进行协商，但未能达成一致协议。为此，华某一纸诉状将仇某送上了被告席。

法院经审理后认为，华某与仇某达成的口头买卖协议合法有效。仇某作为地面砖的销售者，向华某提供不合格的地面砖，影响了华某店面的装潢环境，鉴于地面砖已经铺设无法更换或退货，依据《产品质量法》第三十三条规定："销售者应当建立并执行进货检查验收制度，验明产品合格证明和其他标识。"第三十六条规定："销售者销售的产品的标识应当符合本法第二十七的规定"，即必须要有产品质量检验合格证明，有中文标明的产品名称、生产厂厂名和厂址等内容。判决仇某赔偿华某损失。

2. 产品质量保证义务和责任

销售者应当采取措施，保证其所销售的产品的质量，销售者应当根据产品的不同特点，采取必要的防雨、防晒、防霉、隔离、分类等措施，加强对某些特殊产品的保管，还应采取控制温度、湿度等措施，保持进货时的产品质量状况。此外，还要建立一整套完备的产品保管、维修等管理制度，配置必要的产品保护设备、培训保管人员等。

3. 销售者不得为法律禁止实施的行为

《产品质量法》规定：销售者不得销售国家明令淘汰并停止销售的产品和失效、变质的产品；不得伪造产地；不得伪造或者冒用他人的厂名、厂址；不得伪造或者冒用认证标志等质量标志；不得掺杂、掺假；不得以假充真、以次充好；不得以不合格产品冒充合格产品。如果销售者违反这些禁止性规定，将被追究民事、行政，乃至刑事责任。

7.4 损害赔偿制度与罚则

7.4.1 违反产品质量法的损害赔偿制度

1. 产品"瑕疵"引发的补偿和损害赔偿

"瑕疵"是合同法上的概念，是指产品质量不符合法律规定或当事人约定的质量标准，

② 载于中国法律网，http://www.cnfalv.com/a/anli28/6679.html，2007-01-15。

具体表现如下。

(1) 不具备产品应当具备的使用性能而事先未作说明的。

(2) 不符合在产品或者其包装上注明采用的产品标准。

(3) 不符合以产品说明、实物样品等方式表明的质量状况的。

产品“瑕疵”引发的产品质量责任主要是由于产品的真实质量[③]不符合产品质量的明示担保条件或默示担保条件。产品“瑕疵”不一定会给用户或消费者带来人身或财产损害。

瑕疵担保责任是一种法定责任，属于无过错责任的一种。因而，出现产品“瑕疵”，产品的购买者可以凭借购物凭证向销售者主张权利。销售者应当负责修理、更换、退货；给购买产品的消费者造成损失的，销售者应当赔偿损失；销售者依照规定负责修理、更换、退货、赔偿损失后，属于生产者的责任或者属于向销售者提供产品的供货者的责任的，销售者有权向生产者、供货者追偿。但是销售者与生产者或者供货者之间订立的买卖合同、承揽合同有不同约定的，合同当事人按照合同约定执行。

举案说法 7.3

周某与市电器商场电器维修纠纷案[④]

2005年2月6日，周某花1 200元在市电器商场购买了一台家用录像机。使用不到一个月，录像机出现故障，周某找到商场要求维修，可商场经理声称：“生产厂家已把维修费用返还给保修单上所列的维修单位，而且商场与生产厂家及修理者之间订有合同，明确规定：凡录像机出现质量问题均由用户送交修理者负责维修。商场只是代销单位，不承担三包责任。”由于到维修单位修理距离遥远，周某专程送修很不方便，他应该怎么办?

根据《产品质量法》第四十条的规定：“售出的产品有下列情形之一的，销售者应当负责修理、更换、退货；给购买产品的消费者造成损失的，销售者应当赔偿损失：①不具备产品应当具备的使用性能而事先未作说明的；②不符合在产品或者包装上注明采用的产品标准的；③不符合以产品说明、实物样品等方式表明的质量状况的。销售者依照前款规定负责修理、更换、退货、赔偿损失后，属于生产者的责任或者属于向销售者提供产品的其他销售者的责任的，销售者有权向生产者、供货者追偿。”

该案中，录像机保修单上所列的修理者在三包有效期内所承担的免费修理业务，实际上是受委托而代理销售者开展修理业务的，这是销售者与生产者、修理者之间的约定，对消费者无约束力，消费者没有义务去遵守服从。至于商场与生产者之间是销售还是代销，这只是销售方式的不同，代销关系并不能改变商场的销售者身份。作为消费者无法知道也没有必要需要知道生产者和销售者之间是经销关系还是代销关系，因为无论何种关系都改变不了销售者与消费者之间的权利义务关系。

因此，按照《产品质量法》有关规定，周某有权要求商场承担有关责任。

---

③ 2006年“欧典地板”事件发生后，北京市律师协会消费者权益保护委员会委员、大成律师事务所律师赵敏认为，《产品质量法》主要针对存在质量问题的产品，而欧典地板仅仅是“夸大”宣传，不等于产品的质量问题。按照“谁主张，谁举证”的原则，消费者如果不能举证证明欧典地板存在质量问题，其赔偿请求很难获得司法机关的支持。

④ 载于315消费者联盟网，http://www.go315.org/case/analysis/20061109/4584.html，2006-11-09。

2. 产品缺陷引发的损害赔偿

缺陷是指产品存在危及人身、他人财产安全的不合理的危险；产品有保障人体健康和人身、财产安全的国家标准、行业标准的，是指不符合该标准。产品缺陷通常表现为产品设计上的缺陷、制造上的缺陷、标识上的缺陷。

产品缺陷引发的损害赔偿责任是一种侵权责任，它是指产品的生产者或销售者所生产或销售的产品存在缺陷，对消费者或他人造成人身伤害或财产损害所产生的民事赔偿责任。《产品质量法》规定：因产品存在缺陷造成人身、缺陷产品以外的其他财产损害的，生产者应当承担赔偿责任；由于销售者的过错使产品存在缺陷，造成人身、他人财产损害的，销售者应当承担赔偿责任；销售者不能指明缺陷产品的生产者也不能指明缺陷产品的供货者的，销售者应当承担赔偿责任。

举案说法 7.4

林志圻亲属诉三菱公司死亡赔偿案[⑤]

原告的亲属林某在乘坐被告生产的日本三菱吉普车时，因前挡风玻璃在行驶途中突然爆裂而被震伤致猝死。我国法律规定，生产者应当对其生产的产品负责，经营者应当保证其提供的商品或者服务符合保障人身、财产安全的要求。

法院认为：根据《产品质量法》的相关规定，因产品缺陷致人身损害应承担无过错责任，无须证明生产者有过错。此外，产品是否存在缺陷的举证责任应由生产者承担。本案唯一证明产品是否存在缺陷的物证——爆破后的前挡风玻璃，车主单位在与被上诉人三菱公司约定封存后，曾数次提出要交国家质检中心检验鉴定。三菱公司承诺后，却不经车主单位许可，擅自将玻璃运往日本；后虽然运回中国，但三菱公司无法证明运回的是原物，且玻璃此时已破碎得无法检验。三菱公司主张将与事故玻璃同期、同批号生产出来的玻璃提交给国家质检中心进行实物鉴定，遭上诉人的反对。由于种类物确实不能与特定物完全等同，上诉人的反对理由成立。在此情况下，举证不能的败诉责任理应由三菱公司承担。据此，法院判令被告对林志圻之死承担责任，给原告赔偿丧葬费、误工费、差旅费、鉴定费、抚恤金、教育费、生活补助费等共计人民币 496 901.9 元。

有权主张产品缺陷责任的权利主体是因产品缺陷遭受人身或财产损害的受害人，包括产品的购买者、使用者和第三人。受害人可以向产品的生产者要求赔偿，也可以向产品的销售者要求赔偿。属于产品的生产者的责任，产品的销售者赔偿的，产品的销售者有权向产品的生产者追偿。属于产品的销售者的责任，产品的生产者赔偿的，产品的生产者有权向产品的销售者追偿。

因产品缺陷而致人身或财产遭受损害的赔偿项目主要有以下两种。

(1) 人身伤害赔偿和精神损害赔偿[⑥]。因产品缺陷造成人身伤害的，侵害人应当赔偿医

---

⑤ 载于 http://www.chinalawedu.com/zixun/news/html/2005/7/338561053103750028208.html，北京贝朗律师事务所，经典案例之产品质量责任例析，2005-07。

⑥ 根据 2001 年 3 月 10 日起实行的最高人民法院《关于确定民事侵权精神损害赔偿责任若干问题的解释》的规定，精神损害抚慰金包括以下方式：致人残疾的，为残疾赔偿金；致人死亡的，为死亡赔偿金；其他损害情形的，为精神抚慰金。

疗费、治疗期间的护理费、因误工减少的收入等费用；造成残疾的，还应支付残疾者生活自助费等费用；造成受害人死亡的，应支付丧葬费、死亡赔偿金及死者生前抚养的人所必需的生活费等费用。

(2) 财产损失赔偿。因产品存在缺陷造成受害人财产损失的，侵害人应当恢复原状或折价赔偿，受害人因此遭受其他重大损失的，侵害人应当赔偿损失。

因产品存在缺陷造成损害，要求赔偿的诉讼时效期间为两年，自当事人知道或者应当知道其权益受到损害时起计算。因产品存在缺陷造成损害要求赔偿的请求权，在造成损害的缺陷产品交付最初消费者满 10 年丧失；但是，尚未超过明示的安全使用期的除外。

3. 产品缺陷损害赔偿的免责事由

生产者能够证明有下列情形之一的，可以不承担赔偿责任。

(1) 未将产品投入流通的。

(2) 产品投入流通时，引起损害的缺陷尚不存在的。

(3) 将产品投入流通时的科学技术水平尚不能发现缺陷存在的。

4. 产品瑕疵责任和产品缺陷责任的区别

产品瑕疵责任和产品缺陷责任有着明显差别，产品瑕疵责任是一种合同责任，而产品缺陷责任属于侵权责任。两者主要有如下差别。

第一，产生责任的前提条件不同。产品瑕疵责任表现为不具备商品应当具备的使用性能而事先未作说明的；不符合在商品或者其包装上注明采用的商品标准；不符合以产品说明、实物样品等方式表明的质量状况的。而产品缺陷责任的产生是基于产品存在缺陷造成人身、他人财产损害。

第二，主张权利的主体不同。有权主张产品瑕疵责任的权利主体只能是购买产品的主体，而有权主张产品缺陷责任的权利主体是因产品缺陷遭受人身或财产损害的受害人，包括产品的购买者、使用者和第三人。

第三，责任主体不同。对于前者，消费者可以向销售者主张权利，销售者承担保修、包换、包退和赔偿损失的责任后，可以根据不同情况向其他责任主体追偿。而对于产品缺陷责任，生产者和销售者对受害人承担连带责任，即消费者可以选择要求销售者或生产者承担责任。

第四，诉讼时效不同。产品瑕疵责任适用《民法通则》第一百三十六条规定，诉讼时效期限为 1 年。而产品缺陷责任诉讼时效期限为 2 年，自当事人知道或者应当知道其权益受到损害时起计算，并且还适用最长诉讼期限 10 年的规定。

当消费者因产品质量与销售者、生产者发生纠纷时，确认追究对方的商品缺陷责任，还是商品瑕疵责任，对双方都至关重要，因为商品缺陷造成的人身伤害、他人财产的损失，经营者应承担全部赔偿责任。商品瑕疵影响消费者正常使用的，经营者承担修理、重作、退换或违约赔偿，以合同来起诉，根据《合同法》是不能对精神损害进行赔偿的，这是世界各国的一个基本原则。

7.4.2 违反产品质量法的罚则

1. 对生产者、销售者违法行为的处罚

(1) 生产、销售不符合保障人体健康和人身、财产安全的国家标准、行业标准的产品；

在产品中掺杂、掺假，以假充真，以次充好，或者以不合格产品冒充合格产品；销售失效、变质的产品等行为，所受到的处罚为：责令停止生产、销售，没收违法生产、销售的产品，按照违法生产、销售产品的货值金额[7]处以特定数额的罚款；有违法所得的，并处没收违法所得；情节严重的，吊销营业执照；构成犯罪的，依法追究刑事责任。

(2) 生产国家明令淘汰的产品的，销售国家明令淘汰并停止销售的产品的，责令停止生产、销售，没收违法生产、销售的产品，并处违法生产、销售产品货值金额等值以下的罚款；有违法所得的，并处没收违法所得；情节严重的，吊销营业执照。

(3) 伪造产品产地的，伪造或者冒用他人厂名、厂址的，伪造或者冒用认证标志等质量标志的，责令改正，没收违法生产、销售的产品，并处违法生产、销售产品货值金额等值以下的罚款；有违法所得的，并处没收违法所得；情节严重的，吊销营业执照。

(4) 产品或者其包装上的标识不符合《产品质量法》第二十七条规定的，责令改正。对于限期使用的产品，未能在产品或其包装的显著位置清晰地标明生产日期和安全使用期或者失效日期；对于使用不当，容易造成产品本身损坏或者可能危及人身、财产安全的产品，没有警示标志或者中文警示说明，情节严重的，责令停止生产、销售，并处违法生产、销售产品货值金额 30%以下的罚款；有违法所得的，并处没收违法所得。

(5) 生产者或销售者拒绝接受依法进行的产品质量监督检查的，给予警告，责令改正；拒不改正的，责令停业整顿；情节特别严重的，吊销营业执照。

(6) 隐匿、转移、变卖、损毁被产品质量监督部门或者工商行政管理部门查封、扣押的物品的，处被隐匿、转移、变卖、损毁物品货值金额等值以上 3 倍以下的罚款；有违法所得的，并处没收违法所得。

(7) 以暴力、威胁方法阻碍产品质量监督部门或者工商行政管理部门的工作人员依法执行职务的，依法追究刑事责任；拒绝、阻碍未使用暴力、威胁方法的，由公安机关依照治安管理处罚条例的规定处罚。

2. 对其他行业经营者违法行为的处罚

(1) 知道或者应当知道属于《产品质量法》规定禁止生产、销售的产品而为其提供运输、保管、仓储等便利条件的，或者为以假充真的产品提供制假生产技术的，没收全部运输、保管、仓储或者提供制假生产技术的收入，并处违法收入 50%以上 3 倍以下的罚款；构成犯罪的，依法追究刑事责任。

(2) 服务业的经营者将《产品质量法》禁止销售的产品用于经营性服务的，责令停止使用；对知道或者应当知道所使用的产品属于本法规定禁止销售的产品的，按照违法使用的产品(包括已使用和尚未使用的产品)的货值金额，依照《产品质量法》对销售者的处罚规定处罚。

3. 对产品质量检验机构、认证机构违法行为的处罚

(1) 产品质量检验机构、认证机构伪造检验结果或者出具虚假证明的，责令改正，对

⑦ 1993 年《产品质量法》是以生产者、销售者的违法所得为基数进行罚款的。从实践中来看，由于违法者根本没有账或者记假账，违法数额很难计算。同时，依违法所得进行罚款，处罚也过轻。所以新修订的《产品质量法》将罚款的基数改为货值金额。“货值金额”以违法生产、销售产品的标价计算，没有标价的，按同类产品的市场价格计算。

单位处 5 万元以上 10 万元以下的罚款，对直接负责的主管人员和其他直接责任人员处 1 万元以上 5 万元以下的罚款；有违法所得的，并处没收违法所得；情节严重的，取消其检验资格、认证资格；构成犯罪的，依法追究刑事责任。

(2) 产品质量检验机构、认证机构出具的检验结果如果证明不实，造成损失的，应当承担相应的赔偿责任；造成重大损失的，撤销其检验资格、认证资格。

(3) 产品质量认证机构未能依照国家规定对准许使用认证标志的产品进行认证后的跟踪检查。对不符合认证标准而使用认证标志的产品，未依法要求其改正或者取消其使用认证标志资格的，对因产品不符合认证标准给消费者造成的损失，与产品的生产者、销售者承担连带责任；情节严重的，撤销其认证资格。

(4) 产品质量检验机构违反法律规定，向社会推荐生产者的产品或者以监制、监销等方式参与产品经营活动的，由产品质量监督部门责令改正，消除影响，有违法收入的予以没收，可以并处违法收入一倍以下的罚款；情节严重的，撤销其质量检验资格。

4. 对产品质量监督部门违法行为的处罚

(1) 产品质量监督部门在产品质量监督抽查中超过规定的数量索取样品或者向被检查人收取检验费用的，由上级产品质量监督部门或者监察机关责令退还；情节严重的，对直接负责的主管人员和其他直接责任人员依法给予行政处分。

(2) 产品质量监督部门或者其他国家机关违反法律规定，向社会推荐生产者的产品或者以监制、监销等方式参与产品经营活动的，由其上级机关或者监察机关责令改正，消除影响，有违法收入的予以没收；情节严重的，对直接负责的主管人员和其他直接责任人员依法给予行政处分。

(3) 产品质量监督部门或者工商行政管理部门的工作人员滥用职权、玩忽职守、徇私舞弊，构成犯罪的，依法追究刑事责任；尚不构成犯罪的，依法给予行政处分。

5. 对社会团体、社会中介机构违法行为的处罚

社会团体、社会中介机构对产品质量作出承诺、保证，而该产品又不符合其承诺、保证的质量要求，给消费者造成损失的，与产品的生产者、销售者承担连带责任。

6. 对政府及国家机关工作人员违法行为的处罚

各级人民政府工作人员和其他国家机关工作人员有下列情形之一的，依法给予行政处分；构成犯罪的，依法追究刑事责任。

(1) 包庇、放纵产品生产、销售中违反本法规定行为的。

(2) 向从事违反本法规定的生产、销售活动的当事人通风报信，帮助其逃避查处的。

(3) 阻挠、干预产品质量监督部门或者工商行政管理部门依法对产品生产、销售中违反本法规定的行为进行查处，造成严重后果的。

损害赔偿是产品的生产者、销售者承担产品质量民事责任的主要方式，罚则中规定了产品的生产者、销售者违法时所应承担的行政责任及刑事责任。《产品质量法》中规定了关于民事赔偿责任优先的规则，即违法行为人应当承担民事赔偿责任和缴纳罚款、罚金，其财产不足以同时支付时，先承担民事赔偿责任。

相对于具有强制手段的行政执法部门和司法部门，受害人获取赔偿的能力弱于行政执

法部门、司法部门对罚金的追缴能力；而且受害人因违法行为人的行为已经受到了直接损失，生活或其他活动受到了影响，使其损失得到弥补，这正是法律给予其救济的目的；而追缴罚款、罚金是一种惩罚，所得款项交付国库，受害人不能因此而得到直接的补偿。因此，在违法者财产有限的情况下，执行民事赔偿责任优先的规则是很有必要的。这一规则体现了国家法律对人民群众根本利益的维护。

引例分析

“三鹿”奶粉“鹿死谁手”？

让我们先看一下“三鹿”奶粉事件的始末。

2008 年 3 月，部分地区的消费者投诉，有婴幼儿吃了三鹿奶粉后尿液发红，并出现结晶现象。根据消费者反映的情况，三鹿集团请求地方和国家有关部门对其产品进行了检测，结果均显示产品符合国家标准。2008 年 6 月中旬，病例开始陆续增多，并入院治疗。2008 年 8 月 1 日，河北出入境检验检疫局出具检测报告，确认三鹿集团送检的奶粉样品中含有三聚氰胺。2008 年 9 月 11 日，国家卫生部证实：近期甘肃等地报告多例婴幼儿泌尿系统结石病例，经相关部门调查，高度怀疑石家庄三鹿集团股份有限公司生产的三鹿牌婴幼儿配方奶粉受到三聚氰胺污染。同日，国家质检总局发出通知，并作了一系列部署，要求在全国范围内开展奶粉专项检查。2008 年 9 月 17 日，被查出患儿达 6 244 例。之后，有关犯罪嫌疑人被陆续刑拘。相关行政人员或被撤职或引咎辞职。2008 年 12 月 31 日，开始对犯罪嫌疑人进行公开审判。经检测和审计，2008 年 8 月 2 日至 9 月 12 日，三鹿集团共生产含有三聚氰胺的婴幼儿奶粉 900 多吨；销售含有三聚氰胺的婴幼儿奶粉 800 多吨，销售金额近 5 千万元人民币。此外，三鹿集团还将因含有三聚氰胺而被拒收的原奶转往相关下属企业生产液态奶，生产、销售的液态奶约 269 吨，销售金额合计 180 余万元。

综上所述，“三鹿”企业在“三鹿”奶粉事件发生时和之后，未拿出作为一个知名企业应有的负责任的态度。“三鹿”企业为追求企业的利益，而不顾消费者的健康和生命，竭力地掩盖事实真相。这是“三鹿”企业破产的主要原因。

我国市场经济发展到今天，市场的监管能力已经具备，但对“三鹿”这样的知名食品企业，却放松了监管，当问题出现以后相关责任人员又进行袒护，这是“三鹿”企业破产的另一原因。

企业逐利是天经地义的，但不能以牺牲公众的利益为代价，企业对社会要有责任心。质量是消费者的生命线，也是企业的生命线，要像企业广告说的那样，让消费者放心，真正把消费者当成上帝。同时，国家的立法机关，也要随着经济的发展，及时跟进法律的修订。行政执法机关也必须持戒，别忘了自身质量监管的义务和责任。其实，百姓的生命财产安全的最后一道防线就是由行政执法机关把守着的。

本章小结

《产品质量法》主要针对我国产品质量的监督管理，生产者、销售者对产品质量所承担的义务和责任，以及产品质量监督管理机构及其人员、生产者、销售者违反《产品质量法》所应承担的法律责任作出了规定。

产品“瑕疵”是一种违约责任，产品质量缺陷是一种侵权责任。生产者、销售者承担责任的具体内容是不一样的。

思 考 题

(1)《中华人民共和国产品质量法》规定产品质量应符合哪些要求？

(2) 我国的产品质量监督管理制度包括哪些内容？

(3) 生产者、销售者具有哪些产品质量义务和责任？

(4) 当消费者购买到的产品不符合产品说明书所标明的质量状况时应该怎么办？

(5) 产品瑕疵与产品缺陷有何区别？

(6) 产品质量监督部门的违法行为有哪些？应如何处理？

第8章

对外贸易法

教学目标

通过学习本章，掌握对外贸易与对外贸易法的概念、对外贸易经营者和管理机关，了解货物与技术进出口管理制度、国际服务贸易管理制度、反倾销法律制度、反补贴法律制度、保障措施法律制度。

教学要求

知识要点	能力要求	相关知识
对外贸易法的概述	(1) 能够理解对外贸易的概念 (2) 能够理解对外贸易法的概念 (3) 能够了解我国对外贸易法的发展阶段 (4) 能够掌握对外贸易法的基本原则 (5) 能够了解对外贸易的经营者的范围和管理机关	(1) 对外贸易 (2) 对外贸易法 (3) 我国对外贸易法的发展阶段 (4) 对外贸易法的基本原则 (5) 对外贸易的经营者 (6) 对外贸易的管理机关
货物、技术、服务贸易制度	(1) 能够分析货物与技术进出口受到限制和禁止的原因 (2) 能够了解配额与许可证管理 (3) 能够理解国营贸易 (4) 能够掌握出口商品检验制度 (5) 能够了解服务贸易管理制度	(1) 限制和禁止进出口的原因 (2) 配额与许可证管理 (3) 国营贸易 (4) 出口商品检验 (5) 服务贸易管理
公平贸易制度	(1) 能够熟练分析反倾销案例 (2) 能够分析反补贴案例 (3) 能够分析保障措施案例	(1) 反倾销 (2) 反补贴 (3) 保障措施

引　例

中国首例新闻纸反倾销案①

1997年10月16日，中国9家新闻纸生产企业向对外贸易经济合作部提出，对加拿大、韩国和美国进口新闻纸实施反倾销，这是我国自1997年3月25日《反倾销和反补贴条例》生效以来的第一起反倾销案，从而拉开了中国反倾销的序幕。那么，什么是反倾销？本案的结果如何？对外贸易中如何使用这一新式法律武器？要分析这些问题，让我们从学习对外贸易法开始吧。

8.1　对外贸易法概述

8.1.1　对外贸易和对外贸易法的概念

对外贸易是指一个国家或地区与其他国家或地区之间所进行的货物、技术、服务三大交易活动的统称。这种交易活动，因观看的角度不同，称谓也有所不同。站在一个国家的角度看，它被称为对外贸易；站在国际的角度看，它被称为国际贸易。一国的对外贸易是国际贸易的组成部分。

对外贸易法是指一国对其外贸活动进行行政管理和服务的所有法律规范的有机体。对外贸易法的宗旨是发展对外贸易和投资，维护对外贸易秩序，保护国内产业安全，促进一国经济稳定发展，改善人民的生活水平。它是一国对外贸易总政策的集中体现。

对外贸易法律制度的范围包括关税制度、许可证制度、配额制度、外汇管理制度、商检制度以及有关保护竞争、限制垄断及不公平贸易等方面的制度。

我国现行对外贸易法主要由《对外贸易法》(以下简称《对外贸易法》)、《海关法》、《货物进出口管理条例》、《技术进出口管理条例》、《反倾销条例》、《反补贴条例》、《保障措施条例》等法律和行政法规组成。此外我国缔结、参加的国际条约和通行的国际惯例也是我国对外贸易法的渊源，如联合国《国际货物销售合同公约》、《加入世界贸易组织议定书》与诸多国家达成的有关投资保护和避免重复征税的双边协定等。

我国现行对外贸易法的基本法律是《对外贸易法》，它是1994年5月12日第八届全国人大常委会七次会议通过的，历时10年后即2004年4月6日经第十届全国人大常委会八次会议修订的。《对外贸易法》适用于货物进出口、技术进出口和国际服务贸易。边境贸易不适用《对外贸易法》，我国的单独关税区(香港和澳门)也不适用《对外贸易法》。

8.1.2　我国对外贸易法律制度的发展历程

我国对外贸易法律制度的发展可以分为3个阶段。

---

① 载于人民日报分类新闻网，http://web.peopledaily.com.cn/zdxw/13/19990604/9906041315.html，1999-06-04。

1) 第一阶段(1949 年建国初期至 1978 年改革开放前)：对外贸易法刚刚起步

在这一阶段，由于美国等西方国家一直对中国采取经济封锁和禁运的敌对政策，加上 20 世纪 50 年代末又与前苏联发生矛盾，我国对外经济交往范围十分有限，表现在对外贸易地理方向狭窄，对外贸易商品结构单一。1953 年的进出口额仅为数十亿美元，到 1978 年年底外贸公司仅有 130 多家。与当时微弱的进出口贸易相对应的是在这一阶段的对外贸易立法相对薄弱，主要是以临时宪法《中国人民政治协商会议共同纲领》和 1954 年的《宪法》为基础，制定了《对外贸易管理暂行条例》、《进出口贸易许可证制度实施办法》等法规。

2) 第二阶段(1978 年改革开放后至 2001 年中国加入 WTO 前)：对外贸易法逐步成型

在这一阶段我国的国民经济得到了巨大的增长，我国的外贸事业更是得到了突飞猛进的发展，加入 WTO 之前，中国国内已经有 30 多万家企业获得了贸易经营权，与之相对应的是对外贸易法逐步成型。

1978 年 12 月党的十一届三中全会以后，中国开始实行改革开放的国家战略，进行一系列的经济体制改革，其中包括外贸体制的改革。1982年《宪法》的修订，标志着中国的改革开放已不可逆转，以《宪法》为依据的法律制定和修改工作全面展开。1986年《民法通则》的颁布，向世人表明中国保护个人财产的巨大进步，包括外国人在内的私有财产和国有财产一道，受到国家法律的保护。从此外国人可以放心大胆地与中国人做生意。伴随着 1986 年中国要求“复关”开始，中国的贸易政策改革已经开始以符合国际规则为导向来进行，1994年颁布了第一部《对外贸易法》，并在货物贸易、外资、知识产权、反倾销等各个领域出台了一系列的法律法规，同时政府的政策透明度也不断加强。

3) 第三阶段(2001 年中国加入 WTO 后至今)：对外贸易法全面发展

根据我国加入 WTO 的承诺，从 2004 年 1 月起外贸由审批制全面转为登记制。我国还承诺，在贸易权方面，给予所有外国个人和企业不低于中国企业的待遇。如果外国的自然人能在中国做外贸，中国的自然人当然也应当能够从事对外贸易经营活动。而且《对外贸易法》作为外贸领域的基本法，也应当允许自然人从事对外贸易经营活动。而事实上，特别是在技术贸易和国际服务贸易、边贸活动中，自然人做“洋”生意的已经大量存在。因此，我国对以前的整个对外贸易法律制度进行了全面的清理，使之能与 WTO 的基本原则保持一致，并在全国统一实施。2004 年 4 月 6 日经第十届全国人大常委会八次会议对《对外贸易法》进行全面修订，外贸经营权向包括自然人在内的所有企业全面放开。2004年，中国年度进出口总额达到 11 547.4 亿美元，首次突破 1 万亿美元大关，一跃成为世界第三大贸易国。2007 年我国年度外贸进出口总值首次超过 2 万亿美元大关，达 21 738 亿美元，比上年(下同)增长 23.5%，净增加 4 134 亿美元。累计贸易顺差为 2 622 亿美元。海关总署表示，自 2001 年我国正式加入世界贸易组织以来，我国对外贸易增长速度连续 6 年保持在 20%以上，进出口规模翻了两番。[②]2011 年我国年度外贸进出口总值首次超过 3 万亿美元大关，达 36 420.6 亿美元。[③]

② 参见海关总署：《2007 年外贸超 2 万亿美元》，载于中国海关网，http://www.customs.gov.cn/YWStaticPage/506/a0bbf4dd.htm，2008-01-11。

③ 参见海关总署：海关统计表《2011.12 月度进出口总值》，载于中国海关网。http://www.customs.gov.cn/publish/ portal0/tab2453/module72494/info353197.htm 2012-01-29

8.1.3 对外贸易法的基本原则

对外贸易法的基本原则是贯彻对外贸易法始终的具有重要指导意义和普遍规范作用的基本准则。根据我国《对外贸易法》的规定，对外贸易法的基本原则主要有以下 4 项。

(1) 实行统一的对外贸易制度原则。我国实行统一的对外贸易制度，即由国家统一制定对外贸易法律法规、政策，采取统一的管理措施，对全国的对外贸易进行宏观指导和调控。实行统一的对外贸易制度有利于从整体上维护我国对外贸易中心利益，有利于保证我国对外贸易事业的健康发展。

(2) 维护公平、自由的对外贸易秩序原则。国家依法维护公平的自由的对外贸易秩序。所谓公平的对外贸易秩序，是指国家应在法律上为中外经营者提供公平自由的竞争环境，同时要求中外经营者依法经营，公平竞争，不得为法律所禁止的行为。

(3) 坚持平等互利、互惠对等的多边、双边贸易原则。《对外贸易法》规定：我国根据平等互利的原则促进和发展同其他国家和地区的贸易关系，在对外贸易方面所缔结或参加的国际公约和协定，给予其他缔约方、参加方或者根据互惠对等原则给予对方最惠国待遇、国民待遇。如果任何国家或地区在贸易方面对我国采取歧视性的禁止、限制或其他类似措施，我国可以根据实际情况对该国家或地区采取相应的措施。

(4) 透明度原则。透明度原则是 WTO 的基本原则，也是世界各国对外贸易法的重要内容之一。透明度原则是西方市场经济的产物。商人们为克服市场因政策法律变动而带来的风险，迫切要求政府管理市场的法律法规、规章、政策透明，以便能方便地获得政府管理和服务市场的信息。透明度原则早期又称为“阳光原则”或“知晓原则”。美国联邦政府经过 1929 年至 1932 年的经济萧条之后颁布了一系列以证券法和交易法为基础的法律法规，一般称之为“蓝天法”，即管理证券交易的法律必须像蓝天一样透明。所谓透明度，指 WTO 成员方普遍适用的有关进口贸易的政策、法令及条例，及成员政府或政府机构与另一成员政府或政府机构签订的影响国际贸易政策的协定，都应公布，以使各国政府及贸易商知悉。

我国《对外贸易法》透明度原则体现在第十一条、第十五条、第十八条、第二十八条之中。《对外贸易法》的第十一条规定：国务院对外贸易主管部门会同国务院其他有关部门应公布实行国营贸易管理的货物和经授权经营企业的目录；第十五条规定：实行自动进出口许可的货物目录予以公布；第十八条规定：根据第十六条和第十七条加以限制或禁止进出口的货物、技术目录应予公布；第二十八条规定：国务院对外贸易主管部门会同其他部门须公布国际服务贸易市场的准入目录。可见，我国外贸法已将 WTO 这一重要的原则贯穿于对外贸易的管理过程之中，是履行 WTO 协定义务的表现，给 WTO 贸易政策评审提供便利，有利于对外贸易管理的透明化，增强了进出口贸易的可预见性，对促进对外贸易的发展发挥着重要的作用。

8.1.4 对外贸易的经营者和管理机关

1. 对外贸易的经营者

对外贸易经营者是指依法办理工商登记或者其他执业手续，依照本法和其他有关法律、行政法规的规定从事对外贸易经营活动的法人、其他组织或者个人。对外贸易经营者依法享有对外经营自主权、外贸代理权、自主使用外汇权、反倾销反补贴和保障措施的请求权等权利，承担依法经营、信守合同、备案、提供资料等义务。对外贸易经营者的资格取得由原来的许可制变为现在的备案制。对外贸易经营者要如实填写如下所示的《对外贸易经营者备案登记表》，并作出守法承诺。

表 8-1　对外贸易经营者备案登记表

备案登记表编号：　　　　　　　　　　　　　进出口企业代码：

经营者中文名称			
经营者英文名称			
组织机构代码		经营者类型 (由备案登记机关填写)	
住　　所			
经营场所(中文)			
经营场所(英文)			
联系电话		联系传真	
邮政编码		电子邮箱	
工商登记注册日期		工商登记注册号	

依法办理工商登记的企业还须填写以下内容。

企业法定代表人姓名		有效证件号	
注册资金		(折美元)	

依法办理工商登记的外国(地区)企业或个体工商户(独资经营者)还须填写以下内容。

企业法定代表人/ 个体工商负责人姓名		有效证件号	
企业资产/个人财产		(折美元)	

备注：	
填表前请认真阅读背面的条款，并由企业法定代表人或个体工商负责人签字、盖章。	

备案登记机关

签　章

年　月　日

本对外贸易经营者作如下保证。

一、遵守《中华人民共和国对外贸易法》及其配套法规、规章。

二、遵守与进出口贸易相关的海关、外汇、税务、检验检疫、环保、知识产权等中华人民共和国其他法律法规、规章。

三、遵守中华人民共和国关于核、生物、化学、导弹等各类敏感物项和技术出口管制法规以及其他相关法律法规、规章，不从事任何危害国家安全和社会公共利益的活动。

四、不伪造、变造、涂改、出租、出借、转让、出卖《对外贸易经营者备案登记表》。

五、在备案登记表中所填写的信息是完整的、准确的、真实的；所提交的所有材料是完整的、准确的、合法的。

六、《对外贸易经营者备案登记表》上填写的任何事项发生变化之日起，30日内到原备案登记机关办理《对外贸易经营者备案登记表》的变更手续。

以上如有违反，将承担一切法律责任。

对外贸易经营者签字、盖章

年　　月　　日

注：(1) 备案登记表中“组织机构代码”一栏，由企业、组织和取得组织机构代码的个体工商户填写。

(2) 依法办理工商登记的外国(地区)企业，在经营活动中，承担有限/无限责任。依法办理工商登记的个体工商户(独资经营者)，在经营活动中，承担无限责任。

(3) 工商登记营业执照中，如经营范围不包括进口商品的分销业务，备案登记机关应在备注栏中注明“无进口商品分销业务”。

2. 对外贸易的管理机关

我国《宪法》规定：对外贸易管理权属于国务院。2003年前国务院对外贸易经济合作部统一领导和管理全国的对外贸易工作，2003年的机构改革将其改组为商务部，主管国内外贸易和国际经济合作，一改原来内外贸分割、国内外市场分割、进出口配额分割的管理体制。商务部是在国务院领导下的全国对外贸易的中央行政领导机关。当然，国家发改委、海关总署、科技部、国防科工委、质检总局、国家认监委等部门也在各自的职责范围内负责一部分对外贸易管理工作，但其不属于国务院对外贸易主管部门。

商务部的主要职责如下。

(1) 拟订国内外贸易和国际经济合作的发展战略、方针、政策，起草国内外贸易、国际经济合作和外商投资的法律法规，制定实施细则、规章；研究提出我国经济贸易法规之间及其与国际多边、双边经贸条约、协定之间的衔接意见。

(2) 拟订国内贸易发展规划，研究提出流通体制改革意见，培育发展城乡市场，推进流通产业结构调整和连锁经营、物流配送、电子商务等现代流通方式。

(3) 研究拟订规范市场运行、流通秩序和打破市场垄断，地区封锁的政策，建立健全统一、开放、竞争、有序的市场体系；监测分析市场运行和商品供求状况，组织实施重要消费品市场调控和重要生产资料流通管理。

(4) 研究制定进出口商品管理办法和进出口商品目录，组织实施进出口配额计划，确定配额、发放许可证；拟订和执行进出口商品配额招标政策。

(5) 拟订并执行对外技术贸易、国家进出口管制以及鼓励技术和成套设备出口的政策；推进进出口贸易标准化体系建设；依法监督技术引进、设备进口、国家限制出口的技术和引进技术的出口与再出口工作，依法颁发与防扩散相关的出口许可证。

(6) 研究提出并执行多边、双边经贸合作政策；负责多边、双边经贸对外谈判，协调对外谈判意见，签署有关文件并监督执行；建立多边、双边政府间经济和贸易联系机制并组织相关工作；处理国别(地区)经贸关系中的重要事务，管理同未建交国家的经贸活动；根据授权，代表我国政府处理与世界贸易组织的关系，承担我国在世界贸易组织框架下的多边、双边谈判和贸易政策审议、争端解决、通报咨询等工作。

(7) 指导我国驻世界贸易组织代表团、常驻联合国及有关国际组织经贸代表机构的工作和我国驻外经济商务机构的有关工作；联系国际多边经贸组织驻中国机构和外国驻中国官方商务机构。

(8) 负责组织协调反倾销、反补贴、保障措施及其他与进出口公平贸易相关的工作，建立进出口公平贸易预警机制，组织产业损害调查；指导协调国外对我国出口商品的反倾销、反补贴、保障措施的应诉及相关工作。

(9) 宏观指导全国外商投资工作；分析研究全国外商投资情况，定期向国务院报送有关动态和建议，拟订外商投资政策，拟订和贯彻实施改革方案，参与拟订利用外资的中长期发展规划；依法核准国家规定的限额以上、限制投资和涉及配额、许可证管理的外商投资企业的设立及其变更事项；依法核准大型外商投资项目的合同、章程及法律特别规定的重大变更事项；监督外商投资企业执行有关法律法规、规章及合同、章程的情况；指导和管理全国招商引资、投资促进及外商投资企业的审批和进出口工作，综合协调和指导国家级经济技术开发区的有关具体工作。

(10) 负责全国对外经济合作工作；拟订并执行对外经济合作政策，指导和监督对外承包工程、劳务合作、设计咨询等业务的管理；拟订境外投资的管理办法和具体政策，依法核准国内企业对外投资开办企业(金融企业除外)并实施监督管理。

(11) 负责我国对外援助工作；拟订并执行对外援助政策和方案，签署并执行有关协议；编制并执行对外援助计划，监督检查援外项目执行情况，管理援外资金、援外优惠贷款、援外专项基金等我国政府援外资金；推进援外方式改革。

(12) 拟订并执行对我国香港、澳门特别行政区和台湾地区的经贸政策、贸易中长期规划；与香港、澳门特别行政区有关经贸主管机构和台湾受权的民间组织进行经贸谈判并签署有关文件；负责内地与香港、澳门特别行政区商贸联络机制工作；组织实施对台直接通商工作，处理多边、双边经贸领域的涉台问题。

(13) 负责我国驻世界贸易组织代表团、驻外经济商务机构以及有关国际组织代表机构的队伍建设、人员选派和管理；指导进出口商会和有关协会、学会的工作。

(14) 承办国务院交办的其他事项。各省、自治区、直辖市、计划单列市对外贸易经济合作厅、局是原外经贸部授权负责管理本地区外经贸事务的外经贸行政管理机关，受商务部和同级人民政府的双重领导。

8.2 货物、技术、服务贸易管理制度

8.2.1 货物和技术贸易管理制度

依国际惯例和《对外贸易法》的规定，准许货物与技术的自由进出口。但是，我国根据国民经济发展、国家经济安全和维护对外贸易秩序的需要，对货物与技术的进出口保留了必要的限制和禁止。

1. 货物与技术进出口的限制和禁止

根据《对外贸易法》第十六条、第十七条的规定，国家基于下列原因，可以限制或者禁止有关货物、技术的进口或者出口。

(1) 为维护国家安全、社会公共利益或者公共道德，需要限制或者禁止进口或者出口的。

(2) 为保护人的健康或者安全，保护动物、植物的生命或者健康，保护环境，需要限制或者禁止进口或者出口的。

(3) 为实施与黄金或者白银进出口有关的措施，需要限制或者禁止进口或者出口的。

(4) 国内供应短缺或者为有效保护可能用竭的自然资源，需要限制或者禁止出口的。

(5) 输往国家或者地区的市场容量有限，需要限制出口的。

(6) 出口经营秩序出现严重混乱，需要限制出口的。

(7) 为建立或者加快建立国内特定产业，需要限制进口的。

(8) 对任何形式的农业、牧业、渔业产品有必要限制进口的。

(9) 为保障国家国际金融地位和国际收支平衡，需要限制进口的。

(10) 依照法律、行政法规的规定，其他需要限制或者禁止进口或者出口的。

(11) 根据我国缔结或者参加的国际条约、协定的规定，其他需要限制或者禁止进口或者出口的。

(12) 国家对与裂变、聚变物质或者衍生此类物质的物质有关的货物、技术进出口，以及与武器、弹药或者其他军用物资有关的进出口，可以采取任何必要的措施，维护国家安全。

(13) 在战时或者为维护国际和平与安全，国家在货物、技术进出口方面可以采取任何必要的措施。

国务院对外贸易主管部门会同国务院其他有关部门，依照本法第十六条和第十七条的规定，制定、调整并公布限制或者禁止进出口的货物、技术目录；经国务院批准，可以在本法第十六条和第十七条规定的范围内，临时决定限制或者禁止前款规定目录以外的特定货物、技术的进口或者出口。

违反本法第十六条和第十七条的规定要承担如下法律责任。

(1) 进出口属于禁止进出口的货物的，或者未经许可擅自进出口属于限制进出口的货物的，由海关依照有关法律、行政法规的规定处理、处罚；构成犯罪的，依法追究刑事责任。

(2) 进出口属于禁止进出口的技术的，或者未经许可擅自进出口属于限制进出口的技术的，依照有关法律、行政法规的规定处理、处罚；法律、行政法规没有规定的，由国务

院对外贸易主管部门责令改正，没收违法所得，并处违法所得 1 倍以上 5 倍以下罚款，没有违法所得或者违法所得不足 1 万元的，处 1 万元以上 5 万元以下罚款；构成犯罪的，依法追究刑事责任。

(3) 自前两款规定的行政处罚决定生效之日或者刑事处罚判决生效之日起，国务院对外贸易主管部门或者国务院其他有关部门可以在 3 年内不受理违法行为人提出的进出口配额或者许可证的申请，或者禁止违法行为人在 1 年以上 3 年以下的期限内从事有关货物或者技术的进出口经营活动。

2. 限制进出口的货物与技术的配额与许可证管理

1) 配额

配额是指一国政府在一定时期内对某些敏感商品的进口或出口进行数量或金额上的控制，其目的旨在调整国际收支和保护国内工农业生产，是非关税壁垒措施之一。配额可分为进口配额和出口配额两大类。

(1) 进口配额按照管理方式可分绝对配额和关税配额。

① 绝对配额是指在一定时期内，对某些商品规定一个最高的进口数量或金额。一旦达到这个最高数额就不准进口。绝对配额又分两种形式：其一，采取“全球配额”，它适用于来自任何国家或地区的商品，主管当局按进口商申请先后或按过去某一时期的进口实绩，批给一定的额度，直到总配额发放完为止；其二，采取“国别配额”，这是在总配额中按国别和地区分配配额，不同国家和地区如果超过所规定的配额，就不准进口。

② 关税配额不绝对限制商品的进口数量，而是在一定时期内对一定数量的进口商品，给予低税、减税或免税的待遇，对超过此配额的进口商品，则征收较高的关税或附加税和罚款。我国现在有数十种机电产品和一般商品实行进口配额管理。

(2) 出口配额可以分为“自动”出口配额(被动配额)和主动配额。

① “自动”出口配额是指出口国家或地区在进口国家的要求或压力下，“自动”规定某一时期内某些商品出口的限额，超过限制额即不准出口。从实质上讲这是不得不实行的被动配额，故在“自动”两字上加上引号。

② 主动配额是指出口国家或地区根据境内外市场上的容量和其他一些情况而对部分出口商品实行的配额出口。

我国现在实行主动配额管理的商品，相当一部分是在国际市场的优势出口商品或垄断商品，赢利空间较大，且大多涉及出口主导行业。实行被动配额管理的商品主要是纺织品。

2) 许可证管理

进出口许可证管理是指由商务部或者会同国务院有关部门，依法制定并调整进出口许可管理目录，以签发进出口许可证的形式对该目录商品实行的行政许可管理。进出口许可又分为自动许可和非自动许可。

(1) 自动许可就是公开的一般许可，只要提出申请，有关机构即予批准，无须特殊审查，它适用于部分自由进出口的货物，而对于自由进出口的技术则实行备案制。

(2) 非自动许可就是特别许可，是指提出申请后要经过有关机构的逐级审批方可获得，它适用于那些限制进出口的商品。

根据《对外贸易法》第十五条的规定，国务院对外贸易主管部门基于监测进出口情况的需要，可以对部分自由进出口的货物实行进出口自动许可并公布其目录。实行自动许可的进出口货物，收货人、发货人在办理海关报关手续前提出自动许可申请的，国务院对外贸易主管部门或者其委托的机构应当予以许可；未办理自动许可手续的，海关不予放行。进出口属于自由进出口的技术，应当向国务院对外贸易主管部门或者其委托的机构办理合同备案登记。

根据《对外贸易法》第十九条的规定，国家对限制进口或者出口的货物，实行配额、许可证等方式管理；对限制进口或者出口的技术，实行许可证管理。实行配额、许可证管理的货物、技术，应当按照国务院规定经国务院对外贸易主管部门或者经其会同国务院其他有关部门许可，方可进口或者出口。国家对部分进口货物可以实行关税配额管理。

根据《对外贸易法》第二十条的规定，进出口货物配额、关税配额，由国务院对外贸易主管部门或者国务院其他有关部门在各自的职责范围内，按照公开、公平、公正和效益的原则进行分配。具体办法由国务院规定。

3. 国营贸易管理

外贸法上的国营贸易不能等同于我国计划经济时代的国营企业和我国目前的国有外贸企业，它具有特定的内涵。根据世贸组织《1994 年关贸总协定》第十七条等有关规定，所谓国营贸易企业是指在国际贸易中根据国内法律或在事实上享有专营权或特许权的政府企业和非政府企业，其购买和销售活动影响了国家进出口水平和方向。因此，世贸组织中判断国营贸易企业的关键是看企业是否在国际贸易中享有专营权或特许权，这与企业的所有制形式并无必然联系，其判断标准也不是所有制形式。因而无论是国有企业还是私营企业，或者半官方的贸易机构，若它们在一个国家的国际贸易中享有专营权或特许权，则都应被视为国营贸易企业。

国营贸易应与政府采购区分开来。在政府采购中，政府机构购买国产品或进口产品是供自己使用或消费。在国营贸易中，进口产品主要是用来在国内市场上销售，购买国产品是为在国内市场上销售及对外国市场出口。

根据《对外贸易法》第十一条的规定，国家可以对部分货物的进出口实行国营贸易管理。实行国营贸易管理货物的进出口业务只能由经授权的企业经营；但是，国家允许部分数量的国营贸易管理货物的进出口业务由非授权企业经营的除外。实行国营贸易管理的货物和经授权经营企业的目录，由国务院对外贸易主管部门会同国务院其他有关部门确定、调整并公布。违反本条第一款规定，擅自进出口实行国营贸易管理的货物的，海关不予放行。

根据《对外贸易法》第六十条的规定，违反本法第十一条规定，未经授权擅自进出口实行国营贸易管理的货物的，国务院对外贸易主管部门或者国务院其他有关部门可以处 5 万元以下罚款；情节严重的，可以自行政处罚决定生效之日起 3 年内，不受理违法行为人从事国营贸易管理货物进出口业务的申请，或者撤销已给予其从事其他国营贸易管理货物进出口的授权。

4. 进出口商品检验制度

我国于 1989 年颁布了《进出口商品检验法》，1992 年颁布了《进出口产品检验实施条例》。2002 年 4 月 28 日第九届全国人大常委会第 27 次会议修改了《进出口商品检验法》，该法共六章、四十一条。

1) 法定检验和非法定检验

法定检验是强制性的，我国目前实施法定检验的范围基本包括如下。

(1) 对列入检验目录的进出产品的检验。

(2) 对出口食品的卫生检验。

(3) 对出口危险货物的包装容器的性能鉴定和使用鉴定。

(4) 对装运进口易腐烂变化的食品、冷冻品的船舱、集装箱等运输工具的适载检验。

(5) 因对有关国际条约规定的须商检机构检验的进出口产品的检验。

(6) 对其他法律、行政法规规定的须经商检机构检验的进出口产品的检验。

非法定检验是非强制性的，主要是指法定检验范围以外的进出口产品的检验。非法定检验是根据外贸合同中的约定或有关当事人申请而实施的检验。

2) 商品检验部门

国务院设立进出口检验部门(以下简称商检部门)主管全国进出口商品检验工作。原来的商检部门是国家出入境检验检疫局，2001 年 4 月与原国家技术监督局合并组建为国家质量监督检验检疫总局，它是国务院主管全国进出口商品检验、出入境卫生检疫、出入境动植物检疫、质量、计量和认证认可、标准化等工作，并行使行政执法职能的直属机构。国家商检部门设在各地的进出口商品检验机构(以下简称商检机构)管理所在辖区进出口商品检验工作和经国家商检部门许可的检验机构。

3) 检验法主要内容

(1) 进出口商品检验基本规则。商检部门制定、调整必须实施检验的进出口商品目录(以下简称目录)并公布实施。列入目录的进出口商品，由商检机构实施检验。目录内进出口商品未经检验的，不准销售、使用、出口。符合国家规定的免予检验条件的进出口商品，由收货人或发货人申请，经国家商检部门审查批准，可以免予检验。列入目录的进出口商品，按照国家技术规范的强制性要求进行检验。尚未制定国家技术规范的强制性要求的，应当依法及时制定；未制定之前，可以参照国家商检部门制定的国外标准进行检验。经国家商检部门许可的检验机构，可以接受对外贸易关系人或外国检验机构的委托，办理进出口商品检验鉴定。

(2) 进口商品的检验程序。必须经商检机构检验的进口商品的收货人或其代理人，应向报关地的商检机构报检。该商检机构应在国家商检部门规定的期限检验完毕，并出具商检证。收货人发现进口商品质量不合格或残损短缺，需要向商检机构出证索赔的，应向商检机构申请检验证。

(3) 出口商品的检验程序。必须经商检机构检验的出口商品的发货人或其代理人，应向商检机构报检。该商检机构在规定期限内检验完毕，出具检验证。为出口货物生产包装容器的企业，必须申请商检机构对该容器性能进行鉴定。生产出口危险货物的企业，必须申请商检机构进行包装容器使用鉴定。对装运出口易腐烂变质食品的船舱和集装箱，承运人或集装箱单位必须在装货前申请检验。

(4) 复检与司法审查。进出口商品的检报人对商检机构作出的检验结果有异议的，可向原商检机构或其上级商检机构以至国家商检部门申请复验，由其作出复验结论。对复验结论不服的，可申请行政复议，或依法提起诉讼。

5. 海关法律制度

1) 海关的概念、性质、任务和职责

海关是国家设立的依法对进出关境的货物、邮递物品、旅客行李、货币、金银、证券和运输工具等物品进行监督检查、稽征关税、查缉走私、编制海关统计及办理其他海关业务的国家的进出境行政监督管理机关。我国的海关，据文献记载，自周代开始就有设置，距今已有三千年之久的历史。中华人民共和国成立以来，一直由中华人民共和国海关总署统一管理全国的海关。

关境是适用同一海关法或实行同一关税制度的领域，包括领水、领陆和领空。我国关境小于国境，我国单独关境有香港、澳门和台、澎、金、马单独关税区。欧盟的关境大于国境。

海关的性质可概括为以下 3 个方面。

(1) 海关是国家行政机关，国务院直属机构，对内对外代表国家行使行政管理权。

(2) 海关是国家进出境监督管理机关。监督管理对象是所有进出关境的运输工具、货物和物品。实施监督管理的范围是进出关境及与之有关的活动。

(3) 海关的监督管理是国家行政执法活动。

海关执法是依据《海关法》和其他法律法规。事务属于中央立法事权，立法者为全国人大、全国人大常委会、国务院。各级省、市、自治区、直辖市人大和政府不得制定海关法律法规。地方法规、规章不是海关执法的依据。

依照《海关法》等有关法律法规，中国海关主要承担以下 4 项基本任务。

(1) 海关监管。海关监管即监管进出境的运输工具、货物和物品是海关的最基本任务，是一项国家职能。

(2) 征税。海关代表国家征收关税和其他税、费，征税的基本法律依据是《海关法》和《进出口关税条例》。我国的关税平均税率逐年降低。

(3) 查缉走私。我国实行联合缉私、统一处理、综合治理的缉私体制。海关是打击走私的主管机关，海关缉私警察负责走私犯罪的侦查、拘留、执行逮捕和预审工作。公安、工商、税务等部门都有缉私权利，他们查获的案件要行政处罚的统一移交海关处理。

(4) 编制海关统计和办理其他海关业务。凡能引起我国境内物质资源储备增加或减少的进出口货物，超过自用、合理数量的进出境物品均列入海关统计。不列入海关统计的货物和物品实施单项统计。海关统计以实际进出口货物为统计对象，以税号为依据而非产品。不同于商务部统计，只起配合作用。1992 年，我国海关编制了《海关统计商品目录》。

海关根据这些任务主要履行通关监管、税收征管、加工贸易和保税监管、海关统计、海关稽查、打击走私、口岸管理这 7 项职责。

通关监管的对象分为贸易性的货物、运输工具和非贸易性的物品 3 部分，因而通关监管制度可分为货运监管制度、非贸易性物品监管制度和运输工具监管制度三大体系；税收征管规定了纳税义务人、商品分类及编码、进出口税率结构、完税价格的审定、纳税期限、税款的征免退补及违规处理等原则和作业程序；加工贸易和保税监管是指经海关批准的境内企业所进口的货物，在海关监管下，在境内指定的场所储存、加工、装配并暂缓缴纳各种进口税费的一种海关监管业务制度；海关统计是以进出境的货物为调查和分析对象、运用一系列统计指标对国家的对外贸易发展状况进行统计监督，提供统计信息和咨询，促进对外贸易的发展；海关稽查是指海关在规定期限内依法对进出口经营企业及相关单位的会计账簿、凭证、报关单证及其他有关资料实施稽查，以审查有关企业、单位有无违反海关法规行为的一项海关业务制度；打击走私是海关主管职责，海关缉私警察负责走私犯罪的侦查、拘留、执行逮捕和预审工作，统一处理公安、工商、税务等部门缉私查获的案件的行政处罚；海关管理国家批准的海、陆、空一类口岸有 250 多个，省级人民政府原来批准的二类口岸有近 200 个。

2) 海关法及海关体制

海关法是规定海关的地位、调整进出关境活动中发生的海关监督管理关系的法律规范的法律体系。

我国实行以《海关法》为核心，其他国务院的法规、总署的规章为补充的 3 级海关法律体系。现行的法律有《海关法》、《对外贸易法》、《行政处罚法》等；行政法规有《进出口关税条例》、《知识产权海关保护条例》、《海关行政处罚条例》、《海关稽查条例》等；海关总署规章有《进出口货物申报管理规定》、《海关对进出境旅客行李物监管办法》、《海关进出口货物征税管理办法》、《海关对加工贸易货物监管办法》等；海关总署规范性文件由海关总署以《海关总署公告》的形式对外发布，如海关总署 2007 年第 25 号公告；直属海关公告由直属海关以《××海关公告》的形式对外发布，如拱北海关 2007 年第 3 号公告。

根据《海关法》第三条的规定，国务院设立海关总署，统一管理全国海关。海关事务属于中央事权，采取垂直领导体制，海关依法独立行使职权。海关的设立应遵循以下 3 个原则。

(1) 海关机构层级关系一般为海关总署、直属海关、隶属海关 3 级，垂直设立。

(2) 海关隶属关系不受行政区划的限制。

(3) 设关原则与行政区划无必然的联系。海关属于国务院的直属机构，国家在对外开放的口岸和海关监管业务集中的地点设立海关。海关的隶属关系不受行政区划的限制，海关依法独立行使职权，向海关总署负责。设立海关应当经国务院许可。海关总署下辖直属海关，直属海关管理隶属海关。根据《海关法》第一百条的规定，直属海关是指直接由海关总署领导，负责管理一定区域范围内的海关业务的海关。隶属海关是指由直属海关领导，负责办理具体海关业务的海关。

3) 海关的行政权力

《海关法》第六条规定了海关可以行使如下权力。

(1) 检查权。检查进出境运输工具；在海关监管区和海关附近沿海沿边规定地区，检查有走私嫌疑的运输工具和有藏匿走私货物、物品嫌疑的场所，检查走私嫌疑人的身体；在海关监管区和海关附近沿海沿边规定地区以外，海关在调查走私案件时，对有走私嫌疑的运输工具和除公民住处以外的有藏匿走私货物、物品嫌疑的场所，经直属海关关长或者其授权的隶属海关关长批准，可以进行检查，有关当事人应当到场；当事人未到场的，在有见证人在场的情况下，可以径行检查。

(2) 查验权。查验进出境货物、物品。

(3) 扣留权。对违反海关法或者其他有关法律、行政法规的进出境运输工具、进出境货物、物品有权扣留；对与违反海关法或者其他有关法律、行政法规的进出境运输工具、货物、物品有牵连的合同、发票、账册、单据、记录、文件、业务函电、录音录像制品和其他资料可以扣留；对有走私嫌疑的运输工具、货物、物品和走私犯罪嫌疑人，经直属海关关长或者其授权的隶属海关关长批准，可以扣留；在海关监管区和海关附近沿海沿边规定地区以外，在调查走私案件时，对有证据证明有走私嫌疑的运输工具、货物、物品，可以扣留。

(4) 查问、调查权。查问违反海关法或者其他有关法律、行政法规的嫌疑人，调查其违法行为。

(5) 查阅、复制权。查阅进出境人员的证件；查阅、复制与进出境运输工具、货物、物品有关的合同、发票、账册、单据、记录、文件、业务函电、录音录像制品和其他资料。

(6) 存款查询权。在调查走私案件时，经直属海关关长或者其授权的隶属海关关长批准，可以查询案件涉嫌单位和涉嫌人员在金融机构、邮政企业的存款、汇款。

(7) 连续追缉权。进出境运输工具或者个人违抗海关监管逃逸的，海关可以连续追至海关监管区和海关附近沿海沿边规定地区以外，将其带回处理。

(8) 佩带和使用武器权。海关为履行职责，可以配备武器。

(9) 其他。法律、行政法规规定由海关行使的其他权力。

4) 海关管理相对人的权利

(1) 报关权。《海关法》第九条规定：进出口货物的收发货人、进出境物品的所有人可以自行办理报关纳税手续，也可以委托他人代为办理报关纳税手续。

(2) 申报前查看货物的权利。《海关法》第二十七条规定：进口货物的收货人可以在申报前查看货物、提取货样。

(3) 通关权。《海关法》第二十九规定：进出口货物的收发货人缴清进出口货物的税款或者提供担保后，有权要求海关放行货物。

(4) 税款、进口货物变卖款的退还请求权。《海关法》第三十条规定：对海关已提取变卖的超期未报进口货物，收货人有权在一年之内向海关申请发还余款；《海关法》第六十三条规定：对海关多征的税款，纳税义务人自缴纳税款之日起一年内，可以要求海关退还。

(5) 申请救济权。申请救济权包括以下两种权利。

① 行政复议、行政诉讼权。海关管理相对人认为海关具体行政行为侵犯其合法权益，可以依法提起行政复议或者行政诉讼。在此基础上，《海关法》第六十四条对纳税争议进行了特别的复议前置的规定，即纳税义务人同海关发生纳税争议，应先申请行政复议；对复议决定仍不服，再向人民法院提起诉讼。

② 行政赔偿权请求权。海关管理相对人依据《国家赔偿法》享有要求行政赔偿的权利，《海关法》就此作出了具体的规定。根据《海关法》第六十一条的规定，海关采取税收保全措施不当致使纳税义务人的合法权益受到损失的，有权要求海关赔偿；根据《海关法》第九十五条的规定，海关违法扣留货物、物品、运输工具，致使当事人的合法权益受到损失的，收发货人、所有人有权要求赔偿实际损失。此外，《海关法》还专门作出了查验赔偿的

规定，根据该法第九十四条的规定，海关在查验进出境货物、物品时，损坏被查验的货物、物品的，收发货人、所有人有权要求赔偿实际损失。

(6) 举报监督权。《海关法》第十三条规定：任何单位及个人均有权对违反海关法规定逃避海关监管的行为进行举报；《海关法》第八十条规定：任何单位和个人均有权对海关及其工作人员的违法、违纪行为进行控告、检举。

5) 法律责任

(1) 走私行为的法律责任。对下列违反《海关法》及有关法律、行政法规，逃避海关监管，偷逃应纳税款、逃避国家有关进出境的禁止性或者限制性管理的走私行为：①运输、携带、邮寄国家禁止或者限制进出境货物、物品或者依法应当缴纳税款的货物、物品进出境的；②未经海关许可并且未缴纳应纳税款、交验有关许可证件，擅自将保税货物、特定减免税货物以及其他海关监管货物、物品、进境的境外运输工具，在境内销售的；③直接向走私人非法收购走私进口的货物、物品的；④在内海、领海、界河、界湖，船舶及所载人员运输、收购、贩卖国家禁止或者限制进出境的货物、物品，或者运输、收购、贩卖依法应当缴纳税款的货物，没有合法证明的；⑤有逃避海关监管，构成走私的其他行为的，尚不构成犯罪的，由海关没收走私货物、物品及违法所得，可以并处罚款；专门或者多次用于掩护走私的货物、物品，专门或者多次用于走私的运输工具，予以没收，藏匿走私货物、物品的特制设备，责令拆毁或者没收。走私行为构成犯罪的，依法追究刑事责任。

伪造、变造、买卖海关单证，或有以下行为构成犯罪(走私共犯)的，依法追究刑事责任；不构成犯罪的，由海关没收违法所得，并处罚款：①与走私人通谋为走私人提供贷款、资金、账号、发票、证明、海关单证的；②与走私人通谋为走私人提供运输、保管、邮寄或者其他方便的。

(2) 违规行为的法律责任。违反海关法规定有下列行为之一的，可以处以罚款，有违法所得的，没收违法所得：①运输工具不经设立海关的地点进出境的或不将进出境运输工具到达的时间、停留的地点、更换的地点通知海关的；②进出口货物、物品或者过境、转运、通运货物向海关申报不实的；③不按照规定接受海关对进出境运输工具、货物、物品进行检查、查验的；④进出境运输工具未经海关同意，擅自装卸进出境货物、物品、上下进出境旅客的或在设立海关的地点停留的进出境运输工具未经海关同意，擅自驶离的；⑤进出境运输工具从一个设立海关的地点驶往另一个设立海关的地点，尚未办结海关手续又未经海关批准，中途擅自改驶境外或者境内未设立海关的地点的；⑥进出境运输工具，未经海关同意，擅自兼营或者改营境内运输的；⑦由于不可抗力的原因，进出境船舶和航空器被迫在未设立海关的地点停泊、降落或者在境内抛掷、起卸货物、物品，无正当理由，不向附近海关报告的；⑧未经海关许可，擅自将海关监管货物开拆、提取、交付、发运、调换、改装、抵押、质押、留置、转让、更换标记、移作他用或者进行其他处置的以及擅自开启或者损毁海关封志的；⑨经营海关监管货物的运输、储存、加工等业务，有关货物灭失或者有关记录不真实，不能提供正当理由的；⑩有违反海关监管规定的其他行为的。

(3) 报关企业和报关人员的法律责任。①海关准予从事有关业务的企业，违反海关法有关规定的，由海关责令改正，可以给予警告，暂停其从事有关业务，直至撤销注册；②未经海关注册登记和未取得报关从业资格从事报关业务的，由海关予以取缔，没收违法所得，可以并处罚款；③报关企业、报关人员非法代理他人报关或者超出其业务范围进行报关活动的，由海关责令改正，处以罚款，暂停其执业；情节严重的，撤销其报关注册登记、取消其报关从业资格；④进出口货物收发货人、报关企业、报关人员向海关工作人员行贿的，由海关撤销其报关注册登记，取消其报关从业资格，并处以罚款；构成犯罪的，依法追究刑事责任，并不得重新注册登记为报关企业和取得报关从业资格证书。

(4) 个人携带物品进出境的法律责任。个人携带、邮寄超过合理数量的自用物品进出境，未依法向海关申报的，责令补缴关税，可以处以罚款。

(5) 海关及其工作人员的法律责任。①海关违法扣留货物、物品、运输工具，致使当事人的合法权益受到损失的，应当依法承担赔偿责任；②海关工作人员有《海关法》第七十二条所列禁止行为之一的，依法给予行政处分；有违法所得的，依法没收违法所得；构成犯罪的，依法追究刑事责任；③海关的财政收支违反法律、行政法规规定的，由审计机关以及有关部门依照法律、行政法规的规定作出处理；对直接负责的主管人员和其他直接责任人员，依法给予行政处分；构成犯罪的，依法追究刑事责任；④未按照本法规定为控告人、检举人、举报人保密的，对直接负责的主管人员和其他直接责任人员，由所在单位或者有关单位依法给予行政处分；⑤海关工作人员在调查处理违法案件时，未按照本法规定进行回避的，对直接负责的主管人员和其他直接责任人员，依法给予行政处分。

(6) 侵犯知识产权的法律责任。《海关法》第九十一条规定：进出口侵犯中华人民共和国法律、行政法规保护的知识产权的货物的，由海关依法没收侵权货物，并处以罚款；构成犯罪的，依法追究刑事责任。

8.2.2 服务贸易管理制度

国务院对外贸易主管部门和国务院其他有关部门依法对国际服务贸易进行管理。国家基于下列原因，可以限制或者禁止有关的国际服务贸易。

(1) 为维护国家安全、社会公共利益或者公共道德，需要限制或者禁止的。

(2) 为保护人的健康或者安全，保护动物、植物的生命或者健康，保护环境，需要限制或者禁止的。

(3) 为建立或者加快建立国内特定服务产业，需要限制的。

(4) 为保障国家外汇收支平衡，需要限制的。

(5) 依照法律、行政法规的规定，其他需要限制或者禁止的。

(6) 根据我国缔结或者参加的国际条约、协定的规定，其他需要限制或者禁止的。

(7) 国家对与军事有关的国际服务贸易，以及与裂变、聚变物质或者衍生此类物质的物质有关的国际服务贸易，可以采取任何必要的措施，维护国家安全。

(8) 在战时或者为维护国际和平与安全，国家在国际服务贸易方面可以采取任何必要的措施。

国务院对外贸易主管部门会同国务院其他有关部门，依法制定、调整并公布国际服务贸易市场准入目录。

从事属于禁止的国际服务贸易的，或者未经许可擅自从事属于限制的国际服务贸易的，依照有关法律、行政法规的规定处罚；法律、行政法规没有规定的，由国务院对外贸易主管部门责令改正，没收违法所得，并处违法所得1倍以上5倍以下罚款，没有违法所得或者违法所得不足1万元的，处1万元以上5万元以下罚款；构成犯罪的，依法追究刑事责任。

国务院对外贸易主管部门可以禁止违法行为人自前款规定的行政处罚决定生效之日或

者刑事处罚判决生效之日起 1 年以上 3 年以下的期限内从事有关的国际服务贸易经营活动。在禁止期限内，海关根据国务院对外贸易主管部门依法作出的禁止决定，对该对外贸易经营者的有关进出口货物不予办理报关验放手续，外汇管理部门或者外汇指定银行不予办理有关结汇、售汇手续。

8.3　公平贸易管理制度

8.3.1　反倾销法律制度

WTO 认定的倾销为：一项产品从一国出口到另一国，该产品的出口价格在正常的贸易过程中，低于出口国旨在本国消费的同类产品的可比价格，即以低于其正常价值进入另一国的产品。反倾销一般是指进口国当局为了保护本国经济利益或者本国生产企业的利益，采取增加关税等措施对进口国及其企业的倾销行为进行限制的行为。由于反倾销措施简便实用、效果明显，因此，它是 3 种贸易救济措施中使用频率最高的。

随着我国出口贸易额的快速增长，我国遭遇的反倾销数量大幅增加。20 世纪 70 年代我国共遭遇反倾销调查 2 起，80 年代年均 6 起，90 年代达到年均 31 起，21 世纪前 6 年年均 48 起。据 WTO 统计，我国已经连续 11 年成为全球遭受反倾销最多的国家。

我国针对外国进口产品实施反倾销措施的专门立法开始于 1997 年。1997 年 3 月 25 日国务院发布《反倾销和反补贴条例》，并依此对部分进口产品实施了反倾销措施。为顺应入世需要，2001 年 11 月 26 日国务院公布《反倾销条例》，2004 年 3 月 31 日国务院又进行了修订。

2001 年进出口公平贸易局成立以来，截至 2006 年 9 月，我国共发起对进口商品反倾销的调查 110 起，保障措施 1 起，涉案金额共计 90 多亿美元；据 2007 年第一季度的不完全统计，我国对进口商品反倾销的数量已位居世界第二。[④]按照 WTO 统计方法，2003—2012 年 9 月，我国共对外发起反倾销调查案件 131 起，反补贴调查案件 5 起，涉及进口金额近 200 亿美元。[⑤]

中国实施反倾销等贸易救济措施已取得了良好效果，表现在涉案产品价格回升；涉案国家(地区)的产品进口数量明显下降；为受损害产业的恢复和发展创造了良好的环境，促进了产业结构调整和产业升级；提高了中国企业提起反倾销诉讼的积极性。

随着中国入世的加深，由于进口关税大幅降低，大多数非关税措施的取消和服务领域的逐步开放，市场竞争愈发激烈。部分海外生产商为拓展中国市场，不惜采取低价倾销的方式，扰乱中国正常的竞争秩序，损害中国产业的合法权益。为此，中国要进一步健全产业损害预警机制，采取反倾销法律措施，维护公平竞争秩序和中国企业的合法权益。我国反倾销调查机构为商务部进出口公平贸易局。

1. 实施反倾销措施的原则

实施反倾销措施必须坚持维护对外贸易秩序和公平竞争原则。该原则是我国制定和实施反倾销法的基本指导原则，也是立法和执法的基本宗旨。同时，在实施反倾销措施过程

---

④ 载于 http://222.240.202.19/newscontent/files/html/200610/2006108/42946528.html，2006-10-08。

⑤ 参见《中国连续 17 年成全球受反倾销调查最多国家》载于 http://news.hexun.com/2012-11-08/147728151.html

中还应坚持损害结果原则，即进口产品以倾销方式进入我国市场，并对已经建立的国内产业造成实质损害或者产生实质损害威胁，或者对建立国内产业造成实质阻碍的，依法进行调查，采取反倾销措施。换言之，进口产品的倾销未对我国国内产业造成损害的，就不能实施反倾销调查、采取反倾销措施。

2. 倾销构成要件

1) 确定存在倾销事实

倾销是指在正常贸易过程中进口产品以低于其正常价值的价格进入我国市场。确定倾销事实的存在包括以下几方面。

(1) 确定进口产品的正常价值。目前在我国，正常价值确定的标准有两条。

① 进口产品的同类产品在出口国(地区)国内市场的正常贸易过程中有可比价格的，以该可比价格为正常价值。

② 进口产品的同类产品在出口国(地区)国内市场的正常贸易过程中没有销售的，或者该同类产品的价格、数量不能据以进行公平比较的，以该同类产品出口到一个适当第三国(地区)的可比价格或者以该同类产品在原产国(地区)的生产成本加合理费用、利润，为正常价值。

对倾销的调查和确定，由我国商务部负责。

(2) 确定进口产品的出口价格。进口产品的出口价格确定方法如下。

① 进口产品有实际支付或者应当支付的价格的，以该价格为出口价格。

② 进口产品没有出口价格或者其价格不可靠的，以根据该进口产品首次转售给独立购买人的价格推定为出口价格。但是，该进口产品未转售给独立购买人或者未按进口时的状态转售的，可以以反倾销调查机构根据合理基础推定的价格为出口价格。

(3) 确定进口产品的倾销幅度。进口产品的出口价格低于其正常价值的幅度，为倾销幅度。对进口产品的出口价格和正常价值，应当考虑影响价格的各种可比性因素，按照公平、合理的方式进行比较。

(4) 确定倾销幅度。当将加权平均正常价值与全部可比出口交易的加权平均价格进行比较，或者将正常价值与出口价格在逐笔交易的基础上进行比较确定倾销幅度。

2) 确定存在损害

损害是指倾销对已经建立的国内产业造成实质损害或者产生实质损害威胁，或者对建立国内产业造成实质阻碍。确定损害时，应当依据的标准包括以下几方面。

(1) 确定倾销对国内产业造成的损害时，应当审查的事项如下。

① 倾销进口产品的数量，包括倾销进口产品的绝对数量或者相对于国内同类产品生产或者消费的数量是否大量增加，或者倾销进口产品大量增加的可能性。

② 倾销进口产品的价格，包括倾销进口产品的价格削减或者对国内同类产品的价格产生大幅度抑制、压低等影响。

③ 倾销进口产品对国内产业的相关经济因素和指标的影响。

④ 倾销进口产品的出口国(地区)、原产国(地区)的生产能力、出口能力，被调查产品的库存情况。

⑤ 造成国内产业损害的其他因素。

对实质损害威胁的确定，应当依据事实，不得仅依据指控、推测或者极小的可能性。

(2) 累积评估。倾销进口产品来自两个以上国家(地区)，并且同时满足下列条件的，可以就倾销进口产品对国内产业造成的影响进行累积评估。

① 来自每一国家(地区)的倾销进口产品的倾销幅度不小于 2%，并且其进口量不属于可忽略不计的。

② 根据倾销进口产品之间以及倾销进口产品与国内同类产品之间的竞争条件，进行累积评估是适当的。

(3) 损害客体。损害客体为国内产业。所谓国内产业，是指我国国内同类产品的全部生产者，或者其总产量占国内同类产品全部总产量的主要部分的生产者。但是，国内生产者与出口经营者或者进口经营者有关联的，或者其本身为倾销进口产品的进口经营者的，可以排除在国内产业之外。在特殊情形下，国内一个区域市场中的生产者，在该市场中销售其全部或者几乎全部的同类产品，并且该市场中同类产品的需求主要不是由国内其他地方的生产者供给的，可以视为一个单独产业，即地区产业。

3) 确定倾销与损害之间有因果关系

在确定倾销对国内产业造成的损害时，应当依据肯定性证据，不得将造成损害的非倾销因素归因于倾销，即在确定因果关系时，既要考察相关因素，也要考察无关因素，最终将造成的损害的非倾销因素(无关因素)排除，而适用相关因素确定因果关系。

3. 倾销调查程序

实施反倾销调查包括如下步骤。

1) 申请

国内产业或者代表国内产业的自然人、法人或者有关组织(以下统称申请人)，可以依照条例的规定向商务部提出反倾销调查的书面申请书。

在表示支持申请或者反对申请的国内产业中，支持者的产量如占支持者和反对者的总产量的 50%以上的，应当认定申请是由国内产业或者代表国内产业提出的，可以启动反倾销调查。但是，表示支持申请的国内生产者的产量不足国内同类产品总产量的 25%的，不得启动反倾销调查。

在特殊情形下，商务部没有收到反倾销调查的书面申请，但有充分证据认为存在倾销和损害以及二者之间有因果关系的，可以决定立案调查。

2) 立案与调查

商务部应当自收到申请人提交的申请书及有关证据之日起 60 天内，对申请是否由国内产业或者代表国内产业提出、申请书内容及所附具的证据等进行审查，决定立案调查与否。

在决定立案调查前，应当通知有关出口国(地区)政府。立案调查的决定予以公告，并通知申请人、已知的出口经营者和进口经营者、出口国(地区)政府以及其他有利害关系的组织、个人(以下统称利害关系方)。立案调查的决定一经公告，外经贸部应当将申请书文本提供给已知的出口经营者和出口国(地区)政府。

调查机关可以采用问卷、抽样、听证会、现场核查等方式向利害关系方了解情况，进行调查。商务部应当为有关利害关系方提供陈述意见和论据的机会，在必要时，可以派出工作人员赴有关国家(地区)进行调查。但是，有关国家(地区)提出异议的除外。

调查机关进行调查时，利害关系方应当如实反映情况，提供有关资料。利害关系方不如实反映情况、提供有关资料的，或者没有在合理时间内提供必要信息的，或者以其他方式严重妨碍调查的，商务部可以根据已经获得的事实和可获得的最佳信息作出裁定。

但利害关系方认为其提供的资料泄露后将产生严重不利影响的，可以向商务部申请对该资料按保密资料处理，由商务部对此作出决定。

3) 裁决

裁决分为初裁与终裁。初裁认定倾销、损害以及二者之间的因果关系成立的，商务部应当对倾销及倾销幅度、损害及损害程度继续进行调查，并根据调查结果分别作出终裁决定。而裁决必须予以公告。

在作出终裁决定前，应当由商务部将终裁决定所依据的基本事实通知所有已知的利害关系方。

举案说法 8.1

原产于印度的进口磺胺甲恶唑进行反倾销调查初裁案⑥

根据《中华人民共和国反倾销条例》的规定，中华人民共和国商务部于2006年6月16日发布43号立案公告，决定对原产于印度的进口磺胺甲恶唑(以下称被调查产品)(税则号为29350030)进行反倾销立案调查。商务部对被调查产品是否存在倾销和倾销幅度、被调查产品是否对中国磺胺甲恶唑产业造成损害及损害程度以及倾销与损害之间的因果关系进行了调查。根据调查结果和《中华人民共和国反倾销条例》第二十四条的规定，商务部作出初裁决定。商务部初步裁定认定被调查产品存在倾销，中国磺胺甲恶唑产业遭受了实质损害，而且倾销与实质损害之间存在因果关系。根据《中华人民共和国反倾销条例》第二十八条和第二十九条的规定，商务部决定采用保证金形式实施临时反倾销措施。自2007年2月1日起，进口经营者在进口原产于印度的进口磺胺甲恶唑时，应依据本初裁决定所确定的各公司的倾销幅度向中华人民共和国海关提供相应的保证金。对各公司征收的保证金比率如下。

(1) Virchow Laboratories Limited 公司和 Andhra Organics Limited 公司为15.2%。

(2) 其他印度公司为37.7%。自2007年2月1日起，进出口经营者在进口原产于印度的进口磺胺甲恶唑时，应依据本初裁决定所确定的各公司的倾销幅度向中华人民共和国海关提供相应的保证金。保证金以海关审定的完税价格从价计征，计算公式为：保证金金额=(海关审定的完税价格×保证金征收比率)×(1+进口环节增值税税率)。各利害关系方在本公告发布之日起20天内，可向商务部提出书面评论并附相关证据，商务部将依法予以考虑。

此次调查是商务部应2006年4月21日收到西南合成制药股份有限公司代表国内产业提交的反倾销调查申请而进行立案的。继长寿化工厂起诉原产于美国、日本和欧盟的氯丁橡胶进口反倾销案后，这是重庆市企业第二起主动运用贸易救济措施对进口产品提起反倾销诉讼的案件，同时也是国内第一起医药方面的反倾销起诉案件。倘若此案最终能采取反倾销措施，必将有利于保护包括西南合成制药股份有限公司在内的相关企业的合法利益和相关产业的安全，可对国内其他涉及医药产品的进口反倾销起诉案件提供宝贵的经验，具有示范意义。

4) 反倾销调查期间与调查的终止与中止

反倾销调查应当自立案调查决定公告之日起12个月内结束；特殊情况下可以延长，但

⑥ 参见《我国对原产于印度的进口磺胺甲恶唑进行反倾销立案调查》，载于重庆市对外经贸网，http://www.ft.cq.cn/content.asp?filename=txt/601004815。

延长期不得超过 6 个月。

反倾销调查终止情形如下。

(1) 申请人撤销申请的。

(2) 没有足够证据证明存在倾销、损害或者二者之间有因果关系的。

(3) 倾销幅度低于 2%的。

(4) 倾销进口产品实际或者潜在的进口量或者损害属于可忽略不计的。

(5) 商务部认为不适宜继续进行反倾销调查的。

来自一个或者部分国家(地区)的被调查产品有前款(2)、(3)、(4)项所列情形之一的，针对所涉产品的反倾销调查应当终止。

举案说法 8.2

国内产业无损害而终止调查的反倾销案(2007)[⑦]

2007 年 1 月 31 日，中华人民共和国商务部(以下简称商务部)发布 2007 年第 4 号公告，终止辛醇反倾销调查。

2005 年 7 月 15 日，商务部正式收到中国石油化工股份有限公司齐鲁分公司、吉林化学工业股份有限公司、北京东方石油化工有限公司化工四厂代表中国辛醇产业提交的对原产于韩国、沙特阿拉伯、日本、欧盟和印度尼西亚的进口辛醇进行反倾销调查的申请，商务部于 2005 年 9 月 15 日发布立案公告。经调查，商务部认为：在本案调查期内，原产于韩国、沙特阿拉伯、日本、欧盟和印度尼西亚的进口辛醇存在倾销；但国内辛醇产业未受到实质损害。因此，根据《中华人民共和国反倾销条例》第二十七条的规定，商务部决定自 2007 年 1 月 31 日起，终止对原产于韩国、沙特阿拉伯、日本、欧盟和印度尼西亚的进口辛醇的反倾销调查。这是我国第 3 起裁定因国内产业无损害而终止调查的反倾销案。

进口倾销产品的出口经营者在反倾销调查期间，可以向商务部作出改变价格或者停止以倾销价格出口的价格承诺。商务部认为出口经营者作出的价格承诺能够接受的，可以决定中止或者终止反倾销调查，不采取临时反倾销措施或者征收反倾销税。

5) 反倾销措施

商务部依法可采用的反倾销措施如下。

(1) 临时反倾销措施。初裁决定确定倾销成立，并由此对国内产业造成损害的，可以采取下列两种临时反倾销措施：一是征收临时反倾销税；二是要求提供现金保证金、保函或者其他形式的担保。临时反倾销税税额或者提供的现金保证金、保函或者其他形式担保的金额，应当不超过初裁决定确定的倾销幅度。临时反倾销措施实施的期限，自临时反倾销措施决定公告规定实施之日起，不超过 4 个月；在特殊情形下，可以延长至 9 个月。自反倾销立案调查决定公告之日起 60 天内，不得采取临时反倾销措施。

(2) 达成价格承诺协议。倾销进口产品的出口经营者或出口国政府，可以向商务部作

---

⑦ 参见环中快讯《商务部终止辛醇反倾销调查》，载于 http://www.huanzhonglaw.com/hzlaw/hzkx/heirong/popnews.jsp?news_id=3180，2007-01。

出改变价格或停止以倾销价格出口的价格承诺。商务部认为其作出的承诺能够接受的，可以中止或终止反倾销调查，不采取临时反倾销措施或征收反倾销税。

(3) 反倾销税。终裁确定倾销成立，并由此对国内产业造成损害的，可以征收反倾销税。征收反倾销税由商务部提出建议，国务院关税税则委员会根据商务部的建议作出决定，由商务部予以公告。海关自公告规定实施之日起向反倾销税的纳税人(倾销进口产品的进口经营者)执行。反倾销税税额不超过终裁决定确定的倾销幅度。

终裁确定存在实质损害，并在此前已经采取临时反倾销措施的，反倾销税可以对已经实施临时反倾销措施的期间追溯征收。终裁确定存在实质损害威胁，在先前不采取临时反倾销措施将会导致后来作出实质损害裁定的情况下已经采取临时反倾销措施的，反倾销税可以对已经实施临时反倾销措施的期间追溯征收。

终裁决定确定的反倾销税，高于已付或者应付的临时反倾销税或者为担保目的而估计的金额的，差额部分不予收取；低于已付或者应付的临时反倾销税或者为担保目的而估计的金额的，差额部分应当根据具体情况予以退还或者重新计算税额。

反倾销税和价格承诺的期限不超过5年。但是，经复审确定终止征收反倾销税有可能导致倾销和损害的继续或者再度发生的，反倾销税的征收期限可以适当延长。

举案说法 8.3

首例反倾销终止案(2004)[⑧]

自1996年开始，来自俄罗斯的冷轧硅钢片大举进入中国，且价格远低于国内同等产品价格。硅钢片是电力工业、机械制造、家用电器、电讯仪表等行业不可缺少的一种软磁材料。作为当时国内冷轧硅钢片的唯一生产者，武钢的同类产品被迫下调，给武钢硅钢片的生产和销售带来极大的冲击。

1997年，武钢代表国内产业向原外经贸部提出了对原产于俄罗斯的冷轧硅钢片进行反倾销调查的申请。

外经贸部报国家经贸委后，于1999年3月12日正式公告立案。立案后，国家经贸委分别向俄罗斯政府和俄生产商、出口商发放了反倾销调查问卷，并收到两家俄罗斯应诉企业答卷及说明情况。然后会同有关部门组成冷轧硅钢片产业损害调查小组，在武钢进行了实地核查。

1999年12月30日，外经贸部公布初步裁定公告，认为原产于俄罗斯的进口冷轧硅钢片存在倾销，决定自1999年12月30日起对原产于俄罗斯的进口冷轧硅钢片实施临时反倾销措施。

2000年3月30日，外经贸部召开了本案倾销部分的听证会；2000年4月17日至4月28日，外经贸部和海关总署组成的冷轧硅钢片反倾销调查核查小组到两家俄罗斯钢铁公司进行了实地核查。2000年4月28日外经贸部召开了冷轧硅钢片产业损害裁定听证会。

2001年9月11日，外经贸部最终裁定俄罗斯企业存在倾销，认为俄罗斯在大量对华出口冷轧硅钢片的同时，不断降低价格倾销产品，对国内相关产业造成巨大的影响。海关决定自1999年12月30日起，对原产于俄罗斯的进口到中国关境内的冷轧硅钢片征收6%～62%的反倾销税，实施期限为5年。

2004年年底，商务部发布公告表示，自2004年12月30日起，终止对原产于俄罗斯的进口冷轧硅钢片征收反倾销税。

---

⑧ 参见《反倾销企业可以更主动》，载于 http://www.cnhubei.com/200503/ca709907.htm；《冷轧硅钢片反倾销“寿终正寝”》，载于 http://www.jrj.com.cn/NewsRead/Detail.asp?NewsID=954605。

我国《反倾销条例》规定，反倾销税的征收期限不超过 5 年，但经复审期限可以适当延长。2004 年 6 月 30 日，商务部就复审问题发布了公告。在此期间，武钢并未向商务部提出复审申请。因此，2004 年 12 月 30 日在结束 5 年征收期限之后，该反倾销措施自动解除。

该案虽不是国内首例到期的反倾销，但却是第一例终止的案例。2003 年 7 月 9 日，我国对原产于加拿大等国的新闻纸反倾销措施到期，由于国内厂商提出复审，经过一年调查，2004 年 6 月 30 日商务部决定对其继续征收反倾销税，期限同样为 5 年。

武钢并不是对曾低价倾销的俄罗斯厂商宽容，近几年来冷轧硅钢片的国际价格高于国内，反倾销已形同虚设。国内冷轧硅钢片的自给率还不到 40%，60%的需求要靠进口解决。由于供应不足，冷轧硅钢价格迅速攀升，从 2002 年年底至 2004 年，部分产品的价格增长近两倍，并且上涨势头仍在持续。目前国际市场价格已大大超过国内价格，如果仍然实行反倾销，一方面会导致国内资源更加紧张，价格还要上涨；另一方面价格倒挂，反倾销已失去本来意义，该反倾销的解除适逢其时。

4. 复审与司法审查

反倾销终裁生效后，商务部可以在有正当理由的情况下，决定对继续征收反倾销税的必要性进行复审，也可以在经过一段合理时间，应利害关系方的请求并对利害关系方提供的相应证据进行审查后，决定对继续征收反倾销税的必要性进行复审。

价格承诺生效后，商务部可以在有正当理由的情况下，决定对继续履行价格承诺的必要性进行复审；也可以在经过一段合理时间，应利害关系方的请求并对利害关系方提供的相应证据进行审查后，决定对继续履行价格承诺的必要性进行复审。

对终裁决定不服的，对是否征收反倾销税的决定以及追溯征收、退税、对新出口经营者征税的决定不服的，或者对复审决定不服的，可以依法申请行政复议，也可以依法向人民法院提起诉讼。复审期限自决定复审开始之日起，不超过 12 个月；在复审期间，复审程序不妨碍反倾销措施的实施。

5. 其他规定

(1) 反规避措施。商务部可以采取适当措施，防止规避反倾销措施的行为。

(2) 对等措施。任何国家(地区)对我国的出口产品采取歧视性反倾销措施的，我国可以根据实际情况对该国家(地区)采取相应的措施。

(3) 对外磋商、通知和争端解决。商务部负责与反倾销有关的对外磋商、通知和争端解决事宜。

8.3.2 反补贴制度

我国针对外国进口产品实施反补贴措施的专门立法与反倾销专门立法一样，始于 1997 年的《反倾销和反补贴条例》。为遵守入世承诺，2001 年 11 月 26 日国务院公布《反补贴条例》，2004 年 3 月 31 日国务院又进行了修订，该《条例》共六章、五十八条。我国反补贴调查机构为商务部进出口公平贸易局。

1. 反补贴的概念和特征

补贴是指由政府或其他公共机构提供的财政资助、收入支持或价格支持以及所给予的各种优惠。补贴具有以下几个基本特点：补贴是一种政府行为；补贴是一种财政措施；补贴的对象是国内生产者和销售者；补贴的结果是增强国内企业生产的产品在国内和国际市场上的竞争地位。

2. 补贴的分类

依补贴是否被禁止或可否申述，可分为以下3类：一是禁止性补贴。指成员方既不得授予也不得维持的补贴。二是可申诉补贴。指成员方根据自己的政治和经济发展需要，在一定范围内对生产者或销售者进行的补贴。三是不可申诉补贴。指成员方政府为鼓励研究活动、发展落后地区经济、保护环境而实施的补贴。

依补贴的形式不同，可将补贴分为两类。

(1) 财政资助：包括以下几种。

① 出口国(地区)政府以拨款、贷款、资本注入等形式直接提供资金，或者以贷款担保等形式潜在地直接转让资金或者债务。

② 出口国(地区)政府放弃或者不收缴应收收入。

③ 出口国(地区)政府提供除一般基础设施以外的货物、服务，或者由出口国(地区)政府购买货物。

④ 出口国(地区)政府通过向筹资机构付款，或者委托、指令私营机构履行上述职能。

(2) 任何形式的收入或价格支持。

3. 补贴的原因

实施补贴的原因主要有：通过贸易补贴或生产补贴获取垄断租金；通过补贴实现产业扶持政策以获得动态的比较优势；通过补贴实施产业调整政策；补贴失去竞争优势的产业，避免过大的转移成本；帮助企业顺利将其生产经营活动转向新兴产业而承担部分转移成本；利用出口补贴促进国内经济发展。

4. 各国补贴政策的比较

(1) 补贴的产业不同。发达国家对农业进行补贴；发展中国家对工业产品进行补贴。

(2) 补贴的方式不同。市场主导型的国家补贴政策侧重于为企业营造一个良好的国内竞争环境；在政府主导型的国家中，补贴政策除了提供一般性的支持外，政府也较多地介入企业的经营活动。

(3) 补贴的对象不同。一些国家的补贴重点在于经济活动中的强者；另一些国家重点补贴经济活动中的弱者。

(4) 补贴的约束不同。禁止性的出口补贴主要在经济落后的发展中国家使用，但各国已承诺在规定的时限内逐步取消出口补贴。

5. 我国反补贴措施的实施原则

(1) 维护对外贸易秩序和公平竞争原则。反补贴调查机构在实施反补贴措施时，应遵循维护对外贸易秩序和公平竞争原则。这是我国制定和实施反补贴法的基本原则。

(2) 损害后果原则。进口产品存在补贴，并对已经建立的国内产业造成实质损害或者产生实质损害威胁，或者对建立国内产业造成实质阻碍的，依照《条例》的规定进行调查，采取反补贴措施。

(3) 对等原则。任何国家(地区)对我国的出口产品采取歧视性反补贴措施的，我国可以根据实际情况对该国家(地区)采取相应的措施。

6. 补贴与损害

依照条例进行调查、采取反补贴措施的补贴，必须具有专向性。专向性补贴具体表现如下。

(1) 由出口国(地区)政府明确确定的某些企业、产业获得的补贴。

(2) 由出口国(地区)法律法规明确规定的某些企业、产业获得的补贴。

(3) 指定特定区域内的企业、产业获得的补贴。

(4) 以出口实绩为条件获得的补贴，包括本条例所附出口补贴清单列举的各项补贴。

(5) 以使用本国(地区)产品替代进口产品为条件获得的补贴。在确定补贴专向性时，还应当考虑受补贴企业的数量和企业受补贴的数额、比例、时间以及给予补贴的方式等因素。

1) 补贴的调查和确定

补贴的调查和确定由商务部负责。进口产品的补贴金额，应当区别不同情况，按照下列方式计算。

(1) 以无偿拨款形式提供补贴的，补贴金额以企业实际接受的金额计算。

(2) 以贷款形式提供补贴的，补贴金额以接受贷款的企业在正常商业贷款条件下应支付的利息与该项贷款的利息差额计算。

(3) 以贷款担保形式提供补贴的，补贴金额以在没有担保情况下企业应支付的利息与有担保情况下企业实际支付的利息之差计算。

(4) 以注入资本形式提供补贴的，补贴金额以企业实际接受的资本金额计算。

(5) 以提供货物或者服务形式提供补贴的，补贴金额以该项货物或者服务的正常市场价格与企业实际支付的价格之差计算。

(6) 以购买货物形式提供补贴的，补贴金额以政府实际支付价格与该项货物正常市场价格之差计算。

(7) 以放弃或者不收缴应收收入形式提供补贴的，补贴金额以依法应缴金额与企业实际缴纳金额之差计算。

(8) 对于其他补贴，应按照公平、合理的方式确定补贴金额。

2) 损害

损害是指补贴对已经建立的国内产业造成实质损害或者产生实质损害威胁，或者对建立国内产业造成实质阻碍。

(1) 损害的调查和确定。损害的调查与确定由商务部负责。在确定补贴对国内产业造成的损害时，应当审查下列事项。

① 补贴可能对贸易造成的影响。

② 补贴进口产品的数量，包括补贴进口产品的绝对数量或者相对于国内同类产品生产或者消费的数量是否大量增加，或者补贴进口产品大量增加的可能性。

③ 补贴进口产品的价格，包括补贴进口产品的价格削减或者对国内同类产品的价格产生大幅度抑制、压低等影响。

④ 补贴进口产品对国内产业的相关经济因素和指标的影响。

⑤ 补贴进口产品出口国(地区)、原产国(地区)的生产能力、出口能力，被调查产品的

库存情况。

⑥ 造成国内产业损害的其他因素。

对实质损害威胁的确定应当依据事实，不得仅依据指控、推测或者极小的可能性。

在确定补贴对国内产业造成的损害时，应当依据肯定性证据，不得将造成损害的非补贴因素归因于补贴。

(2) 累积评估。补贴进口产品来自两个以上的国家(地区)，并且同时满足下列条件的，可以就补贴进口产品对国内产业造成的影响进行累积评估。

① 来自每一国家(地区)的补贴进口产品的补贴金额不属于微量补贴，并且其进口量不属于可忽略不计的。

② 根据补贴进口产品之间的竞争条件以及补贴进口产品与国内同类产品之间的竞争条件，进行累积评估是适当的。

(3) 国内产业与同类产品。国内产业是指中华人民共和国国内同类产品的全部生产者，或者其总产量占国内同类产品全部总产量的主要部分的生产者。但是，国内生产者与出口经营者或者进口经营者有关联的，或者其本身为补贴产品或者同类产品的进口经营者的，应当除外。在特殊情形下，国内一个区域市场中的生产者，在该市场中销售其全部或者几乎全部的同类产品，并且该市场中同类产品的需求主要不是由国内其他地方的生产者供给的，可以视为一个单独产业。

所谓同类产品，是指与补贴进口产品相同的产品；没有相同产品的，以与补贴进口产品的特性最相似的产品为同类产品。

7. 反补贴调查程序

1) 申请

国内产业或者代表国内产业的自然人、法人或者有关组织(统称申请人)，可以依法向商务部提出反补贴调查的书面申请。在表示支持申请或者反对申请的国内产业中，支持者的产量占支持者和反对者的总产量的50%以上的，应当认定申请是由国内产业或者代表国内产业提出，可以启动反补贴调查。但是，表示支持申请的国内生产者的产量不足国内同类产品总产量的25%的，不得启动反补贴调查。在特殊情形下，商务部没有收到反补贴调查的书面申请，但有充分证据认为存在补贴和损害以及二者之间有因果关系的，可以决定立案调查。

2) 立案与调查

商务部应自收到申请人提交的申请书及有关证据之日起60天内，对申请是否由国内产业或者代表国内产业提出、申请书内容及所附的证据等进行审查，决定立案调查或者不立案调查。在特殊情形下，可以适当延长审查期限。在决定立案调查前，应当就有关补贴事项向产品可能被调查的国家(地区)政府发出进行磋商的邀请。

立案调查的决定由商务部公告，并通知申请人、已知的出口经营者、进口经营者以及其他有利害关系的组织、个人(统称利害关系方)和出口国(地区)政府。

商务部立案后，反补贴调查程序即进入调查阶段。商务部可以采用问卷、抽样、听证会、现场核查等方式向利害关系方了解情况，进行调查；并为有关利害关系方、利害关系国(地区)政府提供陈述意见和论据的机会。在必要时，商务部可以派出工作人员赴有关国家(地区)进行调查；但是，有关国家(地区)提出异议的除外。

调查机关进行调查时，利害关系方、利害关系国(地区)政府应当如实反映情况，提供有关资料。利害关系方、利害关系国(地区)政府不如实反映情况、提供有关资料的，或者没有在合理时间内提供必要信息的，或者以其他方式严重妨碍调查的，调查机关可以根据可获得的事实作出裁定。

利害关系方、利害关系国(地区)政府认为其提供的资料泄露后将产生严重不利影响的，可以向商务部申请对该资料按保密资料处理。

调查机关应当允许申请人、利害关系方和利害关系国(地区)政府查阅本案有关资料；但是，属于按保密资料处理的除外。

3) 裁决

商务部根据调查结果，分别就补贴、损害作出初裁决定，并就二者之间的因果关系是否成立作出初裁决定。初裁决定确定补贴、损害以及二者之间的因果关系成立的，商务部应当对补贴及补贴金额、损害及损害程度继续进行调查，并根据调查结果分别作出终裁决定。

在作出终裁决定前，应当由商务部终裁决定所依据的基本事实通知所有已知的利害关系方、利害关系国(地区)政府。

4) 反补贴调查期间与终止

反补贴调查应当自立案调查决定公告之日起 12 个月内结束；特殊情况下可以延长，但延长期不得超过 6 个月。

反补贴调查终止情形包括如下。

(1) 申请人撤销申请的。

(2) 没有足够证据证明存在补贴、损害或者二者之间有因果关系的。

(3) 补贴金额为微量补贴的。

(4) 补贴进口产品实际或者潜在的进口量或者损害属于可忽略不计的。

(5) 通过与有关国家(地区)政府磋商达成协议，不需要继续进行反补贴调查的。

(6) 商务部认为不适宜继续进行反补贴调查的。

到目前为止，我国对进口商品还没有一例反补贴案，相反，我国出口商品自 2004 年起频遭加拿大、美国、欧盟等国(经济组织)的反补贴申诉。

举案说法 8.4

中国遭遇反补贴的第一案(2004 加拿大)[⑨]

2004 年 4 月 13 日，应加拿大安大略省 Fiesta 烤肉架有限公司的申请，加拿大边境服务署对原产于中国的烤肉架进行反补贴立案调查。该案件是加拿大对中国产品采取反补贴措施的第一案，也是中国遭遇反补贴的第一案。2004 年 6 月 11 日，加拿大国际贸易法庭对此案作出肯定性损害初裁；2004 年 8 月 27 日，加拿大边境服务署对此案作出反补贴初裁，对涉案产品征收 16%的临时反补贴税；2004 年 11 月 19 日，

⑨ 载于中国人民大学出版社网，http://cms.crup.cn/bookavr/D0811/html/ch2204.htm。

加拿大边境服务署决定终止对原产于中国的烤肉架进行反补贴调查，并最终确定，在反补贴调查问卷中所列举的8项政府补贴中，中国出口企业仅从中国政府的外商投资企业税收优惠政策方面获得了利益，经过计算，补贴率为1.4%，根据加拿大《特别进口措施法》的规定，此案补贴额可忽略不计。

各国除了用本国反补贴法进行补贴损害救济外，作为受害国如果是WTO成员，还可通过WTO争端解决机构根据《反补贴协议》进行救济。

举案说法8.5

巴西诉加拿大民用飞机补贴案(WTO1997)[⑩]

1997年3月10日，巴西政府认为加拿大政府向民用飞机工业提供补贴，违反了《反补贴协议》，损害了巴西的正当利益，要求与加拿大磋商。按照巴西的观点，加拿大通过中央政府和地方政府的一系列计划向国内民用飞机工业提供补贴。其中的两项补贴是：一是“加拿大账户”，即加拿大政府把由于规模或风险原因不能得到“出口发展公司”资助的出口，转为由自己经营管理，并记在外交和国际贸易部的账户上；二是“加拿大技术合伙计划”，该计划旨在向高技术出口项目提供投资。在磋商未果的情况下，1998年7月23日，WTO争端解决机构成立专家小组。经过调查，专家小组支持巴西的部分请求，确认“加拿大账户”和“加拿大技术合伙计划”对国内飞机工业的资助构成了违反《反补贴协议》的出口补贴，建议争端解决机构要求加拿大按照《反补贴协议》纠正其做法。后来，争端解决机构通过了专家小组报告，该案遂告结束。WTO的《反补贴协议》把补贴分为3类：一是禁止性补贴，即红灯补贴，是各成员都禁止使用的补贴，主要是指出口补贴；二是可申诉补贴，即黄灯补贴，包括绝大多数由政府给予特定企业的补贴，一般具有专项性的特点，如果WTO成员因他国的黄灯补贴受到了损害，可以到WTO补贴与反补贴委员会申诉；三是不可申诉补贴，即绿灯补贴，即政府出于经济发展的需要而采取的、并对国际贸易不会直接造成消极影响的补贴，该类补贴允许使用且在一般情况下其他成员不能申诉。绿灯补贴的特点是具有非专项性，即不是为特定企业提供的补贴。但某些符合WTO规定的特定补贴如科研资助、落后地区开发补贴和环保补贴等，也属于绿灯补贴。在当代经济中，补贴通常都是各国政府用于扶持本国企业或经济发展的手段，而且很多都违背WTO的反补贴规则。对于因上述补贴发生的贸易争端，《反补贴协议》也规定了详尽的解决程序和救济办法。

8. 反补贴措施

1) 临时措施

初裁决定确定补贴成立，并由此对国内产业造成损害的，可以采取临时反补贴措施。临时反补贴措施采取以现金保证金或者保函作为担保的征收临时反补贴税的形式。临时反补贴措施实施的期限，自临时反补贴措施决定公告规定实施之日起，不超过4个月。但自反补贴立案调查决定公告之日起60天内，不得采取临时反补贴措施。

2) 承诺

在反补贴调查期间，出口国(地区)政府提出取消、限制补贴或者其他有关措施的承诺，或者出口经营者提出修改价格的承诺的，商务部认为承诺能够接受的，可以决定中止或者

⑩ 参见刘力：《反补贴规则与“巴西诉加拿大民用飞机补贴案”(走进WTO⑥)》，载于《人民日报》，2001年11月12日，5版。

终止反补贴调查，不采取临时反补贴措施或者征收反补贴税。对于违反承诺的，商务部可以立即决定恢复反补贴调查；根据可获得的最佳信息，可以决定采取临时反补贴措施，并可以对实施临时反补贴措施前 90 天内进口的产品追溯征收反补贴税，但违反承诺前进口的产品除外。

3) 反补贴税

在为完成磋商的努力没有取得效果的情况下，终裁决定确定补贴成立，并由此对国内产业造成损害的，可以征收反补贴税。反补贴税的纳税人为补贴进口产品的进口经营者。反补贴税应当根据不同出口经营者的补贴金额，分别确定。反补贴税税额不得超过终裁决定确定的补贴金额。

9. 反补贴税和承诺的期限与复审

反补贴税的征收期限和承诺的履行期限不超过 5 年；但是，经复审确定终止征收反补贴税有可能导致补贴和损害的继续或者再度发生的，反补贴税的征收期限可以适当延长。

反补贴税生效后，商务部可以在有正当理由的情况下，决定对继续征收反补贴税的必要性进行复审；也可以在经过一段合理时间，应利害关系方的请求并对利害关系方提供的相应证据进行审查后，决定对继续征收反补贴税的必要性进行复审。

承诺生效后，商务部可以在有正当理由的情况下，决定对继续履行承诺的必要性进行复审；也可以在经过一段合理时间，应利害关系方的请求并对利害关系方提供的相应证据进行审查后，决定对继续履行承诺的必要性进行复审。

根据复审结果，由商务部提出保留、修改或者取消反补贴税的建议，国务院关税税则委员会据此建议作出决定。复审期限自决定复审开始之日起，不超过 12 个月。在复审期间，复审程序不妨碍反补贴措施的实施。

10. 其他

(1) 行政复议与司法审查。对裁决不服的，对是否征收反补贴税的决定以及追溯征收的决定不服的，或者对复审决定不服的，可以依法申请行政复议，也可以依法向人民法院提起诉讼。

(2) 反规避措施。商务部可以采取适当措施，防止规避反补贴措施的行为。

(3) 对外磋商、通知和争端解决。商务部负责与反补贴有关的对外磋商、通知和争端解决事宜。

8.3.3　保障措施法律制度

我国保障措施的立法较晚，国务院于 2001 年 11 月 26 日公布了《保障措施条例》(以下简称《保障措施条例》)，自 2002 年 1 月 1 日起施行，该《条例》共五章、三十四条。为履行我国对入世的承诺，国务院于 2004 年 3 月 31 日该《条例》进行了修订。保障措施的主管机构为商务部，商务部进出口公平贸易局负责对申请进行审查和立案，并对外公布相关信息，商务部产业损害调查局负责对损害的调查和确定，涉及农产品的保障措施国内产业损害调查，由商务部产业损害调查局会同农业部进行。

1. 保障措施的实施条件

所谓保障措施，是指进口产品数量增加，并对生产同类产品或者直接竞争产品的国内产业造成严重损害或者严重损害威胁(以下除特别指明外，统称损害)的，所采取的限制进口的措施。从概念中，可以分析出实施保障措施的条件。

(1) 进口产品数量增加。进口产品数量增加是指进口产品数量与国内生产相比绝对增加或者相对增加。

(2) 国内产业损害。在确定进口产品数量增加对国内产业造成的损害时，应当审查下列相关因素。

① 进口产品的绝对和相对增长率与增长量。

② 增加的进口产品在国内市场中所占的份额。

③ 进口产品对国内产业的影响，包括对国内产业在产量、销售水平、市场份额、生产率、设备利用率、利润与亏损、就业等方面的影响。

④ 造成国内产业损害的其他因素。对严重损害威胁的确定，应当依据事实，不能仅依据指控、推测或者极小的可能性。

在确定进口产品数量增加对国内产业造成的损害时，不得将进口增加以外的因素对国内产业造成的损害归因于进口增加。

(3) 数量增加与损害之间有因果关系。商务部应当根据客观的事实和证据，确定进口产品数量增加与国内产业的损害之间是否存在因果关系。

2. 实施保障措施的程序

(1) 提出申请。国内产业有关的自然人、法人或者其他组织(统称申请人)，可以依照《保障措施条例》的规定，向商务部提出采取保障措施的书面申请。

(2) 立案调查。商务部应当及时对申请人的申请进行审查，决定立案调查或者不立案调查。商务部没有收到采取保障措施的书面申请，但有充分证据认为国内产业因进口产品数量增加而受到损害的，可以决定立案调查。商务部应当将立案调查的决定及时通知世界贸易组织保障措施委员会。

商务部应当为进口经营者、出口经营者和其他利害关系方提供陈述意见和论据的机会。调查可以采用调查问卷的方式，也可以采用听证会或者其他方式。

调查中获得的有关资料，资料提供方认为需要保密的，应按保密资料处理；保密申请有理由的，应当对资料提供方提供的资料按保密资料处理，同时要求资料提供方提供一份非保密的该资料概要。按保密资料处理的资料，未经资料提供方同意，不得泄露。

商务部应当将调查结果及有关情况及时通知保障措施委员会。

(3) 裁决。商务部根据调查结果作出初裁决定。初裁决定确定进口产品数量增加和损害成立并且二者之间有因果关系的，商务部应当继续进行调查，根据调查结果作出终裁决定。

3. 保障措施及其实施限制

1) 临时保障措施

有明确证据表明进口产品数量增加，在不采取临时保障措施将对国内产业造成难以补救的损害的紧急情况下，可以作出初裁决定，并采取临时保障措施。临时保障措施采取提高关税的形式。

采取临时保障措施由商务部提出建议，国务院关税税则委员会根据该建议作出决定，商务部予以公告。海关自公告规定实施之日起执行。在采取临时保障措施前，商务部应当将有关情况通知保障措施委员会。

临时保障措施的实施期限，自临时保障措施决定公告规定实施之日起，不超过 200 天。

中国对进口商品的保障措施案到目前为止仅有以下一例。

举案说法 8.6

中国首例钢铁保障措施案(2002)[⑪]

2001 年是全球钢铁产业陷入近 20 年来最低潮的时期，美、日、欧等国(地区)一批大中型钢铁企业生产经营极为困难。2002 年 3 月，为了保护美国的钢铁工业，美国政府宣布对 10 种进口钢材实施保障措施，3 年内加征 8%～30%的关税。美国的这一举措立即激起了欧盟和世界许多国家的强烈抗议和抵制。许多钢材生产国(地区)相继采取相应的保护措施，以保护本国的钢铁企业。由此引发了一场全球钢铁贸易纠纷，成为迄今为止影响最大、范围最广、争议最多的一起国际贸易纠纷。在此背景下，为减少美国这一措施引起的贸易转移对中国钢铁业的不利影响，根据中国钢铁工业协会以及钢铁企业的申请，按照 WTO 规则、《中华人民共和国对外贸易法》和《中华人民共和国保障措施条例》的相关程序和规定，中华人民共和国对外贸易经济合作部决定对进口至中国的部分钢铁产品实施临时保障措施。自 2002 年 5 月 24 日起 180 天，对普通中厚板、普薄板、硅电钢、不锈钢板、普盘条、普通条杆、普通型材、无缝管和钢坯 9 种进口钢铁产品实施关税配额。关税配额内进口产品仍执行现行进口关税税率，关税配额外进口产品在执行现行进口关税税率的基础上加征 7%～26%的特别关税。对进口份额不超过该种产品进口总量 3%的原产于发展中国家(地区)的产品不适用临时保障措施，如实际进口量达到或超过 3%，则适用临时保障措施。为了给所有进口商以平等和持续的进口机会，关税配额采取“全球配额”的方式。这也是中国加入世贸组织后实施的第一起保障措施案，是中国钢铁产业针对全球钢铁市场出现的特殊情况运用世贸组织规则维护自身合法权益的一次有益尝试，是中国政府在依法调查和裁决的基础上为维护产业安全采取重大贸易救济措施的一次成功实践。钢铁保障措施的实施遏制了钢铁贸易转移对中国钢铁产业的冲击，促进了钢铁市场秩序稳定和价格的回升，为国内钢铁产业结构调整和竞争能力提高创造了条件，同时也使国内产业积累了解决国际贸易争端的经验。2003 年 12 月 4 日，被 WTO 争端解决机构裁定败诉的美国宣布取消对进口钢铁的保护性关税，随后欧盟也取消了钢铁保障措施。鉴于钢铁贸易形势的变化，我国于 2003 年 12 月 26 日终止了钢铁保障措施的实施。在此期间，我国钢铁产业加大了对实施保障措施 5 类钢铁产品的投资，短缺品种的产量增长较快，部分产品的自给率明显提高，钢铁行业的产品结构调整取得了一定的成效。但是，由于国内钢铁市场需求旺盛，钢铁行业出现了低水平重复建设、盲目发展的情况，生产能力和产量迅猛扩张，产生了一些影响行业可持续发展的新情况和新问题。

2) 保障措施

最终裁决认定构成数量增加并由此对国内产业造成损害的，可以采取保障措施。保障措施可以采取提高关税、限制数量等形式。保障措施采取提高关税形式的，由商务部提出

⑪ 参见产业调查局：《中国钢铁保障措施案回顾与研究》，载于中华人民共和国商务部产业损害调查局网，http://dcj.mofcom.gov.cn/aarticle/cbw/200606/20060602395523.html，2006-06-07。

建议，国务院关税税则委员会根据该建议作出决定，由商务部予以公告；采取数量限制形式的，由商务部作出决定并予以公告。海关自公告规定实施之日起执行。

商务部应当将采取保障措施的决定及有关情况及时通知保障措施委员会。采取数量限制措施的，限制后的进口量不得低于最近 3 个有代表性年度的平均进口量。但是，有正当理由表明为防止或者补救严重损害而有必要采取不同水平的数量限制措施的除外。采取数量限制措施，需要在有关出口国(地区)或者原产国(地区)之间进行数量分配的，商务部可以与有关出口国(地区)或者原产国(地区)就数量的分配进行磋商。

3) 保障措施的实施限制

有关保障措施限制性规定包括如下。

(1) 保障措施应当针对正在进口的产品实施，不区分产品来源国(地区)。

(2) 采取保障措施应当限于防止、补救严重损害并便利调整国内产业所必要的范围内。

(3) 在采取保障措施前，商务部应当为与有关产品的出口经营者有实质利益的国家(地区)政府提供磋商的充分机会。

(4) 终裁决定确定不采取保障措施的，已征收的临时关税应当予以退还。

4. 保障措施的期限与复审

保障措施的实施期限不超过 4 年。但符合下列条件的，保障措施的实施期限可以适当延长。

(1) 按照本条例规定的程序确定保障措施对于防止或者补救严重损害仍然有必要。

(2) 有证据表明相关国内产业正在进行调整。

(3) 已经履行有关对外通知、磋商的义务。

(4) 延长后的措施不严于延长前的措施。

关于保障措施的实施期限限制，该条例规定如下。

(1) 一项保障措施的实施期限及其延长期限，最长不超过 8 年。

(2) 保障措施实施期限超过 1 年的，应当在实施期间内按固定时间间隔逐步放宽。

(3) 保障措施实施期限超过 3 年的，商务部应当在实施期间内对该项措施进行中期复审。复审的内容包括保障措施对国内产业的影响、国内产业的调整情况等。

2004 年欧盟对包括中国在内的进口罐装柑橘罐头作出保障措施终裁案值得我们借鉴。

举案说法 8.7

欧盟对进口罐装柑橘罐头作出保障措施终裁案(2004 欧盟)[12]

2003 年 6 月 20 日，西班牙政府通知欧盟委员会，要求对进口的罐装柑橘罐头实施保障措施。西班牙政府在提交的报告中表明，最近，罐装柑橘罐头的进口量迅速增加。随后欧盟委员会通告所有成员国，并与其协商。2003 年 7 月 1 日，欧盟委员会就罐装柑橘罐头对欧盟生产商造成的损害启动保障措施调查。在经过初步调查后，2003 年 11 月 7 日，欧盟委员会发布第 1964/2003(5)公告，决定对进口柑橘罐头实施

[12] 参见念雪译:《欧盟对进口罐装柑橘罐头作出保障措施终裁》，载于中国贸易救济信息网，http://www.cacs.gov.cn/DefaultWebApp/showNews.jsp?newsId=400110000007。

临时保障措施，征收 155 欧元/吨的临时关税。

2004 年 4 月 8 日，欧盟委员会发布第 658/2004 公告，对进口罐装柑橘罐头作出保障措施终裁。此次涉案的产品是罐装柑橘(包括橘子和无核小蜜橘)罐头、克莱门氏小柑橘及其他柑橘，涉案产品海关编码为 20083055、20083075。欧盟委员会认为，欧盟采取的临时保障措施(2003 年 11 月 9 日～2004 年 4 月 10 日)不足以在短期内减少进口产品的数量。事实上，罐装柑橘罐头的进口数量继续上涨，而价格继续下降。因此，欧盟决定自 2004 年 5 月 1 日起对罐装柑橘罐头实施关税配额限制。欧盟表示，由于这一阶段中国向欧盟的出口量最大，在与中国协商后，欧盟委员会决定根据中国在 1999/2000～2001/2002 年对欧盟的出口量来给中国分配特别关税配额。表 8-2 为欧盟对进口罐装柑橘罐头的关税配额。

表 8-2　欧盟对进口罐装柑橘罐头的关税配额

时　　间	中国关税配额量/吨	其他国家关税配额量/吨
2004 年 4 月 11 日～2005 年 4 月 10 日	30 843	2 314
2005 年 4 月 11 日～2006 年 4 月 10 日	32 385	2 430
2006 年 4 月 11 日～2007 年 4 月 10 日	34 004	2 551
2007 年 4 月 11 日～2008 年 4 月 10 日	20 738	1 556

5. 保障措施的再实施

对同一进口产品再次采取保障措施的，与前次采取保障措施的时间间隔应当不短于前次采取保障措施的实施期限，并且至少为两年。但是，符合下列条件的，对一产品实施的期限为 180 天或者少于 180 天的保障措施，不受上述规定限制。

(1) 自对该进口产品实施保障措施之日起，已经超过 1 年。

(2) 自实施该保障措施之日起 5 年内，未对同一产品实施两次以上的保障措施。

6. 保障措施与反倾销、反补贴措施的比较

(1) 性质差异。保障措施是针对公平贸易条件下产品进口的限制措施；反倾销和反补贴措施主要是针对不正当竞争行为。

(2) 实施条件差异。反倾销或反补贴措施比保障措施所要求的损害程度要轻一些；只要能证明倾销或补贴是造成实质损害或实质损害威胁的原因之一，即可采取相应的措施。

(3) 程序差异。《保障措施协议》的要求更严格一些，主要体现在通知义务和磋商等方面；实施反倾销或反补贴措施时，在通知的时间要求、内容要求等方面相对要宽松一些。

(4) 实施范围的差异。保障措施适用于所有其他成员，不得区别进口产品的来源；反倾销和反补贴措施本身就是针对特定成员的特定出口产品。

(5) 实施期限和方式的差异。保障措施的实施期限只能是 4 年，经延长也不得超过 8 年；反倾销和反补贴措施的实施期一般为 5 年，没有一个最长的期限限制，没有额度限制。

(6) 出口方成员获得补偿或行使报复权方面的差异。实施保障措施的情况下，权益受到影响的出口成员有权要求实施措施方提供相应的贸易补偿；在实施反倾销或反补贴措施的情况下，因为此类措施针对的是不公平竞争行为，根本不存在对出口方进行利益补偿的问题。

引例分析

中国首例新闻纸反倾销案[13]

从 1995 年起，来自美国、加拿大、韩国的新闻纸大量、低价地向中国出口，使中国的新闻纸产业受到严重的冲击。中国 9 家新闻纸企业总产量下降 20.57%，库存增长 2.55 倍，失业率上升 13%多。代表国内新闻纸产业的吉林造纸(集团)有限公司、广州造纸有限公司、宜宾纸业股份有限公司、江西纸业有限责任公司、岳阳造纸(集团)有限公司、石岘造纸厂、齐齐哈尔造纸厂、鸭绿江造纸厂和福建南平造纸厂九大新闻纸厂曾就此于 1996 年 10 月在四川宜宾召开产业会议，一致认为近期中国新闻纸厂家陷入困境不是其自身原因所致，而是国外进口的新闻纸倾销所造成的。由于当时我国未出台反倾销条例，因此未采取行动。伴随 1997 年 3 月 25 日《中华人民共和国反倾销和反补贴条例》(以下简称《反倾销和反补贴条例》)生效，九大国内新闻纸生产企业便迅速行动，达成协议并授权北京市环中律师所全权代理。1997 年 11 月 10 日，九大国内新闻纸生产企业代表中国新闻纸产业向我国对外贸易经济合作部提出反倾销调查申请。

我外经贸部在接到上述 9 家新闻纸生产企业的反倾销申请书后，依照我国《反倾销和反补贴条例》的有关规定，对申请材料进行了审查，认为这 9 家新闻纸生产企业在国内新闻纸行业中所占市场份额已达到 50%以上，因而有资格代表中国新闻纸产业提出反倾销调查申请，且申请材料符合《反倾销和反补贴条例》第十二条的规定，经国家经济贸易委员会于 1997 年 12 月 10 日正式立案公告，对原产于加拿大、韩国和美国进口到中国的新闻纸进行反倾销调查，并确定本案调查期为 1997 年 12 月 10 日～1998 年 12 月 9 日。1998 年 1 月 12 日，外经贸部向出口国政府和已知的出口商及在立案通知规定的期间内报名应诉的出口商发放了倾销部分的调查问卷，在规定的时间内，外经贸部共收到五家加拿大公司的答卷和一家韩国公司的答卷，未收到美国公司的答卷。1998 年 1 月 15 日，国家经贸委向国内相关生产企业发放了损害调查问卷，并在规定的时间内全部收回了问卷。1998 年 7 月 9 日，外经贸部发布初裁公告，认为美国、韩国、加拿大对中国出口新闻纸存在倾销，国内相关产业存在实质损害，并且国内相关产业的实质损害与进口产品倾销之间存在因果关系。外经贸部决定，自 1998 年 7 月 10 日起，中国海关对原产于美国、加拿大、韩国的进口新闻纸开始实施临时反倾销措施。进口经营者在进口原产于上述 3 国的新闻纸时，必须向海关提供与初裁确定的倾销幅度(17.11%～78.93%)相应的现金保证金。

倾销价格和产业损害的调查

初裁后，外经贸部和国家经贸委在初裁规定的时间内分别收到了各涉案利害关系方的书面评论及补充材料，并应要求会见了有关利害关系方。1998 年 10 月 14 日外经贸部应有关利害关系方的请求，举行进口新闻纸反倾销调查公开部分资料信息披露会，有关利害关系方查阅了有关材料。1998 年 9 月 25 日国家经贸委再次向国内生产企业发放了损害调查问卷并在规定的时间内全部收回。1998 年 11 月初，应韩国韩松纸业有限公司的邀请，外经贸部会同海关总署对其进行了实地核查，对韩松公司已提供的材料的完整性、真实性、相关性进行核对。1998 年 10～11 月，国家经贸委赴国内部分生产企业进行了实地调查、核实。1999 年 6 月 3 日，外经贸部认定各应诉公司在调查期内向中国出口的被调查产品均存在倾销；国家经贸委认定原产于美国、加拿大、韩国向中国大量低价倾销的新闻纸对中国新闻纸产业造成了实质损害，倾销与损害之间存在直接的因果关系。

结论

综上所述，外经贸部和国家经贸委认为，为了消除倾销进口产品给国内产业造成的损害，有必要根据《反倾销和反补贴条例》第二十七条的规定，对原产于加拿大、韩国和美国的进口新闻纸(中国关税税则号为

---

⑬ 参见环中律师事务所文：《中国新闻纸产业反倾销调查案》，载于环中律师事务所网，http://www.huanzhonglaw.com/hzlaw/dxaj/ss-xwz.htm。

48010000)，征收与最终裁定所确定的相同倾销幅度的反倾销税。实施期限自1998年7月10日起为5年。在此期间，有关利害关系方可根据《反倾销和反补贴条例》第三十三条的规定，向对外贸易经济合作部提出复审请求，由国务院关税税则委员会作出复审决定。复审决定由对外贸易经济合作部对外公告，有效期为5年。

新闻纸反倾销是我国对外国产品进行反倾销的第一例，它给整个中国产业界起到了示范作用，具有划时代的意义。我国是发展中国家，本来多数产业经不起大的冲击，但很长一段时间以来，由于外国产品大举倾销中国市场，给中国产业界造成了不可估量的巨大损失。特别是国内一些产业，如新闻纸、化工、机电、钢材等，被逼得走投无路，有些甚至到了几近破产的地步。然而，饱受外国产品倾销之苦的中国产业界并未意识到可以用反倾销来维护自己的合法权益，是国外的反倾销实践让我国有些产业开始想到运用反倾销这种法律武器时，但却为在中国反倾销无先例而望而却步、举棋不定。新闻纸反倾销的胜诉，给受害企业带来了前所未有的信心和决心，一些深受外国产品倾销之害的企业纷纷拿起反倾销这一法律武器，维护自己的合法权益。

纵观新闻纸反倾销一案，可以看出，反倾销时间长、程序复杂、技术性强，既要与国内的竞争同行们合作，又要与国外竞争同行们较量，还要聘请专业的律师事务所代理，加上胜与败难以预测，很多企业会感到难度很大，不到万不得已而不为。但是，反倾销不仅仅关系一个企业的利益，而是关涉其他企业、整个产业乃至整个民族的利益，所以受害企业应当积极主动并密切配合。也只有代表国内产业的生产企业在提起反倾销申请上达成一致，才有资格提起反倾销调查申请。况且，损害的事实反映了整个产业的损害，如果各参加申诉的企业在提供损害材料和证据的时候不相互配合、及时提供，就会因为个别企业的拖延导致整个反倾销案件的延误。如果国内企业之间不能团结一致，继续进行恶性竞争，不仅会加重倾销所造成的损害，同时也会给应诉方以口实。所以，胜诉的关键因素之一就是国内企业的密切配合。

我国现在有以新闻纸反倾销一案为首的反倾销的系列案件作为教材供企业学习，企业应珍视这些案件的宝贵价值，深入地学习和研究，不断地提高反倾销的法律意识。企业在产品竞争中，要注意收集商业信息，对整个市场做到较充分的了解，特别要注意国外同类产品在中国的销售情况，一旦发现自己的产品受进口产品倾销的影响时，就应迅速行动起来，收集相关证据，并找国内能代表相关产业的企业进行商讨，如证据较为充分并能达成一致意见，便可找律师代表企业提出反倾销申请。在提出申请前，律师应以现有证据资料，计算和判断是否存在倾销。有些企业往往对“倾销”一词存在模糊的理解，认为同类型产品，只要进口产品价格比国产产品低，即为倾销，其实不然。判断倾销的标准在于同类型产品的进口产品的价格低于其产品的正常价值。

本章小结

对外贸易是指一个国家或地区与其他国家或地区之间所进行的货物、技术、服务三大交易活动的统称。这种交易活动，因观看的角度不同，称谓也有所不同。站在一个国家的角度看，它被称为对外贸易；如果站在国际的角度看，它被称为国际贸易。一国的对外贸易是国际贸易的组成部分。对外贸易法是指一国对其外贸活动进行行政管理和服务的所有法律规范的有机体。对外贸易法的宗旨是发展对外贸易和投资，维护对外贸易秩序，保护国内产业安全，促进一国经济稳定发展，改善人民的生活水平。它是一国对外贸易总政策的集中体现。对外贸易是拉动中国经济增长的“三驾马车”之一，对外贸易在国民经济中举足轻重的作用决定了对外贸易法律制度的特殊重要地位和作用。对外贸易法的基本原则是贯彻对外贸易法始终的具有重要指导意义和普遍规范作用的基本准则。根据我国《对外贸易法》的规定，对外贸易法的基本原则主要有以下4项：一是实行统一的对外贸易制度原则；二是维护公平、自由的对外贸易秩序原则；三是坚持平等互利、互惠对等的多边、双边贸易原则；四是透明度原则。本章重点介绍了货物、技术、服务贸易管理制度和公平贸易制度。

思 考 题

(1) 什么是对外贸易？什么是国际贸易？二者有什么联系？
(2) 什么是对外贸易法？我国对外贸易法律制度的发展历程分哪几个阶段？
(3) 对外贸易法的基本原则是什么？
(4) 什么是对外贸易经营者？对外贸易经营者享有的权利和承担的义务有哪些？
(5) 什么是国营贸易？世贸组织中判断国营贸易企业的关键是什么？
(6) 什么是配额？什么是许可证管理？
(7) 什么是反倾销？反倾销调查的基本程序是什么？
(8) 什么是反补贴？比较各国的反补贴制度。
(9) 什么是保障措施？比较保障措施与反倾销、反补贴措施的区别。
(10)“对自由进出口的货物无须办理任何手续”这种说法对吗？
(11) 中国首例对进口产品反倾销胜诉案是哪一个案例？此案有什么意义？

第4篇

经济活动法

第 9 章

市场竞争法

教学目标

通过学习本章，对市场竞争法有基本的了解和认识。掌握反不正当竞争法和反垄断法的调整对象，以及与相邻法律的关系、不正当竞争行为的概念和特征。能针对不同的不正当竞争和垄断案例进行法律分析并提出应对方法。

教学要求

知识要点	能力要求	相关知识
反不正当竞争法的概念	(1) 能够掌握反不正当竞争法的概念 (2) 能够将《反不正当竞争法》与其他法律部门区分	反不正当竞争法的概念
不正当竞争行为的概念和种类	(1) 能够理解法律上如何认定不正当竞争行为 (2) 能够熟悉《反不正当竞争法》列举的 11 种不正当竞争行为	(1) 不正当竞争行为的概念 (2) 假冒的概念 (3) 商业贿赂的概念 (4) 搭售行为的概念
反垄断法的概念	(1) 能够掌握反垄断法的概念 (2) 能够掌握反垄断法与反不正当竞争法的关系	反垄断法的概念
垄断行为的种类	(1) 能够掌握基本的垄断行为 (2) 能够掌握判断形成垄断行为的具体因素和除外情形	(1) 垄断协议的概念 (2) 认定经营者具有市场支配地位的因素 (3) 滥用市场支配地位的概念

引　例

保罗弗兰克实业有限公司与龙哲不正当竞争纠纷案①

保罗弗兰克公司于1997年在美国加利福尼亚州成立，英文名称为PAULFRANK Industries Inc。1998年9月，保罗弗兰克公司注册了www.Paulfrank.com域名。2004年2月经中华人民共和国商标局核准，保罗弗兰克公司获准注册“PAULFRANK”文字及图商标。

2006年4月18日，龙哲以龙哲公司的名义，通过北京万网志成科技有限公司注册了www. Paulfrank.cn和www.paulfrank.com.cn域名，后将争议域名的注册人变更为其本人，该域名至今没有实际使用。

保罗弗兰克公司认为龙哲注册域名的行为侵犯paulfrank商标权的在先权利，构成不正当竞争。起诉法院请求撤销龙哲注册的域名或改判由保罗弗兰克公司持有，并赔偿保罗弗兰克公司为制止不正当竞争行为而支付的合理费用27 937元，包括调查费、翻译费、公证费、代理费。其主要理由为：①保罗弗兰克公司的合法在先权利包括17件在先的注册商标专用权、PAULFRANKINDUSTRIES，INC商号权、www.paulfrank.com域名；②龙哲对其注册的域名主体部分“paulfrank”没有任何权利，也没有注册和使用的正当理由；③龙哲注册涉案域名具有主观恶意，其注册域名时使用并不存在的“龙哲公司”，注册涉案域名长达两年时间并未使用，并且龙哲注册了两个域名，说明不是为了自己使用；④保罗弗兰克公司的商标具有知名度。

在诉讼中，龙哲主张其英文名字为paul frank，还提交了公证书证明paul frank是常用人名。并提交了其2008年5月10日签订的《网站建设委托合同》，表示正准备使用涉案域名。

请判断龙哲的行为，是否构成不正当竞争行为？判断依据是什么？

9.1　市场竞争法概述

9.1.1　竞争的概念和特点

法律是市场经济活动的底线，市场活动的合理限度、自由合理的竞争秩序的维持都有赖于法律制度的不断调整。在整个法律体系中，各个法律部门相互补充、共同作用。其中为补充其他法律部门在规范竞争行为上的不足，专门保护公平竞争、维护竞争秩序的市场竞争法，在19世纪末20世纪初应经济发展的需求而产生。

人们对“竞争”的认识最早见于《庄子·齐物论》：“有左有右，有伦有义，有分有辩，有竞有争，此之谓八德。”郭相注：“并逐曰竞，对辩曰争。”②即我们通常使用的“竞争”是指相互争胜，其中有相互追逐和直接对抗的含义。广义的竞争是指那些为了维护自身的利益，力求使自身在某一方面(或领域)与相争对象相比能处于有利、优势地位的行为；狭义的竞争专指市场竞争，是指有着不同经济利益的两个以上的经营者，为争取收益最大化，

① (美国)保罗弗兰克实业有限公司与龙哲不正当竞争纠纷一案，北京市高级人民法院民事判决(2009)高民终字第1121号。

② 辞海(第四卷)，上海：上海辞书出版社，1980，第4799页。

以其他利害关系人为对手，采用能够争取交易机会的商业策略、争取市场的行为。本书所讨论的竞争专指市场竞争。

就市场竞争而言，它具有以下特点。

(1) 竞争的主体是交易方向一致、行业相同或相似经济利益上有着利害关系，相互排斥的两个以上经营者。

(2) 竞争是由竞争各方综合实力的抗衡而引起的。经营者采用的一系列竞争手段(如价格策略、广告策略、服务策略等)涉及的不仅是经营者的经济实力，还包含科技含量、服务品质、企业文化等综合实力。

(3) 竞争以排除对手，最大限度地争取客户和扩大业务量为目的。

(4) 竞争具有积极的进取性。经营者为获取有力的竞争地位，总会进行各方面的努力和尝试，不断改进、提高，从而具有积极的进取性，并因此为整个市场注入活力，促进社会整体生产能力的提高。

(5) 竞争总是发生在一定的商品市场或服务市场范围内，该市场是竞争者活动的空间和范围。而竞争市场是具有地域性的，市场的地域性常常影响到运输费用、信息和营销障碍等竞争因素。因此，对市场的界定，常常是竞争法律分析的首要问题。

9.1.2　竞争法的概念和特点

1. 竞争法的概念

竞争法是指国家在协调经济运行中调整市场竞争关系和市场竞争管理关系的法律规范的总称。③竞争法有形式意义上的竞争法和实质形式意义上的竞争法之分。形式意义上的竞争法指直接命名的、成文的竞争法典，如《反不正当竞争法》、《反垄断法》；实质形式意义上的竞争法不仅指系统的成文竞争法典，也包括单行的规制竞争活动的法律法规以及散见于其他法律法规之中的涉及竞争行为的全部法律规范。

2. 竞争法的特点

与其他的法律部门相比，竞争法具有以下特点。④

(1) 竞争法以竞争关系为特定的调整对象。市场竞争是市场经济的基本因素，内涵在市场生产、分配、交换和消费之中。无处不在、无时不有的竞争是市场经济的运行方式。所以，竞争在市场经济中具有根本地位，从而市场竞争关系也是市场经济的基本关系。

由于维护市场竞争主要是通过反不正当竞争和反垄断来实现的，因此，市场竞争关系具体可分为反不正当竞争关系和反垄断关系，反不正当竞争关系和反垄断关系具有非常丰富的内容，它们分别构成反不正当竞争法和反垄断法的调整对象。

(2) 竞争法具有一定的时代性。尽管竞争源于人的本性，根源于人的自我意识，但调整竞争关系的竞争法的产生是具有时代性的。市场经济在完成了资本原始积累后，经历了自由竞争和垄断阶段。由于在自由竞争阶段，竞争的积极作用充分发挥，人们并没有意识到规范竞争行为的必要性。直到经过自由竞争，市场逐步形成了生产集中，市场经济发展到了垄断阶段。垄断限制自由竞争，产生了许多弊端，因此，世界各国为维护公平竞争纷

---

③ 杨紫煊：经济法，北京：北京大学出版社，1999，第 173 页。

④ 邱本：市场竞争法论，北京：中国人民大学出版社，2004，第 24 页。

纷制定竞争法。可见，竞争法是市场经济发展到垄断阶段的产物。

(3) 竞争法具有国家干预性。市场经济中，自由竞争的消极作用随经济的发展逐渐显现。首先，竞争中单个经济个体的竞争行为在整体上具有盲目性，往往使竞争陷入无序性，浪费社会资源；其次，经济人的本性使得他们致力于追求利益的极大化，并因此而难免趋利避害、见利忘义，会采取违反商业道德的不正当竞争手段；最后，竞争的结果会导致垄断，反过来限制竞争。所以，人们日益认识到国家干预竞争的必要性，竞争法就是确立国家干预竞争、维护竞争秩序的法律部门。

(4) 竞争法具有社会公共性。竞争是社会发展的关键，关系国计民生，影响社会全局，这就决定了以竞争关系为调整对象的竞争法具有至关重要的地位，被奉为“经济宪章”。竞争法既维护公平自由的竞争秩序，实现社会资源的最有效配置，同时又反对垄断者恃强凌弱，保护弱势者，注重社会共同发展，促进社会整体福利的增加。故竞争法具有社会公共性。

举案说法 9.1

龙乐文化艺术有限责任公司诉中国音乐著作权协会案[⑤]

2005年，原告北京龙乐文化艺术有限责任公司取得歌曲《美人吟》“影音作品资料在网络、通信行业设备服务及移动数据业务方面的开发运营权”；2005年《天不下雨天不刮风》的词、曲作者李凡、赵小源与原告签订无期限协议，将“所属其歌曲的信息网络传播权”交原告独家代理。原告与三稷、飞迅等公司合作经营彩铃的业务，以提供收费下载服务等方式获得收益。

被告中国音乐著作权协会是音乐作品著作权集体管理组织，依据合同管理会员作品，可以许可他人使用会员作品并收取管理费。《美人吟》和《天不下雨天不刮风》的词、曲作者系其会员，均与被告约定：将其音乐作品的公开表演权、广播权和录制发行权授权被告以信托的方式管理。

2006年和2007年，被告先后就《美人吟》等歌曲被作为彩铃使用事项向飞迅公司等发函，希望通过协商方式与被告解决相关词曲版权问题。2007年8月，飞迅公司要求原告解决涉案歌曲版权权属问题，否则将停止合作。原告认为被告发函行为影响公司经营秩序，损害公司商业信誉，属于不正当竞争行为，故起诉要求被告停止侵权，公开赔礼道歉。

分析本案，首先，确定原被告之间是否存在竞争关系。被告虽然是社团法人，本身并非营利性主体，但在彩铃业务上收取管理费用的行为明显具有营利性和经营性，所以被告与原告之间存在竞争关系。其次，确定是否存在不正当竞争行为。被告的发函行为属于代表权利人主张权利的行为，意在提示飞迅等公司使用音乐作品可能存在侵权行为，并要求与之协商解决，并不违背有关法律规定。该函并未明确指向原告，无损害原告商誉的词语，不能确定为有意排挤原告、贬低原告商业信誉，故不构成不正当竞争行为。

9.2 反不正当竞争法

9.2.1 反不正当竞争法的概念和立法宗旨

反不正当竞争法是指制止经营者采用欺骗、胁迫、利诱以及其他违反诚实信用原则的

⑤ 北京龙乐文化艺术有限责任公司诉中国音乐著作权协会其他不正当竞争纠纷案，北京市东城区人民法院民事判决书(2007)东民初字第07514号。

手段从事市场交易的各种不正当竞争行为，维护公平竞争的商业道德和交易秩序的法律制度。反不正当竞争法的概念有狭义和广义之分。广义的反不正当竞争法是指有关反不正当竞争行为的法律法规和立法、司法解释等法律规范的总和，即除了《中华人民共和国反不正当竞争法》(以下简称《反不正当竞争法》)以外，还包括商标法、专利法、产品质量法、广告法、消费者权益保护法等一切有关反不正当竞争行为的法律法规、司法解释等。狭义的反不正当竞争法仅指《反不正当竞争法》。本节所指反不正当竞争法为狭义的反不正当竞争法。

我国的《反不正当竞争法》第一条规定，制定该法是为了“保障社会主义市场经济健康发展，鼓励和保护公平竞争，制止不正当竞争行为，保护经营者和消费者的合法权益”。可见，《反不正当竞争法》的立法宗旨分为 3 个层次：首先，制止不正当竞争行为是直接目的；其次，保护经营者和消费者的合法权益，这是该法直接目的的延伸；最后，鼓励和保护公平竞争，保护社会主义市场经济健康发展是最终目的。

9.2.2　反不正当竞争法的调整对象

根据《反不正当竞争法》的规定，其调整对象是在制止不正当竞争行为过程中发生在监督管理机构与经营者之间，经营者相互之间以及经营者与消费者之间的社会关系。所以《反不正当竞争法》的调整对象，根据制止不正当竞争过程中产生的社会关系，可分为以下 3 类。

(1) 因为不正当竞争行为而在经营者之间形成的不正当竞争关系。这类不正当竞争行为主要有：采用假冒或仿冒等混淆手段从事市场交易、商业贿赂，经营者以排挤竞争对手为目的、以低于成本的价格销售商品、商品诽谤、招标投标中的不正当竞争行为、公用企业或其他依法具有独占地位的经营者强制交易的行为等。

(2) 因为不正当竞争行为而在经营者和消费者之间形成的权益关系，这类不正当竞争行为主要有侵犯商业秘密、引人误解的虚假宣传、违反规定的有奖销售、违背购买者的意愿搭售商品或附加其他不合理的条件而销售商品等。

(3) 因为不正当竞争行为而在经营者与政府及管理部门之间形成的管理关系，这类不正当竞争行为只有一种，即政府及其所属部门滥用行政权力限制竞争的行为，主要表现为以权经商和地区封锁。

9.2.3　反不正当竞争法的基本原则

《反不正当竞争法》第二条第一款规定：“经营者在市场交易中，应当遵循自愿、平等、公平、诚实信用的原则，遵守公认的商业道德。”上述规定为反不正当竞争法奠定了法律的基本原则：自愿原则、平等与公平原则、诚实信用原则和遵守公认的商业道德的原则。

其中遵守公认的商业道德，是反不正当竞争法规定的一项特定原则，它要求经营者应当遵守市场经济公认的商业道德进行经营运作。市场经济公认的商业道德是在发扬中华民族传统美德和吸收世界国际贸易惯例兼容并蓄的产物，任何违反商业道德，违反约定俗成的行业规则和国际惯例的行为都会导致侵害社会公共利益和社会经济秩序的结果。社会公认的商业道德，一般是指诚信无欺、公平竞争、文明经商、礼貌待客等。

9.2.4 反不正当竞争法和相邻法律的关系

反不正当竞争法规制市场上的不正当竞争行为，由于市场竞争行为的多样化，所以反不正当竞争法涉及广泛，不可避免地与相关的法律部门发生交叉，如知识产权法、消费者权益保护法。反不正当竞争与它们之间总体上是既有联系又有区别，相互补充、共同作用的关系。

1. 反不正当竞争法与知识产权法

反不正当竞争法有很多涉及知识产权法的内容，如假冒他人注册商标的行为和擅自使用知名商品特有的名称、包装、装潢的行为，侵犯商业秘密的行为，这些行为的不正当性质明显，属典型的不正当竞争行为。所以反不正当竞争法从规范竞争的角度对此类行为作出了规范。另外，知识产权法在保护合法权利人的知识产权同时，也起着保护公平竞争和维护竞争秩序的功能。在此意义上，知识产权法和反不正当竞争法在规范对象、立法目的上是互有交叉的。

但是，知识产权法和反不正当竞争法毕竟是两种不同的法律制度。它们的差异主要表现在：首先，两部法律调整的侧重有所不同。反不正当竞争法以制止不正当竞争行为和保护公平竞争为己任。因此，除了制止知识产权领域的侵权行为，它还对其他不正当竞争行为作出了禁止性规定，例如商业贿赂、虚假广告、欺骗性有奖销售行为等。而知识产权法是保护知识产权的专门法律制度。其次，反不正当竞争法在对知识产权的保护上不如知识产权法专、深，但比知识产权法广。如知识产权法必须明确受法律保护的智力成果和不受法律保护的智力成果之间的界限，有许多严格的限定范围和条件。而反不正当竞争法只要从规范竞争秩序的角度出发即可，可以保护许多知识产权法保护范围之外的智力成果。如商业秘密、驰名的未注册商标等。故一般来说，反不正当竞争法对知识产权保护起了重要的补充性作用，也就是通常所指的反不正当竞争法对知识产权的“兜底保护”作用。

2. 反不正当竞争法与消费者权益保护法

反不正当竞争与消费者权益保护是既密切联系又各自独立发展的经济法的两项制度。不正当竞争行为侵害的客体往往是双重或者多重的，它在侵害合法经营者的权益的同时，实质上也侵害了消费者的权益。

二者的关系主要表现为：首先，两法都保护消费者利益。尤其近年来，反不正当竞争法的社会公共性越来越鲜明，保护处于弱势地位的消费者的权益的功能更加明显。其次，两法在实体规范上也有一定的交叉，如两法都从各自的立法宗旨出发禁止欺骗性和强制性交易。最后，虽然在许多国家反不正当竞争和保护消费者权益都有专门的法律部门，但在一些国家没有专门的反不正当竞争法，却在消费者权益保护法中规定了反不正当竞争的条款，所以二者关系更加紧密。

反不正当竞争法除了与知识产权法、消费者权益保护法有相互密切联系、互有区别之外，与广告法、价格法、产品质量法等都有密切的关系。各项法律制度都从不同的层次、不同角度出发，保障市场运行的健康发展，促进市场经济的繁荣。

9.2.5 不正当竞争行为的概念和特征

不正当竞争行为是指经营者违反《反不正当竞争法》的规定，损害其他经营者的合法权益，扰乱社会经济秩序的行为。不正当竞争行为有如下特征。

(1) 不正当竞争行为的主体是经营者。所谓经营者，是指从事商品经营或营利性服务的法人、其他经济组织和个人。非经营者不是竞争行为主体，所以也不能成为不正当竞争行为的主体。但是在有些情况下，非经营者的某些行为也会妨害经营者的正当经营活动，侵害经营者的合法权益，这种行为也是反不正当竞争法的规制对象。比如，政府及其所属部门滥用行政权力妨害经营者的正当竞争行为就是这种类型。

(2) 不正当竞争行为是违法行为。不正当竞争行为的违法性，主要表现在违反了《反不正当竞争法》的规定，既包括违反关于禁止各种不正当竞争行为的具体规定，也包括违反原则性规定的不正当竞争行为。经营者的某些行为虽然表面上难以确认是否为该法明确规定的不正当竞争行为，但是只要违反了自愿、平等、公平、诚实信用原则或违反了公认的商业道德，损害了其他经营者的合法权益，扰乱了社会经济秩序，也应认定为不正当竞争行为。

(3) 不正当竞争行为的危害性。不正当竞争行为的危害性主要体现在：损害其他经营者的正常经营和合法权益，损害消费者的合法权益，危害公平竞争的市场秩序。

举案说法 9.2

《湖南日报》与陈许洪虚假宣传纠纷案[⑥]

2006 年 6 月 30 日始，《湖南日报》为圣泉公司做酒文化周刊广告，内容有：“炎帝圣泉酒业系香港森宝集团的独资公司，……在 2001 年斥巨资收购兼并贵州茅台镇酒厂，……为炎帝圣泉酒业的发展、品质提供有利的保证。”“倾力打造浓香型经典，城招各市、县经销商”等(后经查证该内容系虚假事实)。陈许洪看到广告后，与圣泉公司取得了联系，成为圣泉白酒的经销商并交付 10 万元货款。但圣泉公司经原告多次催告一直未发货，至今已人去楼空。陈许洪遂起诉要求报社赔偿原告财产损失和门面租金损失费。

湖南日报社称已经尽到了作为广告发布者的审查义务，广告的内容并无虚假，不应由广告发布者承担责任。陈许洪与圣泉公司的合作行为是自发自愿的商业行为，陈许洪的“损失”与广告行为无因果关系。报社本身也是受害者，圣泉公司并未注销登记，应向圣泉公司追偿。

本案关键：湖南日报社是否存在虚假宣传行为，该虚假行为是否造成了陈许洪的损失？虚假宣传是指在商业活动中经营者利用广告或其他方法对商品或者服务做出与实际内容不相符的虚假信息，导致客户或消费者误解的行为。虚假宣传一般涉及商品的经营者、广告的制作者和广告的发布者 3 个主体。广告法第二十七条规定：“广告经营者、广告发布者依据法律、行政法规查验有关证明文件，核实广告内容。对内容不实或者证明文件不全的广告，广告经营者不得提供设计、制作、代理服务，广告发布者不得发布。”广告的发布者在发布广告时需要对广告的内容以及商品的生产者或经营者的资质等证明文件进行查验和核实，对于证明文件不全或者是存在虚假宣传情形的广告不予发布。

本案中，《湖南日报》在广告中刊登的内容部分存在虚假事实，可见湖南日报社未尽到对广告的内容进行审核保证其内容符合真实情况的审核义务，对于该虚假广告导致的陈许洪的损失存在一定的过错。另外，由于陈许洪的疏忽，对于合同相对人的资质未尽审慎的核查义务，因此其对于自己的损失也需承担责任。根据双方当事人的过错程度酌情判定双方的责任承担比例。二审判决时充分考虑到各方当事人的过错程度，湖南日报社的责任承担比例为损失的 10%。

---

⑥ 湖南日报社与陈许洪虚假宣传纠纷上诉案，湖南省长沙市中级人民法院民事判决书(2008)长中民三终字第 1393 号。

9.2.6 不正当竞争行为的列举规定

我国《反不正当竞争法》主要是禁止不正当竞争行为，同时也调整一部分限制竞争行为，这些行为可以分为以下11类。

1. 假冒行为

假冒行为是假借和冒充其他经营者或者商品的名称、商标、质量和产地标志等，以使人混淆产生误解的行为。它包括以下4类行为。

(1) 假冒他人的注册商标。

(2) 擅自使用知名商品特有的名称、包装、装潢，或者使用与知名商品近似的名称、包装、装潢，造成和他人的知名商品相混淆，使购买者误认为是该知名商品。

(3) 擅自使用他人的企业名称或者姓名，引人误认为是他人的商品。

(4) 在商品上伪造或者冒用认证标志、名优标志等质量标志，伪造产地，对商品质量作引人误解的虚假表示。常见的有商家在产品上使用与驰名商品相类似的包装、相近名称或伪造产地，造成消费者误解的。

2. 强制性交易行为

强制性交易行为是指公用企业或者其他依法具有独占地位的经营者，限定他人购买其指定的经营者的商品，排斥其他经营者的行为。如在经营中形成垄断、独占地位的公用企业，供水、供电企业对垄断特权的滥用就属于强制性交易行为，具体滥用行为常见的有强行指定用户换购指定的水表、煤气表等行为。

3. 滥用行政权力限制竞争的行为

滥用行政权力限制竞争的行为是指政府及其所属部门滥用行政权力，限定他人购买其指定的经营者的商品，限制其他经营者正当的经营活动或者经营者跨地区、跨部门的交易，干扰阻碍正常交易活动的行为。典型的行为有行政部门以保护地方经济为借口，限制外地的产品跨地区经营，以防止该产品与本地相同或类似产品形成竞争。但随着行政部门依法执政能力的提高，此类明显的滥用行政权力限制竞争的行为已经不多见了。

4. 商业贿赂行为

商业贿赂行为是指经营者采用财物或者其他手段进行贿赂以销售或者购买商品的行为。我国《反不正当竞争法》规定，经营者销售或者购买商品，可以以明示方式给对方折扣，可以给中间人佣金。经营者给对方折扣、给中间人佣金的，必须如实入账。接受折扣、佣金的经营者也必须如实入账。凡在账外暗中给予对方单位或者个人回扣的，以行贿论处；对方单位或个人在账外暗中收受回扣的，以受贿论处。可见，折扣、佣金与回扣都以吸引相对人与之交易为目的，但最根本的区别在于是否如实入账。凡不如实入账的均以行贿、受贿论处。

5. 虚假宣传行为

虚假宣传行为是指经营者不得利用广告或者其他方法，对商品的质量、制作成分、性能、用途、生产者、有效期、产地等作引人误解的虚假宣传。《反不正当竞争法》还规定：

广告的经营者不得在明知或者应知的情况下，代理、设计、制作、发布虚假广告。常见的是商家在广告中夸大其产品、服务效果，甚至捏造事实，使消费者对其产生误解，诱发误购的行为。

6. 侵犯商业秘密行为

侵犯商业秘密行为是指经营者采用不正当的手段，违法获取、披露、使用或者允许他人使用权利人的商业秘密的行为。商业秘密是指不为公众所知悉能为权利人带来经济利益、具有实用性并经权利人采取保密措施的技术信息和经营信息。侵犯商业秘密的不正当手段如下。

(1) 以盗窃、利诱、胁迫或者其他不正当手段获取权利人的商业秘密。

(2) 披露、使用或者允许他人使用以前项手段获取的权利人的商业秘密。

(3) 违反约定或者违反权利人有关保守商业秘密的要求，披露、使用或者允许他人使用其所掌握的商业秘密。

(4) 第三人明知或者应知前款所列违法行为，获取、使用或者披露他人的商业秘密，视为侵犯商业秘密。

商业秘密具有不为公众所知悉的秘密性，所以虽然也是智力成果中的一种，但无法像专利权、版权等知识产权一样受到知识产权法的保护。《反不正当竞争法》从保护竞争的角度出发，无须公开商业秘密的具体内容，即可保护商业秘密所有人的智力财产权，是对知识产权保护的重要补充。

举案说法 9.3

使用离职前所获经营秘密不正当竞争案[⑦]

2003 年 2 月 20 日，声光公司与赵丽花签订固定期限劳动合同，合同期自 2003 年 2 月 20 日起至 2006 年 3 月 19 日止。赵丽花负责声光公司的对外销售，通过声光公司的电子邮箱平台，与墨西哥 DBB 公司进行了大量的电子邮件往来，内容包括购买产品的种类、规格、价格、交货期限、付款和包装方式等方面，完成多笔车用灯具交易。2006 年 3 月劳动合同解除后，赵丽花受雇于良晨公司。之后，良晨公司与 DBB 公司达成了发光二级管(LED)的买卖业务。声光公司以赵丽花和良晨公司侵犯经营秘密为由起诉，请求法院认定二人的侵犯商业秘密行为成立，要求立即停止侵权行为并向其赔礼道歉，赔偿损失。

赵丽花辩称：第一，良晨公司与墨西哥 DBB 公司交易的发光二极管属于通用商品，良晨公司享有专利权，与声光公司生产的自行车灯不存在竞争关系；第二，墨西哥 DBB 公司是南美洲著名的自行车生产龙头企业，任何人通过网络查询均可与其发生信息交流及业务往来，故该客户名单属公知信息，不具有秘密性；第三，赵丽花仅为良晨公司提供网站设立及翻译等辅助性事务，与涉案商业秘密无涉。良晨公司称：墨西哥 DBB 公司的联络方式及需求是可以从公开渠道获得的，不属于商业秘密，并且其与墨西哥 DBB 公司通过公开渠道建立业务关系，故没有侵犯商业秘密。

法院认为：声光公司主张的墨西哥 DBB 公司的相关信息符合法律规定的要件，属于商业秘密中的经营秘密，两上诉人的涉案行为侵犯了声光公司主张的经营秘密，构成侵犯商业秘密行为。

---

⑦ 使用离职前所获经营秘密不正当竞争案，浙江高级人民法院民事判决书(2008)浙民三终字第 236 号。

7. 压价排挤竞争对手行为

压价排挤竞争对手行为是指经营者采用在一定的市场上和一定的时期内，为了排挤竞争对手以低于成本的价格销售商品的行为。合理价格是竞争的重要手段，但以排挤竞争对手为目的，违背价值规律以低于成本的价格销售商品的行为是限制竞争的不正当竞争行为。为了不影响、限制合理的降价行为，《反不正当竞争法》对一些降价行为进行了适用除外的规定：有下列情形之一的，不属于不正当行为。

(1) 销售鲜活商品。

(2) 处理有效期限即将到期的商品或者其他积压的商品。

(3) 季节性降价。

(4) 因清偿债务、转产、歇业降价销售商品。

8. 搭售行为

搭售行为是指经营者在销售商品时，违背购买者的意愿搭售商品或者附加其他不合理的条件的行为。搭售行为具有以下的特征。

(1) 违背自愿原则，违背交易相对人的意愿。

(2) 违背公平原则，搭售商品或者附加其他条件是不合理的，显失公平的。

(3) 该行为具有依仗经济优势限制竞争的性质。

实施该行为的经营者往往占据某些经济或者技术优势，形成一定的竞争支配力量，从而违背对方意愿，限制竞争。

9. 不正当的有奖销售行为

不正当的有奖销售行为是指经营者采用的下列不正当的有奖销售手段。

(1) 采用谎称有奖或者故意让内定人员中奖的欺骗方式进行有奖销售。

(2) 利用有奖销售的手段推销质次价高的商品。

(3) 抽奖式的有奖销售，最高奖的金额超过 5 000 元。

有奖销售是经营者的促销手段之一，但以上的不正当的有奖销售行为违背诚实信用、公平交易的原则，危害了社会公共利益和善良风俗。

10. 诋毁商誉行为

诋毁商誉行为是指经营者捏造、散布虚伪事实，损害竞争对手的商业信誉、商品声誉，削弱竞争对手的竞争能力的行为。诋毁商誉行为的构成要件包括以下几种。

(1) 经营者的宣传，散布言行具有诋毁的故意。

(2) 诋毁商誉行为的客体是同业竞争者的商业信誉和商品声誉。

(3) 经营者采取了捏造、散布虚伪事实的手段。

判断是否构成诋毁商誉行为最重要的就是是否采取了捏造、散布虚伪事实的手段。如果对方所宣传的是事实，那么即使对经营者的商业信誉和商品声誉造成影响，也不构成诋毁商誉行为。例如竞争对手揭露对方的违规、违法事实的行为。

11. 串通勾结投标行为

招标投标在投标人之间引起竞争，从而降低项目成本、实现选择最优合作者的目的。

串通勾结投标的表现形式因主体不同分为两类。

(1) 投标者之间的串通投标，抬高标价或者压低标价。

(2) 投标者和招标者之间相互勾结，以排挤竞争对手，消除投标者之间的公平竞争，从而勾结双方从中牟取非法利益。

9.2.7　监督检查和法律责任

我国《反不正当竞争法》第三条第三款规定：“县级以上人民政府工商行政管理部门对不正当竞争行为进行监督检查，法律、行政法规规定由其他部门监督检查的依照其规定。”可以看出除县以上工商行政管理部门以外，法律法规规定的其他有关部门，如技术监督部门、物价部门，也有权在自己职权范围内依法对不正当竞争行为进行监督检查。另外国家鼓励、支持和保护一切组织和个人对不正当竞争行为进行社会监督。

当事人对监督检查部门作出的处罚决定不服的，可以自收到处罚决定之日起 15 日内向上一级主管机关申请复议；对复议决定不服的，可以自收到复议决定书之日起 15 日内向人民法院提起诉讼；也可以直接向人民法院提起诉讼。

我国《反不正当竞争法》规定：经营者违反本法规定，给被侵害的经营者造成损害的，应当承担损害赔偿责任，被侵害的经营者的损失难以计算的，赔偿额为侵权期间因侵权所获得的利润；并应当承担被侵害的经营者因调查该经营者侵害其合法权益的不正当竞争行为所支付的合理费用。被侵害的经营者的合法权益受到不正当竞争行为损害的，可以向人民法院提起诉讼。

经营除因致人损害应承担赔偿的民事责任以外，又因其从事的不正当竞争行为的类别、情节轻重程度不同，承担不同的法律责任。承担相关的法律责任归纳如下。

(1) 经营者假冒他人的注册商标，擅自使用他人的企业名称或者姓名，伪造或者冒用认证标志、名优标志等质量标志，伪造产地，对商品质量作引人误解的虚假表示的，依照《商标法》、《产品质量法》的规定处罚。经营者擅自使用知名商品特有的名称、包装、装潢，或者使用与知名商品近似的名称、包装、装潢，造成和他人的知名商品相混淆，使购买者误认为是该知名商品的，监督检查部门应当责令停止违法行为，没收违法所得，可以根据情节处以违法所得 1 倍以上 3 倍以下的罚款；情节严重的，可以吊销营业执照；销售伪劣商品，构成犯罪的，依法追究刑事责任。

(2) 经营者采用财物或者其他手段进行贿赂以销售或者购买商品，构成犯罪的，依法追究刑事责任；不构成犯罪的，监督检查部门可以根据情节处以 1 万元以上 20 万元以下的罚款，有违法所得的，予以没收。

(3) 公用企业或者其他依法具有独占地位的经营者，限定他人购买其指定的经营者的商品，以排挤其他经营者的公平竞争的，省级或者设区的市的监督检查部门应当责令停止违法行为，可以根据情节处以 5 万元以上 20 万元以下的罚款。被指定的经营者借此销售质次价高的商品或者滥收费用的，监督检查部应当没收违法所得，可以根据情节处以违法所得 1 倍以上 3 倍以下的罚款。

(4) 经营者利用广告或者其他方法，对商品作引入误解的虚假宣传的，监督检查部门应当责令停止违法行为，消除影响，可以根据情节处以 1 万元以上 20 万元以下的罚款。广告的经营者，在明知或者应知的情况下，代理、设计、制作、发布虚假广告的，监督检查部门应当责令停止违法行为，没收违法所得，并依法处以罚款。

(5) 违反《反不正当竞争法》侵犯商业秘密的，监督检查部门应当责令停止违法行为，可以根据情节处以1万元以上20万元以下的罚款。

(6) 经营者违反规定进行有奖销售的，监督检查部门应当责令停止违法行为，可以根据情节处以1万元以上10万元以下的罚款。

(7) 投标者串通投标，抬高标价或者压低标价；投标者和招标者相互勾结，以排挤竞争对手的公平竞争的，其中标无效。监督检查部门可以根据情节处以1万元以上20万元以下的罚款。

(8) 经营者有违反被责令暂停销售，转移、隐匿、销毁与不正当竞争行为有关的财物的行为的，监督检查部门可以根据情节处以被销售、转移、隐匿、销毁财物的价款的1倍以上3倍以下的罚款。

9.3 反垄断法

9.3.1 垄断的概念和特征

在经济学领域，垄断是指少数大公司、企业或者若干企业的联合独占生产和市场。它们控制一个甚至几个生产部门的生产和流通，操纵这些部门产品的销售价格或者某些生产资料的购买价格，以保证获取高额垄断利润。法律意义上的垄断是指经营者以独占或有组织的联合行动等方式，凭借经济实力或者行政权力，操纵或支配市场，限制和排斥竞争的行为。

垄断具有以下的特征。

(1) 形成垄断的主要方式是独占或有组织的联合行动。垄断者凭借自己在市场中的独占地位，或者不具备独占市场的经营者通过合谋性协议、安排或协同行动的方式，减少或者控制竞争对手，达到控制市场的目的。

(2) 垄断者形成垄断凭借的是经济优势或者行政权力。垄断者凭借经济优势通过滥用经济优势形成的垄断，是经济性垄断；垄断者凭借行政权力形成的垄断，是行政性垄断。二者的目的都是操纵或者控制市场，获取垄断利润。

(3) 垄断限制和排斥竞争。垄断的直接结果是排斥或控制其他正当的经济活动，在一定的生产领域或者流通领域内限制和排斥竞争。

9.3.2 反垄断法的概念

反垄断法是指有关禁止阻碍、限制或妨害竞争的企业间协议、合谋、联合行动和滥用经济优势的行为，借以保护市场公平竞争，维护市场秩序的法律规范体系。反垄断法和反不正当竞争法都是竞争法的重要组成部分。反不正当竞争法从微观层次规范不正当竞争行为，反垄断法从宏观层次维护竞争性的市场结构出发规范垄断行为，二者共同保证市场健康有序地进行。

9.3.3　反垄断法与反不正当竞争法的关系

反不正当竞争法与反垄断法同属于竞争法范畴，都以市场竞争关系为调整对象，都旨在缔造和维护自由公平的市场竞争机制和市场竞争秩序。二者有许多相似之处，互为补充。但另一方面，二者又有很多不同之处，在维护市场竞争秩序方面起着不同的作用。

1. 二者的差异

反不正当竞争法与反垄断法的差异首先在于它们的立法目的不同。从立法目的上说，反不正当竞争法主要是反对经营者出于竞争目的，违反市场交易中诚信的原则和公认的商业道德，通过不正当手段攫取他人竞争优势的行为。因此，从这个意义上说，反不正当竞争法追求的价值理念是公平竞争。

反垄断法则是从维护市场的竞争性出发，目的是保证市场上有足够的竞争者，以便使交易对手和消费者在市场上有选择商品的权利。根据反垄断法的理论，只有当市场上出现了垄断或者垄断趋势的时候，政府方可干预市场，干预的目的是降低市场集中度，调整市场结构。因此，概括地说，反垄断法所追求的价值理念是自由竞争，目的是保障企业有自由参与市场竞争的权利，提高经济效益和消费者的社会福利。

正是出于不同的理念，反不正当竞争法主要是关注企业在市场上相互竞争的行为，目的是制止不正当的竞争行为；反垄断法所关注的则是排除竞争的行为，如竞争者之间的协调行为，或者大企业的合并，目的是防止市场上形成垄断或者寡头垄断的局面。

2. 二者相互补充

因为二者都是规范市场竞争秩序，都是为了推动和保护竞争，从而有着相同的经济政策，即都是禁止企业以不合理的手段谋取利益，损害经营者和消费者的合法权益。尽管一个是反对不正当竞争行为，另一个是反对限制竞争行为，但这两种法律制度是相互补充、相辅相成的。有些国家或者地区把反不正当竞争法与反垄断法合并立法，如匈牙利 1996 年修订后的《禁止垄断和禁止不正当竞争行为法》。

3. 交叉关系

反不正当竞争法和反垄断法不仅互为条件，在很多情况下也是交叉存在的。如我国《反不正当竞争法》第十一条规定："经营者不得以排挤竞争对手为目的，以低于成本的价格销售商品。"第十二条规定："经营者销售商品，不得违背购买者的意愿搭售商品或者附加其他不合理的条件。"这些行为之所以被视为不正当竞争行为，是因为它们是不合理的市场行为。但另一方面，这些行为如果真正达到损害市场竞争的程度，行为人一般都占有市场支配地位。这些行为从而也可以被视为垄断行为，受反垄断法的制约。另外在许多国家，反垄断和反不正当竞争有共同的执法机构，如日本的公正交易委员会、英国的公平贸易局。

9.3.4　反垄断法规制的垄断行为

反垄断法规制的垄断行为大致包括了结构垄断、卡特尔协议、滥用经济优势地位、企业兼并等。我国的《反垄断法》规定了 3 种垄断行为，即经营者达成垄断协议；经营者滥用市场支配地位；具有或者可能具有排除、限制竞争效果的经营者集中。

1. 经营者达成垄断协议

垄断协议是指排除、限制竞争的协议、决定或者其他协同行为。禁止具有竞争关系的经营者达成下列垄断协议。

(1) 固定或者变更商品价格。

(2) 限制商品的生产数量或者销售数量。

(3) 分割销售市场或者原材料采购市场。

(4) 限制购买新技术、新设备或者限制开发新技术、新产品。

(5) 联合抵制交易。

(6) 国务院反垄断执法机构认定的其他垄断协议。

典型的经营者达成垄断协议的垄断行为，如 2006 年 5 月，在武汉东星航空首航期间报价比市场价要低 700～800 元，八大航空公司对其实施的联合封杀行为。2007 年 7 月，世界拉面协会中国分会及相关企业协商串通上调方便面价格的行为。

另外，《反垄断法》第十四条规定禁止经营者与交易相对人达成下列垄断协议。

(1) 固定向第三人转售商品的价格。

(2) 限定向第三人转售商品的最低价格。

(3) 国务院反垄断执法机构认定的其他垄断协议。

有以上情形但可以不认为是垄断协议的，适用除外情形：经营者能够证明所达成的协议属于下列情形之一。

(1) 为改进技术、研究开发新产品的。

(2) 为提高产品质量、降低成本、增进效率，统一产品规格、标准或者实行专业化分工的。

(3) 为提高中小经营者经营效率，增强中小经营者竞争力的。

(4) 为实现节约能源、保护环境、救灾救助等社会公共利益的。

(5) 因经济不景气，为缓解销售量严重下降或者生产明显过剩的。

(6) 为保障对外贸易和经济合作中的正当利益的。

(7) 法律和国务院规定的其他情形。

对于第一项至第五项的情形，经营者还应当证明所达成的协议不会严重限制相关市场的竞争，并且能够使消费者分享由此产生的利益。

2. 经营者滥用市场支配地位

市场支配地位是指经营者在相关市场内具有能够控制商品价格、数量或者其他交易条件，或者能够阻碍、影响其他经营者进入相关市场能力的市场地位。相关市场指经营者在一定时期内就特定商品或者服务进行竞争的商品范围和地域范围。要认定经营者具有市场支配地位，应当依据下列因素。

(1) 该经营者在相关市场的市场份额，以及相关市场的竞争状况。

(2) 该经营者控制销售市场或者原材料采购市场的能力。

(3) 该经营者的财力和技术条件。

(4) 其他经营者对该经营者在交易上的依赖程度。

(5) 其他经营者进入相关市场的难易程度。

(6) 与认定该经营者市场支配地位有关的其他因素。

经营者滥用市场支配地位的行为包括如下。

(1) 以不公平的高价销售商品或者以不公平的低价购买商品。

(2) 没有正当理由，以低于成本的价格销售商品。

(3) 没有正当理由，拒绝与交易相对人进行交易。

(4) 没有正当理由，限定交易相对人只能与其进行交易或者只能与其指定的经营者进行交易。

(5) 没有正当理由搭售商品，或者在交易时附加其他不合理的交易条件。

(6) 没有正当理由，对条件相同的交易相对人在交易价格等交易条件上实行差别待遇。

(7) 国务院反垄断执法机构认定的其他滥用市场支配地位的行为。

1999 年山东省聊城市电信局在给用户办理手机入网过程中，滥用其独占地位，迫使用户购买其移动电话，就属于典型的经营者滥用市场支配地位的垄断行为。

3. 具有或者可能具有排除、限制竞争效果的经营者集中

经营者集中是指下列情形。

(1) 经营者合并。

(2) 经营者通过取得股权或者资产的方式取得对其他经营者的控制权。

(3) 经营者通过合同等方式取得对其他经营者的控制权或者能够对其他经营者施加决定性影响。

经营者集中达到国务院规定的申报标准的，经营者应事先向国务院反垄断执法机构申报，未申报的不得实施集中。经营者向国务院反垄断执法机构申报集中，应当提交下列文件、资料：申报书；集中对相关市场竞争状况影响的说明；集中协议；参与集中的经营者经会计师事务所审计的上一会计年度财务会计报告；国务院反垄断执法机构规定的其他文件、资料。

国务院反垄断执法机构应当自收到经营者提交的申报文件、资料之日起 30 日内，对申报的经营者集中进行初步审查，作出是否实施进一步审查的决定，并书面通知经营者。

审查经营者集中，应当考虑下列因素。

(1) 参与集中的经营者在相关市场的市场份额及其对市场的控制力。

(2) 相关市场的市场集中度。

(3) 经营者集中对市场进入、技术进步的影响。

(4) 经营者集中对消费者和其他有关经营者的影响。

(5) 经营者集中对国民经济发展的影响。

(6) 国务院反垄断执法机构认为应当考虑的影响市场竞争的其他因素。

经营者集中具有或者可能具有排除、限制竞争效果的，国务院反垄断执法机构应作出禁止经营者集中的决定。但是，经营者能够证明该集中对竞争产生的有利影响明显大于不利影响，或者符合社会公共利益的，国务院反垄断执法机构可以作出对经营者集中不予禁止的决定。

举案说法 9.4

商务部禁止可口可乐公司收购中国汇源公司案[⑧]

2009年3月18日，商务部发布禁止美国可口可乐公司(简称可口可乐公司)与中国汇源果汁集团有限公司(简称中国汇源公司)的经营者集中的公告。2008年9月18日，商务部收到可口可乐公司反垄断申报，经过审查评估，确认集中将产生如下不利影响：集中完成后，可口可乐公司有能力将其在碳酸软饮料市场上的支配地位传导到果汁饮料市场，对现有果汁饮料企业产生排除、限制竞争效果，进而损害饮料消费者的合法权益；集中完成后，可口可乐公司通过控制“美汁源”和“汇源”两个知名果汁品牌，对果汁市场的控制力将明显增强，加之其在碳酸饮料市场已有的支配地位以及相应的传导效应，集中将使潜在竞争对手进入果汁饮料市场的障碍明显提高；抑制了国内企业在果汁饮料市场参与竞争和自主创新的能力，给中国果汁饮料市场有效竞争格局造成不良影响。商务部与可口可乐公司就附加限制性条件进行了商谈，认为其就影响竞争问题提出的救济方案，仍不能有效减少此项集中产生的不利影响。

鉴于上述原因，根据《反垄断法》第二十八条和第二十九条，商务部认为，此项经营者集中具有排除、限制竞争效果，将对中国果汁饮料市场有效竞争和果汁产业健康发展产生不利影响。鉴于参与集中的经营者没有提供充足的证据证明集中对竞争产生的有利影响明显大于不利影响或者符合社会公共利益，在规定的时间内，可口可乐公司也没有提出可行的减少不利影响的解决方案，因此，决定禁止此项经营者集中。

4. 滥用行政权力排除、限制竞争

《反垄断法》除了规定了以上的3种垄断行为以外，又规定行政机关和法律法规授权的具有管理公共事务职能的组织不得滥用行政权力，排除、限制竞争。具体禁止的滥用行政权力，排除、限制竞争的行为如下。

(1) 限定或者变相限定单位或者个人经营、购买、使用其指定的经营者提供的商品。

(2) 实施下列行为，妨碍商品在地区之间的自由流通：①对外地商品设定歧视性收费项目、实行歧视性收费标准，或者规定歧视性价格；②对外地商品规定与本地同类商品不同的技术要求、检验标准，或者对外地商品采取重复检验、重复认证等歧视性技术措施，限制外地商品进入本地市场；③采取专门针对外地商品的行政许可，限制外地商品进入本地市场；④设置关卡或者采取其他手段，阻碍外地商品进入或者本地商品运出；⑤妨碍商品在地区之间自由流通的其他行为。

(3) 以设定歧视性资质要求、评审标准或者不依法发布信息等方式，排斥或者限制外地经营者参加本地的招标投标活动。

(4) 采取与本地经营者不平等待遇等方式，排斥或者限制外地经营者在本地投资或者设立分支机构。

(5) 强制经营者从事反垄断法规定的垄断行为。

(6) 制定含有排除、限制竞争内容的规定。

---

⑧ 商务部反垄断审查裁决：禁止可口可乐并购汇源，中华人民共和国商务部公告，2009年第22号，2009年3月18日。

9.3.5　反垄断法的立法

反垄断法是保护市场竞争、维护市场竞争秩序、充分发挥市场配置资源基础性作用的重要法律制度，素有“经济宪法”之称。1890 年，美国颁布《抵制非法限制与垄断保护贸易及商业法》，又称《谢尔曼法》，是世界上最早的反垄断法，也被称为世界各国反垄断法之母。1947 年，日本颁布了《禁止私人垄断和确保公正交易法》。1957 年，德国颁布《反对限制竞争法》。1958 年生效的《欧洲经济共同体条约》第八十五条至第九十条是欧共体重要的竞争规则。1989 年，欧共体理事会颁布《欧共体企业合并控制条例》，把控制企业合并作为欧共体竞争法的重要内容。1990 年，意大利颁布反垄断法，它是发达市场经济国家中颁布反垄断法最晚的国家。现经济合作与发展组织(OECD)的所有成员国都有反垄断法。

我国关于反垄断的规定最早见于 1980 年国务院发布的《关于推动经济联合的规定》。1993 年 9 月，全国人民代表大会常委会通过了《反不正当竞争法》，该法对部分垄断行为作了原则性的规定。国家工商行政管理局发布的《关于禁止公用企业限制竞争行为的若干行为》对《反不正当竞争法》中有关的垄断的条文作了更具体、更具有操作性的规定。在《价格法》、《招投标法》、2003 年国家发改委颁布的《制止价格垄断行为暂行规定》中都有一些对协议限制竞争、滥用经济优势等涉及垄断行为的规定。

1987 年 8 月，国务院法制局成立了反垄断法起草小组。1994 年，全国人大常委会将制定反垄断法列入立法规划。2007 年 8 月 30 日，第十届全国人民代表大会常务委员会第二十九次会议通过《反垄断法》，自 2008 年 8 月 1 日起施行。

9.3.6　反垄断法的适用除外与执法机关

《反垄断法》适用除外制度作为反垄断法的一项基本制度在各国反垄断立法中均得以确立。所谓反垄断法适用除外，亦称适用豁免，是指在某些领域对某些事项不适用反垄断法。具体而言是指在某些特定行为或领域中对某些虽属限制竞争的特定协调或联合或单独行为不予追究的一项法律制度。

具体而言，适用除外的对象为公益事业、知识产权领域和特殊卡特尔领域。

1. 公益事业

反垄断法适用除外的公益事业是指具有一定的自然垄断性质的公用公益事业，如水、煤气、邮电、公交等(但近年来在许多国家这些行业已不再列为自然垄断行业)。另外比较分散、容易波动的农业以及不应过多过滥的自然资源开采业也属此列。如我国《反垄断法》规定农业生产者及其专业经济组织在农产品生产、加工、销售、运输、储存等经营活动中实施的联合或者其他协同行为，不作为反垄断法的规制对象。

2. 知识产权领域

知识产权保护一般是指法律保护知识产权权利人依法行使知识产权的行为。由于知识产权具有法定独占性、垄断性，使得知识产权的保护与反垄断法有所冲突。因此各国《反垄断法》都将行使知识产权的行为排除在反垄断法的规制对象外，我国也不例外。但是滥用知识产权的行为也是要受到法律的追究的。所谓滥用知识产权是指权利人行使知识产权时超出了它的界限，对受让人和被许可人的权利造成限制，严重损害竞争对手的利益和损害交易对方的利益，构成权利滥用。对知识产权的滥用行为，反垄断法从社会本位性出发，对其进行了必要的限制。

3. 特定时期和特定情况下的垄断行为和联合行为

因为竞争者相互在市场方面达成限制竞争的协议或进行某种协调的行为往往是构成垄断的重要方式，所以一直是反垄断法严格审查的对象。但是如果某些协议没有产生限制竞争的效果，反而提高了市场的竞争力，则应受到法律的保护，适用除外制度。例如，为应付经济不景气或者严重灾害和战争情形下，企业合理组合的垄断行为；企业间为技术进步或者经济发展而实现的协作，合理化的效果应当同与之相关联的限制竞争之间保持适当的关系。另外，为帮助中小企业弥补在与大企业竞争中的结构和规模的不利地位，只要是旨在提高效率，提高中小企业的竞争力，并且未实质性的损害竞争的中小企业之间的联合协议，都是应当允许的。

各国的反垄断的执行机关设置大致分为 3 种情况。

(1) 国家设立专门的反垄断机关。

(2) 对原有的国家行政机关赋予其反垄断职能。

(3) 负责反垄断的案件审判的司法机关。

我国《反垄断法》规定由国务院设立反垄断委员会。国务院反垄断委员会负责领导、组织、协调反垄断工作，具体履行下列职责。

(1) 研究拟订有关竞争政策。

(2) 组织调查、评估市场总体竞争状况，发布评估报告。

(3) 制定、发布反垄断指南。

(4) 协调反垄断行政执法工作。

(5) 国务院规定的其他职责。

引例分析

本案中原告主张龙哲注册涉案域名的行为构成不正当竞争，其涉及两个关键问题。

第一，paul frank 商标是否为知名商品？

按照《商标法》规定，保罗弗兰克公司对 paulfrank 商标权、企业名称权及 www.paulfrank.com 域名享有拥有在先权利。龙哲注册的涉案域名的主体部分与 paulfrank 的商标权、企业名称权及 www.paulfrank.com 域名的主体部分相同，但是 paul frank 并不是专业名词而是一个常用姓名。故龙哲并没有侵犯 paulfrank 商标权的在先权利。

原告起诉被告实施不正当竞争的法律依据，是《中华人民共和国反不正当竞争法》第五条第二款，即“擅自使用知名商品特有的名称、包装、装潢，或者使用与知名商品近似的名称、包装、装潢，造成和他人的知名商品相混淆，使购买者误认是该知名商品”的行为属不正当竞争行为。对知名商品的认定，国家工商行政管理局 1995 年 7 月 6 日颁发的《关于禁止仿冒知名商品特有的名称、包装、装潢的不正当行为的若干规定》第三条第一款规定：“本规定所称知名商品，是指在市场上具有一定知名度，为相关公众所知悉的商品。保罗弗兰克公司为证明 paul frank 商标具有知名度，提供了 2006 年签订的代销合同、月销售收入约 10 万元的证明以及网站搜索保罗弗兰克公司的网站记录，但以上证据尚不能证明涉案域名注册时其注册商标和商号已经在中国具有知名度，不能证明相关公众已经将该词汇与保罗弗兰克公司的商品或服务联系起来，不能认定为知名商标。

第二，注册域名的行为是否构成不正当竞争？

最高人民法院《关于审理涉及计算机网络域名民事纠纷案件适用法律若干问题的解释》第四条规定对于符合下列各项条件的，应当认定被告注册域名行为构成商标侵权或不正当竞争：原告请求保护的民事权益合法有效；争议域名或其主要部分与原告的注册商标相同或近似，足以造成相关公众的误认；被告对该域名或其主要部分不享有权益，也无注册该域名的正当理由；被告对该域名的。在适用该条认定被告注册、使用的域名是否构成不正当竞争时，应以被告的行为是否是市场竞争行为，其使用域名是否会引起消费者混淆和注册具有恶意为条件。《域名解释》第五条第一款规定："曾要约高价出售、出租或者以其他方式转让该域名获取不正当利益的"、"注册域名后自己并不使用也未准备使用，而有意阻止权利人注册该域名的"，可以认定其注册行为具有恶意。

本案中，首先，龙哲以并不存在的龙哲公司的名义注册涉案域名，系因我国域名注册关于申请人资格规定所致，在保罗弗兰克公司提出异议后，龙哲已经进行了变更，故该行为尚不足以证明龙哲注册涉案域名具有恶意；其次，龙哲虽然注册了两个涉案域名，但该两域名的主体部分是相同的，尚不能证明龙哲存在囤积域名、待价而沽的主观恶意；再次，龙哲提交证据证明其已经与他人签订了网站建设合同并支付了预付款，虽然其至今未使用，但不足以证明其系有意阻止权利人注册该域名；最后，保罗弗兰克公司没有提交证据证明龙哲曾高价要约出售涉案域名。综上所述，龙哲注册域名的行为不构成不正当竞争行为，法院对保罗弗兰克公司的上诉主张均不予支持。

本章小结

竞争法是保护公平竞争、维护竞争秩序的法律，《反不正当竞争法》和《反垄断法》是竞争法的两大组成部分，二者相互补充、相辅相成，从不同的层次、角度发挥着维护市场公平竞争、维护竞争秩序的作用。《反不正当竞争法》主要规制损害其他经营者、消费者权益的不正当竞争行为，主要列举的不正当竞争行为有假冒行为、强制性交易行为、虚假宣传等行为。《反垄断法》规定了经营者达成垄断协议；经营者滥用市场支配地位；具有或者可能具有排除、限制竞争效果的经营者集中 3 种典型的垄断行为。由国务院设立反垄断委员会，国务院反垄断委员会负责领导、组织、协调反垄断工作。

思 考 题

(1) 简述不正当竞争行为的概念和特征。

(2) 我国《反不正当竞争法》列举的主要禁止的不正当竞争行为有哪些？

(3)《反不正当竞争法》和《反垄断法》有什么关系？

(4)《反垄断法》规制的垄断行为有哪些？

第10章

消费者权益保护法

教学目标

通过学习本章，能够运用本章知识分析具体问题，保护消费者的合法权益，了解有关消费者概念的界定，掌握消费者的法定权利和经营者的法定义务以及消费者权益的法律保护。

教学要求

知识要点	能力要求	相关知识
消费和消费者	(1) 能够了解什么是消费 (2) 能够掌握消费者的概念	(1) 消费的概念 (2) 消费者的概念
消费者的权利	(1) 能够掌握消费者有哪些权利 (2) 能够掌握承担损害赔偿责任的主体 (3) 能够分析消费者损害赔偿案例	(1) 消费者的权利 (2) 消费者损害赔偿请求权
经营者的义务	(1) 能够掌握经营者有哪些义务 (2) 能够掌握经营者侵害消费者权益应承担哪些具体法律责任	(1) 经营者的义务 (2) 经营者的法律责任

引　例

花季少女就餐烧伤索赔案①

1995年3月8日晚七时许，北京年仅17岁的女中学生贾国宇与家人及邻居在春海餐厅聚餐。被告春海餐厅在提供服务时，所使用的卡式炉燃烧气是被告气雾剂公司生产的“白旋风”牌边炉石油气，炉具是被告厨房用具厂生产的Ysq-A“众乐”牌卡式炉。当贾国宇等人使用完第一个气罐换置第二个气罐继续使用约10分钟时，餐桌上正在使用的卡式炉燃气罐发生爆炸。致使贾国宇面部、双手烧伤，医院治疗，诊断为面部、双手背部深2度烧伤，烧伤面积为8%。意外事故发生后，贾国宇将上述气雾剂公司、厨房用具厂、春海餐厅三被告告上法院，索要包括精神损害赔偿在内的人身损害赔偿金160余万元。

贾国宇是中国第一个因精神损害而索赔的消费者，引起了全国的关注。此案该谁负责？法院能支持她的精神损害赔偿请求吗？

10.1　消费者权益保护法概述

10.1.1　消费和消费者

消费是生产、交换、分配的目的与归宿。它包括生产消费和生活消费两大方面，两者都要消耗物质资料和非物质资料，但不同之处在于，生产消费的直接目的是延续和发展生产，生活消费的直接目的是延续和发展人类自身；生产消费是指在物质资料生产过程中的生产资料的耗费，生活消费是指在人们生存发展过程中的生活资料的消耗；生产消费是在生产领域进行的，而包含在生产之中的；而生活消费与人们的日常生活息息相关，它是各人维持生存与发展所必需的活动。作为人类的基本需要的生活消费，与基本人权直接相关，自然成为法律必须加以规制的重要领域。一般认为，消费者权益保护法调整的是生活消费关系，保护的是生活消费者的合法权益；而产品质量法调整的是生产消费关系，对于《消费者权益保护法》第五十四条的规定，“农民购买、使用直接用于农业生产的生产资料，参照本法执行”。这是为强化对农民合法权益的保护而作出的例外性规定。在经济法体系中，消费者权益保护法与反垄断法、反不正当竞争法相比，消费者权益保护法更强调从消费者的角度来直接保护消费者这一特定的市场主体的权益。

在我国，消费者是经营者的对称。国际标准化组织“消费者政策委员会”(ISO)于1978年在日内瓦召开的第一届年会上，把“消费者”定义为“为个人目的购买或者使用商品和接受服务的个体社会成员”。我国在这一定义的影响下，在1985年6月颁布的《消费品使用说明总则》中首次规定了“消费者”是“为满足个人或家庭的生活需要而购买、使用商品或服务的个体社会成员”。在1994年1月1日正式施行的《中华人民共和国消费者权益保护法》第二条规定：“消费者为生活消费需要购买、使用商品或者接受服务，其权益受本

① 引自祝铭山：《消费者权益纠纷》，北京：中国法制出版社，2003。

法保护，本法未规定的，受其他有关法律的保护。”可见，消费者是指为了生活消费需要而购买、使用商品或接受服务的个人。

对消费者的概念应作严格的解释：①消费的性质专指生活消费，不包括生产消费；②消费的方式包括购买、使用商品或接受服务；③消费者只能是个人，即自然人。而法人或其他组织不属于消费者的范畴。法人或其他组织因为消费而购买商品或接受服务，应该受《合同法》调整。

10.1.2 消费者权益保护的立法状况

现代消费者权益保护立法最早是在资本主义社会进入垄断阶段以后开始的，它的兴起是与世界性的消费者权益保护运动紧密联系在一起的，消费者权益保护立法的状况如何，已经成为衡量一个国家社会文明发展的程度和法制建设完善程度的一个重要标志。而所谓消费者权益是指在社会生产发展的一定阶段，在某种商品经济关系和社会制度下，消费者在进行具体消费行为和完成具体消费过程时所享受的权利和利益的总和。

消费者权益保护法是指调整在保护消费者权益过程中发生的经济关系的法律规范的总称。消费者权益是关系到每个人的生活工作的基本权益之一，对这一权益的有效保护体现了公民权利的实现和市场经济的根本特点。我国在建立社会主义市场经济的过程中日益重视保护每个公民消费过程中的各种权益。为了可以依法有效保护消费者合法权益，我国于1993年10月31日的第八届全国人民代表大会常务委员会第四次会议上通过了对保护消费者合法权益有重大意义的《消费者权益保护法》。从那时起，我国的消费者合法权益有了强有力的法律保障。消费者权益保护法是对居于弱势地位的消费者提供特别保护的法律，是以保护消费者权利为主要内容的法律。

消费者权益保护法有广义和狭义之分，广义上的消费者权益保护法是指所涉及消费者保护的各种法律规范所组成的有机整体。如由消费者保护基本法和其他专门的单行消费者保护的法律和法规，以及其他法律和法规中的有关法律条款的规定组成的有机整体即为广义上的消费者权益保护法。狭义上的消费者权益保护法是指国家有关消费者权益保护的专门立法。在我国，广义上的消费者权益保护法包括《广告法》、《商标法》、《食品卫生法》、《产品质量法》、《反不正当竞争法》等法律法规中有关保护消费者权益的法律规范，而狭义上的消费者权益保护法则仅指《消费者权益保护法》。

10.2 消费者的权利与权益保护

10.2.1 消费者的权利

消费者权利是指消费者根据《消费者权益保护法》的规定，在消费领域中享有的各种权利。在消费生活中所享有的权利，是消费者利益在法律上的表现。我国消费者权益保护法规定消费者有九大权利，即安全保障权、知情权、自主选择权、公平交易权、求偿权、结社权、获取知识权、受尊重权和批评监督权。

1. 安全保障权

安全保障权是指消费者在购买、使用商品和接受服务时享有人身、财产安全不受损害的权利。安全保障权是消费者最重要和最基本的权利，也是宪法赋予公民的人身权、财产权在消费领域的体现。安全保障权内容上包括人身安全和财产安全两个方面。为了使这一权利真正得到体现，消费者有权要求经营者提供的商品和服务符合保障人身、财产安全的要求。有国家标准、行业标准的，消费者有权要求商品和服务符合国家标准或行业标准，如食品、药品、家用电器等；对于没有国家标准、行业标准的，如某些新开发的商品和服务项目，消费者有权要求经营者保证其购买、使用的商品或接受的服务，不具有危害人身、财产安全的缺陷存在。

对于消费者安全权的保护，有这样一个案例。在一家餐厅里面，有给小朋友玩的滑梯。几个小朋友在滑梯上张望，结果掉下来摔伤了，家长告到法院。餐厅对此的抗辩是：其提供的服务没有缺陷；且在滑梯那里有警示牌，警告小朋友游乐应有家长陪同或在家长的监护之下进行。但法院审理后发现，该餐厅平时有护理人员来照顾小朋友，但事故发生时护理人员没有来。于是，法院认为餐厅提供的服务有缺陷。餐厅又提出另一项抗辩，即他们提供的这种游乐服务是免费的，不应该承担这么重的注意义务。法院认为，该游乐设施是餐厅用来吸引儿童的，属于其经营中的一部分，而不属于免费的服务。因此，法院认定，餐厅应承担赔偿责任。

2. 知情权

知情权是指消费者享有知悉其购买、使用的商品或接受服务的真实情况的权利。依据《消费者权益保护法》的规定，消费者有权根据商品或者服务的不同情况，要求经营者提供商品的价格、产地、生产者、用途、性能、规格、等级、主要成分、生产日期、有效期限、检验合格证明、使用方法说明书、售后服务，或者服务的内容、规格、费用等有关情况。该项权利表明消费者在购买、使用商品或接受服务时，有权询问、了解商品或服务的有关真实情况；提供商品或者服务的经营者有义务真实地向消费者说明有关情况。

3. 自主选择权

自主选择权是指消费者享有自主选择商品或者服务的权利。消费者的自主选择权是由市场竞争的准则决定的。保护消费者的自主选择权，就是促使经营者在市场上公平竞争，从而制止不正当竞争。

该项权利主要包括以下4个方面的内容。

(1) 有权自主选择提供商品或者服务的经营者。

(2) 有权自主选择商品品种或者服务方式。

(3) 有权自主决定购买或者不购买任何一种商品、接受或者不接受任何一项服务。

(4) 在自主选择商品或服务时，有权进行比较、鉴别和挑选。

4. 公平交易权

公平交易权是指消费者在购买商品或接受服务时，有权获得质量保障、价格合理、计量正确等公平交易条件的权利。市场交易的基本规则是自由、公平、诚实信用、遵守法律规范、不得违反公认的商业道德。因此，消费者和经营者都享有公平交易的权利。但由于在市场交易中，消费者往往处于弱者的地位，更需要突出强调享有公平交易的权利，以便从法律上给予保护。所以公平交易的核心是消费者以一定数量的货币换得同等价值的商品或者服务。另外，它还包括消费者在交易过程中是否出于自愿，有没有受到强制和歧视，其消费心理是否能够得到满足等。

该项权利主要包括以下两个方面的内容。

(1) 有权获得质量保障、价格合理、计量正确等公平交易条件。

(2) 有权拒绝经营者的强制交易行为。

“打折商品”是时下经营者的价格促销手段。时令商品一旦过了季节，商家总想将积压商品卖出去，以达到加速资金周转，提高经济效益的目的。但经营者降价的原因与产品应具备的质量、功能无关，所以经营者不能因此影响消费者获得质量有保障的商品的权利。经营者作出的“打折商品概不退换”的规定是无效的。

现实生活中侵犯消费者公平交易权的事例比比皆是。如许多酒店、餐馆有“禁带酒水”的规定。《消费者权益保护法》第九条规定：消费者有权自主选择提供商品或者服务的经营者，自由选择商品品种或者服务方式，自主决定购买或者不购买任何一种商品，接受或者不接受任何一项服务。是否自带酒水进酒楼、饭店消费是消费者的权利，经营者不得进行限制。这些酒楼、饭店自主约定禁带酒水，其实也就使得前来这里消费的消费者选择消费的权利受到了限制，而且这也是一种附加且带强制性的服务方式，是对消费者选择权和决定权的剥夺。另外，一些档次较高的酒店中规定最低的酒水消费金额，如果消费没有达到规定的标准，仍然按规定额计算，这显然也是一种强制交易行为。

5. 求偿权

求偿权是指消费者因购买、使用商品或者接受服务受到人身、财产损害的，享有依法获得赔偿的权利。享有求偿权的主体是因购买、使用商品或者接受服务而受到人身、财产损害的消费者，包括以下几种类型。

(1) 商品的购买者。

(2) 商品的使用者。

(3) 服务的接受者。

(4) 第三人。第三人是指除商品的购买者、使用者或者服务的接受者之外的，因为偶然原因而在事故现场受到损害的其他人。

举案说法 10.1

消费者人身损害案

2006 年 2 月，张女士带着 3 岁的儿子小林到某商场购物。在搭乘电梯上楼时，小林一只脚上穿的鞋前端卡在电梯的传送带与梳齿板的夹缝中，致使小林的左脚不能抽出。后经商场管理人员关闭电梯，小林的脚才得以拔出。但小林的脚趾已经被卡伤。为此，张女士将该商场诉至法院，要求赔偿小林的治疗费用 3 000 元。该商场辩称，小林的脚趾被电梯卡伤，与其乘电梯时未及时抬脚有关，商场不应承担赔偿责任。

法院认为，根据我国《消费者权益保护法》的规定，消费者既包括购买、使用商品的人，也包括接受服务的人。且消费者因购买、使用商品或者接受服务时，受到人身、财产损害的，享有依法获得赔偿的权利。而经营者提供商品或者服务时，造成消费者人身伤害的，应当支付医疗费等损失费用。该商场配置电梯供顾客使用，属于商场为消费者提供服务中的一部分。因此，作为来商场消费的小林在乘电梯时人身受损，商场应当赔偿其损失。法院判决该商场赔偿顾客小林的医疗费 3 000 元。

6. 结社权

结社权是指消费者享有依法成立维护自身合法权益的社会团体的权利。赋予消费者以结社权，使消费者通过有组织的活动，维护自身合法权益是非常必要的，也是国家鼓励全社会共同保护消费者合法权益的体现。在消费领域中，消费者与经营者相比，在经济上处于弱者地位，经济地位不平等。规定消费者享有结社权，可以把消费者组织起来，形成对商品和服务的广泛的社会监督，还可以通过调解、仲裁等方式及时解决消费纠纷，还能沟通政府与消费者之间的关系以及指导消费者的消费行为，从而不断地提高消费者的自我保护意识。

7. 获得知识权

获得知识权是指消费者享有获得有关消费和消费者权益保护方面的知识的权利。这一权利包括两方面的内容：一是获得有关消费方面的知识，比如有关消费观的知识，有关商品和服务的基本知识，有关市场的基本知识；二是获得有关消费者权益保护方面的知识，比如消费者权益保护的法律法规和政策，以及保护机构和争议解决途径等方面的知识。

8. 受尊重权

受尊重权是指消费者在购买、使用商品或接受服务时所享有的人格尊严、民族风俗习惯受到尊重的权利。人格尊严是消费者的人身权的重要组成部分，包括姓名权、名誉权、荣誉权、肖像权等。消费者的人格尊严受到尊重是消费者最起码的权利之一。尊重民族风俗习惯，是党和国家民族政策的重要内容。我国是统一的多民族国家，各民族都有不同的风俗习惯，与消费密切相关，因此，尊重少数民族的风俗习惯，对于保护少数民族消费者的合法权益，贯彻党和国家的民族政策，都有极其重要的意义。

9. 批评监督权

批评监督权是指消费者享有对商品和服务以及保护消费者权益工作进行监督的权利。这一权利可具体表现为：消费者有权检举、控告侵害消费者权益的行为和国家机关及其工作人员在保护消费者权益工作中的违法失职行为，有权对保护消费者权益工作提出批评和建议。

10.2.2　消费者权益的保护

1. 消费者权益争议的解决途径

根据《消费者权益保护法》第三十四条的规定，在消费者与经营者发生消费者权益争议时，消费者有以下 5 种可供选择的解决争议的途径。

1) 与经营者协商和解

消费者与经营者之间发生争议之后，双方就争议的相关事宜进行协商，达成一致意见，从而使纠纷得以解决。协商和解是解决消费者与经营者之间的纠纷最常见、也是最简单易行的方式，不需要任何第三者参加，双方在自愿平等的基础上就能使问题得以解决。

2) 请求消费者协会调解

消费者与经营者之间发生争议后，由消费者协会进行沟通、协调，以使双方之间的矛盾得以解决。在调解过程中，消费者协会起着十分重要的作用，它是沟通消费者与经营者之间的桥梁、纽带，其工作应耐心、细致。调解应在自愿的基础上，依法公正地调解。调解不成，双方达不成一致意见，或达成协议后一方反悔的，双方可以通过仲裁或诉讼的方式解决争议。消费者协会不得妨碍当事人申诉仲裁或起诉。

3) 向有关行政部门申诉

消费者与经营者之间发生争议后，除协商和解或申请调解外，还可以向有关行政机关提出申诉，以维护消费者的合法权益。向有关行政部门申诉是指向工商行政管理机关、技术监督机关及各有关专业部门申诉。有关行政部门对消费者的申诉应予接受，及时答复并处理。

4) 根据与经营者达成的仲裁协议提请仲裁机构仲裁

仲裁是指发生纠纷的当事人，自愿将他们之间的争议提交仲裁机构进行裁决的活动。

争议的双方可以在他们订立合同中订立仲裁条款，也可以在争议发生后，双方自愿达成仲裁的书面协议，按仲裁协议提交仲裁机构仲裁。消费纠纷的仲裁应严格依据《中华人民共和国仲裁法》的规定进行。

5) 向人民法院诉讼

诉讼就是通过审判的程序解决民事争议。它是最强有力的争议解决方式，通过其他方式解决不了的消费争议，都可以通过诉讼的途径得到解决。

2. 消费者损害赔偿请求权的行使

消费者损害赔偿请求权的行使，主要是指消费者的损害赔偿责任由谁来负责，即承担损害赔偿责任的主体确定上。根据《消费者权益保护法》的有关规定，确定损害赔偿责任的主体方法大致有以下几种。

(1) 消费者在购买、使用商品时，其合法权益受到损害的，可以向销售者要求赔偿。销售者赔偿后，属于生产者的责任或者属于向销售者提供商品的其他销售者的责任的，销售者有权向生产者或者其他销售者追偿。

(2) 消费者或其他受害人因商品缺陷造成人身、财产损害的，可以向销售者要求赔偿，也可以向生产者要求赔偿。属于生产者责任的，销售者赔偿后，有权向生产者追偿；属于销售者责任的，生产者赔偿后，有权向销售者追偿。

(3) 消费者在接受服务时，其合法权益受到损害的，可以向服务者要求赔偿。

(4) 消费者在购买、使用商品或接受服务时，其合法权益受到损害，因企业分立、合并的，可以向变更后承受其权利义务的企业要求赔偿。

(5) 使用他人营业执照的违法经营者提供商品或服务，损害消费者合法权益的，消费者可以向其要求赔偿，也可以向营业执照的持有人要求赔偿。

(6) 消费者在展销会、租赁柜台购买商品或者接受服务，其合法权益受到损害的，可以向销售者或者服务者要求赔偿。展销会结束或者租赁柜台期满后，也可以向展销会的举办者、柜台的出租者要求赔偿。展销会的举办者、柜台的出租者赔偿后，有权向销售者或服务者追偿。

(7) 消费者因经营者利用虚假广告提供商品或服务，其合法权益受到损害的，可以向经营者要求赔偿。广告的经营者发布虚假广告的，消费者可以请求行政主管部门予以惩处。广告的经营者不能提供经营者的真实名称、地址的，应当承担赔偿责任。

10.3　经营者的义务和责任

10.3.1　经营者的义务

经营者是为消费者提供商品或服务的市场主体。经营者的义务是指法律(主要是与消费者权益保护相关的法律法规、规章)规定或者消费者与生产经营者约定的，在消费过程中经营者必须对消费者作出一定行为或者不作出一定行为的拘束。经营者的义务是与消费者的权利对立统一的，不规定经营者的义务，消费者的权利就难以实现；不规定消费者的权利，经营者的义务就失去了存在的意义。经营者义务的履行是保障消费者权利实现的首要条件。根据《消费者权益保护法》的有关规定，经营者的义务包括下列内容。

1. 依法定或约定履行义务

这是对经营者的义务的一般性、概括性规定。要求经营者向消费者提供商品或者服务，应当依照《产品质量法》和其他有关法律法规的规定履行义务。经营者和消费者有约定的，应当按照约定履行义务，但双方的约定不得违背法律法规的规定，特别是法律法规的强制性规定。

2. 接受监督的义务

这是与消费者享有的批评监督权相对应的经营者的义务。经营者应当虚心听取消费者关于商品或者服务的看法、批评和建议，把消费者的意见作为改进商品质量、提高服务水平的重要依据，自觉接受消费者的监督和考查。这样，才能提高信誉，增加利润。

3. 保障安全的义务

这是与消费者的安全权相对应的经营者的义务，经营者应当保证其提供的商品或者服务符合保障人身财产安全的要求。对可能危及人身、财产安全的商品和服务，应当向消费者作出真实的说明和明确的警示，并说明和标明正确使用商品或接受服务的方法以及防止危害发生的方法。经营者发现其提供的商品或者服务存在严重缺陷，即使正确使用商品或者接受服务仍然可能对人身、财产安全造成危害的，应当立即向有关行政部门报告和告知消费者，并采取防止危害发生的措施。

近年来，审判实践中遇到了一些在宾馆、酒店、银行、寄宿学校等发生侵害他人人身权益的案件。从这些案件发生的原因看，经营者在安全保障上存在着问题，正是这些单位未尽安全保障义务给了犯罪分子以可乘之机。有的赔偿权利人在向犯罪分子索赔不能而要求经营者赔偿时，经营者往往以没有实施侵害行为，不应承担民事责任为由进行抗辩。对此 2003 年 12 月 29 日最高人民法院公布的人身损害赔偿司法解释明确规定：从事住宿、餐饮、娱乐等经营活动或者其他社会活动的自然人、法人、其他组织，未尽合理限度范围内的安全保障义务致使他人遭受人身损害，赔偿权利人请求其承担相应赔偿责任的，人民法院应予支持。

4. 提供真实信息的义务

经营者应当向消费者提供有关商品或者服务的真实信息，不得作引人误解的虚假宣传。经营者对消费者就其提供的商品或者服务的质量和使用方法等问题提出的询问，应当作出真实、明确的答复。商店里提供的商品应当明码标价，交易的价格不得超过标示的价格。

5. 标明真实名称和标记的义务

经营者在提供商品或服务时，应当标明自己的真实名称和标记，否则会使消费者产生错误的认识。租赁他人柜台或场地的经营者也应当标明真实的名称和标记，否则也同样会使消费者产生错觉，进而使消费者的合法权益受到损害。

6. 出具购货凭证和服务单据的义务

经营者提供商品或服务，应当按照国家有关规定或者商业惯例向消费者出具购货凭证或者服务单据；消费者索要购货凭证或服务单据的，经营者必须出具。购货凭证和服务单据是经营者向消费者提供商品或服务的书面凭据，是合同关系的证据，更是消费者向经营者索赔的证据。因此，经营者向消费者出具相应的凭证和单据，既能起到对经营者监督的作用，又有利于对消费者权益的保护。

7. 保证商品或服务质量的义务

经营者应当保证在正常使用商品或提供服务的情况下说明其提供的商品或服务应当具备的质量、性能、用途和有效期限，但消费者在购买该商品或接受服务前已经知道存在瑕疵的除外。经营者以广告、实物样品等方式表明商品或者服务质量状况的，应当保证其提供的商品或服务的实际质量状况与表明的相符。

8. 履行“三包”或其他责任义务

经营者提供商品或服务，按照国家规定或者与消费者的约定，承担包修、包换、包退或者其他责任的，应当按照国家规定或者约定履行，不得故意拖延或者无理拒绝。

9. 公平、合理交易的义务

为保障消费者公平交易权的顺利实现，经营者不得以格式合同、通知、声明、店堂告示等方式作出对消费者不公平、不合理的规定，或者减轻、免除其损害消费者合法权益应当承担的民事责任。格式合同、通知、声明、店堂告示含有上述内容的，其内容无效。这就从法律上防止了经营者利用自己的优势地位损害消费者的利益。

10. 尊重消费者人格权和自由权的义务

消费者的人格尊严、人身自由是公民的一项基本人权。不得侵犯消费者的人格尊严和人身自由，是生产经营者必须遵守的一项重要义务。经营者必须对消费者的人格尊严和人身自由予以尊重，经营者不得对消费者进行侮辱、诽谤，不得搜查消费者的身体及其携带的物品，不得以任何借口、用任何形式对消费者的人身自由加以侵犯。

10.3.2　经营者的责任

1. 侵害消费者权益的民事责任

(1) 有下列情形之一的，承担民事责任。

① 商品存在缺陷的。

② 不具备商品应当具备的使用性能而出售时未作说明的。

③ 不符合在商品或者其包装上注明采用的商品标准的。

④ 不符合商品说明、实物样品等方式表明的质量状况。

⑤ 生产国家明令淘汰的商品或者销售失效、变质的商品的。

⑥ 销售的商品数量不足的。

⑦ 服务的内容和费用违反约定的。

⑧ 对消费者提出的修理、重作、更换、退货、补足商品数量、退还货款和服务费用或者赔偿损失的要求，故意拖延或无理拒绝的。

⑨ 法律法规规定的其他损害消费者权益的情形。

(2) 经营者提供商品或服务，造成消费者或者其他受害人人身伤害的，应当支付医疗费、治疗期间的护理费、因误工减少的收入等费用；造成残疾的，还应当支付残疾者生活自助具费、生活补助费、残疾赔偿金以及由其抚养人所必需的生活费等费用；造成消费者或者其他受害人死亡的，应当支付丧葬费、死亡赔偿金以及由死者生前扶养人所必需的生活费等费用。

举案说法 10.2

赠品造成人身伤害赔偿案

2006 年 12 月，房山区窦店镇小十三里村的张某在窦店镇国华商场购买了一套电器，由于价格超过商场促销标准，张某获得赠品一台燃气灶。2007 年 2 月底，该燃气灶打不着火，张某刚开关几次，燃气灶便发生爆炸，造成张某脸部、手部灼伤。经质检部门鉴定，该赠品燃气灶为不合格产品。因与商场交涉索赔未果，3 月初，张某诉至法庭，要求国华商场赔偿医疗费、交通费、误工费、护理费、精神损失赔偿费等合计 9 000 元。在审理中，国华商场认可张某受伤的事实与该燃气灶爆炸的因果关系，但以其为赠品为由拒绝赔偿。

法庭审理认为，该赠品是附条件的赠与，是以购买商品达到一定价格标准为前提的，所以附条件的赠品可以视为商家销售的商品，商家应当确保其质量。根据《消费者权益保护法》的规定，消费者购买使用商品或者接受服务受到人身伤害的，享有依法获得赔偿的权利。故商家国华商场有责任赔偿张某的损失。法庭判决支持了原告张某的部分诉讼请求，判决被告窦店镇国华商场赔偿原告医疗费、交通费、误工费、鉴定费等合计 5 800 元。

(3) 经营者侵犯消费者的人格尊严或者侵犯消费者的人身自由的，应当停止侵害，恢复名誉、消除影响、赔礼道歉，并赔偿损失。

(4) 经营者提供商品或者服务，造成消费者财产损害的，应当按照消费者的要求，以修理、重作、更换、退货、补足商品数量、退还货款和服务费用或者赔偿损失等方式承担民事责任。消费者与经营者另有约定的，按约定履行。

(5) 对国家规定或者经营者与消费者约定包修、包换、包退的商品，经营者应当负责修理、更换或者退换。在保修期内两次修理仍不能正常使用的，经营者应当负责更换或者退货。对包修、包换、包退的大件商品，消费者要求经营者修理、更换、退货的，经营者应当承担运输等合理费用。

(6) 经营者以邮购方式提供商品的，应当按照约定提供。未按约定提供的，应当按照消费者的要求履行约定或者退回货款；并应当承担消费者必须支付的合理费用。

(7) 经营者以预收款方式提供商品或服务的，应当按照约定提供。未按约定提供的，应当按照消费者的要求履行约定或者退回预付款；并应当承担预付款的利息，消费者必须支付的合理费用。

(8) 经营者提供的商品依法经有关行政部门认定为不合格商品，消费者要求退货的，经营者应当负责退货。

(9) 经营者提供商品或服务有欺诈行为的，应当按照消费者的要求增加赔偿其受到的损失，增加赔偿的金额为消费者购买商品的价款或接受服务的费用的 1 倍。

举案说法 10.3

经营者欺诈双倍赔偿案

2004 年 4 月 7 日，徐先生在北京华光电器城有限责任公司(以下简称华光公司)购买了一款 CECTJOYXS660C 手机，价款 1 700 元。买到中意的手机自然很是高兴，然而当徐先生按照说明对手机在关机状态下充电 15 小时后，第二天发现手机的待机时间特别短，不到 20 小时，而此款手机宣传材料上所述待机时间应为 100～110 小时。徐先生认为所购手机与其宣传指标严重不符，商家对自己已构成欺诈。于是，徐先生将华光公司起诉到法院，要求其赔礼道歉；双倍赔偿所购手机款，为 3 400 元；并赔偿交通费 29 元及误工损失 50 元。在诉讼过程中，华光公司对事件进行了申辩。公司称，徐先生在购买手机时，对手机所有内容都已经进行了核对、是验收后才拿走的，公司不存在欺骗行为。而且徐先生在购机十天后才找到公司，已不能证明其所持电池就是该公司卖出的电池。

2004 年 11 月 9 日，北京市第一中级人民法院对此案作出了终审裁决，法院认定华光公司存在欺诈行为，应双倍返还，并赔偿徐先生相应的经济损失；徐先生应将所购两块电池的其中一块退给华光公司。但是，法院判决的赔偿金额并不是 3 700 元，而只有 280 元及 29 元的交通费。法院究竟是如何认定的，这 280 元赔的是什么款，依据又是什么呢？法官对案件评议时认为，经营者提供的商品应当符合国家、行业标准。没有行业标准的，应参照行业的普遍做法。目前，北京市场手机经营者出售的手机至少应有一块原装电池。经检测华光公司所出售给徐先生的两块手机电池均为非原装。因此，华光公司出售给徐先生手机电池的行为中存在欺诈。根据相关法律规定，经营者存在欺诈行为的，应双倍返还，并赔偿其相应的经济损失。而本案中，由于该手机经检测本身并无故障，故华光公司出售的手机本身并不存在欺诈行为，因此徐先生要求将手机款双倍返还的诉讼请求缺乏法律依据，法院不能支持。另外，徐先生要求赔偿误工费，但是并未提供出误工证明，对此项诉讼请求法院也不予支持。

2. 侵害消费者权益的行政责任

经营者有下列情形之一，《产品质量法》和其他法律法规对处罚机关和处罚方式有规定的，依照法律法规的规定执行；法律法规未作规定的由工商行政管理部门责令改正，可以根据情节单处或并处警告、没收违法所得、处以违法所得 1 倍以上 5 倍以下的罚款，没有违法所得的，处以 1 万元以下的罚款；情节严重的，责令停业整顿、吊销营业执照。

(1) 生产、销售的商品不符合保障人身财产安全要求的。

(2) 在商品中掺杂、掺假、以假充真，以次充好，或者以不合格商品冒充合格商品的。

(3) 生产国家明令淘汰的商品或者销售失效、变质的商品的。

(4) 伪造商品的产地、伪造或冒用他人的厂名、厂址、伪造或冒用认证标志、名优标志等质量标志的。

(5) 销售的商品应当检验、检疫，而未检验、检疫或者伪造检验、检疫结果的。

(6) 对商品或者服务作引人误解的虚假宣传的。

(7) 对消费者提出的修理、重作、更换、退货、补足商品数量、退还货款和服务费用或者赔偿损失的要求故意拖延或者无理拒绝的。

(8) 侵害消费者人格尊严或者侵犯消费者人身自由的。

(9) 法律法规规定的对损害消费者权益应当予以处罚的其他情形。

3. 侵害消费者权益的刑事责任

经营者有下列情节之一的，应依法追究以下刑事责任。

(1) 经营者提供商品或服务，造成消费者或其他受害人人身伤害或死亡，构成犯罪的。

(2) 以暴力、威胁等方法阻碍有关行政部门工作人员依法执行职务的。

(3) 国家机关工作人员玩忽职守或包庇经营者侵害消费者合法权益的行为，情节严重，构成犯罪的。

引例分析

花季少女就餐烧伤索赔案

原告贾国宇因与被告北京国际气雾剂有限公司(以下简称气雾剂公司)、山东省龙口市厨房配套设备用具厂(以下简称厨房用具厂)、北京市海淀区春海餐厅(以下简称春海餐厅)发生人身损害赔偿纠纷，向北京市海淀区人民法院提起诉讼。

贾国宇诉称：1995 年 3 月 8 日晚，我全家与邻居马家在春海餐厅聚餐，用餐中我们使用的卡式炉燃气罐突然发生爆炸，将我的面部及双手严重烧伤。现我容貌被毁，手指变形，留下残疾，不仅影响了学业，给我的身体、精神均造成极大痛苦。故要求气雾剂公司、厨房用具厂和春海餐厅共同赔偿我的医疗费 12 937.7 元、治疗辅助费 5 950.35 元、护理费 9 283.5 元、营养费 4 739.18 元、交通费 4 293.90 元、学习费用 509 元、部分丧失劳动能力的今后生活补助费 5 1840 元、未来教育费 2 万元、未来治疗费 30 万元、精神损害赔偿金 65 万元，共计 1 659 551.63 元。

气雾剂公司辩称：春海餐厅使用的卡式炉燃气罐系我公司组装生产，气液、气罐均从生产厂家所购买。此次事故的主要原因是炉具漏气出现小火而造成，与气体成分并无必然联系。我公司的产品质量合格。现贾国宇并无证据证明此次事故是我厂的产品质量不合格引起的。贾国宇起诉我公司赔偿没有法律依据。

厨房用具厂辩称：我厂的卡式炉是严格依照中华人民共和国城市建设环境保护部、轻工业部 1984 年 9 月 1 日实施的关于家用煤气灶技术要求的部级标准生产的，并经轻工业部日用五金质量监督检测中心检验为合格产品。气雾剂公司灌装的气液不符合标准，是造成事故的主要原因。因此，我公司不承担任何责任。

春海餐厅辩称：贾国宇在餐厅就餐时因卡式炉爆炸致伤，是因为卡式炉和气罐质量问题引发的事故。我餐厅提供服务没有过错，不同意赔偿。

北京市海淀区人民法院经公开审理查明：被告气雾剂公司生产的“白旋风”牌边炉石油气气罐，充装使用方法的中英文标注不一致，内容互相矛盾，属于不合格产品，上述质量问题是造成此次事故的基本原因，气雾剂公司无可推卸地应当承担相当于70%的责任；“众乐”牌卡式炉燃气瓶与炉具连接部位存在漏气可能，使用时安装不慎，使漏气的可能性更大，存在危及人身、财产安全的不合理危险，且不符合坚固耐用不漏气的行业生产标准，质量存在缺陷。因此，被告厨房用具厂也负有30%的责任。现没有证据证明被告春海餐厅提供的服务存在过错。

原告贾国宇自1995年3月8日至4月29日共住院治疗52天，住院期间应支付治疗费12 950.70元，住院期间经医嘱购置营养品费用为3 809.48元，一年护理费为7 051.5元；交通费4 293.9元，残疾生活自助具费3 559.35元，上述费用共计人民币31 664.93元。

经中国人民解放军第304医院证明，原告贾国宇今后面部及手部可行药物及皮肤美容护理治疗，费用约5万～6万元。必要时可再行手术治疗，费用约1万元。但治疗后仍遗留部分瘢痕难以消除。

法院认为：本案原告贾国宇在事故发生时尚未成年，身心发育正常，烧伤造成的片状疤痕对其容貌产生了明显影响，并使之劳动能力部分受限，严重地妨碍了她的学习、生活和健康，除肉体痛苦外，无可置疑地给其精神造成了伴随终身的遗憾与伤害，必须给予抚慰与补偿。赔偿额度要考虑当前社会普遍生活水准、侵害人主观动机和过错程度及其偿付能力等因素。丧失的部分劳动能力应当根据丧失比率，参照当地人均生活费标准，按社会平均寿命年限合理计赔。本着便于治疗和保障生活的原则，赔偿应一次性解决，包括医药费(含今后医药费)、护理费、营养费、因停学购买的学习用品费、残疾生活自助具购置费、生活补助费和精神损害赔偿金等。贾国宇要求赔偿的额度，其中736 293.8元缺乏事实与法律依据，特别是精神损害赔偿65万元的诉讼请求明显过高，其过高部分不予支持。本案所付鉴定费用，应由被告气雾剂公司、厨房用具厂按各自所负责任比例分担。据此，1997年3月15日，作出如下判决。

一、被告北京国际气雾剂有限公司、龙口市厨房配套设备用具厂共同赔偿原告贾国宇治疗费6 247.20元、营养费3 809.48元、护理费7 051.50元、交通费4 293.9元、残疾生活自助具费3 559.35元、残废者生活补助费78 296.40元、今后治疗费70 000.00元、精神损害赔偿金100 000.00元，上述赔偿共计273 257.83元。

二、驳回原告贾国宇要求赔偿医疗费用中的73 293.8元、精神损害赔偿金中的55万元等过高部分的诉讼请求。

三、驳回原告贾国宇要求被告北京市海淀区春海餐厅赔偿的诉讼请求。

案件受理费6 666.18元，其中4 666.32元由被告北京国际气雾剂有限公司负担，1 999.86元由被告龙口市厨房配套设备用具厂负担，均于本判决生效后7日内交纳。鉴定费50 665元，北京国际气雾剂有限公司负担35 465元，其中3万元已交纳；龙口市厨房配套设备用具厂负担15 200元。

第一审判决宣判后，当事人各方均未提出上诉。

此案判决后，引发人们更多的法律思考。贾国宇是不幸的，年仅17岁的花季少女，由于缺陷产品的侵害，顷刻间，就变成一位容貌被毁、劳力受限、精神痛苦的受害者。然而，贾国宇又是幸运的。她作为遭受人身损害的消费者，请求精神损害赔偿，获得法院10万元的支持，这在我国法院办理的同类案件中，尚属首例。海淀区法院突破我国传统的人身损害的赔偿理论，实践了《消费者权益保护法》的相关规定。因此，此案在消费者保护的历史上具有里程碑的意义。

本案纠纷的解决主要涉及两个问题：一是原告在餐厅就餐时因餐厅提供使用的卡式炉气罐发生爆炸致残，应由谁承担赔偿责任；二是本案的赔偿数额如何确定。

《产品质量法》第二十九条规定：“因产品存在缺陷造成人身、缺陷产品以外的其他财产损害的，生产者应当承担赔偿责任。”第三十四条规定：“本法所称缺陷，是指产品存在危及人身、他人财产安全的不合理的危险；产品有保障人体健康，人身、财产安全的国家标准、行业标准的，是指不符合该标准。”根据上述法律规定，本案被告气雾剂公司产生的“白旋风”牌边炉石油气没有按照气罐承压能力科学地按比例成分充装石油气，存在危及人身、他人财产安全的不合理的危险；厨房用具厂生产的卡式炉与燃烧气罐连接部位有漏气可能，不符合坚固耐用不漏气的行业标准。因此，上述两被告生产的产品均属于有缺陷产品，应对使用其产品而发生人身损害的贾国宇承担赔偿责任。本案的另一被告春海餐厅作为气雾剂公司和厨房用具厂的产品用户，在使用两被告生产的产品为贾国宇提供服务中，无证据证明其存在过错，因此，不应当承担贾国宇人身损害的赔偿责任。

《消费者权益保护法》第四十一条规定：“经营者提供商品或者服务，造成消费者或者其他受害人人身伤害的，应当支付医疗费、治疗期间的护理费、因误工减少的收入等费用；造成残疾的，还应当支付残疾者生活自助具费、生活补助费、残疾赔偿金以及由其扶养的人所必需的生活费等费用。”根据这一法律规定，因提供商品或服务造成消费者残疾的人身损害赔偿，除包括物质方面的损失外，还要支付残疾赔偿金等。这里需要明确的是残疾赔偿金的性质及数额标准问题。我们认为，从消费者权益保护法的立法本意分析，残疾赔偿金实质上是一种精神损害的赔偿。所谓精神方面的损害，即实际存在的无形的精神压力与痛苦，通常表现为人格形象与人体特征形象的毁损所带来的不应有的内心卑屈和羞惭。本案原告贾国宇在事故发生时尚未成年，身心发育正常，烧伤造成的片状疤痕对其容貌产生明显影响，并使之劳动能力部分受限，严重地妨碍了她的学习、生活和健康成长，除肉体痛苦外，给其精神造成了伴随终身的悔憾，甚至可能导致其心理情感、思想行为的变异。可见这次爆炸事故对其精神的损害也是惨重的，应当给予抚慰和补偿。在我国，目前补偿精神损失及数额尚无明确具体的法律规定。最高人民法院《关于贯彻执行〈民法通则〉若干问题的意见(试行)》第一百五十条规定：“人民法院可以根据侵权人的过错程度、侵权行为的具体情节、后果和影响确定其赔偿责任。”因此，赔偿数额的确定要考虑当前社会普遍生活水准，侵权人的过错程度及其偿付能力，受害人的损失状况及影响等多种因素。赔偿数额过高，不符合我国国情，也不符合我国目前的生产力发展水平；赔偿数额过低，又失去了对精神损害赔偿的意义。本案综合考虑了上述各项因素，确定由气雾剂公司和厨房用具厂共同赔偿贾国宇10万元残疾赔偿金是合适的。

这是一起消费者在就餐消费时，因经营者提供的就餐用具发生爆炸，致消费者受害，消费者要求提供就餐服务的经营者和生产事故就餐用具的生产者共同承担赔偿责任的案件。这种实际情况决定，本案发生有两种法律关系：一种是消费者和提供就餐服务的经营者之间的消费服务法律关系，此应受《消费者权益保护法》调整；另一种是消费者和生产事故就餐用具的生产者之间的产品质量法律关系，此应受《中华人民共和国产品质量法》调整。同时，因本案经营者是本案生产者生产的产品的用户，故在经营者和生产者之间也发生有产品质量法律关系。但因《中华人民共和国产品质量法》也以保护消费者权益为目的，故消费服务法律关系与产品质量法律关系在其权利义务内容上，很多是交叉重叠的；而且消费者均是两种法律关系的同一方主体，生产者在消费服务法律关系中包括在经营者的概念之中；产品质量法律关系也多发生在生活消费领域之中，故根据《消费者权益保护法》中的规定，经营者向消费者提供商品或者服务，应当依照《产品质量法》的规定履行义务(第十六条第一款)和承担民事责任(第四十条)，这说明两种法律关系质的区别不大。这种情况表明，对生产产品的生产者，法律上有双重要求，即不但《产品质量法》适用于生产者，《消费者权益保护法》也同时适用于生产者；生产者根据《产品质量法》所没有的义务和责任，如果《消费者权益保护法》规定为经营者的义务和责任的，生产者仍然要按《消费者权益保护法》承担这些义务和责任。可见，生产产品的生产者的社会公共安全保证责任更大。所以，本案同时适用两法来确定本案两个生产者的义务和责任，正是这样一种法律机制的要求。

本章小结

本章重点分析消费者的权利，包括安全保障权、知情权、自主选择权、公平交易权、求偿权、结社权、获取知识权、受尊重权和批评监督权；阐明了经营者的义务以及消费者权益的法律保护等。

思 考 题

(1) 消费者的权利有哪些？
(2) 经营者的义务有哪些？
(3) 消费者权益争议的解决途径有哪些？
(4) 如何确定消费者权益损害赔偿责任的主体？
(5) 有瑕疵的打折商品能否退换？
(6) 确定损害赔偿责任的主体有哪几种方法？

第11章

合 同 法

教学目标

通过学习本章，使学生掌握我国有关合同法的基本概念、基本知识、基本理论；使学生能够从理论知识和实务操作上掌握缔约和履约规则，懂得运用合同的保全、担保和责任制度保护自己的合法权益；系统了解《中华人民共和国合同法》及其配套法规、规章，对遇到的合同问题能查阅有关的法律规定和司法解释；培养运用所学理论知识分析和解决实际案件的能力。

教学要求

知识要点	能力要求	相关知识
合同与合同法	(1) 能够识别什么是合同 (2) 能够了解合同的种类 (3) 能够了解合同法的基本情况	(1) 合同、合同法的概念 (2) 合同的种类 (3) 合同法的基本原则
合同的订立	(1) 能够根据实际情况选择合同的形式 (2) 能够通过要约与承诺完成合同的订立 (3) 能够正确理解格式合同的使用 (4) 能够掌握什么情况下会出现缔约过失责任	(1) 合同的形式与内容 (2) 合同订立中的要约与承诺 (3) 格式合同的概念及使用限制 (4) 缔约过失责任的概念及主要类型
合同的效力	(1) 能够理解合同成立与生效的关系 (2) 能够判定一个合同是有效、无效、效力待定还是可变更、可撤销	(1) 合同生效的时间 (2) 无效合同，效力待定合同，可变更、可撤销合同的种类 (3) 合同无效或被撤销的法律后果

知识要点	能力要求	相关知识
合同的履行	(1) 能够根据实际情况运用合同履行中的规则 (2) 能够正确运用双务合同中的抗辩权 (3) 能够掌握合同保全的两种方式 (4) 能够掌握合同担保的每一种形式并能指导实践	(1) 合同履行的原则、规则 (2) 同时履行抗辩权、先履行抗辩权和不安抗辩权的概念和成立条件 (3) 债权人代位权和撤销权的概念和构成要件 (4) 保证、抵押、质押、留置、定金的有关规定
合同的变更、转让和终止	(1) 能够了解合同变更、转让和终止的概念 (2) 能够判定合同转让的形态 (3) 能够掌握合同终止的几种情况	(1) 合同变更的类型 (2) 合同转让的3种形态 (3) 合同解除的类型及具体规定
违约责任	(1) 能够分清实际违约与预期违约 (2) 能够掌握违约责任的承担形式及免责事由	(1) 违约责任的概念 (2) 违约责任的形态 (3) 承担违约责任的形式 (4) 违约责任免除的事由

引　例

中国一起罕见的土地承包合同纠纷案①

1999年，辽宁省鞍山某村村委会与全体村民签订了第二轮土地延包30年合同，由于当时各种税费较高，一部分村民放弃承包权，外出打工。为不使土地撂荒，原村委会决定村常住人口留够人均一亩地，余下的700亩土地由村里负责外包。

2001年3月，村委会与科技示范户赵某签订了一份土地承包合同：由赵某耕种700亩土地，承包时间从2001年1月1日起至2010年1月1日止。合同签订后，赵某正式在700亩土地上从事生产经营，并先后投入30多万元购买农机、化肥等农用物资，与此同时，赵某每年还向某村村委会交纳当年承包费。

合同履行到2004年年底时，该村委会给赵某发出一份收回承包土地的通知单，其主要内容是：由于税费改革，地价下调，村民要收回你在我村承包的700亩土地。

接到通知后，赵某感到非常意外，他认为村委会私自终止土地承包合同是单方毁约的行为，不能接受，2005年1月4日，赵某向海城法院提起诉讼，要求村委会继续履行合同。

11.1　合同法概述

11.1.1　合同的概念和种类

古今中外的法律、法理和现实生活对“合同”一词有着不同的规定、理解和界说。民

① 参见杨力，田玮：《一起罕见的土地承包合同纠纷案》，载于中国农经信息网，http://www.caein.com/index.asp?xAction=xReadNews&NewsID=7471，2005-04-21。

商法上的合同概念应如何确定，大陆法与英美法一直存在着不同的理解。

大陆法对合同的界定继受自罗马法。罗马法将合同界定为“得到法律承认的债的协议”，这一概念基本上为大陆法系各国所接受。《法国民法典》第1101条规定：“契约为一人或数人对于其他一人或数人负担给付某物、作或不作某事的义务的合意。”意大利民法典1321条规定：“契约是双方或多方当事人关于他们之间财产法律关系的设立、变更或消灭的合意。”德国、日本民法中没有对合同的概念作出规定，但德国学者萨维尼指出：“契约之本质在于意思之合致。”日本学者也指出：“契约是相互对立的复数意思表示合致而成立的法律行为。”由此可见，在大陆法中，协议或合意构成了合同的本质。

英美法对合同的界定众说不一。一个非常通行的定义是：合同是一个能够直接或间接地由法律强制执行的允诺。美国《合同法重述》(第二版)第1条规定：“合同是一个或者一系列允诺，违反该允诺将由法律给予救济，履行该允诺是法律所确认的一种义务。”可见，在英美法中，允诺构成了合同的本质。但是，由于这一概念只强调一方对另一方的允诺，没有强调双方当事人的合意，而这正是合同成立的关键因素。所以，许多学者对允诺说提出了批评，由此产生了另一个通行的定义：合同是法律上能够强制执行的协议。以此表明是双方表示，“允诺”仅指立约人单方面的表示。美国《统一商法典》第1～第201条规定：“合同是指当事人依本法及其他法律规则达成的合意所产生的全部合法债务。”由此可见，英美法与大陆法对合同概念的理解正在不断地接近，这也反映了两大法系相互融合的发展趋势。

我国民法界围绕合同的概念在理论上长期存在“书面协议说”、“合意说”和“法律行为说”等几种主张。在合同的适用范围上，还存在广义合同、狭义合同与最狭义合同之学理区分。广义合同是指所有法律部门中确定权利义务内容的协议，如民事合同、行政合同、劳动合同、身份权合同等。狭义合同是指一切民事合同，即债权、物权、身份权合同等。最狭义的合同仅指债权合同，《中华人民共和国民法通则》(以下简称《民法通则》)第八十五条规定：“合同是当事人之间设立、变更、终止民事关系的协议。”其中“民事关系”的措辞，会使人产生合同究竟包括哪些范围的疑惑，但从《民法通则》在“债权”一节中规定合同定义这种立法体例看，合同的适用范围已囿于债权债务合同中，只能是最狭义的合同。

《合同法》第二条规定：“合同是平等主体的自然人、法人、其他组织之间设立、变更、终止民事权利义务关系的协议。婚姻、收养、监护等有关身份关系的协议，适用其他法律的规定。”根据这一规定可以得出这样的结论：《合同法》所规定的合同范围，既不是广义的合同也不是狭义的合同，而是采用狭义式与排除式相结合的方式来定义合同，我们认为这是较为科学的。根据这一概念，合同可以归结为具有下列几个法律特征。

1. 合同的主体具有平等的法律地位

《合同法》本来是一部民事法律，也是《民法通则》的特别法。民法的基本属性和本质特征是调整平等主体之间的财产关系和人身关系。这种属性将其与非平等主体之间的协议区别开来，如政府依法维护经济秩序的管理活动，属于行政管理关系，适用有关行政管理的法律，不适用合同法；法人其他组织内部管理关系，适用有关公司、企业的法律，也不适用合同法。

2. 合同的内容和目的是设立、变更、终止民事权利义务

设立民事权利义务关系是指当事人之间原本不存在民事权利义务关系，通过订立合同形成了某种特定的民事权利义务关系，如买卖关系、租赁关系；变更民事权利义务关系指当事人通过订立合同变更原本存在合同关系的内容，是在保持原合同效力的前提下变更合同的内容(主体变更为转让)；终止民事权利义务关系是指当事人通过订立合同消灭原本存在的合同关系。

3. 合同是一种协议

在合同法甚至民法上，“协议”基本上是合同的同义语，这种协议就是合同的两个或是两个以上的当事人意思表示达成一致，也就是“合意”。

11.1.2 合同的种类

从不同的角度可以对合同作出不同的分类，我们主要介绍传统理论对合同的几种分类。

1. 双务合同与单务合同

根据合同当事人双方是否互负对待给付义务，可以将合同分为双务合同和单务合同。

双务合同是指当事人双方互负对待给负义务的合同，即一方当事人所享有的权利即为他方当事人所负担的义务，如买卖、互易、租赁等合同。双务合同是商品交换在法律上最典型的表现形式，是合同的典型形态。单务合同是指合同当事人仅有一方负担给付义务的合同，赠与合同、借用合同即为单务合同。

2. 有偿合同与无偿合同

根据合同当事人取得权益是否须付出相应代价，可以将合同分为有偿合同和无偿合同。

有偿合同是指当事人享受合同约定的权益，须向对方当事人偿付相应代价的合同，买卖合同、租赁合同即为有偿合同。有偿合同是商品交换最典型的法律形式。在实践中绝大多数反映交易关系的合同都是有偿的，不过一方付出的代价与对方支付的代价在经济价值上不一定完全相等。无偿合同是指当事人一方享有合同约定的权益，但无须付出相应代价的合同，赠与合同、借用合同即为无偿合同。需要注意的是，一方当事人虽不向他方支付相应代价但并非不承担任何义务，如借用人无偿借用他人物品还负有正当使用和返还的义务。

3. 诺成合同与实践合同

根据合同成立是否以标的物的交付为要件，可以将合同分为诺成合同和实践合同。

诺成合同是指当事人各方的意思表示一致即可成立的合同。实践合同是指除当事人各方意思表示一致以外，还须交付标的物才能成立的合同。传统民法通常将买卖、租赁、承揽、委托等归入诺成合同，而将借贷、保管、赠与合同列为实践合同。但时至今日，关于实践合同的传统理论已面临挑战，世界范围内经济的高速发展，信贷业、运输业以及仓储保管业已今非昔比，如果仍坚持订立上述合同必须交付标的物为前提条件，则会阻碍经济流转的便捷与迅速。所以，法学界对实践合同争议颇多。在我国，《合同法》将借贷、运输、仓储合同归为诺成合同。

4. 要式合同与不要式合同

根据合同的成立是否须采用法律要求的形式为要件，可以将合同分为要式合同和不要式合同。

要式合同是根据法律规定必须采取特定的形式方可发生法律效力的合同。融资租赁合同、建设工程合同即为要式合同。不要式合同是指当事人订立合同无须采用特定形式即可生效的合同。买卖合同、赠与合同即为不要式合同。这里应指出的是，不要式合同并不排斥当事人采用书面、公证等特定形式，当事人基于慎重考虑自愿采用书面、公证等形式的，不受限制。

5. 主合同与从合同

根据合同相互间的主从关系，可以将合同分为主合同和从合同。

在有相互关联的若干合同中，凡不需要其他合同的存在即可独立存在的合同，是主合同。凡需要以其他合同的存在为前提才能存在的合同，是从合同。如在担保借款合同中，借款合同是主合同，担保合同是从合同，没有借款合同，担保合同就无从成立，也没有任何意义。主合同不能成立，从合同就不能有效存在；主合同转让，从合同也不能单独存在；主合同被宣告无效或撤销，从合同也将失去效力；主合同终止，从合同也随之终止。

6. 有名合同与无名合同

根据法律上是否赋予合同以特定名称，可以将合同分为有名合同和无名合同。

有名合同是指在法律上已经确定了一定的名称及规则的合同，如买卖合同、保管合同、运输合同等。无名合同是指法律上尚未确定一定的名称与规则的合同。事实上，有名合同也是从无名合同发展来的，当某些合同在长期的适用中逐步规范，就可能在法律上获得肯定，发展成为有名合同。

11.1.3 合同法的概念

合同法是调整平等主体之间设立、变更、终止财产权利义务的合同关系的法律规范的总称。它主要规范合同的订立、合同的效力及合同的履行、变更、解除、保全、违约责任等问题。

合同法是规范市场交易的基本法律，涉及各个领域，与生产和生活密切相关。党的十一届三中全会以来，我国先后制定了《经济合同法》、《涉外经济合同法》和《技术合同法》3 部合同法，对保护合同当事人的合法权益，维护社会经济秩序，促进国内经济、技术和对外贸易的发展，发挥了重要作用。另外，《民法通则》、《海商法》、《保险法》、《担保法》、《商业银行法》中也有关于合同的规定。但是随着改革开放的不断深入和社会主义市场经济的蓬勃发展，这样的立法现状已不能完全适应经济的发展，出现了一些急需解决的问题。为了更好地适应社会主义市场经济的要求，确认统一的交易规则，第九届全国人大第二次会议于 1999 年 3 月 15 日通过了《合同法》，并于 1999 年 10 月 1 日起施行。该法的施行，既结束了三足鼎立的合同法立法格局，也标志着我国市场经济法律体系建设取得了实质性的进展。

11.1.4 合同法的基本原则

合同法的基本原则是合同法的主旨和根本准则，它是制定、解释、执行和研究合同法的出发点。合同法的基本原则贯穿在整个合同法制度和规范之中，是从事交易活动的当事人所必须遵循的行为模式，但基本原则本身并不是具体的合同法规范，也不是具体规范所确定的具体行为标准。基本原则并未确定具体的合同权利义务，但它为交易行为提供了抽象的行为准则，尤其是为合同立法和司法确定了所应遵循的宗旨和标准。我国《合同法》确立的基本原则有如下内容。

1. 平等原则

平等原则是指合同当事人的法律地位一律平等，不允许任何主体有凌驾于他人之上的优越地位。合同法是以平等主体之间的合同关系为调整对象，因而平等是合同法所调整的社会关系的本质特征。平等原则具体表现是：在具体的合同关系中当事人的地位平等；合同主体受平等的法律保护。

2. 自愿原则

自愿原则是指当事人依法享有在缔结合同、选择相对人、决定合同内容以及在变更和解除合同、选择合同补救方式等方面的自由，任何单位和个人不得非法干预。合同自愿原则是合同法的最基本原则，反映了社会主义市场经济的本质要求。自愿原则是在法律规定范围内当事人享有订立合同的自由，而并非是随心所欲的自愿，必须遵守法律、行政法规，尊重社会公德，并不得损害他人的合法权益。

3. 公平原则

所谓公平，指以利益均衡作为价值判断标准，调整民事主体之间的物质利益关系。公平原则是以公平观念为核心，是道德规范的法律化。合同当事人在合同订立、合同履行、合同解释等过程中，要根据公平的观念，确定各自的合同权利和合同义务的内容。公平原则主要体现在：合同当事人的权利义务要对等；合同关系存续期间，客观情势因不可归责于当事人的事由，发生事先不可预料的异常变化，从而导致原来的合同关系显失公平时，应变更原来的合同关系。公平原则体现在对免责条款的限制、违约责任的承担和风险的承担等方面。

4. 诚实信用原则

诚实信用是市场活动的重要道德规范，也是道德标准的法律表现。诚实信用原则主要体现在：当事人在订立合同时，要真实地向对方当事人陈述与合同有关的情况，相互合作，努力促成合同的成立和生效；在合同订立后，要认真做好履行合同的准备工作；在合同履行过程中，要积极履行法律和合同规定的义务；在合同履行完毕以后，当事人还要履行必要的附随义务；当事人就合同条款发生争议时，要依据诚实信用原则对合同进行解释。

5. 合法原则

合法原则要求合同主体遵守法律法规，合同主体必须依法订立和履行合同，不得利用合同进行违法活动，扰乱社会经济秩序，损害国家利益和社会公共利益，牟取非法收入。

合法原则一方面要求当事人遵守法律；另一方面法律又保护当事人的合法权益。只要是依照法律和政策进行的合同行为，合同法均予以确认和保护；任何机构和个人都不得侵犯合同当事人的合法权益，否则应承担相应的法律责任。合法原则主要体现在依法订立、履行合同、合同主体必须依照法律规定的形式和必要的手续签订合同；合同当事人的活动不得损害国家利益和社会公共利益；合同当事人的合同活动不得扰乱社会经济秩序。

合同法的基本原则同一般法律规范一样，具有完全的法律拘束力，国家执法、司法机关和合同主体都必须遵守。国家以强制力保证这些原则的实施，如有违背，就要追究法律责任。在实践当中，合同法的基本原则不仅对当事人提出要求，更是当事人保护自己合法权益的锐利武器。

11.2 合同的订立

11.2.1 合同订立的形式

合同的形式是指缔约当事人达成协议的表现形式，是合同内容的载体。从我国《合同法》第十条第一款规定来看，合同的形式可以分为口头形式、书面形式和其他形式 3 种。

1. 口头形式

口头形式是指当事人双方以对话的方式达成协议而成立合同的形式。它一般适用于标的数量不大、内容不复杂而能及时清结的合同关系。

2. 书面形式

书面形式是指合同书、信件和数据电文(电报、电传、传真、电子数据交换和电子邮件)等可以有形地表现所载内容的形式。法律、行政法规规定采用书面形式的应当采用书面形式。当事人约定采用书面形式的应当采用书面形式。书面形式又可分为普遍书面形式和特殊书面形式两种。特殊书面形式包括公证、鉴证、批准、登记等。

3. 其他形式

合同除书面形式、口头形式外，还可以有其他形式，如推定形式(也有学者称为默示形式)，即当事人未用语言、文字表达其意思，而仅用行为向对方要约，对方通过一定的行为作出承诺，从而使合同成立。

11.2.2 合同订立的内容

作为法律文书的合同，其条款就是合同内容本身。合同的条款可以分为主要条款和普通条款。

合同的主要条款是合同应该具备的条款，少之则合同难以成立。因此，合同的主要条款又称“必要条款”或“成立条款”，而合同的普通条款又称一般条款，指合同主要条款以外的条款，两者不太好区分。根据我国《合同法》第十二条规定中“一般包括”字样来分析，此条款并不是任何合同都必须具备的条款，而只是一种提示性条款。不过，这些条款中的某些条款常常充当主要条款的角色。下面讨论其规定的各项合同条款。

1. 当事人的姓名(名称)、住所

当事人是合同关系的主体，如果没有当事人，合同就不能成立。因此，这一条款是任何合同都必须具备的条款。

2. 标的

标的是合同法律关系的客体，是当事人权利义务所共同指向的对象，可以是物(实物、货币等)、行为(完成某项工程或提供某种劳务等)、智力成果(专利技术等)。没有标的即没有客体，而没有客体的民事法律关系是不能存在的。因此，标的是任何合同都不可缺少的条款。

3. 数量和质量

数量和质量是衡量标的的尺度。任何合同关系，仅有标的而无数量和质量的规定，都是无法履行的。缺少数量和质量条款，权利义务的大小就难以确定；没有数量和质量，有偿合同便失去计算价金的依据。因此，数量和质量也是合同的主要条款之一。

4. 价款或者报酬

二者统称“价金”，是取得标的物或接受劳务的一方当事人所支付的代价。价金体现了合同当事人应遵循的等价有偿原则。因此，有偿合同的价金是否合理，是合同能否顺利履行的关键条款之一。当然，对于无偿合同来说，价金不仅不是合同的主要条款，而且连一般条款也不是。

5. 履行的期限、地点和方式

合同的履行期限是指享有权利的一方要求对方履行义务的时间范围；履行地点是指合同当事人履行和接受履行合同规定义务的地点；履行期限最为重要，它既是享有权利的一方要求对方履行合同的依据，也是检验负有义务的一方是否履行或迟延履行的标准。因此，履行期限也是合同的主要条款之一。

6. 违约责任

违约责任是指因违反有效合同应当承担的民事责任，以支付违约金和损失赔偿金为主要承担责任方式。违约责任条款的设定，对督促当事人自觉而适当地履行合同，保护非违约方的合法权益都有重要意义。但违约一方之所以须承担违约责任，并非有违约条款的设定，而是由合同的法律效力决定的。换言之，没有违约条款，当事人违约时，依法仍须承担民事责任。所以，违约条款的有无，并不影响合同的成立。

7. 解决争议的方法

解决争议的方法是指合同当事人在发生纠纷时，应当通过什么方式来解决。当事人可以选择仲裁或诉讼作为解决合同争议的方法。若当事人希望通过仲裁解决问题，则应在合同中有记载。若合同中没有约定，事后也没有达成仲裁协议，则应通过诉讼解决。可见，其并不是合同的主要条款。

11.2.3 合同订立的程序

合同的签订需要当事人双方对合同的内容进行协商，达成一致意见。这一过程可以分为两个阶段，即要约和承诺。

1. 要约

1) 要约的概念和要件

要约是订立合同的一方当事人向他方发出的以订立合同为目的的意思表示。发出要约的当事人称要约人，要约指向的当事人称受要约人。

要约的构成要件如下。

(1) 要约必须是特定人所为的意思表示。要约是要约人向受要约人作出的含有合同条件的意思表示，旨在得到受要约人的承诺并成立合同，只有要约人是特定的人，受要约人才能对之承诺。

(2) 要约必须向要约人希望与之缔结合同的受要约人发出。受要约人一般为特定的人，不是向特定人提出的建议，仅视为要约邀请，而不是要约。但在特殊情况下，要约人也可以向不特定人发出要约，如商业广告的内容符合要约规定的，视为要约。

(3) 要约的内容具体确定。要约的内容明确、全面，受要约人通过要约不但能明确地了解要约人的真实意思，而且还要知道未来订立合同的主要条款。

2) 要约邀请

所谓要约邀请，又称要约引诱，是指希望他人向自己发出要约的意思表示，是当事人订立合同的预备行为。

例如，顾客甲在商场看到一时装，上前询问售货员乙："这件时装多少钱能卖？"乙即问："你出多少钱买？"甲回答说："400 元，你卖不卖？"乙应声回答："至少 800 元，少了不卖！"

本例中甲的询问与乙的反问意思表示均为要约邀请，而甲、乙各自回答的意思表示均为要约。

要约与要约邀请可以从以下几方面作出区别。

(1) 要约是当事人自己主动愿意订立合同的意思表示，以订立合同为直接目的。要约邀请则是希望对方主动向自己提出订立合同的意思表示，其本身不具有任何法律效力。

(2) 要约必须包括未来可能订立合同的主要内容，而要约邀请则没有这一方面的要求。

(3) 要约中含有当事人表示愿意接受要约拘束的意思，而要约邀请则不含有。

(4) 要约往往是向特定人发出，而要约邀请一般则向不特定多数人发出。

根据我国《合同法》第十五条的规定，要约邀请是希望他人向自己发出要约的意思表示。寄送的价目表、拍卖公告、招标公告、招股说明书、商业广告等为要约邀请；商业广告的内容符合要约规定的，视为要约。

例如，某公司在报纸上发广告称："我公司现有某型号的水泥 1 000 吨，系×××水泥厂名牌产品，每吨价格 300 元，我公司可送货，先来先买，欲购从速，现货供应。"即可构成要约。

举案说法 11.1

失主欲讨万元酬金状告民工败诉[②]

2004 年 11 月 29 日下午，谭学文请杨春兴等人在芷江公坪路段的"晓溪圆菜楼"门前的停车坪装卸油菜籽时，不慎将携带的 2 万元现金丢失。事后，谭学文通过第三者寻找拾得者，并承诺拾得者只退 1 万

② 载于中国法院网，http://www.chinacourt.org，2005-09-15。

元，另1万元作为酬金。杨春兴承认拾得了2万元，并退出了1万元给原告谭学文，对另外1万元，杨春兴认为是原告答应的报酬，不肯退还给原告，双方为此发生纠纷。

湖南省中方县人民法院经审理认为，本案属于悬赏广告纠纷。悬赏广告是指广告人以广告的方法，对完成一定行为的人给付报酬的行为，只要行为人完成所指定的行为，广告人即负给付报酬的义务。本案中的原告谭学文通过第三者许诺拾得者只退1万元，另1万元作为酬金的声明，是向社会不特定的人的要约，被告杨春兴按原告的要求完成了退还1万元的义务，双方不再有权利义务关系。现原告谭学文又反悔，违背了诚实信用的原则。故判决驳回了原告谭学文的诉讼请求。

3) 要约生效的时间

要约生效的时间是指要约从何时开始对要约人和受要约人产生法律效力。我国《合同法》第十六条第一款规定："要约到达受要约人时生效"，可见我国法律采纳了到达主义，即要约送达到受要约人能够控制的地方开始生效。要约的送达方式不同，其到达时间的确定也不同。采取直接送达方式发出要约的，记载要约的文件交给受要约人时即为到达；采用普通邮寄方式送达的，以受要约人收到要约文件或者要约送达到受要约人的信箱的时间为到达时间；采用数据电文方式发出要约的，电文进入收件人指定特定系统的时间或者未指定特定系统情况下电文进入收件人的任何系统的首次时间为要约到达时间。

4) 要约的撤回、撤销与失效

所谓要约的撤回，是指要约在发生法律效力之前，要约人欲使其丧失法律效力的意思表示。要约可以撤回，撤回要约的通知应当在要约到达受要约人之前或者与要约同时到达受要约人。

所谓要约的撤销，是指要约在发生法律效力之后，要约人欲使其丧失法律效力的意思表示。我国《合同法》第十八条规定："要约可以撤销。撤销要约的通知应当在受要约人发出承诺通知之前到达受要约人。"但有下列情形之一的，要约不得撤销。

(1) 要约人确定了承诺期限或者以其他形式明示要约不可撤销。

(2) 受要约人有理由认为要约是不可撤销的，并已经为履行合同做了准备工作。

所谓要约失效是指要约丧失法律效力，即要约人与受要约人均不再受其约束，要约人不再承担接受承诺的义务，受要约人也不再享有通过承诺使合同得以成立的权利。有下列情形之一的，要约失效。

(1) 拒绝要约的通知到达要约人。

(2) 要约人依法撤销要约。

(3) 承诺期限届满，受要约人未作出承诺。

(4) 受要约人对要约的内容作出实质性变更等。

2. 承诺

1) 承诺的概念和要件

承诺是受要约人同意要约的意思表示。承诺的法律效力在于，承诺一经作出，并送达到要约人，合同即告成立，要约人不得加以拒绝。承诺必须具备如下条件，才能产生法律效力。

(1) 承诺必须由受要约人向要约人发出。承诺人应为受要约人，受要约人的承诺行为可由其本人或其授权的代理人作出。承诺须向要约人作出，才能达到缔约的目的。向非要约人作出的"承诺"不构成承诺。向要约人的代理人作出的承诺，视为向要约人作出的承诺。

(2) 承诺的方式必须符合要约的要求。根据《合同法》第二十二条的规定，承诺原则上应当以通知的方式作出，但根据交易习惯或者要约表明可以通过行为作出承诺的除外。

(3) 承诺的内容须与要约的内容一致。承诺欲取得成立合同的法律效果，必须与要约的内容一致。如果受要约人在承诺中对要约的内容加以扩张、限制或变更，便不能构成承诺，而应视为新要约。承诺的内容与要约的内容相一致，并非是绝对的、无条件的全部一致，而是指实质性内容一致。有关合同标的、数量、质量、价格或者报酬、履行期限、履行地点和方式、违约责任和解决争议的方法等内容，为实质性内容。承诺对要约的内容作出非实质性变更的，除要约人及时表示反对或者要约表明承诺不得对要约的内容作出任何变更的以外，该承诺有效，合同的内容以承诺的内容为准。

(4) 承诺须在要约有效期限内到达要约人。定有承诺期限的要约，承诺须在该期限内到达要约人方为有效；没有确定承诺期限的要约，承诺应当依照下列规定到达：要约以对话方式作出的，应当即时作出承诺的意思表示，当事人另有约定的除外；要约以非对话方式作出的，承诺应当在合理的期限内到达要约人。

2) 承诺的生效

我国《合同法》第二十五条规定："承诺生效时合同成立。"可见，承诺的生效时间直接决定着合同成立的时间。关于合同承诺生效时间的确定，根据我国《合同法》的规定可知以下两点。

(1) 在承诺采用通知的情况下，承诺生效的时间为承诺通知到达要约人时。在受要约人采用数据电文形式传递承诺通知时承诺到达时间的确定，以收件人指定特定系统接收，该数据电文进入该特定系统的时间，视为到达时间；未指定特定系统的，该数据电文进入收件人的任何系统的首次时间，视为到达时间。

(2) 在承诺不需要通知的情况下，即受要约人根据交易习惯或者要约表明可以通过行为作出承诺的情况下，承诺生效的时间以受要约人根据交易习惯或者要约的要求作出承诺的行为为标准确定，即受要约人何时作出行为，承诺就何时生效。

3) 承诺的撤回和迟到

《合同法》第二十七条规定："承诺可以撤回。撤回承诺的通知应当在承诺通知到达要约人之前或者与承诺通知同时到达要约人。"否则，撤回的通知不发生法律效力，合同仍可成立。要约除了撤回外，还可以撤销，与要约不同的是，承诺只可能撤回，而不能撤销。因为承诺一经生效，合同即告成立，对于已经成立的合同，一方当事人无权撤销，而只能按照合同变更、解除的规定处理。

承诺的迟到是指承诺在承诺期限届满后到达要约人。受要约人超过承诺期限发出承诺，除要约人及时通知受要约人该承诺有效的以外，为新要约。受要约人在承诺期限内发出承诺，按照通常情况能够及时到达要约人，但因其他原因承诺到达要约人时超过承诺期限的，除要约人及时通知受要约人因承诺超过期限不接受该承诺的以外，该承诺有效。

11.2.4 格式合同

1. 格式合同的概念及特征

格式合同又称定式合同、标准合同或附合合同，是指合同条款由当事人一方预先拟定，对方只能表示全部同意或者不同意的合同形式。格式合同具有如下特征。

(1) 格式合同的样式及条款具有固定性和不可协商性。这种合同的条款是为了反复使用从而节约缔约时间，提高经济效益而设置的，其样式及条款必然是固定的。出于同样的目的，事先拟就合同条款者在与相对一方缔约时，要求对方对其所提出的合同条款只能作全部接受或完全不接受的表示，一般是没有协商余地的。

(2) 格式合同的当事人双方在经济地位上的悬殊性。一般而言，格式合同的附合一方多是接受商品或是服务的消费者；在流通大市场中，他们又往往是经济上的势单力薄者。而提供商品或服务一方即提供合同条款者则不然，在流通大市场中，他们或是事实上的垄断者，或为法律上的垄断者。

(3) 格式合同的要约的形式和内容具有特殊性。这一特殊性主要体现在3个方面，即广泛性、持久性和细节性。所谓广泛性，是指格式合同的要约是向公众发出的，或者至少是向某一类有可能成为承诺人的人发出的；所谓持久性，是指该要约一般总是涉及在某一特定时期将要订立的全部合同；所谓细节性，是指要约中包含了合同成立所需要的全部条款。

2. 我国《合同法》对格式条款的使用限制

格式合同的优点在于可以节省时间，有利于事先分配风险，降低交易成本。其弊端在于提供商品或服务的一方在拟定合同条款时，经常利用其优势地位，制定有利于自己，而不利于相对人的条款，对合同中的风险和负担作不合理的分配。因此，法律为了维护相对人的利益，对于格式合同的内容作了一系列限制性规定，规定如下。

(1) 提供格式条款的一方有提示说明的义务，应当采取合理的方式提请对方注意免除或限制其责任的条款，按照对方的要求对该条款予以说明。

(2) 对格式条款有两种解释，应当作出不利于提供格式合同条款一方的解释。

(3) 格式条款和非格式条款不一致的，应当采用非格式条款。

(4) 规定某些格式条款无效。

① 提供格式条款的一方免除自己责任，加重对方责任，排除对方主要权利的条款无效。

② 一方以欺诈、胁迫的手段订立合同，损害国家利益；恶意串通，损害国家集体或第三人利益；以合法形式掩盖非法目的；损害社会公共利益；违反法律、行政法规强制性规定。具有这些情形的，格式条款无效。

③ 造成对方人身伤害的免责条款和因故意或重大过失造成对方财产损失的免责条款无效。

11.2.5 缔约过失责任

1. 缔约过失责任的概念及构成要件

缔约过失责任是指缔约一方当事人违反依诚实信用原则所应承担的先合同义务，而造成对方信赖利益的损失时所应承担的民事赔偿责任。

(1) 缔约相对人蒙受损失。这种损失有两种形态。

① 信赖利益的损失，即一方当事人在与另一方订立合同的过程中，基于信赖关系相信对方会真诚合作，相信合同最终成立乃至生效，然而由于对方的过失导致合同不成立或合同无效而造成的损失。

② 一方在缔约过程中没有尽到照顾、保护义务而造成他方损失。

(2) 行为人有过错。在我国，缔约过失责任是一种过错责任。缔约过失责任中的“过失”包括故意和过失。这种过失表现为违背诚实信用原则。

(3) 缔约过失行为与损失之间有因果关系。所谓因果关系，即损失是由缔约过失行为而造成的，而不是由违约行为或侵权行为造成的。

2. 缔约过失责任的主要类型

《合同法》第四十二条规定了缔约过失责任的3种情形。

(1) 假借订立合同，进行恶意磋商。在这种情况下，一方当事人并没有订立合同的意思，与对方谈判只是为了损害对方或他人的利益。

(2) 故意隐瞒与订立合同有关的重要事实或者提供虚假情况。

(3) 其他违背诚实信用原则的行为。这类行为主要是指违反先合同义务的行为，常见的有以下情况。

① 一方未尽通知、协助等义务，增加了对方的缔约成本而造成财产损失。

② 一方未尽告知义务，而使对方遭受损失。

③ 一方未尽照顾、保护义务，造成对方人身或财产的损害。

3. 缔约过失责任的形式

承担缔约过失责任的形式主要是损害赔偿。缔约过失行为损害的是一种信赖利益，是由于对方当事人信赖有过失的一方有订立合同的诚意，并为合同的成立和履行做了一些前期的准备工作，因此，恶意谈判或违反诚实信用原则的当事人所应承担的责任，以给对方当事人造成的实际损失为限，主要包括以下方面。

(1) 缔约费用。如资料费、通信费、差旅费等。

(2) 准备履行合同所支付的费用。如因信赖合同将成立而进行的接货、进货准备工作，与第三人签订连环购销合同等。

(3) 恢复原状所支出的费用。

(4) 其他开支。

举案说法 11.2

特价手机不限量却无货 迪信通失信败诉[③]

2005年9月28日，邢俊朋从当天的《郑州晚报》C8版上看到了郑州迪信通电子通信技术有限公司(以下简称郑州迪信通)刊登的一则广告，广告称，奥克斯“X88型手机”开业特价98元，“出机”不限量，并在报纸醒目位置配有奥克斯X88型手机图片及标价。9月29日一早，邢俊朋不等商场开门营业，就等候在商场门口。当他第一个来到手机销售的柜台前，要求购买这款手机时，却被营业人员告知“此款手机已售完”。邢俊朋和营业人员交涉，售货小姐再次声明：“没有错，这款手机卖完了。”

邢俊朋持当日报纸到郑州市二七区建新法律服务所要求该所派员对其次日再去郑州迪信通处购买特价手机的经过进行现场见证。建新法律服务所为此出具了(2005)郑建新见字第001号《法律见证书》。

---

③ 载于中国法院网，http://www.chinacourt.org/，2005-12-05。

10月11日，邢俊朋持该见证书将郑州迪信通告上法庭，要求法院判令郑州迪信通承担缔约过失责任，赔偿其公证费500元、交通费150元。

河南省郑州市二七区人民法院审理认为，被告郑州迪信通发布的特价手机广告，对所销售手机的时间、地点、规格和价款等内容表述清楚、具体，其要约意思表示明确。原告邢俊朋前往购机，被告应当履约。因被告未向原告提供此款特价手机，致使原、被告双方的买卖合同不能成立，被告的拒售行为已构成缔约过失。原告请求的交通费损失，合法有据，应予以支持。原告的法律见证行为，并非订立合同时所必要的法定环节。因此，该项请求没有法律依据，不予支持。

11.3 合同的效力

11.3.1 合同的成立与生效

合同的成立是指当事人经过要约和承诺，意思表示一致而达成协议。它主要解决合同是否存在的问题。

合同的生效是指合同具备一定的要件后，便产生法律上的效力。体现了国家对合同关系的肯定或否定性评价。《合同法》根据不同类型的合同规定了合同生效的时间，主要有以下几种情况。

(1) 成立生效。依法成立的合同，自成立时生效。

(2) 合同自批准登记时生效。

有一些特殊的合同，除了双方订立合同以外，还要经过有关部门进行批准，这种特殊的合同自登记之日起生效。有些抵押合同要自办理登记之日起生效。如《担保法》规定，房屋抵押合同自办理登记手续之日起生效。

合同生效后，效力体现在两个方面。

(1) 在当事人之间产生法律效力。

(2) 对当事人以外的第三人也产生一定的效力。

法律、行政法规规定合同应当办理批准手续，或者办理批准、登记等手续才生效的，在法院审理案件过程中，一审法庭辩论终结前当事人仍未办理批准手续的，或者仍未办理批准、登记等手续的，人民法院应当认定该合同未生效；法律、行政法规规定合同应当办理登记手续，但未规定登记后生效的，当事人未办理登记手续不影响合同的效力，但合同标的所有权及其他物权不能转移(如房产买卖未过户)。

11.3.2 附条件和附期限的合同

附条件的合同是指当事人在合同中约定一定条件用以限制合同效力的合同。《合同法》第四十五条第一款规定：“当事人对合同的效力可以约定附条件。附生效条件的合同自条件成就时生效。附解除条件的合同，自条件成就时失效。”当事人不正当地阻止条件成就的，视为条件成就；不正当地促成条件成就的，视为条件不成就。

附期限的合同是指当事人双方以将来确定发生的事实来限制合同效力的合同。《合同法》第四十六条规定：“当事人对合同的效力可以约定附期限。附生效期限的合同，自期限届至时生效。附终止期限合同，自期限届满时失效。”

11.3.3 无效合同与可撤销合同

1. 无效合同的概念和种类

无效合同是相对于有效合同而言的，是指欠缺合同生效要件，自始绝对不能发生法律效力的合同。无效合同包括两种情况：一种情况是整个合同的无效；另一种情况是合同部分条款无效，这不影响合同其他部分的效力，其他部分仍然是有效的。而且合同无效，不影响合同中独立存在的有关解决争议方法的条款的效力。

2. 无效合同的类型

《合同法》规定了以下几种无效合同。

(1) 一方以欺诈、胁迫的手段订立合同，损害国家利益。我国《民法通则》第五十七条规定：欺诈、胁迫行为属无效行为，合同法对其增加了限制条件，即只有该类行为损害国家利益时，才属无效合同；损害非国家利益的，根据《合同法》第五十四条第二款的规定，属于可撤销合同。

(2) 恶意串通，损害国家、集体或者第三人利益。尽管在恶意串通行为中当事人所表达的意思表示是真实的，但是这种意思表示是非法的，因此是无效的。

(3) 以合法形式掩盖非法目的。这属于伪装的民事行为，不论其行为的表现形式如何，只因其要达到的目的是非法的，所以合同是无效的。

(4) 损害社会公共利益。这是合同法的公共利益原则的体现。暴力行为、危害家庭关系的行为、违反公平竞争的行为均属于损害社会公共利益的行为。

(5) 违反法律、行政法规的强制性规定。当事人超越经营范围订立合同，人民法院不因此认定合同无效，但违反国家限制经营、特许经营以及法律、行政法规禁止经营规定的除外。

(6) 因免责条款无效。一般来说，当事人经过充分协商确定的免责条款，只要建立在当事人自愿的基础之上，法律上对其是给予承认的。但是对于严重违反诚实信用原则和社会公共利益的免责条款，法律予以禁止。合同中的下列免责条款无效：造成对方人身伤害的；因故意或者重大过失造成对方财产损失的。

3. 可撤销合同

1) 可撤销合同的概念、特征

可撤销合同又称可变更、可撤销合同，是指因意思表示有缺陷，当事人一方享有撤销权，可行使撤销权对已经成立的合同予以撤销的合同。可撤销合同具有以下特征。

(1) 可撤销合同在被撤销前是有效的，只有在被撤销后才是自始无效的。

(2) 可撤销合同的发生事由是因当事人的意思表示有缺陷。

(3) 可撤销合同是由有撤销权的当事人通过行使撤销权来实现的。

2) 可撤销合同的种类

(1) 因重大误解订立的合同。

(2) 在订立合同时显失公平的合同。

(3) 一方以欺诈、胁迫的手段或者乘人之危，使对方在违背真实意思的情况下订立的合同。

3) 撤销权的行使

依《合同法》的规定，因重大误解订立的合同、在订立合同时显失公平的合同，合同当事人任何一方均有撤销权。而一方以欺诈、胁迫的手段或者乘人之危，使对方在违背真实意思的情况下订立的合同，只有受害方才可以行使撤销请求权。

撤销权的行使由撤销权人依诉讼或仲裁方式为之。撤销权人请求变更的，法院或仲裁机构只能变更合同而不得撤销合同。

4) 撤销权的消灭

有下列情形之一时撤销权消灭。

(1) 具有撤销权的当事人自知道或者应当知道撤销事由之日起一年内没有行使撤销权。该“一年”的期间为除斥期间，是不变期间，不适用诉讼时效的中止、中断。

(2) 具有撤销权的当事人知道撤销事由后明确表示或以自己的行为放弃撤销权。

11.3.4 效力待定合同

效力待定合同是指已成立的合同，因其不完全符合有关生效要件的规定，其效力是否发生尚未确定，而有待于其他行为使之确定的合同。

效力待定的合同，首先是已成立的合同，其次是其效力状况不确定，不确定的原因在于该合同不符合有关合同生效要件的规定。而决定效力待定的合同归于有效还是无效，取决于第三人的行为，该第三人称为承认权人。如果承认权人承认该合同，合同即为有效；若拒绝承认，合同归于无效。

《合同法》将效力待定合同规定为以下3类。

1. 限制民事行为能力人订立的合同

合同作为一种民事法律行为，要求合同当事人必须具有相应的民事行为能力。限制民事行为能力人所签订的合同在主体资格上有瑕疵，因为当事人缺乏完全的缔约能力、代签合同的资格和处分能力。限制民事行为能力人签订的合同要具有效力，一个重要的条件就是要经过其法定代理人的追认。这种合同一旦经过法定代理人的追认就具有法律效力。所谓追认，是指法定代理人明确表示同意限制民事行为能力人与他人签订的合同。这种同意是单方意思表示，无须合同相对人同意即可发生效力。在此要特别强调如下。

(1) 法定代理人以行动自愿履行合同的行为也可视为法定代理人对合同的追认。

(2) 法定代理人的追认必须是无条件的，法定代理人不得对合同的追认附加任何条件，除非合同相对人同意。

并非所有限制民事行为能力人签订的合同都必须经过法定人的追认才具有效力。《合同法》第四十七条规定：限制民事行为能力人签订的纯获利益的合同或者与其年龄、智力、精神健康状况相适应而订立的合同，不必经法定代理人追认就具有法律效力。如限制民事行为能力人接受奖励、赠与、报酬等，对于这些纯获利益的合同，他人不得以行为人是限制民事行为能力人为由，主张该合同不具有效力。

根据《合同法》第四十七条第二款的规定，合同相对人可以催告限制民事行为能力人的法定代理人在一个月内予以追认。法定代理人未作表示的，视为拒绝追认。

合同相对人还有撤销合同的权利。相对人在法定代理人未追认限制民事行为能力人所签订的合同之前，可以撤销自己对限制民事行为能力人所作的意思表示。但是相对人撤销这类合同必须满足3个条件。

(1) 撤销的表示必须是在法定代理人追认之前作出的，对于法定代理人已经追认的合同，相对人不得撤销。

(2) 只有善意的相对人才可以作出撤销合同的行为。

(3) 相对人作出撤销的意思表示，应当以通知的方式作出，任何默认的方式都不构成对此类合同的撤销。

2. 因无权代理订立的合同

无权代理是指无权代理的人代理他人从事民事行为。无权代理可分为狭义无权代理和表见代理两种情形。

1) 狭义无权代理

狭义无权代理是指行为人完全没有代理权而以本人名义同他人订立合同，其构成要件如下。

(1) 行为人既没有法定代理权，也没有令人相信其有代理权的事实和理由。

(2) 行为人以本人名义与第三人订立合同。

(3) 第三人须为善意且无过失。

因狭义无权代理而签订的合同有3种情形。

(1) 根本没有代理权而签订的合同。

(2) 超越代理权而签订的合同。

(3) 代理关系终止后签订的合同。

上述合同是一种效力待定的合同，而不是绝对无效的合同，尽管行为人的代理权存在瑕疵，但这种瑕疵是可以补正的，可因本人的追认而使无权代理行为有效。未经本人追认，对本人不发生效力，由行为人承担责任。对因狭义无权代理而订立的合同，在本人未予追认之前，善意相对人可以催告本人在一个月内予以追认。本人未作表示的，视为拒绝追认；善意相对人也可以撤销其与无代理权人所为的意思表示，但撤销应当以通知的方式作出。

2) 表见代理

表见代理是指行为人虽无代理权，但善意相对人客观上有充分理由相信行为人有代理权，则该代理行为有效。《合同法》第四十九条规定："行为人没有代理权、超越代理权或者代理权终止后以被代理人名义订立合同，相对人有正当理由相信行为人有代理权的，该代理行为有效。"合同法对这一制度的设立，旨在对善意相对人进行保护，以维护交易的安全，依诚实信用原则使怠于履行其注意义务的被代理人直接承受没有代理权、超越代理权或代理权终止后仍为代理行为而签订的合同的责任。

表见代理的成立除须具备一般代理的构成要件，还应具备以下特别要件。

(1) 客观上须有使相对人相信行为人具有代理权的根据。

(2) 相对人须善意无过失，即不知行为人所为的行为系无权代理行为。

(3) 作为成立表见代理基础的行为人与相对人之间的民事行为，应具备民事行为成立的有效要件。

此外《合同法》还规定，法人或其他组织的法定代表人、负责人超越权限订立的合同，除相对人知道或者应当知道其超越权限的以外，该代表行为视为有效。

3. 无处分权人订立的合同

无处分权人是指对归属于他人的财产权没有权利进行处置或者虽对财产拥有所有权，但由于对该财产负有义务而对此不能进行处分的人。无权处分的合同就是无处分权人处分他人财产而与第三人订立的合同。《合同法》第五十一条规定：“无处分权的人处分他人的财产，经权利人追认或者无处分权的人订立合同后取得处分权的，该合同有效。”这里所说的权利人，是指对财产享有处分权的人。所谓追认是指权利人事后同意该处分财产行为的意思表示。这种追认可以直接向买受人作出，也可以向处分人作出；可以用口头形式作出，也可以用书面形式作出，同时必须用明示的方式作出，沉默和不作为都不视为追认。

11.3.5 合同无效或被撤销的法律后果

无效合同自始不能发生法律效力，被撤销的合同也自合同成立之日起，就不具有法律效力。因此，无效合同或被撤销的合同自始就不具有履行效力。合同未履行的，不得履行；合同已经履行的，应当回复到原来的状态，亦即返还财产。不能返还或者没有必要返还的，应当折价补偿。当事人恶意串通，损害国家、集体或者第三人利益的，因此取得的财产收归国家所有或者返还集体、第三人。除此之外，有过错的一方应当赔偿对方因此所受到的损失；双方都有过错的，应当各自承担相应的责任。

合同部分无效，不影响其他部分效力的，其他部分仍然有效。合同无效、被撤销或终止的，不影响合同中独立存在的有关解决争议方法的条款的效力。

11.4 合同的履行

11.4.1 合同履行的原则

合同履行的原则是指当事人在履行合同义务时所应遵循的基本准则。《合同法》第六十六条规定了合同履行的原则，即按照合同约定履行义务并且遵守诚实信用原则。

1. 全面履行原则

全面履行原则也称适当履行原则或正确履行原则，是当事人依照合同规定的标的及其质量、数量，由适当的主体在适当的履行期限、履行地点，以适当的履行方式，全面完成合同义务的履行原则。按照全面履行原则，当事人既要全面履行合同义务，又要正确适当地履行合同义务。全面履行合同不会存在违约责任，因此，全面履行原则是判断当事人是否履行以及是否违约的标准，是衡量合同履行的尺度，是制裁违约的基本依据。

2. 诚实信用原则

诚实信用原则是指民事主体在从事活动时，应诚实守信，以善意的方式履行其义务，不得滥用权利及规避法律或合同规定的义务。根据《合同法》第六十六条的规定，当事人要遵循诚实信用原则，根据合同的性质、目的和交易习惯履行下列法定的附随义务。

(1) 及时通知的义务。

(2) 协助的义务。

(3) 提供必要条件的义务。

(4) 防止损失扩大的义务。

(5) 保密的义务。

11.4.2 合同履行条款不明确的履行规则

合同成立以后，只要符合合同生效要件，合同就对当事人有约束力。因此，当事人对合同条款的约定应当明确、具体，以便于合同的履行。然而，由于订约当事人主客观方面的限制，或者由于认识上的错误以及疏忽大意等原因，导致已订立的合同欠缺某些合同条款或者条款约定不明确，致使合同难以履行。如果对于这种情况一概地确认合同不成立或合同无效，也是不实际的。因此《合同法》第六十一条、第六十二条规定了合同内容没有约定或约定不明确的履行规则。

1. 协议补充

当事人可以对合同内容没有约定或约定不明确的，通过协商的方法订立补充协议，该协议是对原合同内容的补充，是原合同的组成部分。

2. 按照合同有关条款或交易习惯确定

当事人就没有约定或约定不明确的合同内容不能达成协议的情况下，可以结合合同的其他条款的内容确定，或者按照人们在同样的交易中通常采用的合同内容加以确定。这是一个一般性原则。

3. 补充性规定

根据《合同法》第六十二条的规定，当事人就有关合同内容约定不明确，依照本法第六十一条的规定仍不能确定的，适用下列规定。

(1) 质量要求不明确的，按照国家标准、行业标准履行；没有国家标准、行业标准的，按照通常标准或者符合合同目的的特定标准履行。

(2) 价款或者报酬不明确的，按照订立合同时履行地的市场价格履行；依法应当执行政府定价或者政府指导价的，按照规定履行。

(3) 履行地点不明确，给付货币的，在接受货币一方所在地履行；交付不动产的，在不动产所在地履行；其他标的，在履行义务一方所在地履行。

(4) 履行期限不明确的，债务人可以随时履行，债权人也可以随时要求履行，但应当给对方必要的准备时间。

(5) 履行方式不明确的，按照有利于实现合同目的的方式履行。

(6) 履行费用的负担不明确的，由履行义务一方负担。

11.4.3 合同履行的其他规定

1. 执行政府定价或者政府指导价的合同的履行规则

合同约定执行政府定价或者政府指导价的，在约定的交付期限内政府价格调整时，按照交付时的价格计价。逾期交付标的物的，遇价格上涨时，按照原价格执行；价格下降时，按照新价格执行。逾期提取标的物或逾期付款的，遇价格上涨时，按照新价格执行；价格下降时，按照原价格执行。

2. 涉及第三人合同的履行

(1) 向第三人履行的合同：指债务人本应向债权人履行义务，但由于债权人和债务人经过约定由债务人向第三人履行债务，原债权人的地位不变。根据《合同法》的规定，当事人约定由债务人向第三人履行债务的，债务人未向第三人履行债务或者履行债务不符合约定的，应当向债权人承担违约责任。

(2) 第三人代为履行的合同：又称第三人负担的合同，指双方当事人约定债务由第三人履行的合同。根据《合同法》的规定，当事人约定由第三人向债权人履行债务的，第三人不履行债务或者履行债务不符合约定的，债务人应当向债权人承担违约责任。

11.4.4 双务合同履行中的抗辩权

抗辩权的行使是在双务合同中，一方当事人在对方不履行或履行不符合约定时，依法对抗对方要求或否认对方权利主张的权利。抗辩权主要有以下3类：同时履行抗辩权、先履行抗辩权和不安抗辩权。

1. 同时履行抗辩权

1) 同时履行抗辩权的概念

同时履行抗辩权是指双务合同的当事人一方在他方未为对待给付之前，有权拒绝自己的履行。《合同法》第六十六条规定：当事人互负债务，没有先后履行顺序的，应当同时履行。一方在对方未履行之前有权拒绝其履行要求。一方在对方履行债务不符合约定时，有权拒绝其相应的履行要求。这是关于同时履行抗辩权的原则性规定。

2) 同时履行抗辩权的成立条件

同时履行抗辩权的行使必须符合下列条件。

(1) 须是在同一双务合同中互负债务。它仅仅适用于双务合同，而不适用于各类单务合同(如无偿保管、无偿委托)以及非真正的双务合同(如委托合同)。

(2) 双方债务无先后履行顺序之分，应同时履行。具体包括：①合同直接约定同时履行的；②合同未约定双方履行顺序的，推定为同时履行。

(3) 须双方互负的债务均已届清偿期。

(4) 须对方尚未履行债务。具体指：①他方不履行的，债务人可提出完全的抗辩权；②他方不完全履行的，债务人可提出“相应的抗辩权”。

(5) 须对方的对待给付是可能履行的。如果一方已经履行，另一方因过错而不能履行其所负的债务(如标的物已遭到毁损灭失等)，则只能适用债务不履行的规定请求补救，而不发生同时履行抗辩问题。如果因不可抗力发生履行不能，则双方当事人将被免责。

3) 同时履行抗辩权的效力

同时履行抗辩制度主要适用于双务合同，在买卖合同、租赁合同、承揽合同、可分之债、连带之债、为第三人利益订立的合同中，一方不履行其义务，另一方可以援用同时履行抗辩权。

2. 先履行抗辩权

1) 先履行抗辩权的概念

先履行抗辩权是指在双务合同中应当先履行的一方当事人没有履行合同义务的，后履行一方当事人拒绝履行自己的合同义务的权利。

2) 先履行抗辩权的成立条件

(1) 当事人因同一双务合同而互负债务。

(2) 当事人一方须有先履行的义务。

(3) 双方互负债务均已届清偿期。

(4) 先履行一方到期未履行债务或未按约定履行债务。

3) 先履行抗辩权的效力

先履行抗辩权也属于延期的抗辩权，不具有消灭对方请求权的效力，只是暂时阻止先履行一方请求权的行使，如先履行一方完全履行合同义务，后履行一方应恢复履行。当事人行使先履行抗辩权致使合同迟延履行的，当事人不承担迟延责任。

3. 不安抗辩权

1) 不安抗辩权的概念

不安抗辩权是指双务合同中应先履行债务的当事人有确切证据证明对方有丧失或可能丧失履行能力的情形时，中止履行自己债务的权利。

2) 不安抗辩权的适用条件

根据《合同法》的有关规定，应当先履行债务的当事人，有确切证据证明对方有下列情况之一的，可以行使不安抗辩权，中止合同履行。

(1) 须因双务合同互负债务，也即不安抗辩权只能在双务合同中适用。

(2) 当事人一方须有先履行的义务且已届履行期。

(3) 后履行义务一方财产状况恶化，有丧失或可能丧失履行债务能力的情形。

(4) 后履行义务一方没有对待给付或未提供担保。

3) 不安抗辩权的效力

(1) 中止履行。行使不安抗辩权中止履行的，应及时通知对方。对方提供适当担保时，应恢复履行。

(2) 解除合同。行使不安抗辩权中止履行的，中止履行后，对方在合理期限内未恢复履行能力并且未提供适当担保的，中止一方可解除合同。

11.4.5 合同的保全

合同的保全是指为防止因债务人的财产不当减少而给债权人的债权带来损害，允许债权人对债务人或第三人的行为行使代位权或撤销权，以保护其债权。

1. 债权人的代位权

1) 代位权的概念

债权人的代位权是指当债务人怠于行使其到期债权，对债权人造成损害的，债权人可以向人民法院请求以自己的名义代位行使债务人的债权。

2) 代位权的构成要件

(1) 债权人与债务人之间必须存在合法的并已到期的债权债务关系。

(2) 债务人怠于行使权利已害及债权人的债权。

(3) 债务人对次债务人的债权已到期。

(4) 债务人对次债务人的债权不是专属于债务人自身的债权，即不具有人身性。

3) 代位权的行使范围

代位权的行使范围以债权人的债权为限，但该债权专属于债务人自身的除外。专属于债务人自身的债权是指基于抚养关系、赡养关系、继承关系产生的给付请求权和劳动报酬、退休金、养老金、抚恤金、安置费、人寿保险、人身伤害赔偿请求权等权利。

4) 代位权的适用对象

代位权的适用对象是指债务人的消极行为，即债务人危及债权人利益的怠于行使其权利的行为，主要是指债务人不履行其对债权人的到期债务，又不以诉讼方式或者仲裁方式向其债务人主张其享有的具有金钱给付内容的到期债权，致使债权人的到期债权未能实现。如次债务人(即债务人的债务人)提出抗辩，不认为债务人有怠于行使其到期债权情况的，应当承担举证责任。在代位权诉讼中，次债务人对债务人的抗辩，可以向债权人主张。

5) 债权与代位权的关系

债权人行使代位权，其债权就代位权行使的结果有优先受偿权利。在代位诉讼中，原告是债权人(以自己的名义行使代位诉权)，被告是次债务人，原告可以把债务人列为第三人，未列的，法院可以追加。债权人胜诉的，诉讼费由次债务人负担，从实现的债权中优先支付。

2. 债权人的撤销权

1) 债权人的撤销权的概念

债权人的撤销权是指债务人放弃对第三人的债权，实施无偿转让财产或者以明显不合理的低价转让财产的行为而有害于债权人的债权时，债权人可以请求人民法院撤销债务人所实施的行为的权利。

2) 撤销权的构成要件

(1) 债权人对债务人必须存在有效的债权。

(2) 债务人实施了一定的处分财产的行为。此处分无论是通过低价转让，还是以无偿的方式实现，无论是通过合同行为，还是通过单独行为，均可以撤销。

(3) 债务人处分财产的行为已经或将严重损害债权。

(4) 债务人转让财产出于恶意。

3) 撤销权的行使

(1) 撤销权行使的范围以债权人的债权为限。

(2) 撤销权的行使期间。撤销权自债权人知道或应当知道撤销事由之日起 1 年内或债务人的行为发生之日起 5 年内没有行使的，该撤销权消灭。该期间为不变期间，不适用诉讼时效中止、中断或延长的规定。

(3) 债权人行使撤销权的必要费用由债务人负担。第三人有过错的，应适当分担。

11.4.6 合同的担保

1. 保证

1) 保证的概念

保证是指第三人为担保债务人履行债务而与债权人订立协议，当债务人不履行债务时，第三人按照约定履行债务或者承担责任的担保行为。

保证作为一种债务担保方式，是以自然人或者法人以及其他组织自身的信誉和不特定的财产为他人的债务提供担保，在债务人不履行债务时，保证人按照约定履行债务或承担责任。在保证法律关系中，提供担保的自然人、法人或其他组织称为保证人。根据法律规定，具有代为清偿债务能力的法人、其他组织或者公民，可以作为保证人，但除经国务院批准为使用外国政府或者国际经济组织贷款进行转贷的除外，国家机关不得作为保证人；学校、医院、幼儿园等以公益为目的的事业单位、社会团体，不得作为保证人；企业法人的分支机构、职能部门，不得作为保证人；企业法人的分支机构有法人书面授权的，在授权范围内，可以提供保证。

2) 保证的种类

保证依据不同的标准，可分为不同的种类。

(1) 一般保证和连带责任保证。根据保证人承担保证责任方式的不同，可以将保证分为一般保证和连带责任保证。

一般保证是指债权人与保证人约定，在债务人不能履行债务时由保证人承担保证责任的一种保证方式。一般保证的保证人对债权人享有先诉抗辩权，即在主合同纠纷未经审判或者仲裁，并就债务人财产依法强制执行仍不能履行债务前，保证人对债权人可以拒绝承担保证责任。《中华人民共和国担保法》(以下简称《担保法》)同时规定了对保证人行使先诉抗辩权的限制。有下列情形之一的，保证人不得行使先诉抗辩权。

① 债务人住所变更，致使债权人要求其履行债务发生重大困难的。

② 人民法院受理债务人破产案件，中止执行程序的。

③ 保证人以书面形式放弃先诉抗辩权的。

连带责任保证是指当事人约定债务人不履行到期债务时，保证人与债务人承担连带责任的保证方式。只要债务人在主合同规定的债务履行期届满时没有履行债务，债权人可以直接要求保证人在其保证范围内承担保证责任。当事人对保证方式没有约定或者约定不明确的，按照连带责任保证承担保证责任。

举案说法 11.3

儿子借款父亲签名作保被判连带清偿[④]

2006年12月23日，储先生向陈小姐借款6.55万元，并在借条上明确写明：今借陈小姐6.55万元。现决定分两次归还，第一笔于2007年元月20日归还4万元；第二笔于2007年2月底归还2.55万元。到时不还，后果自负。借条上有其父亲储老先生的签名。后来，储家父子共向陈小姐归还了2 200元，其中包括储老先生的还款1 500元，但尚有6.33万元今未归还。2007年2月26日，陈小姐将这对父子告上法庭，要求判令储先生归还借款6.33万元，其父亲储老先生承担连带保证责任。

2007年3月20日，上海市闵行区人民法院认为，储老先生在借条中以担保人的身份签字，故保证合同成立。当事人对保证方式没有约定的，按照连带责任保证承担保证责任，故储老先生应对儿子的借款承担连带保证责任。至于储老先生称其系在胁迫状态下才在借条担保人一栏署名，但未能提供充分有效的证据佐证，故难以采信。故判决储先生还款并判决其父亲储老先生对儿子的6.33万元债务承担连带保证责任。

④ 载于中国法院网，http://www.chinacourt.org/，2007-03-21。

(2) 单独保证、按份共同保证和连带共同保证。根据保证人的人数及其与债权人之间关系的不同，可以将保证分为单独保证、按份共同保证和连带共同保证。

单独保证是指由一个保证人独立承担保证责任的保证行为。按份共同保证是指同一债务保证人为两人以上并明确约定了各自保证责任份额的保证行为。连带共同保证是指同一债务有两个以上的保证人但没有约定各自保证份额的保证行为。《担保法》第十二条规定："同一债务有两个以上保证人的，保证人应当按照保证合同约定的保证份额，承担保证责任。没有约定保证份额的，保证人承担连带责任，债权人可以要求任何一个保证人承担全部保证责任，保证人都负有担保全部债权实现的义务。已经承担保证责任的保证人，有权向债务人追偿，或者要求承担连带责任的其他保证人清偿其应当承担的份额。"

(3) 部分保证和全部保证。根据保证人承担保证责任范围的不同，可以将保证分为部分保证和全部保证。部分保证是指当事人约定保证人只就债务人债务的一部分承担保证责任的保证行为。全部保证是指当事人约定保证人对债权人的全部债权承担保证责任的保证。《担保法》第二十一条第二款规定："当事人对保证担保的范围没有约定或者约定不明确的，保证人应当对全部债务承担责任。"

3) 保证合同

保证应当通过签订保证合同的方式设立。保证合同是保证人与债权人订立的关于保证人担保债务人履行债务的协议。保证合同应当采用书面形式。它可以是专门性的保证合同书，也可以是经保证人签字的主合同书中的保证条款。保证人向债权人出具的保函、传真等也视为保证合同。保证人与债权人可以就单个主合同订立保证合同，也可以协议在最高债权额限度内就一定期间连续发生的借款合同或者某项商品交易合同订立一个保证合同。

保证合同一般应当包括以下内容。

(1) 被保证的主债权种类、数额。

(2) 债务人履行债务的期限。

(3) 保证的方式。

(4) 保证担保的范围。

(5) 保证的期间。

(6) 双方认为需要约定的其他事项。

《担保法》还允许在以上内容不完备时，对保证合同进行补正。这实际上是对原合同的修补和变更，仍需合同双方达成一致意见。

4) 保证责任

(1) 保证范围。保证范围即保证债务的范围，是指保证合同中保证人所承担保证责任的范围。我国《担保法》第二十一条规定："保证担保的范围包括主债务及利息、违约金、损害赔偿金和实现债权的费用。保证合同另有约定的，按照约定。当事人对保证担保的范围没有约定或者约定不明确的，保证人应当对全部债务承担责任。"

保证人仅在保证期间内承担保证责任。在保证期间内，债权人将主债权转让给第三人的，保证人仅在原保证范围内承担保证责任，保证合同对此另有约定的，按照约定。债务人经债权人许可转让债务的，应当取得保证人书面同意，保证人对未经其同意转让的债务，不再承担保证责任。债权人与债务人协议变更主合同的，应当取得保证人书面同意，未经保证人书面同意的，保证人不再承担保证责任。根据2007年10月1日实施的《中华人民共和国物权法》第一百七十六条的规定，“被担保的债权既有物的担保又有人的担保的，债务人不履行到期债务或者发生当事人约定的实现担保物权的情形，债权人应当按照约定实现债权；没有约定或者约定不明确，债务人自己提供物的担保的，债权人应当先就该物的担保实现债权；第三人提供物的担保的，债权人可以就物的担保实现债权，也可以要求保证人承担保证责任。提供担保的第三人承担担保责任后，有权向债务人追偿”。

(2) 保证责任的内容。依据《担保法》第六条的规定，保证责任的内容包括代为履行和承担赔偿责任两种，具体应由当事人约定。代为履行即保证人与债权人约定，在债务人不履行债务时，由保证人代其履行。承担赔偿责任是指保证人和债权人约定，在债务人不履行债务时，保证人仅承担因此而产生的赔偿责任。

(3) 保证责任的期限。保证责任的期限即保证期间，指保证人承担保证责任的时间限度。保证人在约定的期间内承担保证责任。保证人与债权人未约定保证期间的，保证期间为主债务履行期届满之日起6个月。一般保证的债权人在保证期间内未对债务人提起诉讼或者申请仲裁的，保证人免除保证责任；债权人已提起诉讼或者申请仲裁的，保证的诉讼时效中断。连带责任保证的债权人在保证期间内，未要求保证人承担保证责任的，保证人免除保证责任。

保证人就连续发生的债权作保证，未约定保证期间的，保证人可以随时书面通知债权人终止保证合同，但保证人对于通知到达债权人前所发生的债权承担保证责任。

(4) 保证责任的承担。保证合同一经依法订立，保证人即负有保证义务。当债务人不履行到期债务时，保证人即应根据保证合同约定的保证方式、保证范围和保证期限等，承担保证责任。但是，有下列情形之一的，保证人不承担民事责任。

① 主合同双方当事人串通，骗取保证人提供保证的。

② 合同债权人采取欺诈、胁迫等手段，使保证人在违背真实意思的情况下提供保证的。

保证人承担保证责任后，有权向债务人追偿其代为清偿的部分。此外，人民法院受理债务人破产案件后，债权人未申报债权的，保证人可以参加破产财产分配，预先行使追偿权。

2. 抵押

1) 抵押与抵押权

抵押是指债务人或者第三人不转移对财产的占有，将该财产作为债权的担保。债务人在不履行债务时，债权人有权依法以该财产折价或者以拍卖、变卖该财产的价款优先受偿。在抵押关系中，提供担保财产的债务人或者第三人为抵押人，债权人为抵押权人，提供担保的财产为抵押物。

抵押权是指债权人就债务人或者第三人提供担保的特定财产优先受偿的权利。抵押权在性质上属于典型的担保物权。

2) 抵押物的范围

并非所有财产都可以作为抵押物。根据《物权法》第一百八十条的规定，债务人或者第三人有权处分的下列财产可以抵押。

(1) 建筑物和其他土地附着物。

(2) 建设用地使用权。

(3) 以招标、拍卖、公开协商等方式取得的荒地等土地承包经营权。

(4) 生产设备、原材料、半成品、产品。

(5) 正在建造的建筑物、船舶、航空器。

(6) 交通运输工具。

(7) 法律、行政法规未禁止抵押的其他财产。

抵押人可以将前款所列财产一并抵押。

当然，经当事人书面协议，企业、个体工商户、农业生产经营者可以将现有的以及将有的生产设备、原材料、半成品、产品进行抵押。

抵押人所担保的债权不得超过其抵押财产的价值。财产抵押后，该财产的价值大于所担保债权的余额部分，可以再次抵押，但担保的债权不得超出其余额部分。

《物权法》第一百八十二条规定："以建筑物抵押的，该建筑物占用范围内的建设用地使用权一并抵押。以建设用地使用权抵押的，该土地上的建筑物一并抵押。抵押人未依照前款规定一并抵押的，未抵押的财产视为一并抵押。"《物权法》第一百八十三条规定："乡镇、村企业的建设用地使用权不得单独抵押。以乡镇、村企业的厂房等建筑物抵押的，其占用范围内的建设用地使用权一并抵押。"

《物权法》第一百八十四条规定下列财产不得抵押。

(1) 土地所有权。

(2) 耕地、宅基地、自留地、自留山等集体所有的土地使用权。但法律规定可以抵押的除外。

(3) 学校、幼儿园、医院等以公益为目的的事业单位、社会团体的教育设施、医疗卫生设施和其他社会公益设施。

(4) 所有权、使用权不明或者有争议的财产。

(5) 依法被查封、扣押、监管的财产。

(6) 法律、行政法规规定不得抵押的其他财产。

3) 抵押合同和抵押物登记

抵押合同是指抵押权人与抵押人之间为担保特定债权的实现，约定在债务人不履行债务时，抵押权人就抵押财产优先受偿的协议。抵押人和抵押权人应当以书面形式订立抵押合同。抵押合同可以是专门订立的书面合同，也可以表现为当事人之间具有抵押合同性质的信函、传真等，还可以是主合同中的抵押条款。

根据《物权法》第一百八十五条的规定，抵押合同一般包括以下内容。

(1) 被担保债权的种类、数额。

(2) 债务人履行债务的期限。

(3) 抵押物的名称、数量、质量、状况、所在地、所有权归属或者使用权归属。

(4) 担保的范围。

我国《物权法》禁止流押合同。所谓流押合同，是指抵押人与抵押权人在合同中约定，债务人届期不清偿其债务时，抵押财产的所有权转移为债权人所有的抵押合同。之所以规定禁止流押，目的在于防止抵押权人借此损害抵押人及其他债权人的利益。

抵押物登记是指由主管机关依法在登记簿上就抵押财产上的抵押状态进行记载。我国《物权法》对抵押物登记作了不同规定：一种是以本法第一百八十条第一款第一项至第三项规定的财产或者第五项规定的正在建造的建筑物抵押的，应当办理抵押登记。抵押权自登记时设立。另一种是企业、个体工商户、农业生产经营者以本法第一百八十一条规定的动产抵押的，应当向抵押人住所地的工商行政管理部门办理登记。抵押权自抵押合同生效时设立；未经登记，不得对抗善意第三人。依照本法第一百八十一条规定抵押的，不得对抗正常经营活动中已支付合理价款并取得抵押财产的买受人。还有一种是以本法第一百八十条第一款第四项、第六项规定的财产或者第五项规定的正在建造的船舶、航空器抵押的，抵押权自抵押合同生效时设立；未经登记，不得对抗善意第三人。

4) 抵押权的效力

(1) 抵押权的基本效力。抵押所担保的债权范围包括主债权及利息、违约金、损害赔偿金和实现抵押权的费用。抵押合同另有约定的，按照其约定执行。

抵押权的效力当然及于原抵押财产。同时，除当事人另有约定外，抵押权的效力及于抵押物的从物、从权利。至于抵押物的孳息，抵押权的效力则仅及于抵押物被依法扣押后所生的孳息。《物权法》第一百九十七条规定："债务人不履行到期债务或者发生当事人约定的实现抵押权的情形，致使抵押财产被人民法院依法扣押的，自扣押之日起抵押权人有权收取该抵押财产的天然孳息或者法定孳息，但抵押权人未通知应当清偿法定孳息的义务人的除外。前款规定的孳息应当先充抵收取孳息的费用。"

(2) 抵押人的权利。抵押权的设定无须转移抵押财产的占有，抵押人仍占有抵押财产，并可对抵押财产享有使用、收益和处分等权利，但这些权利的行使要受到抵押权的限制。具体说来，抵押人的权利包括以下方面。

① 抵押物的占有权。

② 抵押财产的出租权。订立抵押合同前抵押财产已出租的，原租赁关系不受该抵押权的影响。抵押权设立后抵押财产出租的，该租赁关系不得对抗已登记的抵押权。

③ 抵押财产的处分权。抵押人可以依法对抵押财产进行法律上的处分。《物权法》第一百九十一条规定："抵押期间，抵押人经抵押权人同意转让抵押财产的，应当将转让所得的价款向抵押权人提前清偿债务或者提存。转让的价款超过债权数额的部分归抵押人所有，不足部分由债务人清偿。抵押期间，抵押人未经抵押权人同意，不得转让抵押财产，但受让人代为清偿债务消灭抵押权的除外。"

(3) 抵押权人的权利。

① 抵押权人的优先受偿权。抵押权人的优先受偿权既包括抵押权人优先于一般债权人就抵押物变价受偿，也包括先顺位抵押权人优先于后顺位抵押权人就抵押物变价受偿。它是抵押权人最主要的权利。

② 抵押权人的保全权。抵押人的行为足以使抵押财产价值减少的，抵押权人有权要求抵押人停止其行为。抵押财产价值减少的，抵押权人有权要求恢复抵押财产的价值，或者提供与减少的价值相应的担保。抵押人不恢复抵押财产的价值也不提供担保的，抵押权人有权要求债务人提前清偿债务。

③ 抵押权人的处分权。抵押权不得与债权分离而单独转让或者作为其他债权的担保。债权转让的，担保该债权的抵押权一并转让，但法律另有规定或者当事人另有约定的除外。抵押权人可以放弃抵押权或者抵押权的顺位。抵押权人与抵押人可以协议变更抵押权顺位以及被担保的债权数额等内容，但抵押权的变更，未经其他抵押权人书面同意，不得对其

他抵押权人产生不利影响。

债务人以自己的财产设定抵押，抵押权人放弃该抵押权、抵押权顺位或者变更抵押权的，其他担保人在抵押权人丧失优先受偿权益的范围内免除担保责任，但其他担保人承诺仍然提供担保的除外。

5) 抵押权的实现

(1) 抵押权实现的条件、方式和程序。抵押权的实现是指抵押权人行使抵押权，就抵押财产变价，并优先清偿其债权的法律行为。抵押权人应当在主债权诉讼时效期间行使抵押权；未行使的，人民法院不予保护。《物权法》第一百九十五条规定："债务人不履行到期债务或者发生当事人约定的实现抵押权的情形，抵押权人可以与抵押人协议以抵押财产折价或者以拍卖、变卖该抵押财产所得的价款优先受偿。协议损害其他债权人利益的，其他债权人可以在知道或者应当知道撤销事由之日起一年内请求人民法院撤销该协议。抵押权人与抵押人未就抵押权实现方式达成协议的，抵押权人可以请求人民法院拍卖、变卖抵押财产。抵押财产折价或者变卖的，应当参照市场价格。"

由此可见，抵押权的实现方式有折价、拍卖和变卖3种。折价即以抵押财产折抵价款清偿抵押权人同额债权的方式，将抵押财产的所有权全部或部分转移给抵押权人；拍卖即以公开竞价的方式将抵押财产出卖给最高应价者，抵押权人就所得价款优先受清偿；变卖是以订立一般买卖合同的方式将抵押财产出卖给第三人，抵押权人就其价款优先受清偿。抵押物折价或者拍卖、变卖后，其价款超过债权数额的部分归抵押人所有，不足部分由债务人清偿。

抵押权的实现程序首先是抵押权人与抵押人协商达成一致。协商不成时，抵押权人应按民事诉讼程序申请人民法院强制执行。

(2) 抵押权的实现顺序。同一财产向两个以上债权人抵押的，拍卖、变卖抵押财产所得的价款的清偿顺序如下。

① 抵押权已登记的，按照登记的先后顺序清偿；顺序相同的，按照债权比例清偿。

② 抵押权已登记的先于未登记的受偿。

③ 抵押权未登记的，按照债权比例清偿。

(3) 抵押权实现过程中其他权利的保护。

① 建设用地使用权抵押后，该土地上新增的建筑物不属于抵押财产。该建设用地使用权实现抵押权时，应当将该土地上新增的建筑物与建设用地使用权一并处分，但新增建筑物所得的价款，抵押权人无权优先受偿。

② 依照《物权法》第一百八十条第一款第三项规定的土地承包经营权抵押的，或者依照本法第一百八十三条规定以乡镇、村企业的厂房等建筑物占用范围内的建设用地使用权一并抵押的，实现抵押权后，未经法定程序，不得改变土地所有权的性质和土地用途。

3. 质押

1) 质押的概念

质押是指债务人或者第三人将出质的财产或权利交债权人占有，作为债权的担保，在债务人不履行债务时，债权人可将该财产或权利折价或以拍卖、变卖所得的价款优先受偿。在质押关系中，提供质押财产的债务人或者第三人称为出质人；对质押财产享有质权的债权人称为质权人；用作担保并转移占有的财产称为质物；债权人占有债务人或第三人提供的财产，并得就其交换价值优先受偿的权利称为质权。质押包括动产质押和权利质押两种。

2) 质押的种类

(1) 动产质押。动产质押是指债务人或者第三人将其动产移交债权人占有，将该动产作为债权的担保。债务人不履行债务时，债权人有权依法以该动产折价或者以拍卖、变卖该动产的价款优先受偿。

依据《物权法》的相关规定，设立质权，当事人应当采取书面形式订立质权合同。质权自出质人交付质押财产时设立。质押合同一般包括下列几项内容。

① 被担保债权的种类和数额。

② 债务人履行债务的期限。

③ 质押财产的名称、数量、质量、状况。

④ 担保的范围。

⑤ 质物财产交付的时间。

与抵押合同一样，出质人和质权人在合同中不得约定在债务履行期届满质权人未受清偿时，质押财产的所有权转移为质权人所有。质押担保的范围包括主债权及利息、违约金、损害赔偿金、质押财产保管费用和实现质权的费用。质押合同另有约定的，按照约定执行。

动产质押成立后，质权人负有妥善保管质押财产的义务，因保管不善致使质押财产毁损、灭失的，应当承担赔偿责任。除合同另有约定外，质权人有权收取质押财产的孳息；所收孳息应当先充抵收取孳息的费用。未经出质人同意，擅自使用、处分质押财产，给出质人造成损害的，应当承担赔偿责任。因不能归责于质权人的事由可能使质押财产毁损或者价值明显减少，足以危害质权人权利的，质权人有权要求出质人提供相应的担保；出质人不提供的，质权人可以拍卖、变卖质押财产，并与出质人通过协议将拍卖、变卖所得的价款提前清偿债务或者提存。当然，质权人也可以放弃质权。债务人以自己的财产出质，质权人放弃该质权的，其他担保人在质权人丧失优先受偿权益的范围内免除担保责任，但其他担保人承诺仍然提供担保的除外。在债务人履行债务或者出质人提前清偿所担保的债权的情况下，质权人应当返还质押财产。债务人不履行到期债务或者发生当事人约定的实现质权的情形，质权人可以与出质人协议以质押财产折价，也可以就拍卖、变卖质押财产所得的价款优先受偿。质押财产折价或者拍卖、变卖后，其价款超过债权数额的部分归出质人所有，不足部分由债务人清偿。

为了避免质权人怠于行使权利，《物权法》还规定：出质人可以请求质权人在债务履行期届满后及时行使质权；质权人不行使的，出质人可以请求人民法院拍卖、变卖质押财产。出质人请求质权人及时行使质权，因质权人怠于行使权利造成损害的，由质权人承担赔偿责任。

(2) 权利质押。权利质押是以出质人提供的财产权利为标的设定的质押。权利质押中质权人对出质人提供的财产权利所享有的担保权称为权利质权。在债务人不履行债务时，质权人有权对质押的财产权利进行变价而优先受偿。

《物权法》第二百二十三条规定下列权利可以出质。

① 汇票、支票、本票。

② 债券、存款单。

③ 仓单、提单。

④ 可以转让的基金份额、股权。

⑤ 可以转让的注册商标专用权、专利权、著作权等知识产权中的财产权。

⑥ 应收账款。

⑦ 法律、行政法规规定可以出质的其他财产权利。

权利质权的设立与动产质权相同，都需要以通过订立书面质押合同的方式进行。只是权利质押在占有及转移质押财产上有其不同之处。《物权法》规定：以汇票、支票、本票、债券、存款单、仓单、提单出质的，质权自权利凭证交付质权人时设立；没有权利凭证的，质权自有关部门办理出质登记时设立。上述票据、单据中载明的兑现日期或者提货日期先于主债权到期的，质权人可以兑现或者提货，并与出质人协议将兑现的价款或者提取的货物提前清偿债务或者提存。以基金份额、证券登记结算机构登记的股权出质的，质权自证券登记结算机构办理出质登记时设立；以其他股权出质的，质权自工商行政管理部门办理出质登记时设立。基金份额、股权出质后，不得转让，但经出质人与质权人协商同意的除外。出质人转让基金份额、股权所得的价款，应当向质权人提前清偿债务或者提存。以依法可以转让的股票出质的，应当向证券登记机构办理出质登记，质押合同自登记之日起生效；以有限责任公司的股份出质的，应依《公司法》的规定于股东名册上作出记载，质押合同自记载于股东名册之日起生效；以知识产权中的财产权出质的，应向主管部门办理出质登记，质押合同自登记之日起生效。以注册商标专用权、专利权、著作权等知识产权中的财产权出质的，质权自有关主管部门办理出质登记时设立。知识产权中的财产权出质后，出质人不得转让或者许可他人使用，但经出质人与质权人协商同意的除外。出质人转让或者许可他人使用出质的知识产权中的财产权所得的价款，应当向质权人提前清偿债务或者提存。以应收账款出质的，质权自信贷征信机构办理出质登记时设立。应收账款出质后，不得转让，但经出质人与质权人协商同意的除外。出质人转让应收账款所得的价款，应当向质权人提前清偿债务或者提存。

4. 留置

1) 留置的概念与特征

留置是指债权人按照合同的约定占有债务人的动产，债务人不按照合同约定的期限履行债务的，债权人依法留置该财产，以该财产折价或者以拍卖、变卖该财产的价款优先受偿的行为。在留置关系中，享有留置权的债权人为留置权人，留置权人留置的财产为留置物。债权人依法留置因履行合同而占有的债务人的财产，并以处分该财产的价款优先受偿的权利称为留置权。

留置权属于担保物权，具有物权乃至担保物权的共同属性。与其他担保物权比较，留置权又具有以下显著的特征。

(1) 从属性。留置权以担保债权的目的而存在，因此留置权为从属于所担保债权的从权利，具有从属性。留置权依主债权的存在而存在，依主债权的转移而转移，并因主债权的消灭而消灭。

(2) 法定性。留置权是一种法定担保物权，其成立须依据法律的直接规定，而非当事人的约定。我国《担保法》第五章对留置作了专门规定，此外，《民法通则》第八十九条和

《合同法》第二百六十四条、第三百一十五条、第三百八十条等也有关于留置权的规定。新《物权法》第二百三十条对此也作出了规定。

(3) 不可分性。留置权的不可分性表现为：一是留置权所担保的是债权的全部，而不是部分；二是留置权的效力及于债权人所留置的全部留置财产，留置权人可以对留置财产的全部行使留置权，而不是部分。但为了公平起见，依《物权法》第二百三十三条的规定，留置财产为可分物的，债权人留置的财产的价值应当相当于债务的金额，而不应留置其占有的债务人的全部动产。

2) 留置权的成立要件

留置权是一种法定担保物权，其成立必须具备以下几个要件。

(1) 债权清偿期限已到。

(2) 债权人已经合法占有债务人的动产。如果不是合法占有债务人的动产，不得留置。法律规定或者当事人约定不得留置的动产，不得留置。

(3) 债权与留置的财产应当属于同一法律关系，但企业之间留置的除外。

3) 留置权的效力

留置权成立后，留置权人取得对留置财产的占有权，并享有对抗债务人或留置物财产所有人返还留置财产请求权的抗辩权。留置财产受到不法侵害时，留置权人可行使留置财产所有人的抗辩权。留置权人有权收取留置财产所生的孳息，孳息应当先充抵收取孳息的费用。

留置权人在享有上述权利的同时，还负有妥善保管留置财产的义务，因保管不善致使留置财产毁损、灭失的，应当承担赔偿责任。

债务人可以请求留置权人在债务履行期届满后行使留置权；留置权人不行使的，债务人可以请求人民法院拍卖、变卖留置财产。

4) 留置权的实现

留置权的实现是指留置权人依法处分留置物，以保证自己的债权得以清偿的行为。依《物权法》第二百三十六条的规定，留置权人与债务人应当约定留置财产后的债务履行期间；没有约定或者约定不明确的，留置权人应当给债务人两个月以上履行债务的期间，但鲜活易腐等不易保管的动产除外。债务人逾期未履行的，留置权人可以与债务人协议以留置财产折价，也可以就拍卖、变卖留置财产所得的价款优先受偿。可见，实现留置权必须具备如下条件：①留置权人须给予债务人以履行债务的宽限期；②债务人于宽限期内仍不履行义务。

留置权的实现方式有3种，即折价、拍卖和变卖。留置权人可以与债务人协商采取哪种方法实现留置权，一般情况下，双方当事人可以先协议将留置财产折价以实现其债权，如果无法达成协议，留置权人可以依法拍卖或变卖留置财产，并以拍卖或变卖所得的价款优先受偿其债权。留置财产折价或者拍卖、变卖后，其价款超过债权数额的部分归债务人所有，不足部分由债务人清偿。

同一动产上已设立抵押权或者质权，该动产又被留置的，留置权人优先受偿。

5. 定金

1) 定金的概念与特征

定金是由合同一方当事人预先向对方当事人交付一定数额的货币，以保障合同履行的担保方式。定金是一种约定担保方式，只要法律没有特别规定，当事人均可协议采用。

定金有别于人的担保和物的担保，具有自身的特征。

(1) 定金的担保作用依赖于定金罚则制裁。定金数额小于债权数额，债权人的债权因此而不可能仅靠定金担保获得清偿，故定金的担保作用仅限于定金罚则的制裁作用。

(2) 定金担保具有双向性。无论交付定金一方违约，还是接受定金一方违约，均受定金罚则制裁。

(3) 定金交付后即转移所有权。这是定金不同于其他担保的主要特征。抵押、质押和留置都不转移所有权。

(4) 定金合同是实践性合同。定金担保以定金交付为要件。如果仅有定金合同而未交付定金，则定金担保不能成立。

2) 定金担保的设立

设立定金应当订立定金合同。定金合同是当事人为担保债的履行而约定定金的协议。定金合同应采用书面形式，既可以单独订立合同，也可以在主合同中约定定金条款。

定金合同一般应包括以下主要内容。

(1) 定金的交付期限。当事人可以约定定金的交付期限，但须在主合同履行之前交付。

(2) 定金的数额。定金的数额由当事人约定，但不得超过主合同标的额的 20%；否则，超过部分无效。

(3) 明确约定适用定金罚则，以区别于预付款。

3) 定金罚则

定金罚则即定金的效力规则，具体包括如下内容。

(1) 给付定金的一方不履行合同的，无权要求返还定金；接受定金一方不履行合同的，应当双倍返还定金。

(2) 当事人不完全履行合同的，仅就不履行部分无权要求返还或者双倍返还定金。

另外，当事人接受了定金处罚后不能免除合同中约定的或者法律规定的其他违约责任。

11.5　合同的变更、转让和终止

11.5.1　合同的变更

合同的变更包括广义和狭义两种。广义的合同变更是指合同内容和合同主体发生变化。前者是指不改变合同主体，而仅改变合同的部分内容；后者指的是在合同内容不变的情况下，债权或债务由第三人承受。债权人变更的，称为债权转让与或债权移转；债务人变更的，称为债务移转。我们所称的变更是狭义的合同变更，仅指合同内容的变更。

合同的变更由当事人双方协商确定。《合同法》第七十七条规定：“当事人协商一致，可以变更合同。法律、行政法规规定变更合同应当办理批准、登记手续的，依照其规定。”第七十八条同时又规定：“当事人对合同变更的内容约定不明确的，推定为未变更。”

11.5.2　合同的转让

合同转让是指合同当事人一方依法将其合同的权利和义务全部地或部分地转让给第三

人。合同转让按照其转让的权利义务的不同，可分为合同权利的转让、合同义务的转让及合同权利义务的概括转让3种形态。

1. 合同权利的转让(债权让与)

合同权利的转让，是指合同债权人通过协议将其债权全部或部分地转让给第三人的行为。

1) 合同权利转让的范围

由于合同权利转让的本质是一种交易行为，无论是单务合同中的权利，还是双务合同中的权利，只要不违反法律和社会公共道德，均应允许转让。但合同法从保护社会公共秩序和维护交易秩序，兼顾转让双方的利益出发，作出了一定的限制。根据《合同法》第七十九条的规定，下列3种类型的合同权利不得转让。

(1) 根据合同性质不得转让的。此类债权包括基于个人信任关系而发生的债权(如雇佣人对受雇人的债权)；以选定的债权人为基础发生的债权(如演出合同)；不作为债权(如禁止某人在转让其某项权利后再将该权利转让给他人)；属于从权利的债权等。

(2) 按照当事人约定不得转让的。

(3) 依照法律规定不得转让的。

2) 债权人的通知义务

关于债权人转让其债权是否需要债务人同意的问题，通行的有3种立法体例，即自由主义、通知主义、债务人同意主义。《合同法》采取了通知主义。债权人转让权利的，应当通知债务人。未经通知，该转让对债务人不发生效力。也即债权人转让其债权，无须取得债务人的同意，但应当履行通知义务。而且债权人转让权利的通知一经送达债务人，则不得撤销，除非经受让人同意。债务人接到债权转让通知时，债务人对让与人的抗辩，可以向受让人主张；债务人对让与人享有到期债权的，并且债务人的债权先于转让的债权到期或同时到期的，债务人可以向受让人主张抵消。

2. 合同义务的转移(债务承担)

广义的合同义务转移包括两种情况：一是债务承担，基于债权人、债务人与第三人之间达成的协议将债务移转给第三人承担；二是第三人代替债务人履行债务，其特点是第三人与债权人、债务人并未达成转让债务的协议，未成为合同当事人。因此，第三人代为履行并不是合同义务的移转，合同法将其归在“合同的履行”一章中，规定当事人可以约定由第三人向债权人履行债务，第三人不履行或者履行债务不符合约定的，债务人应当向债权人承担违约责任。

债务承担包括全部移转和部分移转两种形态。《合同法》第八十四条规定：债务人将合同的义务全部或部分移转给第三人的，应当经债权人同意。即债务人与第三人之间达成的转让债务的协议，一经债权人的同意，即发生法律效力。在债权人同意以后，债务的移转将发生如下效力。

(1) 债务承担发生效力后，第三人将全部或部分地取代债务人的地位而成为合同的当事人。

(2) 债务人基于原债的关系而享有的对抗债权人的抗辩事由，新债务人都可以用来对抗债权人。

(3) 新债务人应当承担与主债务有关的从债务，但该从债务专属于原债务人自身的除外。

3. 合同权利义务的概括移转

合同权利义务的概括移转是指原合同当事人一方将其合同债权债务一并移转给第三人，由第三人概括地接受这些债权债务。合同权利义务的概括移转可基于当事人之间的约定而发生，也可基于法律的规定而产生。《合同法》第九十条规定：当事人订立合同后合并的，由合并后的法人或者其他组织行使合同权利，履行合同义务。当事人订立合同后分立的，除债权人和债务人另有约定的以外，由分立的法人或者其他组织对合同的权利和义务享有连带债权，承担连带债务。

11.5.3 合同的终止

合同的终止是指合同关系在客观上不复存在，合同债权和合同债务归于消灭。合同终止的原因很多，根据《合同法》第九十一条的规定，有下列情形之一的，合同的权利义务终止。

(1) 债务已经按照约定履行。

(2) 合同解除。

(3) 债务相互抵消。

(4) 债务人依法将标的物提存。

(5) 债权人免除债务。

(6) 债权债务同归于一人。

(7) 法律规定或者当事人约定终止的其他情形。

合同终止后，当事人应当遵循诚实信用原则，根据交易习惯履行通知、协助、保密等后合同义务。

1. 清偿

合同一经履行，合同权利便得以实现，当事人设立合同的目的得以达到，合同关系也就自然终止。在实践中，清偿是合同终止最为主要的原因。

2. 合同解除

合同解除是指合同有效成立以后，当具备合同解除条件时，因当事人一方或双方的意思表示而使合同关系自始消灭或向将来消灭的一种行为。

1) 约定解除

按照合同自由原则，合同当事人享有解除合同的权利，可以通过其约定或行使约定的解除权而导致合同的解除，只要当事人的约定不违背法律或社会公共道德，在法律上则为有效。约定解除分为两种情况。

(1) 协议解除：即在合同成立以后，在未履行或未完全履行之前，当事人双方可以通过协商解除合同。

(2) 约定解除权的解除：是指当事人双方可以在合同中事先约定解除合同的条件，解除合同的条件成就时，合同解除。

2) 法定解除

法定解除是指在合同成立以后，没有履行或没有完全履行完毕以前，根据法律规定的解除条件，行使法定的解除权而使合同效力终止的行为。根据《合同法》第九十三条的规定，有下列情形之一的，可以解除合同。

(1) 因不可抗力致使不能实现合同目的的，当事人可以解除合同。根据法律规定不可抗力一般指不能预见、不能避免并且不能克服的客观情况。

(2) 在履行期限届满之前，当事人一方明确表示或者以自己的行为表明不履行主要债务的，对方可以解除合同。

(3) 当事人一方延迟履行主要债务，经催告后在合理期限内仍未履行的，对方可以解除合同。

(4) 当事人一方延迟履行债务或者有其他违约行为致使不能实现合同目的的，对方可以不经催告解除合同。

(5) 法律规定的其他情形。

3) 合同解除的程序

当事人行使解除权，应当符合约定或法定的解除条件。当出现了约定或法定解除的情形时，应当遵循以下程序。

(1) 解除权的行使必须及时。《合同法》第九十五条规定："法律规定或者当事人约定解除权行使期限的，期限届满当事人不行使的，该权利消灭。法律没有规定或者当事人未约定解除权的行使期限，经对方催告后在合理期限内不行使的，该权利消灭。"

(2) 一方主张解除，应当通知对方。《合同法》第九十六条第一款规定："当事人一方依照本法第九十三条第二款、第九十四条的规定主张解除的，应当通知对方。合同自通知到达对方时解除。对方有异议的，可以请求人民法院或者仲裁机构确认合同效力。"

(3) 法律对合同解除有特殊规定的，应当遵守其规定。《合同法》第九十六条第二款规定："法律、行政法规规定解除合同应当办理批准、登记等手续的，依照其规定。协议解除的程序应当遵循合同订立的程序，即经过要约与承诺两个阶段。"

3. 债务抵消

抵消是指二人互负债务时，各以其债权充抵债务，而使其债务与对方的债务在对等额内相互消灭。抵消依其产生的根据不同，分为法定抵消和合意抵消两种。

1) 法定抵消

法定抵消是由法律规定其构成要件，当要件具备时，依当事人一方的意思表示即可发生抵消的效力。抵消是单方法律行为，当事人主张抵消的，应当通知对方。通知自到达对方时生效。而且，抵消的通知不得附条件或附期限。《合同法》第九十九条规定："当事人互负到期债务，该债务的标的物种类、品质相同的，任何一方可以将自己的债务与对方的债务抵消，但按合同性质或依照法律规定不得抵消的除外。" 按合同性质不得抵消的债务有以行为、智力成果为标的的债务等。依照法律规定不得抵消的债务有：①因侵权行为所负的债务，债务人不得以其债权为抵消；②法律禁止扣押的债权，例如，劳动报酬、抚恤金等，债务人不得主张抵消；③约定应向第三人为给付的债务，第三人请求债务人履行时，债务人不得以自己对于他方当事人享有债权而主张抵消，他方当事人请求债务人向第三人履行时，债务人也不得以第三人对自己负有债务而主张抵消。

2) 合意抵消

合意抵消又称约定抵消，是指双方当事人协商一致所为的抵消。《合同法》第一百条规定："当事人互负到期债务，标的物种类、品质不相同的，经双方协商一致，也可以抵消。"这更多地体现了当事人的意思自治。

4. 提存

提存是指债务人的债务已到履行期限，由于债权人的原因而无法向其交付合同标的物时，债务人将该标的物交给提存机关而终止合同的制度。债务的履行往往需要债权人的协助，如果债权人无正当理由而拒绝受领或者不能受领，债权人虽然应负受领迟延责任，但债务人的债务却并未消灭，债务人仍要随时准备履行，为债务履行提供的担保也不能消灭，显失公平。为解决这一问题，法律设立了提存制度，规定在债权人拒绝受领或不能受领标的物时，债务人可以将标的物提交有关机关。提存后，认定债务人的债务已经履行，债务人与债权人之间的债权债务即告消灭。

根据《合同法》第一百零一条的规定，有下列情形之一的，债务人难以履行债务的，可以将标的物提存。

(1) 债权人无正当理由拒绝受领。

(2) 债权人下落不明的。

(3) 债权人死亡未确定继承人或者丧失行为能力而未确定监护人的。

(4) 法律规定的其他情形。

标的物不适于提存或提存费用过高的，债务人依法可以拍卖或变卖标的物，提存所得的价款。标的物提存后，除债权人下落不明的以外，债务人应当及时通知债权人或债权人的继承人、监护人。标的物提存后毁损、灭失的风险由债权人承担。提存期间标的物的孳息归债权人所有，提存费用也由债权人负担。债权人可以随时领取提存物，但债权人对债务人负有到期债务的，在债权人未履行债务或者提供担保之前，提存部门根据债务人的要求应当拒绝其领取提存物。债权人领取提存物的权利，自提存之日起5年内不行使而消灭，提存物扣除提存费用后归国家所有。

提存机关为国家设立的接受提存物而代为保管，并应债务人请求将提存物发还债权人的机关。在国外，一般都设有专门的提存所，附属于法院。我国《合同法》上未明确规定提存机关，一般可认为凡业务及条件上适合办理提存业务的单位，都可依人民法院的指定，成为提存机关。

5. 免除

免除是指债权人自愿放弃全部或部分债权，从而解除债务人所承担的义务，由此导致债的关系的终止。

债的免除属单方法律行为，只需债权人为意思表示即可成立，无须征得对方的同意。但免除的意思表示一旦作出便不得收回。

6. 混同

混同是指某一具体之债的债权人和债务人同归于一人，致使合同关系消灭的事实。《合同法》第一百零六条规定："债权和债务同归于一人的，合同的权利义务终止，但涉及第三人利益的除外。"

11.6 违约责任

11.6.1 违约责任的概念

违约责任是指合同当事人因违反合同义务所应承担的责任。违约责任制度是保障债权实现和债务履行的重要措施，与合同债务有密切联系。债务是责任发生的前提，责任是债务不履行的结果。

违约责任具有以下特点。

(1) 违约责任是民事责任，而且是一种财产责任。

(2) 违约责任是违反合同义务产生的责任。违约责任的产生以合同义务的存在为前提，以不履行合同义务或者履行合同义务不符合约定为条件。

(3) 违约责任具有相对性。违约责任的相对性表现为违约责任只在合同关系当事人之间产生；合同以外的第三人不负违约责任；合同当事人也不对合同以外的第三人承担违约责任。

(4) 违约责任可以由当事人约定。合同主要是以当事人的意思表示调整交易关系的，具有任意性的特点，因此，作为合同履行保障的违约责任，也有一定程度的任意性，即除法律对违约责任的承担作出规定外，当事人也可以对违约责任的承担事先作出约定。

11.6.2 违约行为的形态

违约行为是指合同当事人违反合同义务的行为。违约行为可分为实际违约和预期违约两种形态。

(1) 实际违约。根据《合同法》第一百零七条的规定，实际违约分为不履行和履行合同义务不符合约定两种形态。不履行也称拒绝履行，是指履行期限到来之后，债务人无正当理由拒绝履行债务的行为；履行合同义务不符合约定包括迟延履行、瑕疵履行、部分履行、履行地点不当、履行方式不当等。

(2) 预期违约。预期违约也称先期违约，是指当事人一方在履行期限届满之前，明确表示或以自己的行为表明不履行合同义务。《合同法》第一百零八条规定：“当事人一方明确表示或者以自己的行为表明不履行合同义务的，对方可以在履行期届满之前要求其承担违约责任。”

11.6.3 承担违约责任的形式

承担违约责任的形式主要包括以下几种。

(1) 继续履行：又称实际履行、强制实际履行，指债权人在债务人不履行合同义务时，可请求法院或仲裁机构强制债务人实际履行合同义务。但有下列情形之一的除外。

① 法律上或者事实上不能履行。

② 债务的标的不适于强制履行或者履行费用过高。

③ 债权人在合理期限内未要求履行。

(2) 采取补救措施：包括修理、更换、重作、退货、减少价款或报酬等。

(3) 赔偿损失：是最常见的民事责任形式，具有普遍适用性。当事人不履行合同的时候，在履行义务或者采取补救措施以后，对方还有其他损失的，应当赔偿损失。赔偿损失与继续履行、采取补救措施可以同时并用。

(4) 支付违约金：违约金是指当事人在合同中约定的一方违约时应向对方支付的一定数额的款项，可以是具体的数额，也可以是一种计算方法。

① 我国《合同法》规定的违约金性质：赔偿性还是惩罚性。违约金是否具有惩罚性，应取决于法律的规定。《合同法》第一百一十四条第二款规定："约定的违约金低于造成损失的时候，当事人可以请求人民法院或者仲裁机构予以增加；约定的违约金过分高于造成的损失的，当事人可以请求人民法院或者仲裁机构予以适当减少。"这一规定的意义在于约定的违约金数额应当与违约所造成的实际损失大体相当，不能过高或过低。在这种情况下，违约金就具有预定损害赔偿金的性质。《合同法》第一百一十四条第三款规定："当事人就迟延履行约定违约金的，违约方支付违约金后，还应当履行债务。" 这一规定的意义在于违约金责任可以与继续履行责任并用，在这种情况下，违约金就具有惩罚性。

② 给付违约金与双倍返还定金的关系。《合同法》第一百一十六条规定："当事人既约定违约金，又约定定金的，一方违约时，对方可以选择适用违约金或者定金条款。"可见，由于这两者在目的、性质、功能等方面具有共性，因而不能并用。当事人执行定金条款后，不足以弥补所受损害的，仍可以请求赔偿损失。

举案说法 11.4

东方航空取消航班被判补乘客差价⑤

张先生于2006年4月底，通过携程旅行网购买了被告东方航空公司2006年5月4日从北京飞往上海的5104次航班，起飞时间为上午9时，票价560元。2006年4月30日，原告接到携程旅行网的通知，称5104次航班被东方航空公司取消，改为上午10时起飞的5106次航班。由于原告5月4日11时要出席一个重要的商务活动，不得已只得退了5104次航班机票，并购买了5月4日从北京飞往上海的7605次航班，起飞时间为上午8时55分，票价790元。事后，张先生曾多次与东方航空公司交涉，要求赔偿230元的票面差价损失，东方航空公司承认张先生购买机票和公司取消5104次航班的事实，但拒绝赔偿。为此，张先生提起诉讼，要求赔偿因航班取消而多支付的230元机票款并赔礼道歉。

北京市朝阳区人民法院经审理认为，原告与东方航空公司之间的运输合同已经成立。被告作为承运人应当根据票面载明的时间、地点将旅客运送到指定地点。现被告无故取消航班已构成违约，应当承担违约责任。对于原告提出赔礼道歉的请求，不属于承担合同违约的方式，对此不予支持。原告要求赔偿230元经济损失的请求，符合有关法律规定，依法准予。

11.6.4 违约责任的免除

违约责任的免责事由可分为两类：一类是法律规定的免除违约当事人承担违约责任的条件，即法定免责条件。法定免责事由是法律规定的免责条件，而不是当事人约定的，但当事人可以约定排除其适用。另一类是合同当事人在合同中约定的虽违约但可不承担违约责任的情况，即约定免责条件。我国《合同法》规定了以下几种免责事由。

⑤ 载于中国法院网，http://www.chinacourt.org/，2007-03-15。

(1) 一般法定免责事由：不可抗力。《合同法》一百一十七条规定：“因不可抗力不能履行合同的，根据不可抗力的影响，部分或者全部免除责任，但法律另有规定的除外。当事人迟延履行后发生不可抗力的，不能免除责任。”当事人因不可抗力不能履行合同的，应当及时通知对方，以减轻可能给对方造成的损失，并应当在合理期限内提供证明。

(2) 特别法定免责事由。如对于运输过程中货物的毁损、灭失是因货物本身的自然性质或合理损耗造成的，承运人免责等。

引例分析

中国一起罕见的土地承包合同纠纷案

如此大面积土地承包合同纠纷案在鞍山市两级法院民事审判工作史上是非常罕见的。本案中当事人双方争议的焦点是村委会与赵某签订的合同是否有效。我们根据合同有效存在的要件分析认为，原告赵某与被告村民委员会经协商签订的土地承包合同书，是双方当事人真实意思表示，土地承包合同书中已明确载明被告是经过村民代表大会讨论，同意将村集体剩余的土地对外进行发包的，故此，该承包合同合法有效。市中级法院办案法官为化解矛盾，彻底解决问题，经艰苦努力，最终，以调解的方式，及时、圆满地解决了这起土地承包合同纠纷案。

本章小结

合同法是市场经济的基本法，在规范市场主体及其经济行为，维系市场秩序，促进经济发展等方面，起着无可替代的作用。本章主要介绍合同法的基本原理、基本制度、合同的订立和效力、合同的履行、合同的变更和转让、合同权利义务的终止、违约责任等内容。

思 考 题

(1) 简述合同的概念和合同的法律特征。
(2) 简述合同订立的程序及具体规则。
(3) 简述缔约过失责任、类型及其构成要件。
(4) 简述合同成立和合同生效的区别。
(5) 简述合同无效的原因。
(6) 可变更、可撤销合同的种类有哪些？
(7) 合同的履行原则有哪些？
(8) 简述合同履行的抗辩权及其适用条件。
(9) 简述债权人代位权、撤销权的行使要件。
(10) 简述合同担保的含义、类型及其具体规定。
(11) 简述合同终止的几种情形。
(12) 简述违约责任及其承担形式。

第12章 经济争端解决法

教学目标

通过学习本章，旨在培养学生处理和解决经济争端、化解经济矛盾的能力，了解经济争端产生的原因、经济争端与经济犯罪的区别，掌握经济争端解决的途径、仲裁和诉讼的程序规定以及具体案件的仲裁或诉讼技巧。

教学要求

知识要点	能力要求	相关知识
经济争端	(1) 能够选择经济争端的解决方式 (2) 能够理解协商的概念和特征 (3) 能够掌握调解的概念和特征 (4) 能够了解处理经济争端的部门	(1) 经济争端的产生原因 (2) 经济争端的解决方式 (3) 协商 (4) 调解
经济仲裁	(1) 能够理解经济仲裁的含义、特征 (2) 能够掌握仲裁法的基本原则基本制度 (3) 熟练掌握仲裁协议的形式与内容 (4) 能书写仲裁协议、仲裁申请书等基本法律文书并能够运用所学知识提起仲裁申请和仲裁答辩	(1) 经济仲裁的含义 (2) 仲裁法的基本原则 (3) 或裁或审 (4) 一裁终局 (5) 仲裁程序 (6) 裁决的司法监督
经济诉讼	(1) 能够理解诉讼的概念 (2) 能够就具体案件选择管辖的法院 (3) 能够掌握经济纠纷案件的诉讼程序 (4) 能书写起诉状答辩状等基本法律文书 (5) 能够运用所学知识进行起诉和应诉 (6) 能够充分理解证据的作用	(1) 经济诉讼 (2) 诉讼管辖 (3) 第一审普通程序 (4) 第二审程序 (5) 审判监督程序 (6) 执行程序

知识要点	能力要求	相关知识
模拟法庭	(1) 能够掌握模拟法庭的意义 (2) 能够掌握模拟法庭实训程序 (3) 能够理解所安排角色的具体任务 (4) 能够分工配合达到真实法庭的效果	(1) 模拟法庭的概念与意义 (2) 挑选案例，安排角色 (3) 准备文书，布置场所 (4) 开庭审判，点评总结

引　例

北京首起“开瓶费”官司(2006 年)[①]

2006 年 9 月 13 日，原告王子英自带了一瓶白酒，与客户到被告湘水之珠大酒楼一起用餐。餐后，原告因为自带酒水被被告强收 100 元“开瓶费”。原告认为自带酒水是消费者的自由，强收 100 元“开瓶费”严重侵犯了公平交易权；被告则认为收取“开瓶费”是行业惯例，100 元“开瓶费”是本店的店规。双方各执一词，争执不下。该争端孰是孰非，采取何种方式解决，结果如何，学完本章后将和大家一起分析。

12.1　经济争端的解决方式

12.1.1　经济争端的含义及发生的原因

经济争端即经济纠纷，是指在一定的经济法律关系中，当事人之间就其经济权利和经济义务所发生的争议。

经济争端的发生不论是故意还是过失，也不论是一方过错还是双方过错，都是难以避免的。因此，及时有效地解决经济争端意义十分重大。及时有效地解决争端，不仅可以保护当事人的合法权益，减少经济损失，而且有利于保护当事人之间的经济技术合作关系，有利于维护正常的经济秩序，有利于我国的国家利益和社会公共利益。

在司法实践中，经济争端与经济犯罪往往交织在一起，我们首先要会识别。二者的主要区别如下。

(1) 谋求的利益不同。在经济争端中，当事人所要谋求的利益是基于经济交往，当事人之间互相承担义务、享有权利，双方具有对等性。经济犯罪的行为人是出于谋求非法利益的目的，其显著特征就是无本营利，或者以小本营大利，交往双方在利益上不具有对等性。

(2) 主观故意不同。在经济争端中最初订立合同，是为了以合法的手段获取合法的利润。主观上表现为真实的意思表示，其主体资格、经营范围、经营能力及履行合同的能力都是真实的。而经济犯罪一开始就不具有真实的意思表示，行为人往往是为获取非法的利益而通过虚构主体资格、夸大经济能力、掺杂使假等手段，使对方产生误解、受骗上当、

① 载于新浪网，http://news.sina.com.cn/c/l/2006-12-22/024811855201.shtml，2006-12-22。

遭受经济损失。如果是经济犯罪，受害方可直接到公安或检察机关控诉，避免浪费时间、错过解决纠纷的机会。人民法院作为经济争端受理的案件，经审理认为不属经济争端案件而有经济犯罪嫌疑的，应当及时裁定驳回起诉，将有关材料移送公安机关或检察机关。

在现实的经济活动中，产生经济争端的原因极其复杂，主要有以下几方面。

(1) 一方以自己的优势，签订霸王条款、强买强卖。

(2) 因战争、天灾、国家的政策法律发生变化等不可抗力因素导致合同一方或双方当事人无法履行合同。

(3) 一方或双方当事人故意不履行合同。

(4) 在签订合同时，一方或双方当事人的意思表示不真实、不确定、不明确或者没有表示。

(5) 双方当事人对事实的认定不一致。

(6) 侵权方侵权后明知应当赔偿但存有侥幸心理，一拖再拖；或受害方索赔额过高，无法达成协议。

(7) 一方认为合理，但不合法，非要坚持自己的请求等。

举案说法 12.1

王某诉大华公司人身损害赔偿案②

原告是专门从事家电安装服务的个体户，被告是一家以经营空调销售业务为主的电器商行(负责售后免费安装调试)。被告在为客户张某安装空调时，因人手不够，便临时请来原告帮忙，约定原告自备安装工具，报酬为100元/台。原告在安装过程中因保险绳脱落坠楼，造成重伤。事后原告向被告提起人身损害赔偿之诉，要求被告赔偿其医疗费、误工费、护理费、伤残赔偿金等各项损失共计3.5万元。此案在审理过程中，原被告针锋相对，各执一词。原告认为原被告之间是雇佣关系，被告是雇主，原告是雇员，原告在从事雇主所指示的工作任务时发生人身损害，雇主应当承担赔偿责任。被告则认为原被告之间是承揽法律关系，被告是定作人，原告是承揽人，定作人对承揽人在完成工作过程中造成的自身损害不承担赔偿责任。经法院审理查明，本案中，原告的工作目的是完成张某家的空调安装，自带工具，自主独立作业，与被告不存在任何领导与服从的关系；原告与被告约定的结算方式是以每安装好一台空调按100元获得报酬，即按劳动成果的多少来结算，据此法院认定原被告之间为承揽关系。另查原告坠楼的主要原因是由于其保险绳没有固定好所致，被告不存在任何指示或选任的过错。法院最终依据人身损害赔偿司法解释第十条："承揽人在完成工作过程中对第三人造成损害或者造成自身损害的，定作人不承担赔偿责任。"的规定，判决定作人被告对承揽人原告的人身损害不承担任何赔偿责任。

12.1.2 经济争端的解决方式

解决经济争端的主要方式有以下几种。

1. 协商

协商是指当事人在经济争端发生以后，在平等自愿的基础上，本着互谅互让、求同存

---

② 参见吴薇：《承揽与雇佣 审判结果大不同》，载于北京法院网，http://bjgy.chinacourt.org/public/detail.php?id=61654，2008-01-30。

异、求真务实、着眼未来的原则，就所发生的争议事项及解决办法通过协商而达成解决纠纷的一致意见。

大量的经济纠纷是因合同而引起的，因此，在当事人之间首先存在着协商解决纠纷的基础。合同是当事人在平等、自愿、互利有偿的原则下，通过平等协商而达成一致意见的。纠纷发生以后，当事人完全可以协商解决争议的办法，最终达成新的协议；其他经济纠纷的当事人，也可以寻求通过协商的途径解决纠纷。这是一种便捷、低成本的解决纠纷方式。其次，在当事人之间存在着协商解决纠纷的愿望。为了维护当事人之间长期的经济技术合作关系，保持当事人的商业信誉和企业形象，在经济纠纷发生后，当事人一般首选协商方式，力争通过协商解决纠纷。协商解决经济纠纷具有方便、灵活、费用低、兼顾各方利益的特点。

协商解决经济纠纷的方式必须以当事人自愿为前提。如果当事人不愿协商或经过反复协商无法达成一致意见时，就不得不采用其他解决方式。此外，当事人协商达成一致意见后，仍然要靠负有义务的一方自动履行义务才能使协商结果实现。当义务人仍不履行义务时，权利人仍然要通过其他方式解决纠纷。

2. 调解

调解是指当事人在自愿的基础上，由一方或双方请求其共同信赖的第三方出面对争议事项进行调停，促使当事人和解的争议解决方式。

出面对争议进行调解的第三方，可以由当事人在合同中事先约定，也可以在争议发生后协商选定。这种调解不同于仲裁或诉讼过程中的调解，调解人的资格以当事人信赖为原则，无法律的特殊限制。调解的程序也不必固定，可以采用双方认为合适的方式。

采用调解的方式解决经济争端是我国创造的一种快捷、简便、有效的解决纠纷的方式，不仅在我国被广泛采用，许多外国当事人或外国也十分赞赏或效仿这种做法。当事人发生争议后，不愿或不能协商时，可以请求第三方调解。在调解过程中，一般应当查明事实，分清是非和责任。在此基础上由一方或双方，也可以由调解人提出调解方案，在调解人主持下促使当事人达成一致意见。一致意见达成后，双方即可签订调解协议。

通过调解的方式解决经济纠纷，由于有第三方的介入，有利于化解当事人之间的矛盾和误解，增强当事人最终通过双方努力解决纠纷的信心。调解人还可以监督当事人履行调解协议。

3. 经济仲裁或诉讼

协商和调解解决经济争端不是法律规定的必经程序，都必须以自愿为前提。以争议当事人最终达成的协议，自觉履行其义务为保障。在当事人不能用协商或调解的方式解决争议时，可以通过仲裁或者诉讼解决。

解决经济争端的部门主要有以下几种。

(1) 人民调解委员会(它是村民委员会和居民委员会下设的调解民间纠纷的群众性组织，在基层人民政府和基层人民法院指导下进行工作，其结果没有法律效力)。

(2) 仲裁委员会(分为仲裁委员会和劳动争议仲裁委员会)。

(3) 政府(只有极少数的经济纠纷政府可以管理，如《土地使用法》第十六条土地所有权和使用权争议，由当事人协商解决；协商不成的，由人民政府处理；当事人对有关人民政府的处理决定不服的，可以自接到处理决定通知之日起30日内，向法院起诉)。

(4) 法院(经济纠纷的最终解决机关)等。

12.2 经济仲裁

12.2.1 经济仲裁概述

1. 经济仲裁的含义及特征

经济仲裁也叫公断，是指争议的双方根据事前或事后达成的协议，自愿将经济纠纷提交非司法机构的第三方审理，并由第三方作出裁决的一种解决纠纷的方法。

仲裁具有以下显著特征。

(1) 公正性。仲裁委员会依法独立行使仲裁权，不受行政机关、社会团体和个人的干涉。

(2) 自愿性。仲裁纠纷实行当事人自愿原则和或裁或审制度，且不受地域限制。只要双方当事人愿意，就可以选择双方当事人信任的仲裁机构解决纠纷。而且，还可以选择双方当事人信任的仲裁员、双方当事人愿意的开庭方式和审理方式。没有仲裁协议，一方申请仲裁的，仲裁机构不予受理；当事人达成仲裁协议，一方向人民法院起诉的，法院不予受理。

(3) 保密性。仲裁一般不公开审理，可为当事人保守商业秘密，维护当事人的形象和声誉。

(4) 权威性。仲裁不实行级别管辖，一裁终局。裁决书一经作出、调解书一经双方当事人签收，即发生法律效力。当事人应当履行裁决；一方不履行的，另一方可申请人民法院强制执行。

(5) 及时性。按照有关规定，仲裁机构原则上在仲裁庭组成之日起4个月内作出裁决，而且一裁终局。当事人对仲裁裁决不服，不得再向法院起诉。

2. 我国仲裁法的概念和特点

仲裁法是国家制定或认可的，规范仲裁法律关系主体的行为和调整仲裁法律关系的法律规范的总称。

我国仲裁法的特点具体体现在以下3个方面。

1) 机构仲裁

根据我国仲裁法的规定，当事人订立仲裁协议时，应当选定具体的仲裁委员会，对仲裁委员会没有约定或者约定不明确的，可以补充协议，达不成补充协议的，仲裁协议无效。这表明，在我国只能采取机构仲裁的方式，而不能进行临时仲裁。

2) 对涉外仲裁进行特别规定

基于涉外仲裁自身的特点，仲裁法以专章对涉外仲裁的特定事项作出了有别于国内仲裁的特别规定，包括涉外仲裁机构的设立、仲裁员资格、采取保全措施的法院、涉外仲裁裁决的撤销、不予执行等。

举案说法 12.2

安姆科软包装(北京)有限公司申请撤销北京仲裁委裁决案[③]

申请人(原仲裁被申请人)安姆科软包装(北京)有限公司，住所地北京市经济技术开发区隆庆街10号。

---

③ 载于3edu教育网，http://www.3edu.net/ws/zcfl/ws_51650.html。

被申请人(原仲裁申请人)中国第二十二冶金建设公司，住所地河北省唐山市新区人民路 112 号。申请人安姆科软包装(北京)有限公司(以下简称安姆科公司)申请撤销北京仲裁委员会(2001)京仲裁字第 0189 号裁决书一案，北京市第二中级人民法院受理后，依法组成合议庭进行了审理，并于 2001 年 11 月 14 日作出了(2001)二中经仲字第 1640 号民事裁定书。

安姆科公司申请称：安姆科公司为外商独资企业，具有涉外因素。按照北京仲裁委员会仲裁规则，应由涉外仲裁员仲裁。北京仲裁委员会所指定的独任仲裁员只是一般仲裁员，违反了《北京仲裁委员会仲裁规则》第五十四条第三款的规定。

冶建公司答辩称：北京仲裁委员会审理本案适用法律正确，符合法定程序。根据我国有关法律规定，所谓涉外法律关系，是指法律关系的主体、客体或内容具有涉外因素。本案申请人安姆科公司是在我国境内向中华人民共和国工商管理部门申请注册登记的企业，其性质是中国企业。双方签订的建设工程施工合同适用中国法律，在国内履行，并非涉外合同。因此，该仲裁案件不应依照涉外程序审理。

经审查，北京市第二中级人民法院认为，安姆科公司是中国企业法人，该案不属于涉外仲裁案件，故不适用涉外仲裁程序。仲裁委指定一般仲裁员审理该案符合《中华人民共和国仲裁法》及《北京仲裁委员会仲裁规则》(1999 年 2 月 25 日起施行)的有关规定，故安姆科公司以该案具有涉外因素，应由涉外仲裁员审理的撤销理由，本院不予支持。

依照《中华人民共和国仲裁法》第六十条的规定，裁定如下：驳回安姆科软包装(北京)有限公司请求撤销北京仲裁委员会(2001)京仲裁字第 0189 号仲裁裁决的申请。案件受理费 3 000 元，由申请人安姆科软包装(北京)有限公司负担(已交纳)。本裁定为终审裁定。

3) 仲裁和调解相结合

仲裁法明确规定，仲裁庭在作出裁决前，可以先行调解。当事人自愿调解的，仲裁庭应当调解。调解不成，仲裁庭应及时作出裁决。调解达成协议的，仲裁庭应当制作调解书或者根据协议的结果制作裁决书。调解书与裁决书具有同等法律效力。这表明仲裁程序和调解程序的有机结合是我国仲裁法的显著特点。

《中华人民共和国仲裁法》(以下简称《仲裁法》)于 1994 年 8 月 31 日由第八届全国人民代表大会常务委员会第九次会议通过，1995 年 9 月 1 日起施行。《仲裁法》是适应我国改革开放和市场经济体制需要的，也是与国际通行做法接轨的仲裁法。《仲裁法》的制定是对我国仲裁制度根本性的改革，被誉为我国仲裁史上的崭新里程碑。该法的施行使我国仲裁事业的发展进入了一个新的阶段，2005 年是《仲裁法》实施 10 周年。在 10 年的仲裁实践中，我国先后组建仲裁机构 185 家。通过仲裁解决经济纠纷已经成为一种重要的解决纠纷的方式，以北京仲裁委员会为例，通过仲裁方式解决纠纷的案件数量如图 12.1 所示，1998～2011 年共受理案件 18 622 件，2006 年高达 2 464 件。

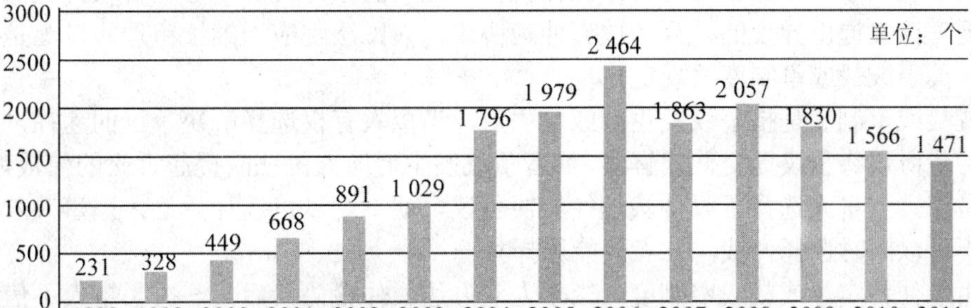

	1998	1999	2000	2001	2002	2003	2004	2005	2006	2007	2008	2009	2010	2011
受理案件	231	328	449	668	891	1 029	1 796	1 979	2 464	1 863	2 057	1 830	1 566	1 471

图 12.1　北京仲裁委员会历年来受案数量

(资料来源：北京仲裁委员会网站 http://www.bjac.org.cn/introduce/count.html)

3. 仲裁法的基本原则

仲裁法的基本原则是贯彻仲裁活动始终、具有灵魂作用的指导思想，集中体现在以下几方面。

(1) 实行当事人自愿原则。这是现代仲裁制度的一条基本原则。仲裁法规定：以诉讼或仲裁方式解决纠纷，当事人可以以协议方式自主决定；仲裁机构和仲裁地点当事人可以协议选择；当事人对审理案件的仲裁员有权自愿选择；当事人有权选择仲裁事项。

(2) 实行仲裁的独立性原则。仲裁法规定：仲裁机构独立于行政机关，与行政机关没有隶属关系，从机构的独立性保证仲裁的公正性；仲裁员办案的独立性，仲裁庭对案件的裁决是独立作出的，无须获得任何机关的批准，仲裁庭作出的生效裁决，任何机关不得非法撤销。

(3) 实行一裁终局的原则。仲裁法改变了以往我国国内仲裁裁决后，一方不服可以向人民法院起诉的又裁又审、一裁两审的做法，实行一裁终局的原则。所谓一裁终局，也就是仲裁裁决作出后，当事人应当履行裁决。一方当事人不履行裁决的，另一方当事人可以依法向人民法院申请执行。如果一方当事人对裁决不服的，就同一纠纷再申请仲裁或者向人民法院起诉的，仲裁机构或人民法院不予受理。这既有利于提高解决纠纷的效率，也有利于保证仲裁裁决的权威性。

4. 仲裁法的基本制度

1) 协议仲裁制度

协议仲裁制度是指当事人向仲裁机构申请仲裁，必须以当事人双方达成的仲裁协议为依据，没有仲裁协议，仲裁机构不予受理的制度。

我国《仲裁法》第四条规定：当事人采用仲裁方式解决纠纷，应当双方自愿，达成仲裁协议。只有仲裁协议一方申请仲裁的，仲裁委员会不予受理。

协议仲裁的含义有两个。

(1) 仲裁协议是协议仲裁制度的核心。

(2) 仲裁机构受理案件，必须是基于双方当事人的共同授权。

2) 或裁或审制度

我国《仲裁法》第五条规定：当事人达成仲裁协议，一方向人民法院起诉的，人民法院不予受理，但仲裁协议无效的除外。《仲裁法》第二十六条规定：当事人达成仲裁协议，一方向人民法院起诉未声明有仲裁协议，人民法院受理后，另一方在首次开庭前提交仲裁协议的，人民法院应当驳回起诉，但仲裁协议无效的除外。另一方在首次开庭前未对人民法院受理该案提出异议的，视为放弃仲裁协议，人民法院应当继续审理。以上是我国《仲裁法》关于或裁或审制度的规定。

或裁或审制度是指争议发生前或发生后，当事人有权选择解决争议的途径，或者双方达成仲裁协议将争议提交仲裁解决，或者争议发生后向人民法院提起诉讼的仲裁诉讼制度。也就是说，当事人选择了以仲裁途径解决争议，就不可以再选择诉讼；当事人若选择了诉讼就不可以同时选择仲裁，二者只能选择其一。

由于仲裁实行或裁或审制度，当事人双方达成仲裁协议后，一方当事人不信守协定向法院起诉，另一方当事人在实质性答辩之前，可以向法院提出管辖权异议，只要仲裁协议合法有效，法院就会裁定驳回起诉，该争议仍应由仲裁解决。当然，如果当事人首次开庭前未提出管辖权异议的，那么就表示当事人已放弃仲裁协议，人民法院就可以继续审理。

3) 一裁终局制度

一裁终局制度是指仲裁机构受理并经仲裁庭审理的纠纷，一经仲裁庭裁决，该裁决即发生终局的法律效力，当事人不能就同一纠纷向人民法院起诉，也不能向其他仲裁机构再申请仲裁。

4) 回避制度

仲裁回避制度是指承办案件的仲裁员遇有法律规定的情形可能影响公正裁决时，不参加该案的仲裁而更换仲裁员的制度。具体内容包括以下3个方面。

(1) 回避的事由。是本案当事人或者当事人、代理人的近亲属；与本案有利害关系；与本案当事人、代理人有其他关系，可能影响公正仲裁的；私自会见当事人、代理人，或者接受当事人、代理人请客送礼的。

(2) 回避的方式、时限。回避方式有两种：一种是自行回避；另一种是申请回避，即当事人发现仲裁员具有上述法定回避事由的，可以采取口头方式或书面方式，但应当说明理由。

仲裁员自行回避的时限，法律没有明文规定；当事人申请回避的时限，应当在首次开庭前提出。回避事由在首次开庭后知道的，可以在最后一次开庭终结前提出。

(3) 回避的审查决定及后果。仲裁员是否回避，由仲裁委员会主任决定；仲裁委员会主任担任仲裁员时，由仲裁委员会集体决定。仲裁员因回避不能履行职责的，应当依照《仲裁法》规定重新选定或者指定仲裁员。因回避而重新或者指定仲裁员后，当事人可以请求已进行的仲裁程序重新进行，是否准许，由仲裁庭决定；仲裁庭也可以自行决定已进行的仲裁程序是否重新开始。

5) 不公开审理制度

不公开审理制度具体包括3个方面内容。

(1) 仲裁审理以不公开为原则。

(2) 当事人协议公开的，可以公开仲裁。

(3) 涉及国家秘密的案件，无论协议与否，都绝对不允许公开。

仲裁不公开进行，不仅要求仲裁庭在公开审理案件时不公开进行，而且请求仲裁庭对争议作出的裁决也不能公开宣告。

6) 开庭审理与书面审理相结合的制度

仲裁应当开庭进行，当事人协议不开庭的，仲裁庭可以根据仲裁申请书、答辩书以及其他材料作出裁决。仲裁的常设机构是仲裁委员会，由所在市的人民政府组织有关部门和商会统一组建。受理范围为合同纠纷和其他财产权益纠纷。仲裁委员会具有司法豁免权，即使裁决被法院撤销，当事人也不能以该会为被告向法院进行起诉索要仲裁费及其他损失。

举案说法 12.3

全国首例仲裁委当被告案[④]

2004年8月28日，被告某仲裁委员会受理了该市新华书店与绿源公司的联建合同纠纷案。2005年6月14日，被告某仲裁委员会下发“抚仲字(2004)第27号裁决书”。尔后，市新华书店向市中级法院申请撤

④ 载于中国仲裁网，http://www.china-arbitration.com/readArticle.do?id=ff8081810f77261a011044a41dd80252，2007-01-21。

销该裁决。市中级法院于2005年10月9日下发(2005)抚民一初字第40号裁定书，撤销了仲裁委的裁决。

由于纠纷未解决，双方又不能达成新的仲裁协议，市新华书店又以原告身份把市绿源公司告到市中级法院，开始了解决该纠纷的诉讼之路。因为绿源公司在仲裁过程中提出了反申请，所以对于再当被告到法院再打官司感到很不平衡。于是，2005年11月6日，原告市绿源公司向市新抚区法院提起了诉讼，要求被告某仲裁委员会退还仲裁费并赔偿经济损失。原告绿源公司在诉讼中称：仲裁委员会以第三人的角度，应当事人的请求解决争议，并收取费用，构成服务合同关系，属于平等民事主体，具有可诉性。被告某仲裁委员会应以良好的工作质量为原告提供服务，解决争议。但由于被告失职，不但未能解决争议，而且给我方造成经济损失，特向法院提起诉讼。被告某仲裁委员会在答辩书中强调自己是以第三方中间人的身份解决双方当事人的纠纷，与双方当事人任何一方都无经济利益关系，也从未承诺为一方当事人达到什么经济目的，所以构不成服务合同，也不是平等的民事主体。2006年7月27日，新抚区法院下发了(2006)新民一初字第87号民事裁定书。裁定书认为，被告某仲裁委员会是依照《中华人民共和国仲裁法》的规定成立，处理规定范围的民商事纠纷案件，并依法收取仲裁费的仲裁机构。被告某仲裁委员会在受理申请人与被申请人联建合同纠纷案中，所从事的是仲裁活动，处于居中裁决的地位，与原告不属平等的民事主体，不属于民法调整范围。据此，新抚区法院驳回了原告市绿源公司的起诉。原告市绿源公司不服新抚区法院裁定，于2006年8月3日向市中级法院提出上诉。上诉书称，根据《中共中央关于建立社会主义市场经济若干问题的决定》中提出："发展市场中介组织，发挥其服务、沟通、公证作用。当前要着重发展会计师、审计师和律师事务所，公证和仲裁机构和质量检验认证机构、信息咨询机构、资产和资信评估机构等"，这就足以证明，仲裁是中介结构，可以成为被告。2006年11月8日，市中级法院下发第61号裁定书，裁定书认定，被上诉人抚顺仲裁委员会系依法成立并按相关规定收取仲裁费的居中裁决机构，与上诉人不具有平等的民事法律关系，故裁定驳回上诉，维持原裁定。

5. 仲裁协议

仲裁协议是双方当事人将他们之间业已发生的或将来可能发生的争议交付仲裁机构解决的一种书面协议。

仲裁协议的特征为：仲裁协议是当事人之间同意将他们之间已经发生或可能发生的争议提交仲裁的共同意思表示；仲裁协议是某一仲裁机构受理争议案件的主要依据，它使该仲裁机构取得管辖权，排除了其他仲裁机构的管辖权；仲裁协议是排除法院对争议案件管辖的重要依据；仲裁协议是仲裁裁决得以执行和承认的前提条件；仲裁协议必须采用书面形式。

仲裁协议表现形式有两种：一是仲裁条款。指争议发生前，双方当事人在合同中订立的，将有关合同争议提交仲裁的条款；二是仲裁协议书。指争议发生后，双方当事人订立的，将其争议提交仲裁处理的协议。仲裁协议的效力表现为不因主合同的无效而无效；仲裁协议独立存在，合同的变更、解除、终止或无效，不影响仲裁协议的效力。

仲裁协议的基本内容有仲裁事项、仲裁地点、仲裁机构、仲裁规则、仲裁的法律适用、仲裁的效力等。

在实务中，当事人多数情况下是在合同中设置一明确的仲裁条款，如"因本合同引起的或与本合同有关的任何争议，均提请北京仲裁委员会按照该会仲裁规则进行仲裁。仲裁裁决是终局的，对双方均有约束力"。但也有一些当事人约定的仲裁条款不明确，很容易产生程序纠纷，比较典型的是当事人在合同中约定："凡因履行本合同发生的或与本合同有关的一切争议，双方应通过友好协商解决。协商不成的，一方当事人可以申请××仲裁机关仲裁，也可以向××法院提起诉讼。”在实务中应禁止使用“可以”或“……可以……，……也可以……”等语句。

有了明确的仲裁条款，一方当事人就可以顺利地提起仲裁申请，而不需要再征求对方的同意。

举案说法 12.4

北京悦都大酒店申请撤销北京仲裁委员会裁决一案[⑤]

申请人诉称：我酒店与北京第二棉纺织厂(以下简称被申请人)签订的租赁合同书第八条规定：“凡因本合同产生的一切争议，双方应首先协商解决，协商不成的，双方一致同意提请北京市仲裁委员会按照其规则进行仲裁。”双方一致同意是仲裁委受理的前提条件，但我酒店一直未同意向仲裁委提请仲裁，仲裁的提请只是被申请人的单方意思表示，也未向仲裁委提请我方同意仲裁的证明，且我方在仲裁期间一直未出庭答辩。……请贵院查明事实，依法撤销仲裁委的裁决。被申请人辩称：仲裁协议合法有效。我厂与悦都酒店签订的《租赁合同书》约定了仲裁条款，此条款具备请求仲裁的意思表示、仲裁事项及选定的仲裁委员会等内容，完全符合仲裁法的法律规定，是合法有效的，在申请人拒不履行合同的情况下，我厂完全有权将争议事项提交仲裁委裁决，而无须事先获得申请人的同意。申请人在仲裁期间未出庭答辩，完全是其自愿放弃权利的行为，其依法应承担由此导致的全部不利后果。……请法院查明事实，公正裁决，驳回申请人的申请。

北京第二中级人民法院经审查认为：被申请人与申请人于 1999 年 2 月 4 日签订的《租赁合同书》中第八条约定：“凡因本合同所产生的一切争议，双方应首先协商解决。协商不成的，双方一致同意提请北京市仲裁委员会，按照其规则进行仲裁。” 虽然双方在此约定为“北京市仲裁委员会”，比现在的“北京仲裁委员会”多了个“市”字，但北京仅一家仲裁委员会，双方不会产生歧异，亦不影响双方提请仲裁的意思表示。根据《仲裁法》第十六条的规定，双方当事人对争议的解决已经达成了一致的仲裁协议。据此，仲裁委受理、裁决本案并无不妥。申请人此项撤销理由，本院不予支持。……综上所述，依照《中华人民共和国仲裁法》第六十条的规定，裁定如下：驳回申请人撤销北京仲裁委员会(2000)京仲裁字第 0179 号裁决书的申请。案件受理费 3 000 元，由申请人负担(已交纳)。本裁定为终审裁定。

在实务中，约定两个仲裁机构是否有效，法院的认识不统一，2005 年 12 月 26 日最高人民法院审判委员会第 1375 次会议通过并于 2006 年 9 月 8 日起施行的《最高人民法院关于适用〈中华人民共和国仲裁法〉若干问题的解释》明确规定约定两个仲裁机构是无效的。该解释第五条规定：仲裁协议约定两个以上仲裁机构的，当事人可以协议选择其中的一个仲裁机构申请仲裁；当事人不能就仲裁机构选择达成一致的，仲裁协议无效。第六条规定：仲裁协议约定由某地的仲裁机构仲裁且该地仅有一个仲裁机构的，该仲裁机构视为约定的仲裁机构。该地有两个以上仲裁机构的，当事人可以协议选择其中的一个仲裁机构申请仲裁；当事人不能就仲裁机构选择达成一致的，仲裁协议无效。

⑤ 载于北京仲裁委员会网，http://www.bjac.com.cn/garden_plot/brow.asp?id=728，2002-12-18。

举案说法 12.5

华中理工大总公司诉思康达有限公司仲裁协议无效案[⑥]

原告华中理工大学科技开发总公司与被告思康达高技术产业化中试配套有限公司因履行双方签订的《关于成立“武汉思康达生物技术有限责任公司”的合同》发生纠纷；被告依该合同中的仲裁条款向北京仲裁委员会申请仲裁。原告以“该仲裁条款只约定了北京或武汉两仲裁地点，而对具体的仲裁机构约定不明”为由，请求法院依法确认关于成立“武汉思康达生物技术有限责任公司”的合同中的仲裁协议无效。

湖北省武汉市中级人民法院于 2000 年 12 月作出(2000)武仲确字第 3 号民事裁定书，裁定双方当事人签订的关于成立“武汉思康达生物技术有限责任公司”的合同中的仲裁协议无效。被告不服，于 2001 年 2 月向该院提出了再审的申请。该院又立案再审并于 2001 年 6 月 4 日作出(2001)武经再字第 65 号民事裁定书。再审裁定认为，双方当事人于 1997 年 12 月 28 日签订的关于成立“武汉思康达生物技术有限责任公司”的合同中仲裁条款约定：“凡因执行本合同所发生的或与本合同有关的一切争议，双方通过友好协商解决。若协商不能解决，应提交北京或武汉市仲裁委员会解决。”该合同中虽未写明仲裁委员会的名称，仅约定仲裁机构为北京或武汉市仲裁委员会，但鉴于北京或武汉均只有一个仲裁委员会，即北京仲裁委员会或武汉仲裁委员会，故该约定认定是明确的，该仲裁条款合法有效。原审裁定认定该仲裁协议无效有误。依照《中华人民共和国民事诉讼法》第一百四十条及《中华人民共和国仲裁法》第二十条的规定，裁定如下：撤销本院(2000)武仲确字第 3 号民事裁定书；原审原告与原审被告签订的关于成立“武汉思康达生物技术有限公司”的合同中的仲裁协议有效。

在今天看来，武汉中院原审裁定是正确的，再审裁定是错误的。“在仲裁协议中约定两个仲裁机构为有效仲裁协议”这一典型案例的标题也该更改为“在仲裁协议中约定两个仲裁机构为无效仲裁协议”。

不是所有争议均可仲裁解决，只有平等主体的公民、法人和其他组织之间发生的合同纠纷和其他财产权益纠纷，可以仲裁。婚姻、收养、监护、扶养、继承纠纷依法应当由行政机关处理的行政争议不能仲裁。此外，劳动争议和农业集体经济组织内部的农业承包合同纠纷不能按仲裁法的规定进行仲裁。因此，仲裁范围的特点可归纳为：主体的平等性、仲裁事项的可处分性、争议内容的财产性。

仲裁和诉讼一样，都有时效的规定。仲裁时效是指达成仲裁协议的争议双方当事人向仲裁机关申请仲裁以保护其权利的法定期限。当事人在该期限内不行使权利的，即丧失通过仲裁程序保护其财产权益的权利。《仲裁法》第七十四条规定：“法律对仲裁时效有规定的，适用该规定。法律对仲裁时效没有规定的，适用诉讼时效的规定。”具体地说，一般仲裁时效为 2 年，特殊仲裁时效，如技术合同申请仲裁时效为 1 年；因国际货物买卖合同和技术进出口合同争议提起诉讼或者申请仲裁的时效为 4 年。

6. 仲裁和诉讼的区别

(1) 管辖不同。诉讼是强制管辖，仲裁是协议管辖，只有在双方当事人共同选定某一仲裁机构仲裁时，该仲裁机构才能受理当事人的申请。

(2) 审理不同。诉讼一般是公开审理，仲裁自产生时就注重保护当事人的商业秘密，因此，仲裁一般实行不公开审理。

---

⑥ 载于温州仲裁委员会网，http://www.wzac.org/zcal.asp，2001-06-04。

(3) 制度不同。我国法院实行两审终审制，当事人对一审判决不服可以上诉；而仲裁实行一裁终局制，裁决作出后，当事人就同一纠纷再申请仲裁或者向人民法院起诉，仲裁委员会和人民法院不予受理。

(4) 境外执行不同。法院的判决在境外执行一般需要判决地国与执行地国签有司法协助条约，或者有共同确认的互惠原则；仲裁裁决在境外执行，如是在《承认及执行外国仲裁裁决公约》的缔约国中执行，则会比较方便。

12.2.2　仲裁程序

1. 申请与受理

当事人申请仲裁应当符合下列条件：①有仲裁协议；②有具体的仲裁请求和事实、理由；③属于仲裁委员会的受理范围。

申请立案应提交的材料有：仲裁申请书；仲裁协议或附有仲裁条款的合同；身份证明文件；授权委托书；证据材料；当事人自己认为需要提交的其他材料。

仲裁委员会收到仲裁申请书之日起 5 日内，经审查，认为符合受理条件的，应当受理并通知当事人。仲裁委员会受理仲裁申请后，应当在仲裁规则规定的期限内将仲裁规则和仲裁员名册送达申请人和被申请人。被申请人收到申请书副本后，应当提交答辩状。仲裁委员会经审查认为不符合受理条件的，应当书面通知当事人不予受理，并说明理由。

2. 财产保全和证据保全

财产保全是指在仲裁庭作出仲裁前，为保证调解或裁决能付诸实现，一方当事人向人民法院申请对另一方当事人的财产采取的强制措施。

在仲裁程序中，当事人可以申请证据保全。当事人申请证据保全的，由仲裁委员会提交人民法院采取证据保全措施。

3. 仲裁庭的组成

仲裁庭的形式有两种：一种是独任仲裁庭，即由一名仲裁员组成；另一种是合议仲裁庭，即由 3 名仲裁员组成，设首席仲裁员。

在选定或指定仲裁员时，应当实行回避制度。仲裁员有下列情形之一的，当事人有权提出回避申请。

(1) 是本案当事人或当事人、代理人的近亲属。

(2) 与本案有利害关系。

(3) 与本案当事人、代理人有其他关系，可能影响公正仲裁的。

(4) 私自会见当事人、代理人，或接受当事人、代理人的请客送礼的。

4. 开庭和裁决

包括开庭准备、审理、法庭调查、辩论、当事人最后陈述、调解和裁决。

仲裁的具体流程如图 12.2 所示。

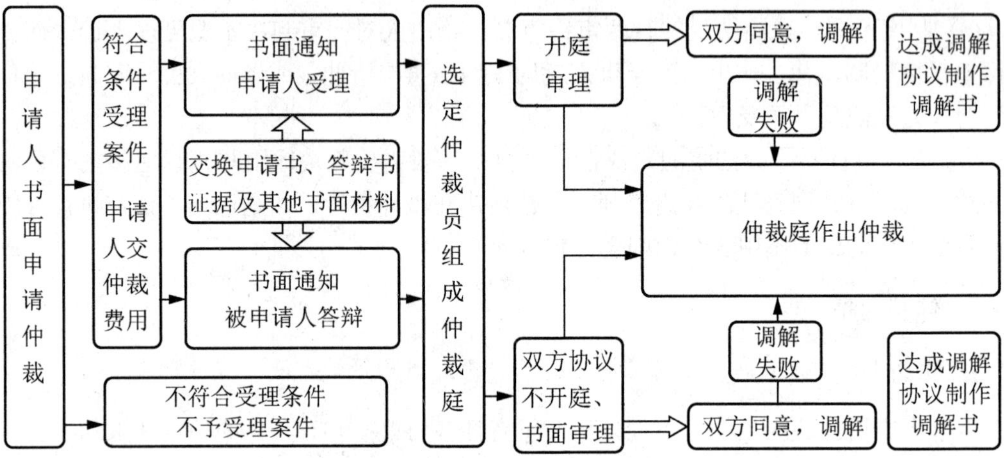

图 12.2　仲裁的具体流程

(资料来源：北京仲裁委员会网站 http://www.bjac.org.cn)

12.2.3　裁决的司法监督

人民法院对仲裁机构有司法监督权。人民法院对仲裁裁决的司法监督指以下两方面：一是仲裁裁决的撤销；二是仲裁裁决的不予执行。

1. 仲裁裁决的申请撤销

申请撤销不是对一裁终局的否定，而是对仲裁裁决的司法救济。

(1) 条件。申请撤销的条件为：没有仲裁协议；裁决事项不属于仲裁协议范围或仲裁机构无权仲裁的；仲裁庭组成或仲裁程序违法的；裁决所根据的证据是伪造的；对方当事人隐瞒了足以影响公正裁决的证据；仲裁员审理该案时索贿受贿、徇私舞弊、枉法裁判的。

(2) 程序。申请撤销的程序为：当事人申请，仲裁机构当地中级人民法院专属管辖；在收到仲裁裁决之日 6 个月内提出。人民法院审查，组成合议庭审查；审理期限为两个月。人民法院裁定，裁定撤销仲裁裁决或裁定驳回；通知仲裁庭重新仲裁，中止撤销程序；拒绝仲裁或重新仲裁后，当事人申请撤销的，恢复撤销程序。

(3) 效力。申请撤销的效力可以分为 3 种：①仲裁裁决无效；②当事人重新协议仲裁；③当事人直接向法院诉讼。

2. 仲裁裁决的不予执行

不予执行是法院对被执行人合法权益的救济途径(消极的)。它不改变仲裁裁决的内容和效力，只改变其强制执行力。

(1) 条件。不予执行的条件为：没有仲裁协议；不属仲裁协议范围或仲裁机构无权仲裁；仲裁庭组成或仲裁程序违法；主要证据不足；适用法律错误；仲裁员在仲裁该案时索贿受贿、徇私舞弊、枉法裁决；仲裁裁决违背公共利益。

(2) 程序。不予执行程序为：当事人申请，向有管辖权的法院申请；人民法院审查，组成合议庭审理；人民法院裁定，裁定驳回；裁定不予执行；将裁定送达当事人和仲裁委员会。

(3) 效力。不予执行的效力为：裁定不予执行，原仲裁协议失效。当事人重新协议仲裁或向法院起诉。

12.3 经济诉讼

12.3.1 诉讼的概念

诉讼俗称打官司，是指人民法院在诉讼当事人和其他诉讼参与人的参加下，依法审理案件的活动。由于我国秉承大陆法系传统，民事诉讼和行政诉讼严格分野，甚至一个经济纠纷案件非要肢解为两个案件，即“一民(事诉讼)一行(政诉讼)”，既浪费司法资源，又容易扭曲判决结果。在严格意义上的公私交融的经济诉讼制度建立起来之前，经济诉讼仍分别适用我国三大诉讼法即民事诉讼法、行政诉讼法和刑事诉讼法。民事诉讼是指人民法院在当事人和其他诉讼参与人的参加下，审理和解决财产权和人身权纠纷案件的活动。经济诉讼主要适用于民事诉讼程序。

12.3.2 诉讼的基本原则和制度

民事诉讼的基本原则是指在民事诉讼过程中都起指导作用的准则，它既是立法原则也是执法原则。人民法院和诉讼当事人、其他诉讼参加人都必须遵循民事诉讼的基本原则。

(1) 国家主权和司法权独立原则。凡是在中华人民共和国领域内进行的民事诉讼，无论诉讼当事人是否有中国国籍，也无论诉讼标的物是否在中国境内，都必须接受中国的司法管辖，适用中国的民事诉讼法。

(2) 独立审判原则。民事案件的审判权由人民法院行使。人民法院依照法律规定对民事案件独立进行审判，不受行政机关、社会团体和个人的干涉。

(3) 以事实为根据，以法律为准绳。人民法院审理案件，必须以事实为根据，以法律为准绳。在查明案件的基础上，正确适用法律，公正及时地解决民事纠纷。

(4) 诉讼当事人享有平等的诉讼权利。民事诉讼当事人有平等的诉讼权利。一切公民，不分种族、民族、性别、职业、出身、宗教信仰、受教育程度、财产状况、居住年限等，在适用法律上一律平等。外国人、无国籍人、外国企业和组织在人民法院起诉、应诉，同中华人民共和国公民、法人和其他组织有同等的诉讼权利。外国法院对中华人民共和国公民、法人和其他组织的民事诉讼权利加以限制的，中华人民共和国法院对该国公民、企业和组织的民事诉讼权利，实行对等原则。

(5) 自愿、合法的调解和及时判决的原则。人民法院审理民事案件，应当根据自愿和合法的原则进行调解；调解不成的，应当及时判决。

(6) 依法实行合议、回避、公开审判和两审终审制。人民法院审理民事案件，除法律另有规定的以外应当组成合议庭，由合议庭对案件进行审理；有法定事由的法庭组成人员应当自行回避，当事人也有申请回避的权利；除涉及国家秘密，个人隐私或者法律另有规定的案件以外，审理案件应当公开进行；离婚案件、涉及商业秘密的案件，当事人申请不公开审理的，可以不公开审理；除最高人民法院直接受理的一审民事案件实行一审终审制，以及修改后的民诉法第一百六十二条规定的小额诉讼制度[⑦]，实行一审终审外，地方各级人民法院受理的民事案件实行两审终审制。

(7) 使用民族语言进行民事诉讼的。各民族公民都有用本民族语言、文字进行民事诉讼的权利。在少数民族聚居或者多民族共同居住的地区，人民法院应当用当地通用的语言、文字进行审理和发布法律文件。人民法院受理涉外民事案件，应当使用中华人民共和国通用的语言、文字。当事人要求提供翻译的，可以提供，费用由当事人承担。

(8) 当事人有权进行辩论。人民法院受理民事案件时，当事人有充分地陈述事实和理由的权利，并可就事实、理由及适用法律进行辩论。

(9) 依法处分民事权利和诉讼权利。当事人有权在法律规定的范围内处分自己的民事权利和诉讼权利。

(10) 人民检察院有权对民事审判活动实行法律监督。

12.3.3 经济纠纷案件的管辖

人民法院对经济纠纷案件的管辖是指人民法院内部对案件处理权限的划分。

1. 级别管辖

级别管辖是指根据案件的性质和影响确定第一审案件由哪一级人民法院审理。

(1) 基层人民法院管辖第一审民事案件。

(2) 中级人民法院管辖下列第一审民事案件。

① 重大涉外案件。

② 在本辖区有重大影响的案件。

③ 最高人民法院确定由中级人民法院管辖的案件。

(3) 高级人民法院管辖在本辖区内有重大影响的第一审民事案件。

(4) 最高人民法院管辖下列第一审民事案件。

① 在全国有重大影响的案件。

② 认为应当由本院审理的案件。

2. 地域管辖

地域管辖是确定同级人民法院之间在各自的辖区受理第一审民事案件的分工和权限。地域管辖一般采用“原告就被告”原则，即由被告住所地人民法院管辖。下列民事案件实行特殊地域管辖。

(1) 因合同纠纷提起的诉讼，由被告住所地或者合同履行地人民法院管辖。合同的双方当事人可以在书面合同中协议选择被告住所地、合同履行地、合同签订地、原告所在地、标的物所在地人民法院管辖，但不得违反法律关于级别管辖和专属管辖的规定。

(2) 因保险合同纠纷提起的诉讼，由被告住所地或者保险标的物所在地人民法院管辖。

(3) 因票据纠纷提起的诉讼，由票据兑付地或者被告住所地人民法院管辖。

---

⑦ 小额诉讼制度，即“基层人民法院和它派出的法庭审理符合本法第一百五十七条第一款规定的简单的民事案件，标的额为各省、自治区、直辖市上年度就业人员年平均工资百分之三十以下的，实行一审终审。”

(4) 因铁路、公路、水上、航空运输和联合运输合同纠纷提起的诉讼，由运输始发地、目的地或者被告住所地人民法院管辖。

(5) 因侵权行为提起的诉讼，由侵权行为地或者被告住所地人民法院管辖。

(6) 因铁路、公路、水上和航空事故请求损害赔偿提起的诉讼，由事故发生地或者车辆、船舶最先到达地、航空器最先降落地或者被告住所地人民法院管辖。

(7) 因船舶碰撞或者其他海事损害事故请求损害赔偿提起的诉讼，由碰撞发生地、碰撞船舶最先到达地、加害船舶被扣留地或者被告住所地人民法院管辖。

(8) 因海难救助费用提起的诉讼，由救助地或者被救助船舶最先到达地人民法院管辖。

3. 专属管辖

(1) 因不动产纠纷提起的诉讼，由不动产所在地人民法院管辖。

(2) 因港口作业中发生纠纷提起的诉讼，由港口所在地人民法院管辖。

(3) 因继承遗产纠纷提起的诉讼，由被继承人死亡时住所地或者主要遗产所在地人民法院管辖。

12.3.4　经济纠纷案件的诉讼程序

根据民事案件当事人争议内容的不同，《民事诉讼法》规定了人民法院审理民事案件的审判程序和执行程序，并对涉外民事诉讼程序作出了特别的规定。经济纠纷案件涉及的诉讼程序主要有第一审普通程序、第二审程序、审判监督程序和执行程序。

1. 第一审普通程序

第一审普通程序是最初受理民事案件的人民法院在审理案件时所适用的审判程序，它是审理民事案件的基本程序。经济案件适用最多的是第一审普通程序。

1) 起诉和受理

起诉是当事人请求人民法院保护其合法权益，要求人民法院依法审理案件的行为。人民法院对民事案件实行“不告不理”的原则。因此，起诉才可能引起诉讼程序，使诉讼活动开始。起诉是当事人的一项重要诉讼权利，只有有效地行使起诉权，才可能使人民法院启动诉讼程序。根据民诉法第一百一十九条规定，起诉应当具备的条件如下。

(1) 原告是与本案有直接利害关系的公民、法人和其他组织。

(2) 有明确的被告。

(3) 有具体的诉讼请求和事实、理由。

(4) 属于人民法院受理民事诉讼的范围和受诉人民法院管辖。

原告向人民法院起诉应当递交起诉状，并按照被告人数提出副本。书写起诉状确有困难的，可以口头起诉，由人民法院记入笔录，并告知对方当事人。当事人、法定代理人可以委托一至二人作为诉讼代理人。下列人员可以被委托为诉讼代理人：(一)律师、基层法律服务工作者；(二)当事人的近亲属或者工作人员；(三)当事人所在社区、单位以及有关社会团体推荐的公民。

起诉状应当记明下列事项：①当事人的姓名、性别、年龄、民族、职业、工作单位和住所等，法人或者其他组织的名称、住所和法定代表人或者主要负责人的姓名、职务等；②诉讼请求和所根据的事实与理由；③证据和证据来源，证人姓名和住所。起诉状格式如下。

起 诉 状

原告	被告
(自然人)姓名、性别、年龄、民族、籍贯、职业、工作单位、住址、联系电话、身份证号	(法人)名称、住所和法定代表人的姓名、职务、联系电话

请求事项：

事实和理由：

证据和证据来源，证人姓名和住址

此致

某某人民法院

具状人：　　(签名)

年　月　日

附：1．本状副本：　份；2．物　证：　件

3．书　证：　件

受理是指人民法院接受审理提起诉讼的经济案件。人民法院收到起诉状或者口头起诉，经审查，认为符合起诉条件的，应当在7日内立案，并通知当事人；认为不符合起诉条件的，应当在7日内裁定不予受理；原告对裁定不服的，可以提起上诉。

对于公益诉讼，过去只停留在理论研究，这次民诉法修改写入其中，根据新民诉法第五十五条规定，对污染环境、侵害众多消费者合法权益等损害社会公共利益的行为，法律规定的机关和有关组织可以向人民法院提起诉讼。

2) 审理前的准备

人民法院受理案件后应当进行审理前的准备。包括在立案之日起5日内将起诉状副本发送被告，被告应在收到之日起15日内提出答辩状；告知当事人有关的诉讼权利义务；进行证据交换；组成合议庭并在3日内告知当事人；核对诉讼材料或进行必要的调查，收集必要的证据。答辩状格式如下。

答 辩 状

答辩人：(法人)名称、住所和法定代表人的姓名、职务、联系电话

被答辩人：姓名、性别、年龄、民族、职业、工作单位、住址、联系电话、身份证号

被答辩人__________诉答辩人__________纠纷一案，现答辩人提出答辩如下：

一、

二、

…

此致

__________人民法院

答辩人：　　(盖章)

年　月　日

3) 开庭审理

开庭审理是人民法院在当事人及其他诉讼参与人的参与下，依照法定程序，查清案件事实，分清是非，对案件作出处理决定的活动。人民法院审理民事案件，除涉及国家秘密、个人隐私或者法律另有规定的以外，应当公开进行。涉及商业秘密的案件，当事人申请不公开审理的，可以不公开审理。人民法院审理民事案件应当在开庭 3 日前通知当事人和其他诉讼参与人。审理过程分为法庭调查；法庭辩论；征询原告、被告、第三人意见；能够调解的进行调解；判决。人民法院适用普通程序审理的案件应当在立案之日起 6 个月内审结；有特殊情况需要延长的，经本院院长批准，可以延长 6 个月；还需要延长的，报上级人民法院批准。

开庭审理最重要的一环是对事实的调查。如果双方都认可的事实，双方不必举证，法官也不必再进行调查便可予以确认。双方有争议的事实需要各自举证，并进行质证，法官根据证据的客观性、关联性、合法性加以甄别，并进行自由裁量，并当庭告诉当事人哪些证据予以采信，法官将根据予以采信的证据对案件进行裁判。人们常说："打官司就是打证据"，证据能把客观事实变为法律事实，让法官支持你的主张和请求。光有理没有证据是打不赢官司的。

举案说法 12.6

刘某诉韩某借款纠纷案[8]

原、被告是表兄弟关系。2005 年 2 月，被告因购车跑运输向原告借款 1.5 万元，原告碍于亲戚的面子，没有让被告打借条。后来，原告多次向被告索要借款，被告竟以借款时未写借条赖账，无奈之下原告只好寻机录音取证。2006 年 8 月，原告再次向被告索要借款时，被告承认了借款事实，原告对谈话内容暗中进行了录音。被告拿了原告的钱做生意却拒不认账，没想到原告暗中录音收集了证据。2007 年 1 月 30 日，山东省垦利县人民法院审理了这起民间借贷纠纷案。法院认为，被告向原告借款 1.5 万元的事实，有原告提供的录音带证明。虽然原告提供的录音带是未征得被告同意暗中录制的，但该证据的取得并没有侵害他人的合法权益，亦未违反法律的强制性规定，且该录音音质清晰，未存有疑点，应当认定原告提供的证据有效，原、被告之间的借贷关系成立。遂判令被告偿还借款。

近年来，录音作为证据，渐渐被法官采信。而早些年，对于录音证据，法官经常不予采信，除非录音者在录音前征得被录音者的同意，否则，偷录很难作为证据被采用。录音能否作为证据使用？针对这一问题，最高人民法院曾于 1995 年批复河北省高级人民法院，认为未经对方同意私自录音，是不合法行为，以这种手段取得的录音资料，不能作为证据使用。现在仍有部分人坚持这种观点。

要求录音必须经对方同意，这一规定对当事人收集录音证据而言，是十分苛刻的规定，在无其他证据的情况下，债权人只能束手无策。后来，最高法院于 2002 年 4 月 1 日起施行的《关于民事诉讼证据的若干规定》中又规定："有其他证据佐证并以合法手段取得的、无

⑧ 参见尚学三：《亲戚借款拒不认账 暗中录音证据有效》，载于山东省垦利县人民法院网，http://klfy.chinacourt.org/public/detail.php?id=4905，2007-02-01。

疑点的视听资料”，应当确认其证明力。在录音证据几乎陷于无用武之地之时，最高法院的“证据规定”又使录音证据复活了。但是由于该规定中没有对什么是“合法手段”作进一步的界定，因此在司法实践中，常出现录音是否合法的争议。我们认为，录音要成为法庭判决的依据，应当具备三要件。

(1) 当事人出示的录音证据未被剪接、剪辑或者伪造，前后连接紧密，内容未被篡改，具有客观真实性和连贯性。

(2) 证据的取得并没有侵害他人的合法权益，亦未违反法律的强制性规定。

(3) 对方未提出反驳或反驳理由不成立。

法院在把录音证据作为判案依据时，还要对录音证据是否有疑点进行审查。如果对方当事人对录音资料表示质疑，并提出足够的证据加以反驳，那么该录音证据便失去证明力。

法官应根据证据的客观性、关联性、合法性对当事人提交的证据进行认真审核，如果原告的多个证据出现矛盾，或被对方有力抗辩，虽然证据是真实的，但由于缺乏关联性，法官也不会采信。

举案说法 12.7

王某诉王某某承包费纠纷案⑨

原告王某诉称，2002 年 4 月 16 日他与被告签订了土地承包合同，被告承包他土地 1 150 亩，应交承包费 32 200 元，因被告资金缺乏，只交了 28 450 元，还欠 3 750 元，有 2 张欠条为证，金额分别为 1 500 元和 2 250 元，被告一直借故不交。特向法院提起诉讼，请求法院判令被告支付承包费 3 750 元。被告王某某辩称，原告手中持有的 2 张欠条是他亲手写的，但该 2 张欠条是在该承包合同之外的欠条，原告实际发包的土地只有 1 159 亩，故在原告不给地的情况下，该欠条是空的，他不应再向原告支付承包费。

山东省垦利县法院经审理查明，原、被告于 2002 年 4 月 16 日签订了土地承包合同一份。合同内容为：乙方交款 32 200 元，承包土地 1 150 亩，合同期限为 2002 年 4 月 10 日至 10 月 30 日。签订合同当天，原、被告实际按每亩 25 元的标准交付了承包费。被告承包土地的亩数经丈量实为 1 159 亩。原告向被告发包土地已经土地所有权人(原发包人)垦利县孤岛林场的同意。2002 年被告共给原告出具了 2 份欠条。原告在庭审过程中对 1 500 元欠条和 2 250 元欠条的来源有多种陈述。第一次庭审中，原告称 1 500 元是在承包合同之内，因被告未全部支付承包费才出具的。2 250 元欠条是在承包合同之外，被告又承包 80 亩土地后出具的。第二次庭审中，原告又改称 2 250 元欠条是合同之外被告又承包 90 亩时出具的。1 500 元欠条是合同应支付 32 200 元承包费，因被告只交纳 30 700 元，所以出具了 1 500 元欠条。第三次庭审中，原告陈述称 2002 年 4 月 16 日订立合同之日，被告应按每亩 25 元的标准交纳承包费 28 750 元，但实际上诉人只交纳 26 250 元，故对余款出具了 1 500 元的欠条。被告在庭审中提供两证人出庭作证，证明原告曾说将 2 份欠条撕掉。

法院经审理认为，原、被告于 2002 年 4 月 16 日订立的土地承包合同是双方真实意思的表示，符合法律规定，合同合法有效。原告根据被告出具的 1 500 元欠条和 2 250 元欠条，诉请被告支付 3 750 元承包费，因其在诉状中和在庭审中对欠条来源的陈述前后不一致，且实际发包给被告的土地只有 1 159 亩，并

⑨ 参见宋成元：《手中有欠条　为啥输官司》，载于山东省垦利县人民法院网，http://klfy.chinacourt.org/public/detail.php?id=89，2004-03-25。

不存在在合同之外又发包给被告土地的事实，且被告又予以否认，结合证人证言所证内容，足以认定原告出具的 2 份欠条不具备有效性。据此，判决驳回原告的诉讼请求。

当事人要十分注意举证期限，否则将承担不利的法律后果。根据修改后民诉法第六十五条的规定：当事人对自己提出的主张应当及时提供证据。人民法院根据当事人的主张和案件审理情况，确定当事人应当提供的证据及其期限。当事人在该期限内提供证据确有困难的，可以向人民法院申请延长期限，人民法院根据当事人的申请适当延长。当事人逾期提供证据的，人民法院应当责令其说明理由；拒不说明理由或者理由不成立的，人民法院根据不同情形可以不予采纳该证据，或者采纳该证据但予以训诫、罚款。

4) 判决和裁定

法庭辩论终结后，人民法院应当依法作出判决。判决前能够调解的，还可以进行调解；调解不成的，应当及时判决，判决一律公开宣告。判决书应当写明以下事项。

(1) 案由，诉讼请求，争议的事实和理由。

(2) 判决认定的事实、理由和适用的法律依据。

(3) 判决结果和诉讼费用的负担。

(4) 上诉期间和上诉的法院。

判决书由审判人员、书记员署名，加盖人民法院印章。

最高人民法院的判决、裁定，以及依法不准上诉或上诉期满没有上诉的判决、裁定，是发生法律效力的判决、裁定。

为增加判决的透明度，修改后的民诉法规定：“公众可以查阅发生法律效力的判决书、裁定书，但涉及国家秘密、商业秘密和个人隐私的内容除外。”

举案说法 12.8

林某诉航天新概念公司侵犯城市通公司利益案(2007)[10]

原告林某和被告航天新概念科技有限公司均为北京航天城市通智能卡工程有限公司(以下简称城市通公司)的股东，分别占有公司 15%和 35%的股份。原告向法院起诉称，被告占用城市通公司 189 余万元，拒不退还，请求法院判令其退还并赔偿损失，并承担诉讼费。北京市海淀区人民法院受理此案后，依法组成合议庭公开开庭审理。法院审理认为，本案类型为股东代表诉讼，针对的是侵犯公司利益的行为。林某以自己的名义直接提起诉讼，为城市通公司请求利益保护，符合法律规定。被告非法占用城市通公司注册资金 170 万元及违规支出 19 万余元的行为给城市通公司造成了财产损失，依法应承担相应的赔偿责任。法院判决被告向第三人城市通公司给付 189 万余元并赔偿相应的利息损失，案件受理费由被告承担。案件宣判后，原、被告双方均未提出上诉，判决发生法律效力。

2. 第二审程序

当事人不服地方人民法院第一审判决的，有权在判决书送达之日起 15 日内向上一级人民法院提起上诉。

当事人对地方人民法院作出的允许上诉的第一审裁定不服的，有权在裁定书送达之日起 10 日内向上一级人民法院提起上诉。

⑩ 案例来源于《人民法院报》，2007 年 4 月 2 日，3 版。

上诉应当递交上诉状。上诉状的内容应当包括当事人的姓名、法人的名称及其法定代表人的姓名或者其他组织的名称及其主要负责人的姓名；原审人民法院名称、案件的编号和案由；上诉的请求和理由。

第二审人民法院应当对上诉请求的有关事实和适用法律进行审查。第二审人民法院对上诉案件应当组成合议庭开庭审理。经过阅卷和调查，询问当事人，在事实核对清楚后，合议庭认为不需要开庭审理的，也可以径行判决、裁定。

人民法院对上诉案件，经过审理，按照下列情形，分别处理。

(1) 原判决认定事实清楚，适用法律正确的，判决驳回上诉，维持原判决。

(2) 原判决适用法律错误的，依法改判。

(3) 原判决认定事实错误，或者原判决认定事实不清，证据不足，裁定撤销原判决，发回原审人民法院重审，或者查清事实后改判。

(4) 原判决违反法定程序，可能影响案件正确判决的，裁定撤销原判决，发回原审人民法院重审。

当事人对重审案件的判决、裁定，可以上诉。

人民法院审理对判决的上诉案件，应当在第二审立案之日起 3 个月内审结。有特殊情况需要延长的，由本院院长批准。人民法院审理涉外民事案件的期间不受此限制。

3. 审判监督程序

1) 再审案件的提起

(1) 各级人民法院院长对本院已经发生法律效力的判决、裁定，发现确有错误，认为需要再审的，应当提交审判委员会讨论决定。

(2) 最高人民法院对地方各级人民法院已经发生法律效力的判决、裁定，上级人民法院对下级人民法院已经发生法律效力的判决、裁定，发现确有错误的，有权提审或者指令下级人民法院再审。

(3) 最高人民检察院对各级人民法院已经发生法律效力的判决、裁定，上级人民检察院对下级人民法院已经发生法律效力的判决、裁定，发现有《民事诉讼法》第二百条规定情形之一的，应当按照审判监督程序提出抗诉：原判决、裁定认定事实的主要证据不足的；原判决、裁定适用法律确有错误的；人民法院违反法定程序，可能影响案件正确判决、裁定的；审判人员在审理该案件时有贪污受贿，徇私舞弊，枉法裁判行为的。

地方各级人民检察院对同级人民法院已经发生法律效力的判决、裁定，发现有《民事诉讼法》第二百条规定情形之一的，应当提请上级人民检察院按照审判监督程序提出抗诉。

人民检察院提出抗诉的案件，人民法院应当再审。

(4) 当事人对已经发生法律效力的判决、裁定，认为有错误的，可以向上一级人民法院申请再审，但不停止判决、裁定的执行。

当事人对已经发生法律效力的调解书，提出证据证明调解违反自愿原则或者调解协议的内容违反法律的，可以申请再审。经人民法院审查属实的，应当再审。

2) 当事人申请再审的期限

《民事诉讼法》第二百零五条规定：当事人申请再审，应当在判决、裁定发生法律效力后六个月内提出；有本法第二百条第一项、第三项、第十二项、第十三项规定情形的，自知道或者应当知道之日起六个月内提出。

3) 再审案件的审理

《民事诉讼法》第二百条规定，当事人的申请符合下列情形之一的，人民法院应当再审：

(一) 有新的证据，足以推翻原判决、裁定的；

(二) 原判决、裁定认定的基本事实缺乏证据证明的；

(三) 原判决、裁定认定事实的主要证据是伪造的；

(四) 原判决、裁定认定事实的主要证据未经质证的；

(五) 对审理案件需要的主要证据，当事人因客观原因不能自行收集，书面申请人民法院调查收集，人民法院未调查收集的；

(六) 原判决、裁定适用法律确有错误的；

(七) 审判组织的组成不合法或者依法应当回避的审判人员没有回避的；

(八) 无诉讼行为能力人未经法定代理人代为诉讼或者应当参加诉讼的当事人，因不能归责于本人或者其诉讼代理人的事由，未参加诉讼的；

(九) 违反法律规定，剥夺当事人辩论权利的；

(十) 未经传票传唤，缺席判决的；

(十一) 原判决、裁定遗漏或者超出诉讼请求的；

(十二) 据以作出原判决、裁定的法律文书被撤销或者变更的；

(十三) 审判人员审理该案件时有贪污受贿，徇私舞弊，枉法裁判行为的。

《民事诉讼法》第二百零三条规定："当事人申请再审的，应当提交再审申请书等材料。人民法院应当自收到再审申请书之日起 5 日内将再审申请书副本发送对方当事人。对方当事人应当自收到再审申请书副本之日起 15 日内提交书面意见；不提交书面意见的，不影响人民法院审查。人民法院可以要求申请人和对方当事人补充有关材料，询问有关事项。

《民事诉讼法》第二百零四条第一款规定："人民法院应当自收到再审申请书之日起 3 个月内审查，符合本法第二百条规定情形之一的，裁定再审；不符合本法第二百条规定的，裁定驳回申请。有特殊情况需要延长的，由本院院长批准。"第二款规定："因当事人申请裁定再审的案件由中级人民法院以上的人民法院审理。最高人民法院、高级人民法院裁定再审的案件，由本院再审或者交其他人民法院再审，也可以交原审人民法院再审。"

人民法院按照审判监督程序再审的案件，发生法律效力的判决、裁定是由第一审法院作出的，按照第一审程序审理。对所作的判决、裁定，当事人可以上诉；发生法律效力的判决、裁定是由第二审法院作出的，按照第二审程序审理，所作的判决、裁定是发生法律效力的判决、裁定；上级人民法院按照审判监督程序提审的，按照第二审程序审理，所作的判决、裁定是发生法律效力的判决、裁定。

人民法院审理再审案件，应当另行组成合议庭。

4. 执行程序

执行是人民法院的一项重要的诉讼活动，是指人民法院依照法律规定的程序，采取强制措施，迫使义务人履行法律文书确定的义务的行为。由于执行是以强制措施为主要特征，因此执行又称为强制执行。执行所依据的法律程序叫执行程序。执行程序是民事诉讼程序的最后阶段，设定执行程序的目的是保证已生效的法律文书得以实现，保障权利人的权利得以实现。如果没有法院强有力的执行，生效的法律文书有可能成为一纸空文。

1) 执行的申请

在经济(民事)案件执行中，有权根据生效法律文书向人民法院申请执行的人称为申请执行人；对方当事人称为被执行人。由于申请人在实体权利义务关系中是债权人，而被申请人则是实体权利义务关系中的债务人，所以，执行当事人双方也分别被称为债权人和债务人。

人民法院作出的发生法律效力的民事判决、裁定，当事人必须履行。一方拒绝履行的，对方当事人可以向人民法院申请执行，也可以由审判员移送执行员执行。人民法院在作出裁判后，因为情况特殊而认为有必要时，不待当事人的申请，直接交执行机关执行的称为移送执行。人民法院可以依职权移送执行的案件大致有 3 类：其一是发生法律效力的具有给付赡养费、扶养费、抚育费内容的法律文书；其二是民事制裁决定书；其三是刑事附带民事判决、裁定、调解书。

调解书和其他应当由人民法院执行的法律文书，当事人必须履行。一方拒绝履行的，对方当事人可以向人民法院申请执行。

申请执行应当具备的条件：①申请执行的法律文书已经生效；②申请执行人是生效法律文书确定的权利人或者其继承人、权利承受人；③申请执行人在法定期限内提出申请；④申请执行的法律文书有给付内容，且执行标的和被执行人明确；⑤义务人在生效法律文书确定的期限内未履行义务；⑥属于受申请执行的人民法院管辖。

2) 执行的组织

人民法院根据需要可以设立执行机构。

人民法院作出的发生法律效力的民事判决、裁定，以及刑事判决、裁定中的财产部分，由第一审人民法院或者与第一审人民法院同级的被执行的财产所在地人民法院执行。

法律规定由人民法院执行的其他法律文书，由被执行人住所地或者被执行的财产所在地人民法院执行。

人民法院自收到申请执行书之日起超过 6 个月未执行的，申请执行人可以向上一级人民法院申请执行。上一级人民法院经审查，可以责令原人民法院在一定期限内执行，也可以决定由本院执行或者指令其他人民法院执行。

被执行人或者被执行的财产在外地的，可以委托当地人民法院代为执行。受委托人民法院收到委托函件后，必须在十五日内开始执行，不得拒绝。执行完毕后，应当将执行结果及时函复委托人民法院；在三十日内如果还未执行完毕，也应当将执行情况函告委托人民法院。

受委托人民法院自收到委托函件之日起十五日内不执行的，委托人民法院可以请求受委托人民法院的上级人民法院指令受委托人民法院执行。

3) 执行的措施

如果当事人千辛万苦打赢官司，拿到的只是一纸空文，有执行能力的债务人却逍遥法外，将严重影响法律的权威，2007 年修改后的《民事诉讼法》通过设置新制度保证执行的力度。

现行《民事诉讼法》规定的执行措施主要有以下内容。

(1) 被执行人未按执行通知履行法律文书确定的义务，应当报告当前以及收到执行通知之日前一年的财产情况。被执行人拒绝报告或者虚假报告的，人民法院可以根据情节轻重对被执行人或者其法定代理人、有关单位的主要负责人或者直接责任人员予以罚款、拘留。

(2) 被执行人未按执行通知履行法律文书确定的义务，人民法院有权向银行、信用合作社和其他有储蓄业务的单位查询被执行人的存款情况，有权冻结、划拨被执行人的存款，但查询、冻结、划拨存款不得超出被执行人应当履行义务的范围。

(3) 被执行人未按执行通知履行法律文书确定的义务，人民法院有权扣留、提取被执行人应当履行义务部分的收入。但应当保留被执行人及其所扶养家属的生活必需费用。

(4) 被执行人未按执行通知履行法律文书确定的义务，人民法院有权查封、扣押、冻结、拍卖、变卖被执行人应当履行义务部分的财产。但应当保留被执行人及其所扶养家属的生活必需品。

(5) 被执行人不履行法律文书确定的义务，并隐匿财产的，人民法院有权发出搜查令，对被执行人及其住所或者财产隐匿地进行搜查。

(6) 法律文书指定交付的财物或者票证，由执行员传唤双方当事人当面交付，或者由执行员转交，并由被交付人签收。有关单位持有该项财物或者票证的，应当根据人民法院的协助执行通知书转交，并由被交付人签收。有关公民持有该项财物或者票证的，人民法院通知其交出。拒不交出的，强制执行。

(7) 强制迁出房屋或者强制退出土地，由院长签发公告，责令被执行人在指定期间履行。被执行人逾期不履行的，由执行员强制执行。在执行中，需要办理有关财产权证照转移手续的，人民法院可以向有关单位发出协助执行通知书，有关单位必须办理。

(8) 对判决、裁定和其他法律文书指定的行为，被执行人未按执行通知履行的，人民法院可以强制执行或者委托有关单位或者其他人完成，费用由被执行人承担。

(9) 被执行人未按判决、裁定和其他法律文书指定的期间履行给付金钱义务的，应当加倍支付迟延履行期间的债务利息。被执行人未按判决、裁定和其他法律文书指定的期间履行其他义务的，应当支付迟延履行金。

(10) 人民法院采取本法规定的执行措施后，被执行人仍不能偿还债务的，应当继续履行义务。债权人发现被执行人有其他财产的，可以随时请求人民法院执行。

(11) 被执行人不履行法律文书确定的义务的，人民法院可以对其采取或者通知有关单位协助采取限制出境，在征信系统记录、通过媒体公布不履行义务信息以及法律规定的其他措施。

(12) 被执行人不履行法律文书确定的义务，并有可能隐匿、转移财产的，执行员可以立即采取强制执行措施。不一定非要先通知，然后才能执行。

(13) 对个人的罚款金额，为人民币 10 万元以下。对单位的罚款金额，为人民币 5 万元以上 100 万元以下。

4) 申请执行的期限

2007 年修改前的《民事诉讼法》第二百一十九条规定：双方或者一方当事人是公民的为 1 年；双方是法人或者其他组织的为 6 个月。由于此项规定存在期限过短，并且性质上解释为法定不变期间，不能中止、中断，且违背法律的平等原则、实务中对债权人的保护极其不利等若干问题，本书的两位作者曾建议必须对执行期限这一制度进行修改和完善。[11]2007 年修改后的《民事诉讼法》对此作了修正，不分公民和法人，申请执行期限一律改为 2 年，

⑪ 参见杨士富，赵立敏：《论执行期限的若干法律问题》，载于《辽宁师范大学学报》，2004 年 5 月第 3 期，第 21～23 页。

并且还原了申请执行期间的消灭时效性质，能中止、中断，申请执行时效的中止、中断，适用法律有关诉讼时效中止、中断的规定。2012 年 8 月 31 日修正后《民事诉讼法》第二百三十九条规定：申请执行的期间为二年。申请执行时效的中止、中断，适用法律有关诉讼时效中止、中断的规定。

申请执行期限的期间，从法律文书规定履行期间的最后一日起开始计算；法律文书规定分期履行的，从规定的每次履行期间的最后一日起计算；法律文书未规定履行期间的，从法律文书生效之日起计算。

12.3.5 经济诉讼的诉讼时效

1. 诉讼时效的概念及特点

诉讼时效是指权利人在法定期限内不行使权利就会失去诉讼保护的制度。诉讼时效具有以下特点。

(1) 诉讼时效以权利人不行使法定权利的事实状态的存在为前提。

这里的法定权利仅指债权。物权、人身权、知识产权的不行使，不适用诉讼时效。但这些权利受侵害产生的损害赔偿问题可以适用诉讼时效。

(2) 诉讼时效届满并不消灭实体权利。

权利人起诉法院后，法院受理后在确认诉讼时效届满的情况下，应裁定驳回起诉，即权利人丧失了胜诉权，但实体权利依然存在。即义务人在诉讼时效届满后自愿履行的，权利人有权受领并受法律保护。

(3) 诉讼时效具有普遍性和强制性。

诉讼时效制度普遍适用于债权债务关系。同时，该项制度具有强制性，即民事主体必须遵守执行，不得协议变更、提前终止或延长诉讼时效。

2. 诉讼时效的种类

(1) 普通诉讼时效：期限为 2 年。适用于法律无特殊规定的民事法律关系。

(2) 特别诉讼时效：如身体受伤害要求赔偿、延付或拒付租金的、出售质量不合格商品未声明、寄存财物被丢失或被损坏的为 1 年；因环境污染损害赔偿提起诉讼的为 3 年；因国际货物买卖合同和技术进出口合同争议提起诉讼的为 4 年。

(3) 长期诉讼时效：期限为 20 年，适用于权利人不知道或不应该知道权利受损害的情形。

普通和特别诉讼时效从当事人知道或应该知道权利受损害之日起算；长期诉讼时效从权利被侵害之日起算。

3. 诉讼时效的中止

诉讼时效的中止是指在诉讼时效完成前，因发生一定事由使权利人不能行使权利，因而暂停计算诉讼时效，待中止事由消除后，继续计算诉讼时效的制度。

1) 中止事由

(1) 不可抗力：不能预见、不能避免、不能克服的客观情况。

(2) 其他障碍：指不可抗力以外的，非由权利人意志决定的，足以阻碍权利人行使权利的情况。

2) 中止时间和后果

中止事由必须发生在诉讼时效期间的最后 6 个月。中止事由发生前已经经过的诉讼时效依然有效，等到诉讼时效再进行时，前后期间合并计算。

4. 诉讼时效的中断

诉讼时效的中断是指在诉讼时效进行中，因发生一定的事由而使已经经过的时效期间全部归于无效，待中断事由消除后，诉讼时效期间重新计算。

1) 中断事由

(1) 当事人起诉。

(2) 催促债务人履行债务。

(3) 债务人同意履行债务。

2) 中断后果

中断前经过的时效期间归于无效，中断事由消除后，重新计算诉讼时效。

12.4 模拟法庭

12.4.1 模拟法庭的意义

模拟法庭是以理论联系实际，培养学生法律应用能力为宗旨，在任课教师或专家的策划和指导下，让学生扮演经济审判活动中各个角色并严格按照民事诉讼法规定的程序完成经济审判全过程的法律教学活动。通过如临其境地模拟法庭的准备和演练，让学生熟悉民事诉讼程序，掌握民事诉讼的各具体程序的特点与运作技巧，加深学生对民事诉讼理论的理解，增强学生的实践操作能力，提高学生学法用法的积极性。通过模拟法庭课程的开设，可以使学生未出校门却有临场的经验，同时，这也符合高校培养高等应用型人才的目标。

12.4.2 模拟法庭实训

模拟法庭实训共分以下 6 个环节展开，即挑选案例、安排角色、准备文书、布置场所、开庭审理、点评总结。

1. 挑选案例

案例的选择要符合教学目的的要求。在所选案例中，当事人人数要符合实训人员要求；案情比较复杂，有一定的学术探讨价值和实践指导意义。在选择时尤其要注意避免一个误区，即以为模拟法庭主要是为了帮助学生掌握程序法，因此，案例选择应明确、简单。我们认为，在模拟法庭的实践中，还应培养学生在尊重事实的基础上敢于质疑，敢于创新运用法律的思维方式，因此，选择的案例应有一定的难度，且具有争议性、可辩性。模拟法庭应允许并要求学生尽可能地寻求现有法律规则在适用于具体案例时彼此之间的漏洞和空隙，也即我们所谓的法律边缘。标准答案是相对的，结果应是不可预测的，重要的是每个参与者都在公平程序的保证下尽力展示并说明了真实。模拟法庭不仅要让学生明白法律本身是怎样的，更要让学生明白法律是通过怎样的程序得出了一个怎样的结论。

2. 安排角色

根据所选案例确定模拟法庭组成人员，安排好角色。适用简易程序审理的经济案件，由审判员一人独任审理；适用普通程序审理的第一审经济案件，由审判员、陪审员共同组成合议庭或者由审判员组成合议庭。合议庭的成员人数必须是单数，即3、5、7、…，一般情况下3人为宜。书记员1～2人，法警1～2人。经济案件中，原告和被告人数也根据案情确定，每位原告和被告人可指定1～2人作为诉讼代理人。根据案情还可确定证人、鉴定人员等若干人。根据案情可以将学生分为审判组、原告组、被告组等，证人、鉴定人等诉讼参与人可以单独分组，也可插入各组。各组人员分组讨论、研究案情时，教师仅给予必要的辅导提示。这里要注意的是所有的讨论均不应在各组间交流，在有条件的情况下，指导教师也最好能分组指导，或在指导时不涉及具体的处理，以充分发挥学生的主观能动性，尽可能让学生充分感觉到法律职业的真实状况。在角色分派时，要特别注意审判组中审判长角色的选任，因为这是法庭开庭程序的主持者，对整个模拟法庭的正常进行起着至关重要的作用，一般要选择专业知识扎实、心理素质稳定，尤其有较强判断能力和控场能力的学生担任。其他角色要优先从参与积极性高、法律素养好的同学中选拔。各模拟法庭人员必须先仔细研究、分析案情，然后按分工要求完成所属实训任务。

3. 准备文书

在正式开庭前，要求学生准备好相应的诉讼文书，如起诉状、答辩状、证据、证据目录和说明、代理词等。有些文书如起诉状、答辩状等应按法定程序传递给对方。一般应要求学生准备不止一种方案，开庭后根据具体情况选用发挥。判决书本应在开庭评议后作出，但考虑到审判组是与其他组一起拿到材料，再加上为使整个模拟法庭开庭保持紧凑性和完整性，可由审判组成员预先写好草稿，但应要求视具体审判过程作相应修改，或另行宣判。在制作诉讼文书时，除要符合规范外，教师要引导学生善于发现问题、提出问题、找出应变措施。在各小组内可以视需要进行开庭模拟。

4. 布置场所

有条件的学校最好用专门的完整的模拟法庭实验室取代一般教室作为模拟法庭的场所，审判庭要符合《人民法院法庭规则》的要求。桌椅应参照正式法庭的样式制作和摆放，要有法庭应有的一切标志，如国徽、参诉人员标牌、法槌、电脑等，最好能配置法官服、律师服。其他参诉人员也应要求服装正式，符合法庭规范，备齐主要法律文书。为适应现代技术的发展，应加强多媒体手段在法庭中的运用，有条件的学院可以对模拟法庭的开庭过程作同步的录像，这既有助于庭后的评价，也可将一些好的开庭资料保存下来，供教学参考。这些均将使模拟法庭活动更规范、更富严肃性，有助于培养学生对法律的崇敬感和法律职业感。如果学校没有规范的模拟法庭实验室，建议指导教师在多媒体教学中给学生展示真实的法庭布置图，或领学生到附近的法庭进行参观或参与案件审判的旁听活动，能使学生更好地扮演所担当的角色。

5. 开庭审理

开庭审理是指人民法院在当事人和其他诉讼参与人的参加下，按照法定的方式和程序对案件进行全面审查并作出裁判的诉讼活动。

模拟法庭开庭审理案件前，各组成员必须先了解、熟悉法庭庭审程序。开庭审理的过程分为既相互独立又相互联系的 6 个阶段，即庭前准备、宣布开庭、法庭调查、法庭辩论、当事人最后陈述、评议和宣判。

1) 庭前准备

开庭审理前，书记员应当查明当事人和其他诉讼参与人是否到庭，宣布法庭纪律。

书记员：请当事人、诉讼代理人入庭。

书记员：请肃静，现在宣布法庭纪律。

(1) 诉讼参与人应当遵守法庭规则，维护法庭秩序，不得喧哗、吵闹；发言、陈述和辩论须经审判长或者独任审判员许可。

(2) 旁听人员不得录音、录像和摄影；不得随意走动和进入审判区；不得发言、提问；不得鼓掌、喧哗、哄闹和实施其他妨害审判活动的行为。

(3) 新闻记者旁听应遵守本规则。未经审判长或者独任审判员许可，不得在庭审过程中录音、录像、摄影。

(4) 对于违反法庭规则的人，审判长或者独任审判员可以口头警告、训诫，也可以没收录音、录像和摄影器材，责令退出法庭或者经院长批准予以罚款、拘留。

(5) 对哄闹、冲击法庭，侮辱、诽谤、威胁、殴打审判人员等严重扰乱法庭秩序的人，依法追究刑事责任；情节较轻的，予以罚款、拘留。

书记员：全体起立，请审判长、审判员入庭。

书记员：报告审判长，原告×××，代理人×××，被告×××，代理人×××已全部到庭。原告(被告)的证人×××，鉴定人×××庭外候传，庭前准备就绪，请开庭。

(此后，书记员开始做法庭笔录。⑫)。

2) 宣布开庭

首先由审判长逐一核对当事人身份，查验各种身份证件，核对无误后，庭审才能继续。

审判长：参加今天诉讼的当事人及诉讼代理人符合法律规定，可以参加本案诉讼。

审判长：(敲法锤)×××人民法院××审判庭依照《中华人民共和国民事诉讼法》第一百二十条之规定，今天公开开庭审理原告×××与被告×××，××(案由)纠纷一案，现在宣布开庭。

现在宣布合议庭组成人员：审判长由本院××审判庭审判员×××担任，与本院(代理)审判员×××、×××组成合议庭，书记员×××担任法庭记录。

下面向双方当事人交待权利、义务。

当事人有以下权利。

(1) 有申请回避的权利。根据《中华人民共和国民事诉讼法》第四十五条的规定，本案中的审判人员、书记员、翻译人员、鉴定人、勘验人有下列情形之一的，当事人有权用

⑫ 法庭笔录是书记员对开庭审理活动的记录，也是法院判案的依据。制作法庭笔录，应当按照开庭审理各个阶段的顺序客观、真实、全面地记载庭审的全部过程，由合议庭成员和书记员签名。法庭笔录由书记员宣读，也可以告知当事人和其他诉讼参与人当庭或者在 5 日内阅读。法庭笔录经宣读或阅读，当事人和其他诉讼参与人认为记录无误的，应当在笔录上签名或盖章；拒绝签名、盖章的，记明情况附卷；认为对自己的陈述记录有遗漏或者差错，申请补正的，经核实允许在笔录后面或者另页补正。

口头或者书面方式申请他们回避：是本案的当事人或者当事人、诉讼代理人的近亲属的；与本案有利害关系的；与本案当事人有其他关系，可能影响对案件公正审理的。

(2) 有向法庭提供证据的权利。

(3) 原告有申请撤诉的权利，被告有承认原告的诉讼请求和反驳原告请求的权利。

(4) 对双方争议的事实，有相互辩论的权利。

(5) 双方当事人有请求法院调解的权利。

(6) 经法庭允许，双方当事人有权向证人、鉴定人发问的权利。

当事人应承担以下义务。

(1) 对自己提出的主张有举证的责任。

(2) 应如实陈述案件事实和理由。

(3) 应自觉遵守法庭纪律。

(4) 对发生法律效力的判决、裁定和调解协议必须履行。

审判长：原告，你对以上宣布的合议庭组成人员、书记员及诉讼权利、义务是否听清？是否申请回避？

原　告：听清、不申请回避。

审判长：被告，你对以上宣布的合议庭组成人员、书记员及诉讼权利、义务是否听清？是否申请回避？

被　告：听清、不申请回避。

3) 法庭调查

法庭调查使主审法官对事实有更加全面的了解，它是合议庭作出正确判决的中心环节。

首先审判长宣布："下面进行法庭调查"，接着让原告或委托代理人陈述诉讼请求及案件的简要事实和理由、被告对原告提出的诉讼请求及案件的简要事实进行答辩。审判长根据双方当事人的陈述，以及双方当事人庭前提供证据(交换证据)的情况，归纳该案的争议焦点，请双方当事人围绕本案的争议焦点举证，并指出每份证据的来源及要证明的问题。具体举证顺序为：首先由原告结合第一个焦点举证，由被告质证；然后对下一个焦点举证、质证，依次进行。在举证期限内未提供的证据，法庭不组织质证，对方当事人同意质证的除外。原告举证完毕后由被告向法庭出示证据，原告进行质证。质证过程中，双方当事人及代理人一般都会对对方提出的证据产生质疑，并阐述自己的理由。如有证人出庭，审判长还要根据原告(被告或第三人)的请求，传证人到庭、核实证人身份、交待权利义务。对于证人，一方的代理人总是会让本方的证人陈述对自己有利的事实，以获得合议庭对他们所说的事实的支持；而对方代理人就会不断地质疑证人证词的真实性、关联性、合法性，采用各种手段让法庭对这位证人的证言不予采信。可以说，从这里原、被告两方就开始了对战。

4) 法庭辩论

法庭辩论的阶段是双方代理人最能自由发挥的阶段，能充分展示双方代理律师无限的智慧，并能使法庭审判高潮迭起。在法庭辩论前，合议庭要确定案件的争论点，争论点既包括双方对事实如何认定，也包括对法律条文的理解和适用。在审判长宣读了合议庭认定的几个争论点后，先由原告或其诉讼代理人发表诉讼意见，提出与被告的民事纠纷应如何认定和应适用的法律依据等意见；再由被告人及其诉讼代理人发表代理意见。法庭辩论的好处就是可以充分发挥双方律师的作用，让他们说出自己对事实的看法、对法条的理解，这样法庭可以判断律师的哪些认识是合理的，哪些是不合理的，从而避免法院作出不切实际的判决，做到兼听则明、公正裁判。优秀的法官希望优秀的律师参与，这是不言而喻的。

5) 当事人最后陈述

由原告和被告人作最后陈述，其内容可以是对本次审理过程的意见，也可以是对双方民事纠纷如何处理的意见等。审判长还应征求双方当事人是否愿意调解的意见。

6) 评议和宣判

因原告(被告)不同意当庭调解，合议庭不进行当庭调解。合议庭应在评议后进行判决。宣判方式有两种：一是当庭宣判；二是择期宣判。模拟法庭最好选用第一种宣判方式。

当庭宣判的，审判长宣布："本案在各方当事人的参加下，经法庭审理，已完成各阶段的审查工作。合议庭将对本案进行评议，××分钟后当庭宣判。休庭！"

择期宣判的，审判长宣布："本案在各方当事人的参加下，经法庭审理，已完成各阶段的审查工作，合议庭将对本案进行评议。宣判日期、时间、地点另行通知。休庭！"

书记员："全体起立，请审判长、审判员先行退庭。"

合议庭全体人员退庭后，到另一室进行合议，合议庭应根据少数服从多数原则决定对本案的最后判决结果，不同意见应记录在案。

当庭宣判的，合议庭合议后，书记员宣布："请各方当事人及诉讼代理人入庭就座。""全体起立，请审判长、审判员入庭宣判"(书记员即可以坐下)。由审判长宣布判决书。

审判长："下面宣判！""关于原告××诉被告×××(案由)一案，本院经审理查明……。本院认为……。依照《中华人民共和国……法》第×条，判决(裁定)如下：①……；②……；③……。"

"本案案件受理费×××元，由……负担。如不服本判决(裁定)……，可在××日内向×××法院提起上诉。"

"闭庭！"

书记员："全体起立，请审判长、审判员先行退庭。"

书记员："请当事人及诉讼代理人、旁听人员退庭。"

从开庭准备到作出判决均要严格依照法定程序进行。整个开庭过程中，所有的参与人员应有一种真实感、责任感和使命感，认识到自己的一言一行，均是在维护法律的神圣与尊严，维护国家、个人(当事人)的合法利益。开庭过程中，尤其要注重程序的合法性。实体公正的基石是程序公正，这是一个基本信念。

一个案例经过上述完整程序后，应形成一套完整的案卷材料和总结材料，这既是对学生进行评价的一个重要方面，也为今后模拟法庭教学的开展积累资料和经验。

6. 点评总结

庭后点评与总结是模拟法庭实践课的最后一环。庭后点评是指导教师对整个模拟法庭进行过程的全面评价，主要包括以下内容。

(1) 程序是否合法，操作是否规范。

(2) 法律运用是否准确，说理是否透彻。

(3) 语言表达是否流畅、精彩。

(4) 临场应变能力如何。

(5) 法律文书的写作能力等。

点评要对参与角色的每一个学生的表现作出具体评价，包括对整个过程中学生的独特见解的充分肯定，对表现出色的予以表彰，并对整个过程中的成功与不足作出充分总结。

根据以往的教学经验，如果时间允许的话，让部分学生参与点评，更能把点评环节引向高潮。

庭后总结要求每一个参加活动的学生就自己单方面的准备情况、活动情况以及整个活动作出客观评价，包括自己的收获、不足之处、批评和建议等，写出书面报告。

引例分析

北京首起“开瓶费”官司(2006 年)

这是一起典型的商家侵犯消费者权益案。消费者是弱势群体，受国家的特殊保护，这是世界各国的普遍做法。尽管如此，消费者权益受损害的案例还经常发生，问题还比较严重。

2006 年 9 月 13 日，原告王子英与被告湘水之珠大酒楼就 100 元“开瓶费”产生争端。后来北京海淀法院受理此案，并于 2006 年 12 月 18 日作出一审判决。法院认为酒楼关于收取服务费的规定是酒楼单方面的意思表示，是格式条款，对王先生不具有约束力，酒楼应返还王先生的服务费 100 元。一审判决后，被告不服提起上诉。

2007 年 6 月 26 日，北京一中院作出终审判决：驳回上诉，维持原判决。二审法院认为“开瓶费”条款是加重消费者义务的重要条款，酒店如果没有以一些特别标示出现或出现于一些特别显著醒目的位置，则无法推定消费者已经明知。上诉人(一审被告)主张事先告知了被上诉人(一审原告)自带酒水要收取 100 元的服务费，但其就此并不能充分举证。虽然当天的服务人员作为其证人出庭作证，但几名证人之间的证言存在诸多互相矛盾之处。本案的菜谱仅仅属于一种介绍性质，消费者并不必然会做到每页必定浏览。综上，由于上诉人(一审被告)没有证据证明事前明示原告收取开瓶服务费，因此属于其侵犯了原告的知情权及公平交易权。二审判决虽然维持了原判，判决上诉人(一审被告)侵犯被上诉人(一审原告)知情及公平交易权，须返还被上诉人(一审原告)“开瓶服务费”100 元，但是，二审判决和一审判决的裁决理由有所不同，二审判决并没有涉及“开瓶费”本身是否合法，而是将这一问题交回了市场进行博弈。

此案表面上看，只是一个消费者对一个酒店的较量，其实背后是两个利益集团即消费者集团和餐饮业集团之间的较量。所以，此案判决一出，不仅众多媒体争相报道，更引人注目的是代表两个利益集团的消协和餐协都作出迅速反应：一个强烈支持，一个强烈反对。

法院一审判决后的第三天，温州市区 23 家酒店在温州市鹿城区餐饮业协会的牵头下，联合向消费者做出声明：“2007 年元旦起，到我们酒店就餐时，请不要自带酒水。”紧接着，2006 年 12 月 27 日，中国烹饪协会、北京市烹饪协会、北京市饮食行业协会和北京西餐业协会四大饮食协会及北京 60 家餐饮业的代表召开研讨会，力挺收取“开瓶费”，同时中国烹饪协会表示还将汇总相关情况，向商务部进行报告。面对来势汹汹的餐饮业，消费者协会也迅速作出了反应。2007 年 1 月 10 日，北京、天津、上海、重庆 4 市消费者协会(委员会)发布联合声明，称餐饮企业设置禁止消费者自带酒水的规定，或对消费者自带的酒水收取“开瓶费”属不公平交易。

二审判决结果对餐饮企业产生了重要影响，上诉人(一审被告)表示还会继续收取酒水服务费，需要改进的是服务的细节。2007 年 7 月 9 日，北京市工商局拟定了《北京市订餐服务合同》示范文本的征求意见稿，该稿针对目前争议颇多的“自带酒水”问题，提出双方协商的解决方案。即由双方协商选择是否可以自带酒水，如不允许自带酒水，餐饮企业必须向消费者明确表示；若可以自带酒水，如餐饮企业要收取服务费，必须依据《价格法》明码标价，在合同中告知消费者自带酒水的范围以及收取相关服务费用的标准。这样的规定，充分体现了“合同自愿协商”的原则，既考虑了对消费者合法权益的保护，又体现了对企业自主经营权的应有尊重。

这场博弈但愿能成为保护消费者的一个里程碑。

通过此案的不同凡响，也折射出消费者权益保护法的理念还没有真正的建立起来。“消费者是上帝”、“消费者无理三分对”、“经营者有理三分错”这些体现消费者法理念的词汇还只是被商家用来装点门面而已。

本案消费者有理，经营者无理，经营者败诉本在情理之中。但仍有一些人认为关于“开瓶费”的法律规定欠缺，才导致法院的判决困难和各不相同。其实，关于本案的法律规定应当说是非常明确。我国《消费者权益保护法》第四条规定：经营者与消费者进行交易，应当遵循自愿、平等、公平、诚实信用的原则。这是经营者与消费者进行交易的基本原则，即使无其他法条规定，本案依此便可准确裁判。第二十四条规定：经营者不得以格式合同、通知、声明、店堂告示等方式作出对消费者不公平、不合理的规定，或者减轻、免除其损害消费者合法权益应当承担的民事责任。格式合同、通知、声明、店堂告示等含有前款所列内容的，其内容无效。这是适用本案的直接法律规定。

因此，我们认为，北京市海淀区法院和一中院的判决是正确的，它必将成为“在保护消费者权益的历史上的一个重要的标杆性的判例”。

本章小结

经济争端解决法是经济法实现的重要机制。本章重点介绍了经济仲裁和经济诉讼的常识，包括经济仲裁和经济诉讼的含义、特征、基本制度和原则、程序，以及二者的区别，最后还介绍了模拟法庭的基本知识。

思　考　题

(1) 我国仲裁法的基本制度有哪些？
(2) 我国民事诉讼法的基本原则有几项？
(3) 起诉必须符合哪些条件？
(4) 什么是公开审判制度？
(5) 法院调解的效力是什么？
(6) 当事人申请再审的条件是什么？
(7) 诉前保全应该具备的条件是什么？
(8) 什么是仲裁协议？拟定仲裁协议应注意哪些问题？
(9) 撤销仲裁裁决制度与不予执行仲裁裁决制度有哪些区别？
(10) 为保证判决的有效执行，《民事诉讼法》执行程序中设置了哪些制度？

参 考 文 献

[1] 潘静成，刘文华．经济法[M]．北京：中国人民大学出版社，2005.
[2] 史际春．经济法[M]．北京：中国人民大学出版社，2005.
[3] 史际春，邓峰．经济法总论[M]．北京：法律出版社，1998.
[4] 杨紫烜．经济法[M]．北京：北京大学出版社，高等教育出版社，2002.
[5] 李艳芳．经济法案例分析[M]．北京：中国人民大学出版社，1999.
[6] 王新欣．破产法[M]．北京：中国人民大学出版社，2002.
[7] 吴宏伟．竞争法有关问题研究[M]．北京：中国人民大学出版社，2000.
[8] 中国法制出版社．办理国有产权案件法律依据[M]．北京：中国法制出版社，2002.
[9] 徐孟洲．经济法学原理与案例教程[M]．北京：中国人民大学出版社，2006.
[10] 符启林．经济法学[M]．北京：中国政法大学出版社，2005.
[11] 祝明山．企业破产纠纷[M]．北京：中国法制出版社，2003.
[12] 中国法制出版社．金融法律适用全书[M]．北京：中国法制出版社，2006.
[13] 朱明．金融法概论[M]．北京：中国金融出版社，2006.
[14] 徐孟洲．金融法学案例教程[M]．北京：知识产权出版社，2003.
[15] 李兴江，付音，郑天锋．经济法概论[M]．北京：经济科学出版社，2005.
[16] 史际春，温烨，邓峰．企业和公司法[M]．北京：中国人民大学出版社，2001.
[17] 顾功耕．经济法教程[M]．上海：上海人民出版社，2003.
[18] 柴振国．经济法[M]．石家庄：河北人民出版社，2005.
[19] 单飞跃．经济法教程[M]．北京：法律出版社，2006.
[20] 王瑜．经济法概论[M]．北京：化学工业出版社，2005.
[21] 王学英．经济法[M]．北京：立信会计出版社，2006.
[22] 史际春．企业和公司法[M]．北京：中国人民大学出版社，2008.
[23] 孙明浦，郝天明．经济法[M]．北京：北京理工大学出版社，2006.
[24] 徐永前．企业破产法讲话[M]．北京：法律出版社，2006.
[25] 安建，吴高盛．企业破产法实用教程[M]．北京：中国法制出版社，2006.
[26] 中国法制出版社．新企业破产法 100 问[M]．北京：中国法制出版社，2006.
[27] 汤维建．企业破产法新旧专题比较与案例应用[M]．北京：中国法制出版社，2006.
[28] 揭捷．公司股权诉讼关键法条与典型实例[M]．北京：中国法制出版社，2011.
[29] 杨士富，刘晓善．经济法原理与实务[M]．北京：北京大学出版社，中国林业出版社，2007.
[30] 杨士富．国际商法理论与实务[M]．北京：北京大学出版社，中国农业大学出版社，2009.

北京大学出版社本科财经管理类实用规划教材（已出版）

财务会计类

序号	书　名	标准书号	主　编	定价	序号	书　名	标准书号	主　编	定价
1	基础会计（第2版）	7-301-17478-4	李秀莲	38.00	20	初级财务管理	7-301-20019-3	胡淑姣	42.00
2	基础会计学	7-301-19403-4	窦亚芹	33.00	21	财务管理学	7-5038-4897-1	盛均全	34.00
3	会计学	7-81117-533-2	马丽莹	44.00	22	财务管理学实用教程（第2版）	7-301-21060-4	骆永菊	42.00
4	会计学原理（第2版）	7-301-18515-5	刘爱香	30.00	23	基础会计学学习指导与习题集	7-301-16309-2	裴　玉	28.00
5	会计学原理习题与实验（第2版）	7-301-19449-2	王保忠	30.00	24	财务管理理论与实务	7-301-20042-1	成　兵	40.00
6	会计学原理与实务（第2版）	7-301-18653-4	周慧滨	33.00	25	财务管理学原理与实务	7-81117-544-8	严复海	40.00
7	会计学原理与实务模拟实验教程	7-5038-5013-4	周慧滨	20.00	26	财务管理理论与实务（第2版）	7-301-20407-8	张思强	42.00
8	会计实务	7-81117-677-3	王远利	40.00	27	公司理财原理与实务	7-81117-800-5	廖东声	36.00
9	高级财务会计	7-81117-545-5	程明娥	46.00	28	审计学	7-81117-828-9	王翠琳	46.00
10	高级财务会计	7-5655-0061-9	王奇杰	44.00	29	审计理论与实务	7-81117-955-2	宋传联	36.00
11	成本会计学	7-301-19400-3	杨尚军	38.00	30	会计综合实训模拟教程	7-301-20730-7	章洁倩	33.00
12	成本会计学	7-5655-0482-2	张红漫	30.00	31	财务分析学	7-301-20275-3	张献英	30.00
13	成本会计学	7-301-20473-3	刘建中	38.00	32	银行会计	7-301-21155-7	宗国恩	40.00
14	管理会计	7-81117-943-9	齐殿伟	27.00	33	税收筹划	7-301-21238-7	都新英	38.00
15	管理会计	7-301-21057-4	彤芳珍	36.00	34	基础会计学	7-301-16308-5	晋晓琴	39.00
16	会计规范专题	7-81117-887-6	谢万健	35.00	35	公司财务管理	7-301-21423-7	胡振兴	48.00
17	企业财务会计模拟实习教程	7-5655-0404-4	董晓平	25.00	36	税法与税务会计实用教程（第2版）	7-301-21422-0	张巧良 张　华	45.00
18	税法与税务会计	7-81117-497-7	吕孝侠	45.00	37	政府与非营利组织会计	7-301-21504-3	张　丹 姜晓璐	40.00
19	税法与税务会计实用教程	7-81117-598-1	张巧良	38.00					

工商管理、市场营销、人力资源管理、服务营销类

序号	书　名	标准书号	主　编	定价	序号	书　名	标准书号	主　编	定价
1	管理学基础	7-5038-4872-8	于干千	35.00	19	市场营销学	7-81117-676-6	戴秀英	32.00
2	管理学基础学习指南与习题集	7-5038-4891-9	王　珍	26.00	20	市场营销学（第2版）	7-301-19855-1	陈　阳	45.00
3	管理学	7-81117-494-6	曾　旗	44.00	21	市场营销学新论	7-5038-4879-7	郑玉香	40.00
4	管理学原理	7-5655-0078-7	尹少华	42.00	22	国际市场营销学	7-5038-5021-9	范应仁	38.00
5	管理学原理与实务（第2版）	7-301-18536-0	陈嘉莉	42.00	23	市场营销理论与实务（第2版）	7-301-20628-7	那　薇	40.00
6	管理学实用教程	7-5655-0063-3	邵喜武	37.00	24	现代市场营销学	7-81117-599-8	邓德胜	40.00
7	管理学实用教程	7-301-21059-8	高爱霞	42.00	25	消费者行为学	7-81117-824-1	甘瑁琴	35.00
8	通用管理知识概论	7-5038-4997-8	王丽平	36.00	26	商务谈判（第2版）	7-301-20048-3	郭秀君	49.00
9	现代企业管理理论与应用	7-5038-5024-0	邸彦彪	40.00	27	商务谈判实用教程	7-81117-597-4	陈建明	24.00
10	管理运筹学（第2版）	7-301-19351-8	关文忠	39.00	28	消费者行为学	7-5655-0057-2	肖　立	37.00
11	统计学原理	7-301-21061-1	韩　宇	38.00	29	客户关系管理实务	7-301-09956-8	周贺来	44.00
12	统计学原理	7-5038-4888-9	刘晓利	28.00	30	公共关系学	7-5038-5022-6	于朝晖	40.00
13	统计学	7-5038-4898-8	曲　岩	42.00	31	公共关系理论与实务	7-5038-4889-6	王　玫	32.00
14	应用统计学（第2版）	7-301-19295-5	王淑芬	48.00	32	公共关系学实用教程	7-81117-660-5	周　华	35.00
15	管理定量分析方法	7-301-13552-5	赵光华	28.00	33	公共关系理论与实务	7-5655-0155-5	李泓欣	45.00
16	新编市场营销学	7-81117-972-9	刘丽霞	30.00	34	跨国公司管理	7-5038-4999-2	冯雷鸣	28.00
17	市场营销学	7-5655-0064-0	王槐林	33.00	35	质量管理	7-5655-0069-5	陈国华	36.00
18	市场营销学实用教程	7-5655-0081-7	李晨耘	40.00	36	跨文化管理	7-301-20027-8	晏　雄	35.00

序号	书 名	标 准 书 号	主 编	定价	序号	书 名	标 准 书 号	主 编	定价
37	企业战略管理	7-5655-0370-2	代海涛	36.00	52	人力资源管理实用教程（第 2 版）	7-301-20281-4	吴宝华	45.00
38	企业文化理论与实务	7-81117-663-6	王水嫩	30.00	53	人力资源管理：理论、实务与艺术	7-5655-0193-7	李长江	48.00
39	企业战略管理	7-81117-801-2	陈英梅	34.00	54	员工招聘	7-301-20089-6	王 挺	30.00
40	企业战略管理实用教程	7-81117-853-1	刘松先	35.00	55	服务营销理论与实务	7-81117-826-5	杨丽华	39.00
41	产品与品牌管理	7-81117-492-2	胡 梅	35.00	56	服务企业经营管理学	7-5038-4890-2	于干千	36.00
42	东方哲学与企业文化	7-5655-0433-4	刘峰涛	34.00	57	服务营销	7-301-15834-0	周 明	40.00
43	运营管理	7-5038-4878-0	冯根尧	35.00	58	会展服务管理	7-301-16661-1	许传宏	36.00
44	生产运作管理（第 2 版）	7-301-18934-4	李全喜	48.00	59	现代服务业管理原理、方法与案例	7-301-17817-1	马 勇	49.00
45	运作管理	7-5655-0472-3	周建亨	25.00	60	服务性企业战略管理	7-301-20043-8	黄其新	28.00
46	组织行为学	7-5038-5014-1	安世民	33.00	61	服务型政府管理概论	7-301-20099-5	于干千	32.00
47	组织行为学行为教程	7-301-20466-5	冀 鸿	32.00	62	新编现代企业管理	7-301-21121-2	姚丽娜	48.00
48	流程型组织的构建研究	7-81117-519-6	岳 澎	35.00	63	创业学	7-301-15915-6	刘沁玲	38.00
49	人力资源管理（第 2 版）	7-301-19098-2	颜爱民	60.00	64	管理学	7-301-17452-4	王慧娟	42.00
50	人力资源管理经济分析	7-301-16084-8	颜爱民	38.00	65	公共关系学实用教程	7-301-17472-2	任焕琴	42.00
51	人力资源管理原理与实务	7-81117-496-0	邹 华	32.00	66	现场管理	7-301-21528-9	陈国华	38.00

经济、国贸、金融类

序号	书 名	标 准 书 号	主 编	定价	序号	书 名	标 准 书 号	主 编	定价
1	政治经济学原理与实务	7-81117-498-4	沈爱华	28.00	21	国际商务	7-5655-0093-0	安占然	30.00
2	宏观经济学原理与实务（第 2 版）	7-301-18787-6	崔东红	57.00	22	金融市场学	7-81117-595-0	黄解宇	24.00
3	宏观经济学	7-5038-4882-7	蹇令香	32.00	23	金融工程学理论与实务	7-81117-546-2	谭春枝	35.00
4	微观经济学原理与实务	7-81117-818-0	崔东红	48.00	24	财政学	7-5038-4965-7	盖 锐	34.00
5	微观经济学	7-81117-568-4	梁瑞华	35.00	25	保险学原理与实务	7-5038-4871-1	曹时军	37.00
6	西方经济学实用教程	7-5038-4886-5	陈孝胜	40.00	26	东南亚南亚商务环境概论	7-81117-956-9	韩 越	38.00
7	西方经济学实用教程	7-5655-0302-3	杨仁发	49.00	27	证券投资学	7-301-19967-1	陈汉平	45.00
8	西方经济学	7-81117-851-7	于丽敏	40.00	28	金融学理论与实务	7-5655-0405-1	战玉峰	42.00
9	现代经济学基础	7-81117-549-3	张士军	25.00	29	货币银行学	7-301-15062-7	杜小伟	38.00
10	国际经济学	7-81117-594-3	吴红梅	39.00	30	国际结算（第 2 版）	7-301-17420-3	张晓芬	35.00
11	发展经济学	7-81117-674-2	赵邦宏	48.00	31	国际贸易规则与进出口业务操作实务（第 2 版）	7-301-19384-6	李 平	54.00
12	管理经济学	7-81117-536-3	姜保雨	34.00	32	金融风险管理	7-301-20090-2	朱淑珍	38.00
13	计量经济学	7-5038-3915-3	刘艳春	28.00	33	国际贸易实务	7-301-20919-6	张 肃	28.00
14	外贸函电	7-5038-4884-1	王 妍	20.00	34	国际贸易理论、政策与案例分析	7-301-20978-3	冯 跃	42.00
15	国际贸易理论与实务（第 2 版）	7-301-18798-2	缪东玲	54.00	35	国际结算	7-301-21092-5	张 慧	42.00
16	国际贸易（第 2 版）	7-301-19404-1	朱廷珺	45.00	36	金融工程学	7-301-18273-4	李淑锦	30.00
17	国际贸易实务（第 2 版）	7-301-20486-3	夏合群	45.00	37	证券投资学	7-301-21236-3	王 毅	45.00
18	国际贸易结算及其单证实务	7-5655-0268-2	卓乃坚	35.00	38	金融工程学理论与实务（第 2 版）	7-301-21280-6	谭春枝	42.00
19	国际金融	7-5038-4893-3	韩博印	30.00	39	跨国公司经营与管理	7-301-21333-9	冯雷鸣	35.00
20	国际金融实用教程	7-81117-593-6	周 影	32.00	40	货币银行学	7-301-21345-2	李 冰	42.00

法律类

序号	书 名	标 准 书 号	主 编	定价	序号	书 名	标 准 书 号	主 编	定价
1	经济法原理与实务(第2版)	7-301-21527-2	杨士富	39.00	5	劳动法学	7-81117-495-3	李 瑞	32.00
2	经济法实用教程	7-81117-547-9	陈亚平	44.00	6	金融法学理论与实务	7-81117-958-3	战玉锋	34.00
3	国际商法理论与实务	7-81117-852-4	杨士富	38.00	7	国际商法	7-301-20071-1	丁孟春	37.00
4	商法总论	7-5038-4887-2	任先行	40.00	8	商法学	7-301-21478-7	周龙杰	43.00

电子商务与信息管理类

序号	书 名	标 准 书 号	主 编	定价	序号	书 名	标 准 书 号	主 编	定价
1	网络营销	7-301-12349-2	谷宝华	30.00	3	电子商务概论（第 2 版）	7-301-17475-3	庞大莲	42.00
2	数据库技术及应用教程（SQL Server 版）	7-301-12351-5	郭建校	34.00	4	网络营销	7-301-16556-0	王宏伟	26.00

序号	书　名	标 准 书 号	主　编	定价	序号	书　名	标 准 书 号	主　编	定价
5	网络信息采集与编辑	7-301-16557-7	范生万	24.00	20	电子商务概论	7-301-16717-5	杨雪雁	32.00
6	电子商务案例分析	7-301-16596-6	曹彩杰	28.00	21	电子商务英语	7-301-05364-5	覃　正	30.00
7	管理信息系统	7-301-12348-5	张彩虹	36.00	22	网络支付与结算	7-301-16911-7	徐　勇	34.00
8	电子商务概论	7-301-13633-1	李洪心	30.00	23	网上支付与安全	7-301-17044-1	帅青红	32.00
9	管理信息系统实用教程	7-301-12323-2	李　松	35.00	24	企业信息化实务	7-301-16621-5	张志荣	42.00
10	电子商务法	7-301-14306-3	李　瑞	26.00	25	电子化国际贸易	7-301-17246-9	李辉作	28.00
11	数据仓库与数据挖掘	7-301-14313-1	廖开际	28.00	26	商务智能与数据挖掘	7-301-17671-9	张公让	38.00
12	电子商务模拟与实验	7-301-12350-8	喻光继	22.00	27	管理信息系统教程	7-301-19472-0	赵天唯	42.00
13	ERP 原理与应用教程	7-301-14455-8	温雅丽	34.00	28	电子政务	7-301-15163-1	原忠虎	38.00
14	电子商务原理及应用	7-301-14080-2	孙　睿	36.00	29	商务智能	7-301-19899-5	汪　楠	40.00
15	管理信息系统理论与应用	7-301-15212-6	吴　忠	30.00	30	电子商务与现代企业管理	7-301-19978-7	吴菊华	40.00
16	网络营销实务	7-301-15284-3	李蔚田	42.00	31	电子商务物流管理	7-301-20098-8	王小宁	42.00
17	电子商务实务	7-301-15474-8	仲　岩	28.00	32	管理信息系统实用教程	7-301-20485-6	周贺来	42.00
18	电子商务网站建设	7-301-15480-9	臧良运	32.00	33	电子商务概论	7-301-21044-4	苗　森	28.00
19	网络金融与电子支付	7-301-15694-0	李蔚田	30.00	34	管理信息系统实务教程	7-301-21245-5	魏厚清	34.00

物流管理与工程类

序号	书　名	标 准 书 号	主　编	定价	序号	书　名	标 准 书 号	主　编	定价
1	物流工程	7-301-15045-0	林丽华	30.00	25	营销物流管理	7-301-18658-9	李学工	45.00
2	现代物流决策技术	7-301-15868-5	王道平	30.00	26	物流信息技术概论	7-301-18670-1	张　磊	28.00
3	物流管理信息系统	7-301-16564-5	杜彦华	33.00	27	物流配送中心运作管理	7-301-18671-8	陈　虎	40.00
4	物流信息管理	7-301-16699-4	王汉新	38.00	28	物流项目管理	7-301-18801-9	周晓晔	35.00
5	现代物流学	7-301-16662-8	吴　健	42.00	29	物流工程与管理	7-301-18960-3	高举红	39.00
6	物流英语	7-301-16807-3	阚功俭	28.00	30	交通运输工程学	7-301-19405-8	于　英	43.00
7	第三方物流	7-301-16663-5	张旭辉	35.00	31	国际物流管理	7-301-19431-7	柴庆春	40.00
8	物流运作管理	7-301-16913-1	董千里	28.00	32	商品检验与质量认证	7-301-10563-4	陈红丽	32.00
9	采购管理与库存控制	7-301-16921-6	张　浩	30.00	33	供应链管理	7-301-19734-9	刘永胜	49.00
10	物流管理基础	7-301-16906-3	李蔚田	36.00	34	现代企业物流管理实用教程	7-301-17612-2	乔志强	40.00
11	供应链管理	7-301-16714-4	曹翠珍	40.00	35	供应链设计理论与方法	7-301-20018-6	王道平	32.00
12	物流技术装备	7-301-16808-0	于　英	38.00	36	物流管理概论	7-301-20095-7	李传荣	44.00
13	现代物流信息技术	7-301-16049-7	王道平	30.00	37	供应链管理	7-301-20094-0	高举红	38.00
14	现代物流仿真技术	7-301-17571-2	王道平	34.00	38	企业物流管理	7-301-20818-2	孔继利	45.00
15	物流信息系统应用实例教程	7-301-17581-1	徐　琪	32.00	39	物流项目管理	7-301-20851-9	王道平	30.00
16	物流项目招投标管理	7-301-17615-3	孟祥茹	30.00	40	供应链管理	7-301-20901-1	王道平	35.00
17	物流运筹学实用教程	7-301-17610-8	赵丽君	33.00	41	现代仓储管理与实务	7-301-21043-7	周兴建	45.00
18	现代物流基础	7-301-17611-5	王　侃	37.00	42	物流系统仿真案例	7-301-21072-7	赵　宁	25.00
19	逆向物流	7-301-19809-4	甘卫华	33.00	43	物流管理实验教程	7-301-21094-9	李晓龙	25.00
20	现代物流管理学	7-301-17672-6	丁小龙	42.00	44	物流学概论	7-301-21098-7	李　创	44.00
21	物流运筹学	7-301-17674-0	郝　海	36.00	45	物流信息系统	7-301-20989-9	王道平	28.00
22	供应链库存管理与控制	7-301-17929-1	王道平	28.00	46	物流与供应链金融	7-301-21135-9	李向文	30.00
23	物流信息系统	7-301-18500-1	修桂华	32.00	47	物流信息系统	7-301-20989-9	王道平	28.00
24	城市物流	7-301-18523-0	张　潜	24.00	48	物料学	7-301-17476-0	肖生苓	44.00